大震災からの復興と地域再生のモデル分析

―有効な財政措置と新産業集積の形成―

徳永澄憲・沖山　充【編著】

文眞堂

はしがき

　2011年3月11日に発生した東日本大震災は，観測史上最大と言われる地震による被害と大地震により引き起こされた巨大津波による被害，及び原発事故による被害が複合的に重なり合う形で被災地域に甚大な経済的影響を及ぼすとともに，被災地域以外の生産拠点にも大きな打撃を与えた。この大震災の発生からすでに3年余りが経過している。そこで，本書では，次の3つの大きな問いをたて，モデル分析を行う。第1は，産業復興状況や復興財政措置の執行状況はどうなっているのか，という問いである。この問いに対して，地域間社会会計表（SAM）と空間応用一般均衡（SCGE）モデルにより，東日本大震災が被災地域及びその他地域の経済に及ぼした影響を実証的に解明する。第2は，復興財政措置と産業振興策は復興と地域再生に寄与しているのか，という問いである。この問いに対して，地域間社会会計表と地域間応用一般均衡モデルを用いて分析する。この大震災からの産業復興・地域再生には，通常の産業振興策だけでは十分でなく，同業種の集積とともに異業種との集積（共集積）により地域集積力を強め，イノベーションを伴う産業クラスターの形成，すなわち「新産業集積」の形成が不可欠であるということを，動学的空間応用一般均衡（DSCGE）モデルによるシミュレーション分析により解明する。第3は，大震災による人口減少の影響と巨大地震による人口移動は地域経済にどのような影響を及ぼすのか，という問いである。上述した動学的空間応用一般均衡モデルは地域間人口移動を陽表的に明示していないので，人口減少の経済を想定した47都道府県間産業関連表を用いて大震災による人口減少の影響を分析するとともに，新経済地理学（NEG）モデルを用いて巨大地震による人口移動がもたらした被災地域の人口の変化を分析する。

　これらの3つの柱をベースに，本書は以下のような内容になっている。

　第1章では，まず，東日本大震災からの産業復興の現状や復興財政措置の執行状況について考察し，次に，本書で用いられる空間応用一般均衡モデルと新

経済地理学モデルを紹介する。そして，福島県を対象とした原型SCGEモデルを構築し，大震災や原子力災害の地域経済への影響や復興・地域再生に関するシミュレーション分析を行い，本書で提言する有効な財政措置と新産業集積の形成の経済効果を示す。

第2章と第3章では，2地域間SAMを用いた乗数分析から地震と津波被害による影響と原子力災害の影響を分析する。第4章では，第2章の2地域間SAMをデータベースとした2地域間応用一般均衡モデルから震災後の自動車産業に象徴される「サプライチェーン寸断」という負の供給ショックと地域経済への影響を分析する。第5章でも2地域間応用一般均衡モデルを用いて原子力災害を含めた震災復興に向けた財政措置の効果，その復興財源の確保と使途の望ましい姿について分析する。また，復興に向けた被災地域の農林水産業と製造業による新産業集積がもたらす復興・地域再生への効果を分析する。

さらに，新産業集積の将来的な効果を明らかにするために第6章では，2地域間応用一般均衡モデルを動学化し，現在東北地域でみられるイノベーションを伴う広域な自動車産業クラスターの形成の動きについて10年先を見据えた施策のあり方と地域経済への影響を分析する。さらに，第7章では全国の動学的CGEモデルを用いてイノベーションを伴う持続可能な漁業・水産加工クラスターの形成による中期的な経済効果を分析する。

第7章までの応用一般均衡モデル分析では，震災による「人口移動」を前提としてこなかった。そこで，第8章では日本の「人口減少社会」の県ごとの人口予測に震災による人口移動を加味した人口推計値から47都道府県間産業関連表を用いた産業連関分析を通じて被災地の地域経済への影響を分析する。また，第9章では空間経済学的アプローチから震災による人口移動がもたらす被災地域の人口の変化を分析し，その分析フレームを用いて「南海トラフ巨大地震」についての震災後の実質所得と人口分布を予測する。そして，終章では，本章の各章で得られた結論と課題を整理するとともに，結論から導き出された政策的含意を述べる。上述した本書における各章の因果関係図は以下のようになっている。

最後の付録では，本書で用いた応用一般均衡モデルの解説を行う。付録1では，第4章と第5章で用いた2地域間CGEモデルの構造と感応度分析を解説する。

はしがき　iii

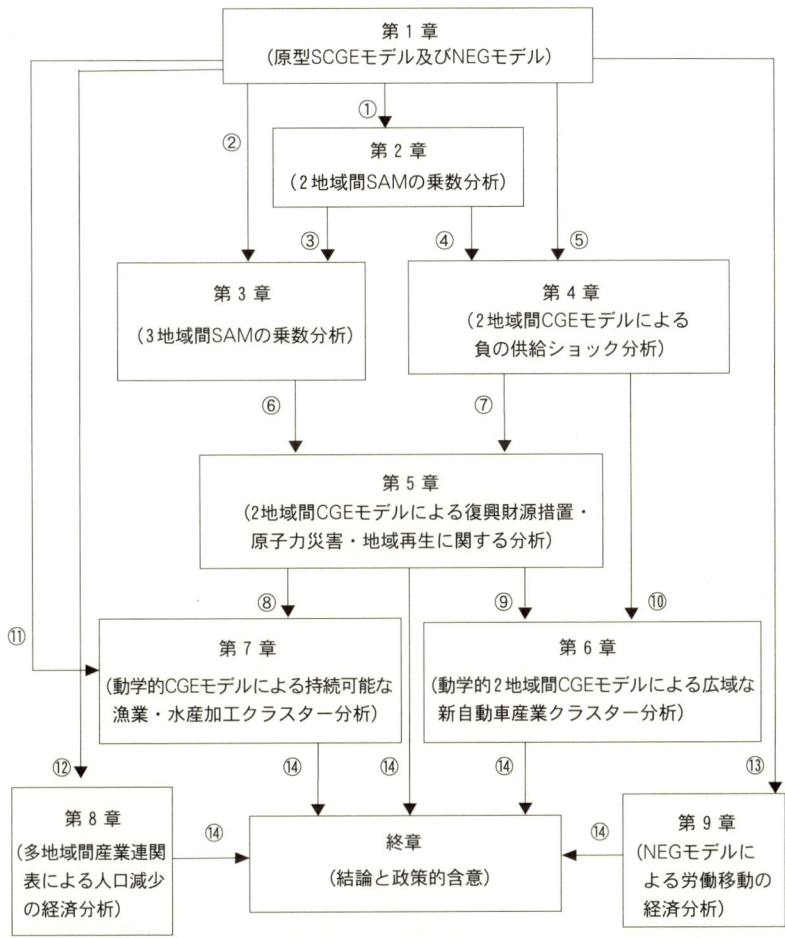

(注)　①福島県 SAM から 2 地域間 SAM への拡張，②3 地域間 SAM を用いて財政措置や原子力災害の分析，③2 地域間 SAM から 3 地域間 SAM への拡張，④2 地域間 SAM による負のサプライショックの分析，⑤原型 SCGE モデルから 2 地域間 CGE モデルへの拡張（負のサプライショック分析），⑥2 地域間 CGE モデルを用いて財政措置・原子力災害を展開，⑦2 地域間 CGE モデルを用いて新産業集積・産業クラスターを展開，⑧食料品産業クラスターから持続的可能な漁業・水産加工クラスターへの展開，⑨2 地域間 CGE モデルを動学的 2SCGE モデルに拡張，⑩自動車産業クラスターから広域な新産業クラスターへの拡張による地域再生，⑪津波による漁業被害からの漁業・水産加工クラスターによる復興・産業再生，⑫域内産業連関表を都道府県の多地域間産業連関表に拡張，⑬NEG モデルに基づく労働移動の分析，⑭終章への展開。

付録2と付録3では，第7章の動学的CGEモデルの構造と動学過程を解説する。

さて，この研究の契機になったのは，2011年3月の東日本大震災が発生した直後の7月から始まった経済産業研究所（RIETI）の研究プロジェクト「グローバル化と災害リスク下で成長を持続する日本の経済空間構造とサプライチェーンに関する研究（プロジェクトリーダー：浜口伸明ファカルティフェロー）」と「持続可能な地域づくり：新たな産業集積と機能の分担（プロジェクトリーダー：中村良平ファカルティフェロー）」である。当初から，SAMとCGEモデルの構築とシミュレーション分析を自動車産業の実証分析が専門の沖山充（当時現代文化研究所所属），CGEモデルの専門家である阿久根優子准教授（麗澤大学）及び空間経済学の実証分析が専門の徳永澄憲（当時筑波大学所属）が担当し，本研究の途中から地域産業連関モデルの専門家である石川良文教授（南山大学）と空間経済学が専門の猪原龍介准教授（亜細亜大学）に参加して頂き，本書を完成させた。

本書の刊行にあたり，RIETIでのセミナーや研究会，及び関連学会の年次大会などを通じて多くの方々の助言や支援を頂いた。特に，RIETIの藤田昌久所長，森川正之理事・副所長，浜口伸明ファカルティフェロー（神戸大学教授），中村良平ファカルティフェロー（岡山大学教授），黒田達朗教授（名古屋大学），森田学准教授（青森中央学院大学），曽道智教授（東北大学），及び國光洋二先生（農業・食品産業技術総合研究機構）に，感謝申し上げたい。なお，本書の第1・2・4章と第7章は，それぞれRIETIプロジェクト「グローバル化と災害リスク下で成長を持続する日本の経済空間構造とサプライチェーンに関する研究」と「持続可能な地域づくり：新たな産業集積と機能の分担」の研究成果の一部であることを記して感謝したい。さらに，本書の一部で，文部科学省の科学研究費（平成24年度からの基盤研究（B）徳永研究代表者課題番号24330073）による研究成果が活かされていることも付記しておきたい。最後になるが，出版事情が厳しいにもかかわらず，本書の出版に当たり，文眞堂の前野隆氏には大変お世話になった。ここに謝意を申し上げる次第である。

平成26年6月

徳永澄憲

沖山　充

目　次

はしがき……………………………………………………………………ⅰ

第1章　大震災からの復興・地域再生の経済分析……………1
　　　　　　　　　　　　　　　　　　　　　　　　徳永澄憲

　1.1　はじめに ……………………………………………………1
　1.2　被災地域の経済的・人的被害と産業復興の現状 …………2
　1.3　被災地域への復興財政措置の現状 …………………………14
　1.4　自然災害評価と労働移動の経済モデル ……………………17
　1.5　原型SCGEモデルによる大震災の影響と復興分析 ………32
　1.6　新産業集積・産業クラスターの形成による地域再生のシミュレーション分析 …………………………………………………35
　1.7　おわりに ……………………………………………………39

第2章　2地域間社会会計表を用いた大震災による経済損失の波及効果分析………………………42
　　　　　　　　　　　　　　　　　　　　　　　　沖山　充

　2.1　はじめに ……………………………………………………42
　2.2　2地域間社会会計表の構築 …………………………………42
　2.3　2地域間社会会計表による経済波及効果分析 ……………47
　2.4　大幅な輸出額減少による経済損失の波及効果分析 ………52
　2.5　農業・漁業被害からの経済損失の波及効果分析 …………58
　2.6　おわりに ……………………………………………………63

第3章　3地域間社会会計表を用いた大震災の経済損失と復興財政措置の波及効果分析 ……66

……沖山　充

3.1　はじめに ……66
3.2　3地域間社会会計表の構築 ……66
3.3　震災被害による被災地域とその他地域への経済損失の波及効果 ……71
3.4　平成23・24年度の復興のための財政措置による経済波及効果 ……77
3.5　福島第一原発事故の被害による経済損失の波及効果 ……85
3.6　おわりに ……88

第4章　2地域間応用一般均衡モデルによる自動車産業の負の供給ショック分析 ……92

……徳永澄憲・沖山　充

4.1　はじめに ……92
4.2　東日本大震災と「負の供給ショック」……93
4.3　2地域間応用一般均衡モデルの構造 ……99
4.4　2地域間応用一般均衡モデルによる「負の供給ショック」の計測 ……105
4.5　おわりに ……111

第5章　2地域間応用一般均衡モデルによる復興・地域再生に関する分析 ……115

……沖山　充・徳永澄憲

5.1　はじめに ……115
5.2　2地域間応用一般均衡モデルによる復興財源のシミュレーション ……117
5.3　2地域間応用一般均衡モデルによる原子力災害影響のシミュレーション分析 ……142
5.4　復興・地域再生のための新産業集積の経済分析 ……154
5.5　おわりに ……166

第6章 動学的2地域間応用一般均衡モデルによる新自動車産業クラスター形成の経済効果分析 ……171
徳永澄憲・沖山　充

6.1　はじめに …………………………………………………………171
6.2　2地域間応用一般均衡モデルの動学化について ………………172
6.3　被災地域の広域な新自動車産業クラスター形成に向けた復興分析 …173
6.4　おわりに …………………………………………………………198

第7章 動学的応用一般均衡モデルによる持続可能な漁業・水産加工クラスター形成の経済効果分析 ……………200
阿久根優子

7.1　はじめに …………………………………………………………200
7.2　先行研究 …………………………………………………………201
7.3　我が国の漁業と水産加工業の概要 ……………………………204
7.4　動学的応用一般均衡モデルの構造の概要 ……………………211
7.5　持続可能な漁業・水産加工クラスター形成に関するシミュレーション分析 ………………………………………………………213
7.6　おわりに …………………………………………………………217

第8章 多地域間産業連関表を用いた大震災による人口減少の経済影響分析 ………………………………219
石川良文

8.1　はじめに …………………………………………………………219
8.2　被災地域における人口変化 ……………………………………220
8.3　全国47都道府県間産業連関表の特徴 …………………………223
8.4　被災による人口減少がもたらす経済影響 ……………………224
8.5　将来の人口推計と震災の影響 …………………………………231
8.6　都道府県間産業連関表を用いた将来の人口減少に伴う経済影響の分析 ………………………………………………………………234

8.7　おわりに ………………………………………………………………237

第9章　NEGモデルを用いた巨大地震による労働移動の
　　　　　経済分析 ……………………………………………………………239
　　　　　　　　　　　　　　　　　　　　　　　　　　　　猪原龍介
　　9.1　はじめに ………………………………………………………………239
　　9.2　モデル …………………………………………………………………241
　　9.3　東日本大震災の分析 …………………………………………………248
　　9.4　南海トラフ巨大地震の影響予測 ……………………………………253
　　9.5　おわりに ………………………………………………………………256

終章　結論と政策的含意 …………………………………………………264
　　　　　　　　　　　　　　　　　　　　　　　徳永澄憲・沖山　充
　　10.1　はじめに ……………………………………………………………264
　　10.2　原型空間応用一般均衡モデルによる経済分析 …………………265
　　10.3　乗数分析による地震・津波被害と原子力災害の影響分析 ……269
　　10.4　「負の供給ショック」の検証 ………………………………………273
　　10.5　復興財源と震災復興の財政措置の効果 …………………………277
　　10.6　復興・地域再生のための新産業集積の経済分析 ………………280
　　10.7　復興に向けた広域な新自動車産業クラスターと持続可能な
　　　　　漁業・水産加工クラスター形成 …………………………………285
　　10.8　原子力災害を含む震災の影響と人口移動の分析 ………………290
　　10.9　おわりに ……………………………………………………………295

　　付録1　2地域間CGEモデルの構造と感応度分析 ……………………296
　　付録2　第7章の動学的CGEモデルの構造 ……………………………312
　　付録3　第7章の動学的CGEモデルの動学過程 ………………………318
　　参考文献 ……………………………………………………………………321
　　索引 …………………………………………………………………………329

第1章
大震災からの復興・地域再生の経済分析

1.1 はじめに

　2011年3月11日に発生した東日本大震災は，過去の震災に比べて地震による直接的な被害に加えて，地震から発生した津波による被害と原発事故による被害が複合的に重なり合った形で被災地域を中心に甚大な経済的影響を及ぼした。そこで，1.2節で，まず大震災で受けた経済的・人的被害と鉱工業生産指数などの幾つかの統計データやアンケート調査を手がかりに産業復興の現状を考察する。とりわけ，原子力災害を受けた福島県は岩手県，宮城県，茨城県と区別して原子力災害の影響についても考察する。次に，1.3節で，経済的被害に対して国の復興財政措置がどの項目に重点配分されたのか，またその執行状況と課題を考察する。次の1.4節では，本書において大震災による経済的・人的被害の経済分析と復興政策評価を行うために，近年政策評価に用いられている応用一般均衡モデル，人口・労働移動を明示的に分析できる新経済地理学（NEG）モデル，及び新産業集積・産業クラスター研究の動向を紹介する。そして，1.5節では，1.4節で紹介した原型空間応用一般均衡（原型SCGE）モデルを用いて，福島県を対象に地震・津波被害と原子力災害による影響分析を行い，1.6節では，この原型SCGEモデルを利用して，新産業集積・産業クラスターによる地域再生のシミュレーション分析を行う。最後に，1.7節において本章の結論と課題を述べる。

1.2 被災地域の経済的・人的被害と産業復興の現状

(1) 被災地域の経済被害と産業復興の現状

　2011年3月11日に発生した東日本大震災により，日本経済は戦後最大の被害を受けた。特に，被災地における工場の被災や電力不足の影響で部品・素材供給が滞り，自動車・電気電子産業において企業の生産活動が被災地だけでなく，全国的に打撃を受けた。所謂，甚大な供給ショックによって鉱工業生産が大幅に下落した。そこで，本節では，大震災発生直後において被災した地域の主な産業の供給ショックの現状とその後生産活動がどこまで回復したのかを考察する[1]。その手がかりとなるのが鉱工業生産指数である。図1-1から各県とも震災直後に生産が40%から50%ほど大幅に落ち込んだことがわかる。その中でも当初は宮城県が他の被災3県に比べて生産の回復が遅れ，被災県間で回復スピードに違いがあった。しかし，この宮城県も震災から1年後以降の回復軌道では他の被災県に追い着いている。また，福島県は他の被災県に比べて原

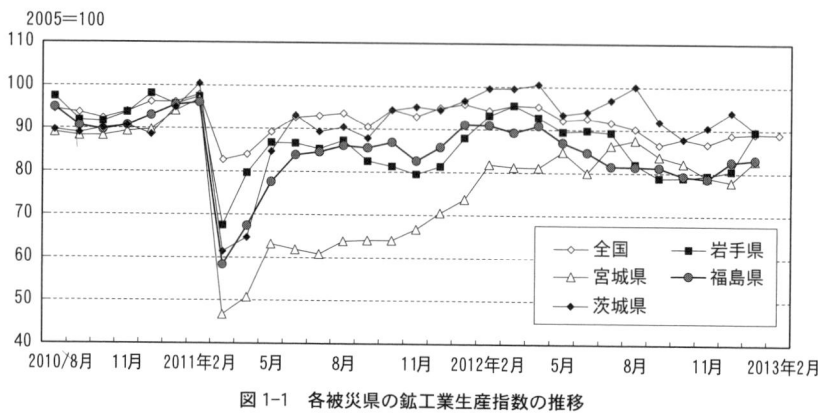

図1-1　各被災県の鉱工業生産指数の推移

（出所）　経産省と被災4県統計局資料より筆者作成。

1　この節は，徳永・沖山・阿久根（2013）の2節をもとに改訂したものである。

発事故の影響を受けているものの，鉱工業生産指数の推移をみる限り，福島県は岩手県とほぼ同水準で推移していることがわかる。

さらに，表 1-1 は製造業の業種別にみた生産の落ち込みとそれからの回復の推移をみた表である。震災直後から半年後の期間では福島県を初め被災地域の各産業の生産は明らかに震災で落ち込んだことがわかる。このことは，図 1-2 が示すように，大震災で被災した事業所（製造業）は，自動車・電気関連産業が集積している宮城・茨城県の沿岸部や水産加工関連産業が集積している岩手・宮城県の沿岸部に集中するとともに，全体的に幅広く分布しており，被災地の製造業に甚大な被害をもたらしたことがわかる。

しかし，落ち込み以降の回復過程において同一産業でも福島県とそれ以外の被災 3 県において回復の差異がみられ，また福島県内とそれ以外の被災 3 県内における産業間の回復にも差異がみられる。それらが原発事故の要因であるのか，財政措置による効果の違いであるのか，それとも当時の円高要因やエコ商品の補助金等の内需刺激策による震災以外の要因であるのか，またはそれらの要因が複合して現れているものかを判断することは難しい。いずれにしろ，表 1-1 から被災地域 4 県の製造業全体の生産は震災後から 3 ヵ月間では震災前の生産水準の 74.5％であったが，震災後 3 ヵ月から半年の期間に 90.0％まで回復した。そして，震災後半年から 1 年までの期間ではさらに 94.0％に達し，そして 1 年後から 2 年後の期間においては 97.8％まで震災前の水準に追い着いていることが伺える。

こうした中で注目される生産の回復パターンを示している産業がある。1 つは福島県の食料品・たばこ産業である。同産業は震災後から 1 年近く，その他の被災 3 県の食料品・たばこ産業や福島県のそれ以外の産業に比べて生産の落ち込みからの回復が遅れた。これは原発事故による放射能汚染からの風評被害であると推察される[2]。しかし，後述する風評被害に対する財政措置の効果があり，震災から 1 年以降は同産業の生産水準も震災前の水準に比べて 5％減程度まで回復した。もう 1 つは自動車産業と電子通信機器産業の回復パターンの違いである。両産業とも震災直後は他の産業と同程度に大幅な生産減となった。

---

2 「風評被害」については，戒能（2013）を参照されたい。

4　第1章　大震災からの復興・地域再生の経済分析

表1-1　製造業の各産業における震災の生産減から回復の推移　　（単位：億円）

震災前の2010年7月から2011年の2月の平均生産額から変化分	2011年3月-6月（震災直後から約3ヵ月後の期間）	震災前からの変化率	2011年7月-9月（震災3ヵ月後から半年後の期間）	震災前からの変化率	2011年10月-2012年1月（震災半年後から1年後までの期間）	震災前からの変化率	2012年2月-2013年1月（震災1年後から2年後の期間）	震災前からの変化率
福島県	-12,402	-24.8	-5,093	-10.2	-3,783	-7.6	-4,586	-9.2
食料品・たばこ	-2,232	-40.5	-1,857	-33.7	-1,189	-21.6	-261	-4.7
非耐久財製造業	-1,141	-42.7	-215	-8.0	-149	-5.6	-142	-5.3
石油化学関連製造業	-1,884	-30.1	-1,015	-16.2	-1,109	-17.7	-987	-15.8
設備基盤製造業	-2,176	-34.7	-743	-11.8	-334	-5.3	-309	-4.9
一般機械製造業	-193	-4.3	-24	-0.5	-190	-4.2	-150	-3.3
電子通信機器	-2,780	-17.6	-580	-3.7	-324	-2.0	-1,538	-9.7
自動車	-930	-28.6	-165	-5.1	-4	-0.1	-637	-19.6
その他耐久財製造業	-463	-14.1	-234	-7.1	-291	-8.8	-435	-13.2
その他製造業	-604	-24.6	-260	-10.6	-194	-7.9	-126	-5.1
被災3県地域	-45,047	-25.7	-17,457	-10.0	-9,692	-5.5	-437	-0.2
食料品・たばこ	-5,212	-18.7	-1,565	-5.6	-182	-0.7	187	0.7
非耐久財製造業	-2,579	-29.1	-1,594	-18.0	-1,199	-13.5	-640	-7.2
石油化学関連製造業	-18,700	-46.4	-8,965	-22.3	-7,708	-19.1	-1,986	-4.9
設備基盤製造業	-9,376	-25.0	-2,894	-7.7	-1,612	-4.3	-1,406	-3.8
一般機械製造業	-2,433	-10.7	2,303	10.2	3,383	14.9	1,721	7.6
電子通信機器	-2,620	-21.2	-3,379	-27.3	-2,763	-22.4	-1,276	-10.3
自動車	-2,489	-30.5	-263	-3.2	89	1.1	2,780	34.0
その他耐久財製造業	-604	-5.6	-649	-6.1	150	1.4	86	0.8
その他製造業	-1,034	-15.8	-449	-6.9	150	2.3	98	1.5
その他地域	-210,920	-7.7	-17,677	-0.6	9,890	0.4	-73,013	-2.7
食料品・たばこ	-4,408	-1.3	1,468	0.4	1,907	0.6	-1,534	-0.5
非耐久財製造業	-2,783	-2.2	-3,518	-2.8	-806	-0.6	-5,101	-4.1
石油化学関連製造業	-16,128	-3.3	-5,281	-1.1	-9,668	-2.0	-10,350	-2.1
設備基盤製造業	-19,981	-4.7	-14,464	-3.4	-11,250	-2.7	-11,992	-2.8
一般機械製造業	848	0.3	21,434	7.6	22,489	7.9	-12,121	-4.3
電子通信機器	-38,163	-12.4	-38,204	-12.4	-58,263	-18.9	-65,565	-21.3
自動車	-140,517	-33.3	-4,986	-1.2	41,863	9.9	18,143	4.3
その他耐久財製造業	10,350	4.3	27,292	11.5	23,834	10.0	16,865	7.1
その他製造業	-138	-0.1	-1,417	-1.3	-217	-0.2	-1,359	-1.2
全国	-223,321	-7.6	-22,770	-0.8	6,107	0.2	-77,600	-2.6
食料品・たばこ	-6,640	-1.8	-389	-0.1	718	0.2	-1,794	-0.5
非耐久財製造業	-3,924	-2.9	-3,733	-2.7	-955	-0.7	-5,243	-3.9
石油化学関連製造業	-18,012	-3.4	-6,297	-1.2	-10,777	-2.0	-11,337	-2.1
設備基盤製造業	-22,156	-4.7	-15,208	-3.2	-11,584	-2.5	-12,301	-2.6
一般機械製造業	655	0.2	21,411	6.9	22,299	7.2	-12,271	-4.0
電子通信機器	-40,943	-12.2	-38,784	-11.5	-58,587	-17.4	-67,104	-19.9
自動車	-141,447	-32.6	-5,151	-1.2	41,860	9.6	17,506	4.0
その他耐久財製造業	9,887	3.9	27,058	10.7	23,543	9.3	16,430	6.5
その他製造業	-742	-0.6	-1,677	-1.4	-411	-0.3	-1,485	-1.2

（出所）　経産省と被災4県統計局資料より筆者作成。

1.2 被災地域の経済的・人的被害と産業復興の現状　5

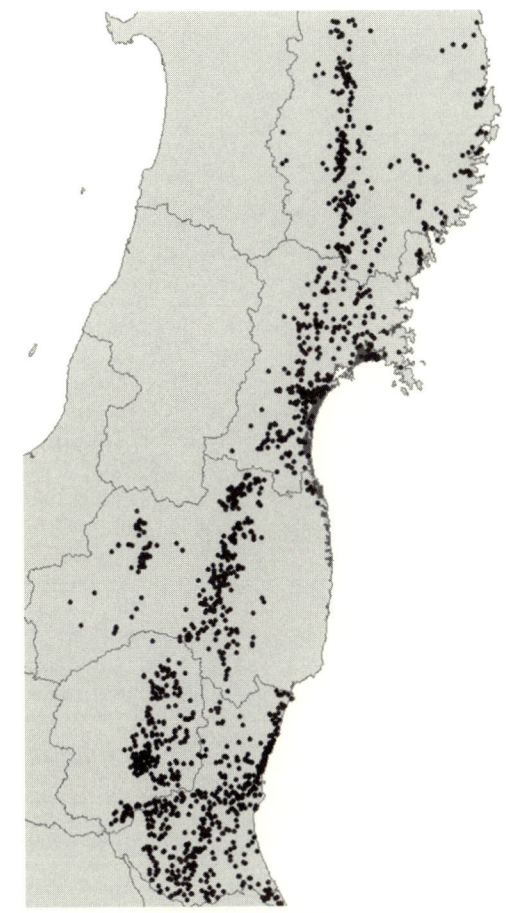

図 1-2　大震災で被災した事業所（製造業）

（出所）　経済産業研究所「平成 23 年度東日本大震災による企業の被災に関する調査」のアンケート調査結果及び浜口（2013）の図 4 をもとに筆者作成。

　被災した主な自動車・電気電子関連企業をプロットとした図 1-3 から，被災した素材・部品メーカーは広域に及んでおり，これらの供給不足が被災地の組み立て企業の生産に負の供給ショックを与えたことがわかる[3]。特に，図 1-4 が

3　図 1-3～図 1-5 の作成において，筑波大学大学院生命環境科学研究科博士後期課程 1 年在籍の池川真里亜氏の協力を得た。記して深謝したい。

6　第1章　大震災からの復興・地域再生の経済分析

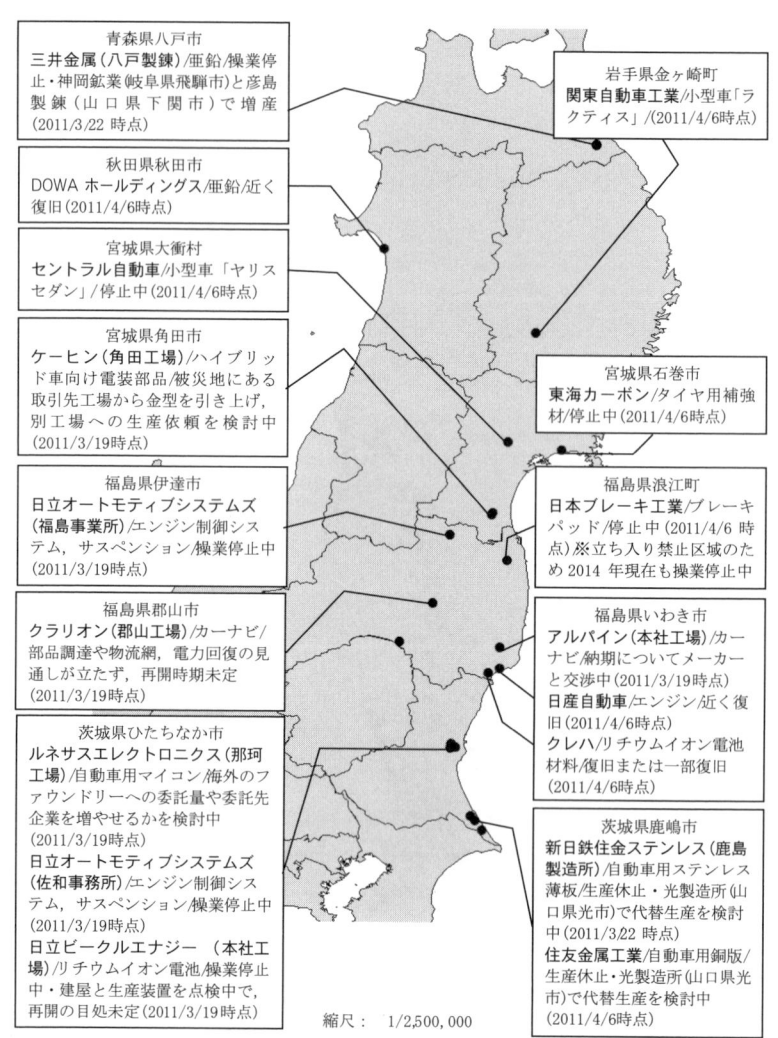

図 1-3　被災した自動車・電気関連の部品・素材と組み立て工場

(出所)　2011年3月19日付, 2011年3月22日付, 2011年4月6日付日本経済新聞より筆者作成。

示すように，マイコンの世界シェア 40％を占めるルネサスエレクトロニクス那珂工場が被災し，特注のマイコンの生産が停止したため，トヨタ自動車やホンダ等の自動車メーカーの工場は工場停止や減産を余儀なくされた[4]。このような被災地のサプライチェーン（供給網）の寸断によりその他地域の自動車産業でも被災地域を上回る生産額の減少がみられた。自動車は震災から 3 ヵ月を経た後でサプライチェーンの寸断が解消されつつ，かつエコカー補助金等も追い風となり，他の産業に比べていち早く回復したが，その一方で，電子通信機器は震災から半年を経ても当時の円高要因の影響が大きく，被災地域とその他地域ともに 2 桁の生産の減少で推移している。

　次に，製造業以外の産業における大震災による被害状況とその後の生産回復の推移を考察する。図 1-5 は被災 3 県における被災直後の農畜産業被害額，津波により被害を受けた農地面積，及び漁港被害額を示している。表 1-2 は津波と地震による農業と漁業の被害からの回復の推移である。製造業に比べれば，被災地域の農林水産業は平成 23・24 年度の復興予算として 5,090 億円の予算が計上されたものの，茨城県を除いて被災県間で明らかに回復度に違いがみられる。同表から福島県は地震や津波による農地への被害からの回復が震災から 2 年を経過しても 15.2％と，次に回復が遅れている岩手県よりも 20％ポイントと大きく遅れている。漁業においては震災から 1 年後で福島県を除く被災した漁業経営体の半数近くが再開しているが，福島県だけは原子力災害の影響から 2 年を経過してもほとんど再開されていない。このように福島県の農業と漁業の生産活動の回復を妨げている要因が放射能汚染の問題だけに震災前の水準まで回復するには時間がかかるであろう。

　実際に，震災後の農林水産業の生産への影響を図 1-6 の福島県の広報資料からみると，平成 23 年度の農業産出額は 1,851 億円で前年度比 20.6％減であった。米は同 5 ％減であるが，前々年度比 20.9％減となり，野菜や果実も前年度比 30％減となっている。また，林業の産出額も 85.2 億円で前年度比 3 割減となり，漁業の生産量も 52.3％減となった。

　一方，建設業や第三次産業における震災からの生産回復の現状を示すものと

4　2011 年 3 月 19 日・3 月 26 日付けの日経新聞参照。

8　第1章　大震災からの復興・地域再生の経済分析

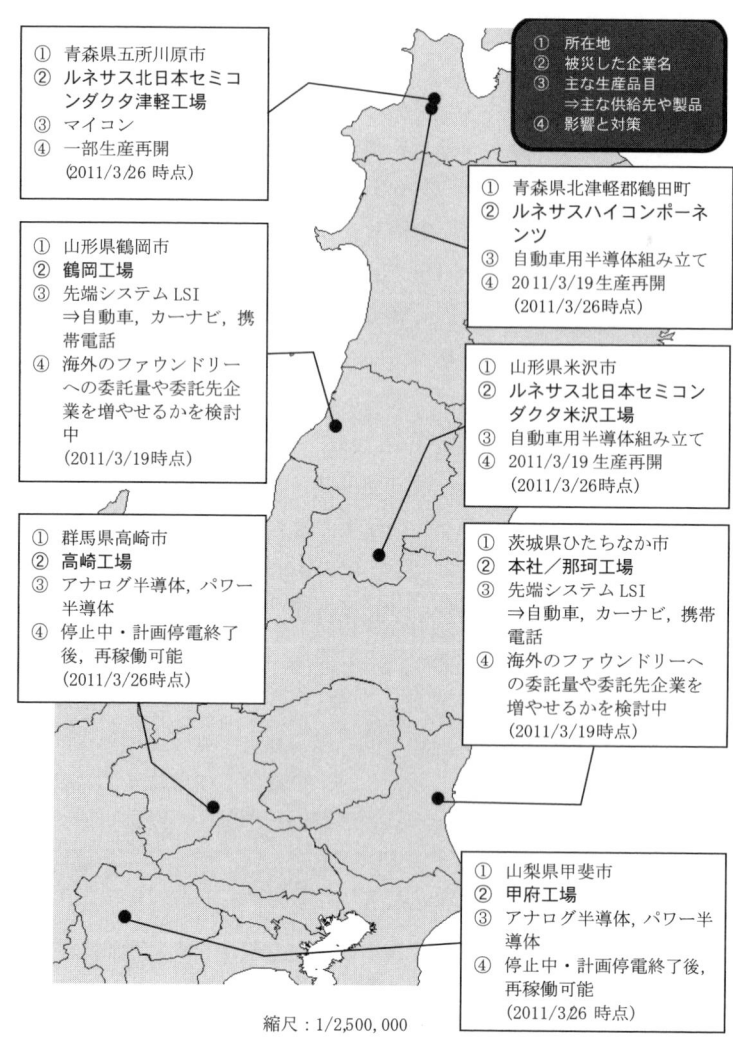

図1-4　ルネサスエレクトロニクスの被災した工場

(出所)　2011年3月19日付, 2011年3月26日付日本経済新聞より筆者作成。

1.2 被災地域の経済的・人的被害と産業復興の現状　9

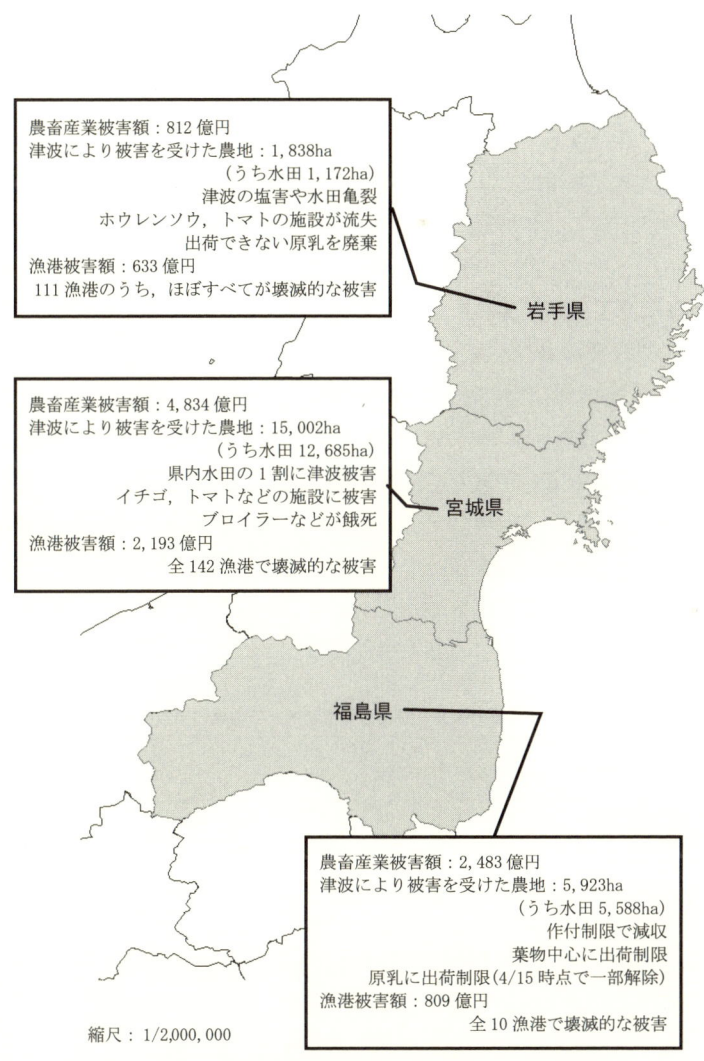

図1-5　被災3県の農畜産業と漁港の被害額（2011年5月時点）
（出所）　2011年4月15日付，2011年5月8日付日本経済新聞より筆者作成。

して，経産省東北経済産業局（2013）が2012年9月に実施した「グループ補助金交付先アンケート調査」結果（図1-7）がある。同調査結果によると，事業再開にこぎつけた企業の中でも7割の企業は震災前の売上水準に戻っておらず，震災前の半分以下に止まる企業も3割を占めている。また，産業別にみると建設業では売上を伸ばしている企業が半数を占める一方，水産・食品加工業や旅館・ホテル業では3割近くの企業が「売上が震災前の3割以下に減少」と回答している。そこで，この被災企業へのアンケート結果の製造業の回復度と上述した製造業との回復度から建設業や第三次産業の生産回復の現状を類推してみると，建設業は被災地域の財政措置によって120％以上回復し，商業やサービス業は95.3％，運輸業も100％を超えているが，旅館・ホテル業や水産・食品加工業においては6－8割程度と予想される。このように復興に向けて被災地域や被災企業の回復の進捗状況は，上記した東北経済局が「地域格差が顕著になっている」と指摘しているように，被災県間または同じ被災県内でも産業間で元々の被害程度の違いに加えて，財政措置の中身の程度，さらに当時の円高など震災以外の要因も加わり，地域間や産業間における回復進捗状況の違いとなって現れているものと推察される。

表1-2 被災地域の農業と漁業の被害状況とその後の回復の推移 （単位：百万円）

		福島県	岩手県	宮城県	茨城県	被災4県合計
農業被害額	震災直後	44,770	10,459	17,518	2,879	75,626
	震災から半年後	41,757	9,165	13,244	103	64,268
	回復度	6.7	12.4	24.4	96.4	15.0
	震災から1年後	38,744	8,417	10,688	83	57,931
	回復度	13.5	19.5	39.0	97.1	23.4
	震災から2年後	37,944	6,707	7,174	0	51,825
	回復度	15.2	35.9	59.0	100.0	31.5
漁業被害額	震災直後	20,256	39,313	82,639	9,518	151,725
	震災から半年後	20,256	32,869	68,016	2,447	123,588
	回復度	0.0	16.4	17.7	74.3	18.5
	震災から1年後	19,982	18,346	48,258	906	87,492
	回復度	1.4	53.3	41.6	90.5	42.3
	震災から2年後	19,873	11,008	35,537	0	66,417
	回復度	1.9	72.0	57.0	100.0	56.2

（注） 回復度＝（震災直後の被害額－それ以降の被害額）／震災直後の被害額
（出所） 農林水産省資料を基に筆者が作成し，一部は筆者が推計。

1.2 被災地域の経済的・人的被害と産業復興の現状　　11

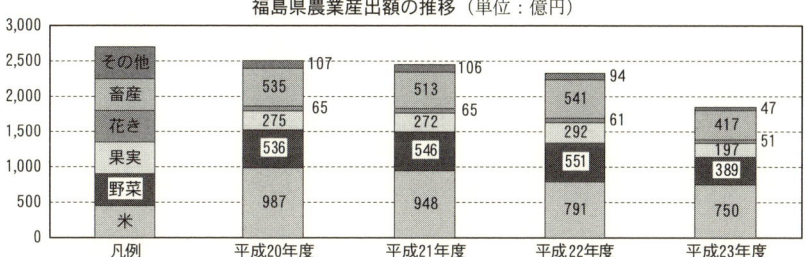
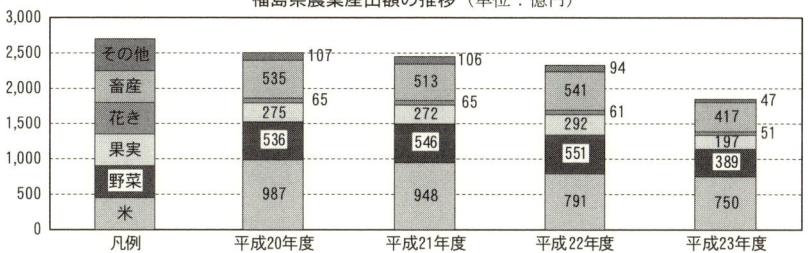

図1-6　福島県の農林水産業の生産額の推移

（出所）　新生ふくしま復興推進本部「ふくしま復興のあゆみ」（2013/7/16発行）。

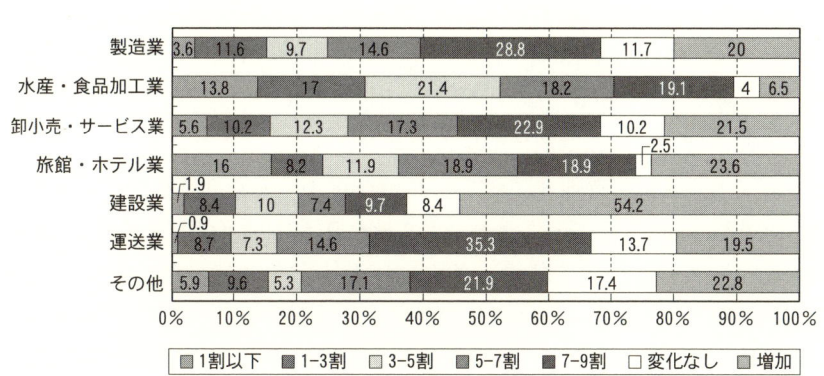

図1-7　被災企業の業種別売上状況

（出所）　経産省東北経済産業局「グループ補助金交付先アンケート調査」。

生産面以外の復旧に関しては，復興庁の資料「復興の現状と取組」(2012)によれば，2012年時点では家屋等の流出地域や原発警戒区域等を除く被災地域においては，応急的に電気，都市ガス，水道などの主なライフラインはほぼ復旧し，港湾などを除く社会インフラも100％近い復旧率になっている。また，通信・郵便・病院・学校などの公共サービス等も概ね復旧している。その一方で，同資料から同時点では震災等で毀損した社会インフラの本格的復旧・復興はこれからであり，政府や地方自治体の復興事業に関する事業計画の工程表が策定されつつある段階であることがわかる。

(2) 原子力災害の影響地域における生産活動の現状

震災以降の福島第一原発事故による周辺地域の生産活動は，一部地域において住民の帰還が認められた地域で生産活動が再開されたものの，現時点でもほぼ停止した状況が続いている。経産省資料(2011)によると，福島第一原発周辺の警戒区域，計画的避難区域，緊急時避難準備区域に立地する製造事業所と商業事業所はそれぞれ619ヵ所と1,074ヵ所である。そしてこれらの製造事業所の2008年出荷額は約2,164億円，商業事業所は2007年の販売額が約892億円であった。こうした生産活動によって得られた金額が一時的にせよ福島第一原発事故により滅失した。ここでは，平成22(2010)年度の福島県市町村民経済計算の市町村内総生産額（付加価値ベース）や2010年工業統計表の製造品出荷額等を基に，相双地域の相馬市と新地町を除く1市6町3村の原子力災害の影響地域とし，産業別生産額の推計を試みた[5]。その結果が表1-3である。原子力災害の影響地域における2010年度の生産額は産業計で1兆4,942億円と推計される。そのうち電力・ガス・水道は7,408億円であり，県全体に占める比率でみると64.7％となり半数を上回り，この金額の大半を占めると推察される電力生産は福島原発事故で消失したことになる。それ以外の産業では，農林水産業は307億円，製造業が2,134億円，商業は488億円が消失したことになる。

5　1市6町3村とは，南相馬市，広野町，楢葉町，富岡町，大熊町，双葉町，浪江町，川内村，葛尾村，飯舘村を指す。本書ではこれらの市町村を原子力災害の影響地域と定義する。この地域の2010年10月時点の人口は約15万人となっている。

また，表 1-4 から 2010 年度の同地域の域内総生産（GRP）をみると，雇用者報酬は 2,468 億円となり，県全体に占める比率は 7.5％，法人等の営業余剰は 5,611 億円となり，同比率は 14.8％に達する。こうした同地域の経済規模の大半が福島原発事故によって消失したことで，一時的にせよ福島県の労働と資本の総賦存量を縮小させたことになる。

一方，復興庁資料（2013c）によると，東日本大震災による人的被害は，平

表1-3　原子力災害の影響地域の生産活動　　　　　　　（単位：億円）

2010 年度	産業別付加価値額			産業別生産（産出）額の推計	
	県全体	原子力災害影響地域	比率	県全体	原子力災害影響地域
農業	1,290	140	10.9%	2,574	280
林業	78	9	11.6%	134	16
水産業	108	7	6.1%	192	12
鉱業	43	4	8.5%	99	8
製造業	16,424	731	4.5%	47,943	2,134
建設業	3,414	337	9.9%	7,309	722
電力・ガス・水道	6,261	4,053	64.7%	11,443	7,408
商業	6,841	337	4.9%	9,899	488
金融・保険・不動産	10,175	688	6.8%	12,253	829
運輸・通信業	5,571	223	4.0%	7,392	367
サービス業	13,138	903	6.9%	27,051	1,695
政府サービス	7,591	646	8.5%	11,563	984
合　計	70,935	8,079	11.4%	137,852	14,942

（出所）　福島県の市町村民経済計算，工業統計表，産業連関表等より筆者作成。

表1-4　原子力災害の影響地域の域内総生産　　　　　　（単位：億円）

2010 年度	県全体	原子力災害影響地域	比率
GRP	70,935	8,079	11.4%
雇用者報酬	33,031	2,468	7.5%
営業余剰等	37,904	5,611	14.8%
個人企業所得	17,261	1,804	10.5%
家計所得	50,698	3,817	7.5%

（出所）　表 1-3 と同じ。

成25年11月において死者15,883名，行方不明者2,651名であり，岩手県，宮城県，福島県に集中し，極めて甚大な被害をもたらすとともに，全国で約27.8万人にもおよぶ多数の避難者を出し，しかも避難は長期化している。避難は県内にとどまらず県外に及び，県外避難者数は福島県が約5万人，岩手県と宮城県ではそれぞれ約1,500人と約7,300人の人口流出が生じている。こうした大震災による人口減少の詳細な経済分析は，第8章で行う。

1.3 被災地域への復興財政措置の現状

(1) 被災地域への復興財政措置の現状

復興庁資料（2013a,b）によると，2011年3月の震災の発生を受けて平成22年度中に計5回にわたって予備費が使用された。そして表1-5から平成23年度に入っても，予備費と第一次補正予算から第三次補正予算が組まれ，平成23年度の東日本大震災の復旧・復興関係経費の歳出予算現額は14兆9,243億円になった。そのうち，平成23年度内で支出済歳出額は9兆514億円で執行率は60.6％になり，4兆7,694億円は平成24年度に繰り越された。平成24年度では一般会計予算とは別枠で復興特別会計予算として3兆7,754億円を計上し，加えて安倍政権が発足以降3,177億円の補正予算が組まれた。また，平成25年度復興特別会計概算決定額は総額で4兆3,840億円と平成23年度の補正予算を含めて復興特別会計予算を上回る規模になっている。そこで，復興庁管轄予算の平成24年度と平成25年度を比較してみると，平成24年度の2兆433億円から平成25年度は2兆9,037億円と増額になる中で，復興交付金を含めて「まちの復旧・復興」事業に平成24年度（1兆1,854億円）から1兆6,670億円を計上し，福島県に関係する「原子力災害からの復興・再生」事業に7,264億円と前年度よりも2,609億円も増額されている。また，一方，復興特別会計予算内に地方交付税交付金（震災復興特別交付税）が平成24年度予算に5,490億円計上され，平成24年度補正予算で1,214億円が追加された。そして平成25年度予算でも6,053億円が計上されている。こうした交付金は総務省管轄予算として復旧・復興事業に対して地方分担金及び地方税の減収分等

表1-5 これまでの主な項目ごとの復興財政措置の金額の推移 （単位：億円）

	平成23年度補正予算現額（1次から3次）	構成比	平成24年度予算当初予算額	構成比	平成25年度概算決定額	構成比
被災者支援	15,496	10.4	920	2.4	1,883	4.3
まちの復旧・復興	60,423	40.5	11,854	31.4	16,670	38.0
うち、災害廃棄処理	7,378	4.9	3,442	9.1	1,266	2.9
復興交付金	15,661	10.5	2,868	7.6	5,918	13.5
産業の振興・雇用の確保	31,918	21.4	2,920	7.7	3,075	7.0
うち、農林水産業の復興支援	5,358	3.6	422	1.1	319	0.7
中小企業への支援と立地補助	5,238	3.5	694	1.8	1,588	3.6
原子力災害からの復興再生	12,410	8.3	4,655	12.3	7,264	16.6
うち、除染等	5,793	3.9	4,547	12.0	6,220	14.2
復興庁管轄予算合計	-	-	20,433	54.1	29,037	66.2
震災府復興特別交付税	22,408	15.0	5,490	14.5	6,053	13.8
その他	6,584	4.4	11,831	31.3	8,750	20.0
合計	149,243	100.0	37,754	100.0	43,840	100.0

（出所） 復興庁資料（2013a,b）より筆者作成。

を補償する措置であり，既に平成23年度の第1次から3次補正予算で2兆2,408億円が計上されていた。

(2) 福島県の復興に向けた財政措置

復興庁資料（2013a,b）から福島県に配分された財政措置について，区分内容から明らかにわかる項目は原子力災害関連などに対する財政措置の項目（「原子力災害からの復興・再生」事業）だけである。そのため，被災県（岩手県，宮城県，福島県，茨城県）の直接被害額の大きさによって予算が配分されているものと仮定し，各項目の金額から推計を試みた。それによると，地震・津波による震災被害で毀損した資本ストックへの復興の財政措置（ここでは，区分上で明示されている「社会インフラ」，「住宅再建」，「災害関連融資」の各項目をストック支援のための予算とみなした）について，福島県は平成24年度までに1兆3,910億円ほど執行されたと見込まれ，そして平成25年度・26

年度には7,370億円が計画されている。一方，産業復興への支援や福島県内の地方自治体に配分される震災復興特別交付税，そして原子力災害への対策費などのフロー支援とみなせる財政措置は，平成24年度までに2兆5,130億円が執行されたと見込まれ，そして平成25年度・26年度に1兆6,940億円の計上が推計される。そのうち，原子力災害への対策費は平成24年度までに1兆7,140億円，そして平成25年度・26年度に1兆3,820億円が計上され，こうした金額は推計したフロー支援全体でそれぞれ68.2%と81.6%を占める。このように国から福島県への財政移転は，震災後から2年間で年間2兆円近くに達し，今後2年間でさらに年間1.2兆円程度の財政措置が計画され，福島復興に向けて財政支援が継続されることになる。

こうした財政措置の効果については，表1-6の福島県の広報資料から社会基盤等の復旧・整備状況の進捗率をみると，社会基盤事業の着工が7割程度に達している。そしてこれらの事業完了状況は，道路や橋梁が8割，河川や港湾は5割程度になっているものの，湾岸・漁港施設事業の完了は1割程度にとどまっている。これらの指標からも明らかに原子力災害による影響が福島の復興の大きな障害になっていることがわかる。

表1-6 福島県の公共土木施設の災害復旧の進捗状況

公共土木施設当災害復旧工事箇所(2013年6月16日現在)	査定決定数	着工件数	着工率	完了件数	完了率
合計	2,022	1,488	73.6%	1,048	51.8%
河川・砂防	275	181	65.8%	137	49.8%
海岸	146	63	43.2%	16	11.0%
道路・橋梁	745	635	85.2%	587	78.8%
港湾	335	256	76.4%	170	50.7%
漁港	424	256	60.4%	47	11.1%
下水	3	3	100.0%	3	100.0%
公園・都市施設	5	5	100.0%	5	100.0%
公営住宅	89	89	100.0%	83	93.3%

(出所) 図1-2と同じ。

1.4 自然災害評価と労働移動の経済モデル

(1) 原型空間応用一般均衡モデル

前節で，被災地域の経済的・人的被害と復興財政措置の現状を概観したので，本節では，最初に，大震災・原子力災害の影響と復興政策評価を行ううえで有効な応用一般均衡（Computable General Equilibrium: 以下CGEと呼ぶ）モデルを取りあげる。特に，ここではこれらの政策分析を行う本書の第4章から第6章で用いる空間応用一般均衡モデル（以下ではSCGEと呼ぶ）の原型空間応用一般均衡モデルを説明する。そこで最初に，標準的な原型SCGEモデルに適用できるような形で作成した福島県の社会会計表（SAM）を説明する。

1) 原型SCGEモデルのための福島県社会会計表（SAM）

福島県SAMの部門は生産活動部門が3部門（農林水産業を部門1，鉱業と製造業を部門2，建設業と第三次産業を部門3とする）とし，生産要素は労働と資本，制度部門は家計と地方政府，貯蓄・投資部門，税部門，そして域外部門から構成される。ここでの域外部門とは原型SCGEモデルに適用するために，通常のSAMの海外部門に加えて福島県以外の日本のその他地域との交易部門，及び中央政府部門を内包した部門である。そして，同部門とそれ以外の部門においては通常の海外部門と同様に，「為替レート（ER）」が存在する。

そこで，このSAMを作成するために以下で示す幾つかの前提を置く。第1に，日本のその他地域から福島県の中間需要部門への移入量は福島県域内の中間投入量であるとみなす。この前提は，福島県域内の各中間投入財とその他地域からの移入による各中間投入財との地域間の代替弾力性が無限大であることを意味する。第2に，日本のその他地域から福島県の最終需要部門への移入量は福島県の輸入量であるとみなす。なお，この移入量には輸入関税と輸入商品税が課せられていないものの，SCGEではこの移入量を含めて輸入関税率と輸入商品税率をキャリブレーションする。第3に，福島県からその他地域の中間

需要部門への移出量は，福島県の同部門への移入量を差し引いた純移出量とし，それを福島県の輸出量とみなす。また，福島県からその他地域の最終需要部門への移出量も輸出量とみなす。第4に，福島県内からの税収を全て福島県の地方政府の税収とみなし，かつ福島県の歳入不足分については，域外部門（中央政府部門が内包されていると想定）からの経常移転によって担保されるとみなす。ここではこの経常移転分を外生変数扱いとする。第5に，簡素化のために企業部門を含めた家計部門に，生産要素部門のエージェントが支払う賃金・給与と資本所得を家計部門が全て受け取るとみなす。そして，これによって発生する家計勘定の差分は家計部門から域外部門に経常移転がなされたものとする。これも外生変数扱いとする。最後に，域外部門の外国貯蓄を全体のSAMの調整項目（残差）とした。この外国貯蓄は通常の外国貯蓄に，福島県とその他地域との交易による所得移転を為替レートで除したものを加えた。

以上の前提を踏まえて作成された福島県SAMが表1-7である。また，表1-8ではSAMに対応する原型SCGEモデル上の内生変数の価格変数，数量変数，金額変数及び外生変数が示されている。

2）原型空間応用一般均衡モデルの構造

この原型SCGEモデルの全体像を示したのが図1-8である[6]。この図から明らかなように，この原型SCGEモデルは，① 生産ブロック，② 交易ブロック，③ 家計ブロック，④ 貯蓄・投資ブロック，⑤ 地方政府ブロック，⑥ 域外部門，⑦ 税部門，⑧ 生産要素部門の8部門から構成されている。まず，生産ブロックでは，生産活動部門 $a(a = 1,2,3 \in A)$ は1商品 $c(c = 1,2,3 \in C)$ を生産するために2段階的利潤最大化行動をとると想定する。各生産部門の産業は，第1段階として付加価値部門をCES型生産技術の制約下で労働と資本から導出する一方，中間部門をレオンチェフ型生産技術の制約下で各中間投入財から導出する。そして第2段階として両部門を使ってレオンチェフ型生産技術の制約下で生産量 XD_c を算出する。これらの生産活動のモデル式は下記の通

---

[6] この原型SCGEモデルはEcoMod Modeling School（2012）で提供された開放経済の静学一国モデルのGAMSコード，及びTokunaga et al.（2003）に基づいて構築している。記して深謝したい。

1.4 自然災害評価と労働移動の経済モデル 19

表 1-7 原型 SCGE モデルのために作成された福島県 SAM

(単位：100万円)

		産業			商品			生産要素		家計	地方政府	投資	直接税	間接税(補助金控除)	関税	域外部門	合計
		部門1	部門2	部門3	部門1	部門2	部門3	労働	資本								
産業	部門1				252,268											70,054	322,322
	部門2					3,643,573										1,885,008	5,528,581
	部門3						8,477,056									1,212,935	9,689,991
商品	部門1	43,705	150,048	22,076						54,162	0	7,850					277,841
	部門2	58,323	2,203,922	1,189,648						838,140	11,592	616,173					4,917,798
	部門3	55,405	1,278,747	2,481,790						3,273,519	1,463,448	1,291,460					9,844,369
生産要素	労働	32,236	915,112	2,900,106													3,847,454
	資本	127,055	639,328	2,812,315													3,578,698
家計								3,847,454	3,578,698		906,179						8,332,331
地方政府										653,251			409,881	644,804	1,172	893,413	2,602,521
貯蓄										2,927,461	221,302					-1,233,280	1,915,483
直接税										409,881							409,881
間接税(補助金控除)		5,598	341,424	284,056	0	13,726	0										644,804
関税					0	1,172	0										1,172
域外部門					25,573	1,259,327	1,367,313			175,917							2,828,130
合計		322,322	5,528,581	9,689,991	277,841	4,917,798	9,844,369	3,847,454	3,578,698	8,332,331	2,602,521	1,915,483	409,881	644,804	1,172	2,828,130	

(出所) 筆者作成。

20　第1章　大震災からの復興・地域再生の経済分析

表1-8　福島県SAMに対応する原型SCGEモデルの内生変数と外生変数

		産業 部門1	産業 部門2	産業 部門3	商品 部門1	商品 部門2	商品 部門3	生産要素 労働	生産要素 資本	家計	地方政府	投資	直接税	間接税(補助金控除)	関税	域外部門	合計
産業	部門1				PDD_1*XDD_1											PE_1*E_1	PD_1*XD_1
	部門2					PDD_2*XDD_2										PE_2*E_2	PD_2*XD_2
	部門3						PDD_3*XDD_3									PE_3*E_3	PD_3*XD_3
商品	部門1	P_1*X_{11}	P_1*X_{12}	P_1*X_{13}						P_1*H_1	P_1*G_1	P_1*I_1					P_1*X_1
	部門2	P_2*X_{21}	P_2*X_{22}	P_2*X_{23}						P_2*H_2	P_2*G_2	P_2*I_2					P_2*X_2
	部門3	P_3*X_{31}	P_3*X_{32}	P_3*X_{33}						P_3*H_3	P_3*G_3	P_3*I_3					P_3*X_3
生産要素	労働	$PL*L_1$	$PL*L_2$	$PL*L_3$													$PL*LS$
	資本	$PK*K_1$	$PK*K_2$	$PK*K_3$													$PK*KS$
家計								$PL*LS$	$PK*KS$								Y
地方政府										$TEHG$				$TRPTT+TRMCT$	$TRMTT$	$ER*TEGG$	$GRBU$
貯蓄										SH	SG					$ER*SF$	S
直接税										$TRDH$							$TRDH$
間接税(補助金控除)		$TRPT_1$	$TRPT_2$	$TRPT_3$	$TRMC_1$	$TRMC_2$	$TRMC_3$										$TRPTT+TRMCT$
関税					$TRMT_1$	$TRMT_2$	$TRMT_3$										$TRMTT$
域外部門					PM_1*M_1	PM_2*M_2	PM_3*M_3			$ER*TEHO$							ROW
合計		PD_1*XD_1	PD_2*XD_2	PD_3*XD_3	P_1*X_1	P_2*X_2	P_3*X_3	$PL*LS$	$PK*KS$	Y	$GRBU$	$P*I$	$TRDH$	$TRPTT+TRMCT$	$TRMTT$	ROW	

(出所)　筆者作成。

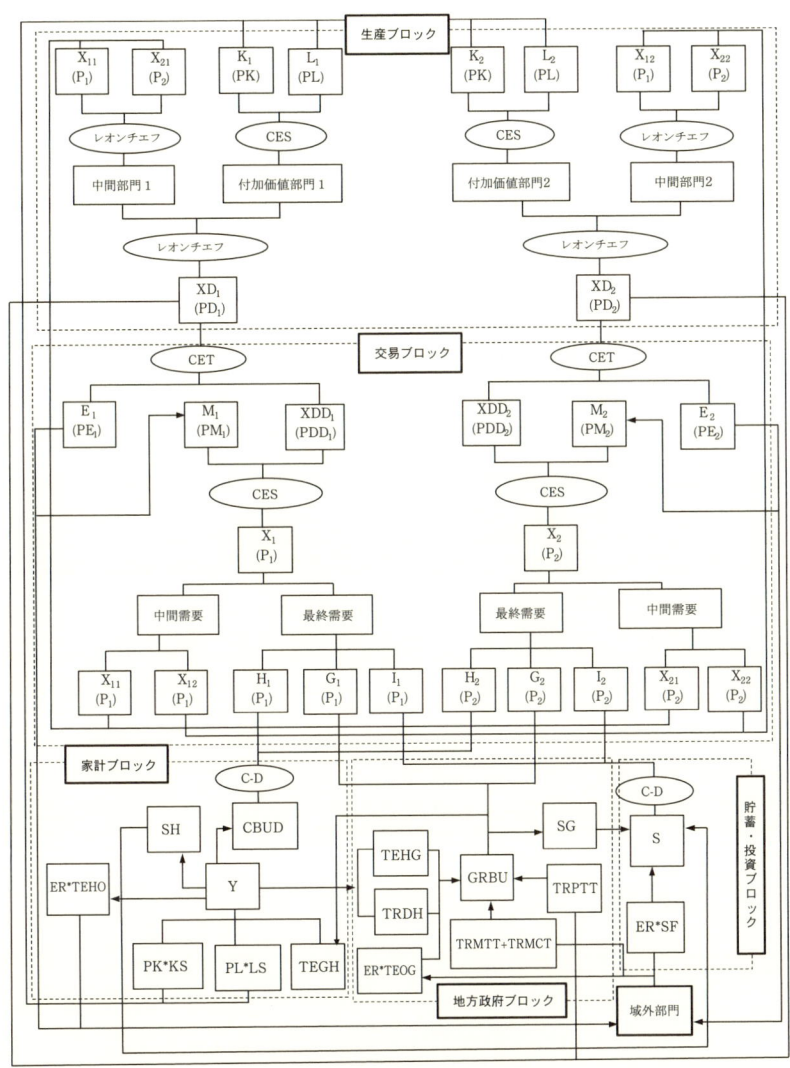

図1-8 原型SCGEモデルの概要

(出所) EcoMod Modeling School (2012) のFigure3とTokunaga et al. (2003) をもとに加筆・修正し，筆者作成。

りである。

$$K_a = \gamma F_a^{\sigma F_a} PK^{-\sigma F_a}(\gamma F_a^{\sigma F_a} PK^{(1-\sigma F_a)}$$
$$+ (1-\gamma F_a)^{\sigma F_a} PL^{(1-\sigma F_a)})^{\frac{\sigma F_a}{1-\sigma F_a}} \cdot \left(\frac{XD_a}{aF_a}\right) \tag{1.1}$$

$$L_a = (1-\gamma F_a)^{\sigma F_a} PL^{-\sigma F_a}(\gamma F_a^{\sigma F_a} PK^{(1-\sigma F_a)}$$
$$+ (1-\gamma F_a)^{\sigma F_a} PL^{(1-\sigma F_a)})^{\frac{\sigma F_a}{1-\sigma F_a}} \cdot \left(\frac{XD_a}{aF_a}\right) \tag{1.2}$$

$$PD_a \cdot XD_a = PK \cdot K_a + PL \cdot L_a + \sum_{c \in C} io_{ca} \cdot P_c \cdot XD_a \tag{1.3}$$

ここで，aF_a は部門 a の効率パラメータ，io_{ca} は部門 a における財 c の中間投入の技術係数，σF_a は労働と資本の代替弾力性，γF_a は a 部門の分配パラメータである。

次に，交易ブロックでは，こうした生産活動を通じて得られた生産量 XD_c に一定の生産税率が課せられた後，各部門の産業は CET 型変形関数の制約下で売上高を最大化する形で，その生産量を国内向け供給量 XDD_c と輸出量 E_c に配分する。その一方で，規模一定の CES 型生産関数の制約下で総費用を最小化する形で，その国内市場向けの生産量 XDD_c と輸入量 M_c から成る国内供給の合成財であるアーミントン合成財 X_c を生産する。こうして得られたアーミントン合成財は，中間需要として投入財 X_{ca} と最終需要として家計消費 H_c，政府消費 G_c，投資 I_c に需要される。

これらの交易活動については下記のモデル式になる。

$$E_c = \gamma T_c^{\sigma T_c} PE_c^{-\sigma T_c}(\gamma T_c^{\sigma T_c} PE_c^{1-\sigma T_c}$$
$$+ (1-\gamma T_c)^{\sigma T_c} \cdot PDD_c^{1-\sigma T_c})^{\frac{\sigma T_c}{1-\sigma T_c}} \left(\frac{XD_c}{aT_c}\right) \tag{1.4}$$

$$XDD_c = (1-\gamma T_c)^{\sigma T_c} PDD_c^{-\sigma T_c}(\gamma T_c^{\sigma T_c} PE_c^{1-\sigma T_c}$$
$$+ (1-\gamma T_c)^{\sigma T_c} \cdot PDD_c^{1-\sigma T_c})^{\frac{\sigma T_c}{1-\sigma T_c}} \left(\frac{XD_c}{aT_c}\right) \tag{1.5}$$

$$(1+tp_c)PD_c \cdot XD_c = PE_c \cdot E_c + PDD_c \cdot XDD_c \tag{1.6}$$

$$M_c = \gamma A_c^{\sigma A_c} PM_c^{-\sigma A_c} \Big(\gamma A_c^{\sigma A_c} PM_c^{1-\sigma A_c}$$
$$+ (1-\gamma A_c)^{\sigma A_c} PDD_c^{1-\sigma A_c} \Big)^{\frac{\sigma A_c}{1-\sigma A_c}} \Big(\frac{X_c}{aA_c} \Big) \tag{1.7}$$

$$XDD_c = (1-\gamma A_c)^{\sigma A_c} PDD_c^{-\sigma A_c} \Big(\gamma A_c^{\sigma A_c} PM_c^{1-\sigma A_c}$$
$$+ (1-\gamma A_c)^{\sigma A_c} \cdot PDD_c^{1-\sigma A_c} \Big)^{\frac{\sigma A_c}{1-\sigma A_c}} \Big(\frac{X_c}{aA_c} \Big) \tag{1.8}$$

$$P_c \cdot X_c = PM_c \cdot M_c + PDD_c \cdot XDD_c \tag{1.9}$$

$$PM_c = (1+tt_c+tm_c)\overline{PWM_c} \cdot ER \tag{1.10}$$

$$PE_c = \overline{PWE_c} \cdot ER \tag{1.11}$$

$$X_c = \sum_{a \in A} X_{ca} + H_c + G_c + I_c \tag{1.12}$$

ここで，γT_c と aT_c はそれぞれ商品 c の CET 型変形関数の分配パラメータと効率パラメータ，γA_c と aA_c はそれぞれ商品 c の CES 型関数の分配パラメータと効率パラメータ，σT_c は CET 型変形関数の代替弾力性，σA_a は CES 型関数の代替弾力性である．また，tp_c, tt_c, tm_c はそれぞれ生産税率，輸入関税率，輸入商品税率で，$\overline{PWM_c}$ と $\overline{PWE_c}$ は外生変数扱いとなる輸入財と輸出財のそれぞれの国際価格である．X_{ca} は部門 a における財 c の投入財である．

次に，図1-8の下段にある家計ブロックについて説明する．家計は効用水準の最大化行動をとり，家計消費量を決定すると想定する．そこで，家計は (1.16) 式の予算制約式のもと一次同次のコブ・ダグラス型効用関数を最大化する．一方，家計の収入 Y は，生産要素部門のエージェントから賃金・給与（$PL \cdot LS$）と資本所得（$PK \cdot KS$）及び地方政府からの社会給付（$TEGH$）を受け取る．そしてその収入から一定の比率（$hmps$）で貯蓄（SH）を行い，税部門を通じて政府部門に直接税（$TRDH$）と社会保障費（$TEHG$）を支払い，域外部門に経常移転（$ER \cdot \overline{TEHO}$）を行う．

これらの家計活動のモデル式は下記の通りである。

$$P_c \cdot H_c = \alpha H_c \cdot CBUD \tag{1.13}$$

$$SH = hmps \cdot Y \tag{1.14}$$

$$Y = PL \cdot LS + PK \cdot KS + TEGH \tag{1.15}$$

$$CBUB = Y - SH - TRDH - TEHG - ER \cdot \overline{TEHO} \tag{1.16}$$

ここでの αH_c は財 c の選好パラメータである。

また，貯蓄・投資ブロックは家計ブロックと同じ構造を持ち，この SCGE モデルは貯蓄先行的な閉じ方をしている。そして投資は，あたかも銀行部門が存在すると想定し，一次同次のコブ・ダグラス型効用関数に従って3つ部門の産業からの投資需要 I_c に対して貯蓄 S を配分する。ここでの貯蓄は下記の(1.18)式で示されているように，家計貯蓄 SH，地方政府の貯蓄 SG に上述したその他地域との所得移転を含む外国貯蓄（$ER \cdot SF$）を加えたものである。

これらの投資活動のモデル式は下記の通りである。

$$P_c \cdot I_c = \alpha I_c \cdot S \tag{1.17}$$

$$S = SH + SG + ER \cdot SF \tag{1.18}$$

ここでの αI_c は財 c の投資の選好パラメータである。

一方，地方政府ブロックにおける地方政府の歳入・歳出は以下のようになる。歳入（GRBU）の内訳は(1.21)式のように家計部門から受け取る直接税（$TRDH$）と社会保障費（$TEHG$）に加え，生産活動部門から受け取る間接税（$TRPTT$）と税部門から受け取る輸入関税（$TRMTT$）と輸入商品税（$TRMCT$）の合計，さらに域外部門から地方政府が受け取る経常移転（$ER \cdot \overline{TEOG}$）から成る。これに対して歳出は，歳入に対して一定の比率（$gmps$）で政府貯蓄（SG）を行い，それに家計部門に社会給付を支払った残りの歳入に対して一定の配分比率（shG_c）で各財・サービス（政府消費）を購入する。

これらの地方政府ブロックのモデル式は下記の通りである。

1.4 自然災害評価と労働移動の経済モデル 25

$$P_c \cdot G_c = shG_c(GRBU - SG - TEGH) \tag{1.19}$$

$$SG = gmps \cdot GRBU \tag{1.20}$$

$$GRBU = TRDH + TRPTT + TRMTT + TRMCT + TEHG \\ + ER \cdot \overline{TEOG} \tag{1.21}$$

残りの部門である域外部門と税部門,生産要素部門については以下のようになる。まず,域外部門の市場均衡式は(1.22)式となる。

$$\sum_{c \in C} M_c \cdot \overline{PWM_c} + \overline{TEHO} = \sum_{c \in C} E_c \cdot \overline{PWE_c} + SF + \overline{TEOG} \tag{1.22}$$

さらに,税部門の直接税,間接税,輸入関税,輸入商品税は各々以下のようになる。

$$TRDH = htd \cdot Y \tag{1.23}$$

$$TRPTT = \sum_{a \in A} tp_a \cdot PD_a \cdot XD_a \tag{1.24}$$

$$TRMTT = \sum_{c \in C} tt_c \cdot \overline{PWM_c} \cdot ER \cdot M_c \tag{1.25}$$

$$TRMCT = \sum_{c \in C} tm_c \cdot \overline{PWM_c} \cdot ER \cdot M_c \tag{1.26}$$

そして,生産要素部門の労働市場と資本市場の各々の均衡式は以下のようになる。

$$\sum_{a \in A} PL \cdot L_a = PL \cdot \overline{LS} \tag{1.27}$$

$$\sum_{a \in A} PK \cdot K_a = PK \cdot \overline{KS} \tag{1.28}$$

最後に,こうした上記の28本の方程式体系からなる原型SCGEモデルにおいてワルラス法則から1本が冗長となるため,価値尺度財(ニューメレール)としてどれか1つの財価格を選択しなければならない。通常のCGEモデルと同様にここでは賃金率 PL をニューメレールとする。また,モデルのクロジャーとして通常は,為替レートを内生変数とし,外国貯蓄を外生変数とするが,ここでは域外部門に含まれるその他地域の移出入が輸出入扱いとなってい

る点を考慮し，為替レートを外生変数，外国貯蓄を内生変数としてモデルを閉じることにする。以上が原型 SCGE モデルの構造である。この原型 SCGE モデルは一地域の開放経済体系のモデルであるので，本章の第 4 章と第 5 章において，地域間の相互依存関係が分析できるように，明示的にその他地域や中央政府部門等を取り入れ，静学的 2 地域間応用一般均衡モデル（2SCGE）を構築し，大震災・原子力災害による地域経済への影響と復興財源措置のシミュレーション分析を行う。そして第 6 章では 2 SCGE モデルを動学化し，被災地域の産業復興支援計画を基に自動車産業クラスターの形成に関する経済分析を行う。

(2) 新経済地理学における中心－周辺モデル

次に，大震災と原子力災害による人口・労働移動を分析するうえで有用な新経済地理学（New Economic Geography: 以下 NEG と呼ぶ）の理論を紹介する。リカードの比較優位の理論やヘクシャー・オーリンモデルに代表される伝統的な貿易理論に対して，1980 年代に入り，Krugman（1980）や Helpman and Krugman（1985）等によって独占的競争の枠組みの中に，収穫逓増の生産関数，輸送費および製品差別化という要因を導入した新貿易理論が開発され，産業内貿易，すなわち，同じ産業を持つ国の間で貿易が行なわれるメカニズムが解明された。しかし，この新貿易理論は，国際間の労働移動は存在しないと仮定したモデルである。そこで，Krugman（1991）や Fujita, Krugman and Venables（1999）は，この新貿易理論の枠組みを採用しながら，国際間（地域間）の労働移動を認める新経済地理学（NEG）のモデルを開発した。特に，Krugman（1991）は，労働の地域間移動を仮定した独占競争の簡単な一般均衡モデル，所謂，中心－周辺モデル（core-periphery model: 以下 CP モデルと呼ぶ）を提示した。

本節では，Fujita and Thisse（2013）に従い，コブ・ダグラス型効用関数を用いた CP モデルを紹介する[7]。このモデルは，輸送された財の一部分が目

---

[7] この中心－周辺モデルの説明は，Fujita and Thisse（2013）の 8.2 節（pp.291-306）に多くを負っている。記して深謝したい。現代の空間経済学は，新貿易理論と新経済地理学のモデルを核として展開されており（佐藤・田淵・山本 2011），本書でも空間経済学を同様な意味として用いる。

的地に到着するというサミュエルソンの氷塊型の輸送技術と Dixit-Stiglitz (1977) によって提示された独占的競争の枠組みを結び付け，収穫一定の下で同質の財を生産する農業（A）部門と収穫逓増下で差別化された財を供給する製造業（M）部門からなる2部門かつ2地域を想定する．生産要素としては，高水準の技術をもつ熟練労働者と低水準の技術を持つ未熟練労働者のみが存在する．M部門は，投入要素として熟練労働を用い，収穫逓増のもとで差別化された多様な財を生産するが，A部門は，未熟練労働を用いて，収穫一定のもとで同質な財を生産する．熟練労働者数を H，未熟練労働者数を L とし，熟練労働者は効用格差に応じて地域間を移動できるが，未熟練労働者は地域間を移動できないと仮定する．地域 r での未熟練労働者のシェアを $0 \leq \nu_r \leq 1$，熟練労働者のシェアを $0 \leq \lambda_r \leq 1$ と表す．

最初に，消費者行動を説明する．選好はすべての消費者に対して同じで，コブ・ダグラス型の効用関数で表される．

$$U = Q^\mu A^{1-\mu}/\mu^\mu(1-\mu)^{1-\mu} \quad 0 < \mu < 1 \tag{1.29}$$

Q は製造業部門の M 種類の多様な財の消費量，A は農業部門の同質財の消費量を表し，それぞれ，$Q = \left[\int_0^M q_i^\rho di\right]^{1/\rho} (0 < \rho < 1), A = (1-\mu)Y/p^A$ で与えられる．μ は正の定数である．q_i は多様な財 $i \in [0,M]$ の個別消費量，ρ は差別化された製品の多様性に対する欲求の強さの逆数を表す．σ は製品間の代替の弾力性で，$\sigma \equiv 1/(1-\rho)$ と定義される．消費者の所得を Y，農業財の価格を p^A，多様な財 i の価格を p_i で表すと，各々の需要関数は，次式で表される．

$$q_i = (\mu Y/p_i)(p_i^{-(\sigma-1)}/P^{-(\sigma-1)}) = \mu Y p_i^{-\sigma} P^{\sigma-1} \quad i \in [0,M] \tag{1.30}$$

P は次式で定義される製造業部門全体の価格指数である．

$$P \equiv \left[\int_0^M p_i^{-(\sigma-1)} di\right]^{-1/(\sigma-1)} \tag{1.31}$$

すなわち，製造業部門の多様な財の需要は，この全体の価格指数に対する多様な財の価格によって決定される．この価格指数は多様な財の種類が多くなるほど低下する．これらの式を (1.29) 式に代入することにより，次のような間

接効用関数を得る。

$$V = YP^{-\mu}(p^A)^{-(1-\mu)} \tag{1.32}$$

次に，生産者の行動を説明する。農業部門では，1単位の産出量に対して1単位のLが必要となる技術を，製造業部門では，q_iの産出量に対して熟練労働の$l_i(=f+cq_i)$単位が必要となる技術を採用する。fとc（$c=1$と仮定）はそれぞれ固定的労働投入量と限界労働投入量である。輸送と各財の価格に関しては，農産物は輸送費ゼロで輸送されると仮定するので，農業財価格は$p^A=1$となり，製造業部門の製品は，1単位の差別化された製品が地域rから地域sに移動する時，$1/\tau_{rs}$の部分のみが目的地に到着するという氷塊型輸送技術を仮定する。従って，多様な財iが地域rで生産され，工場渡し価格p_rで販売されるならば，地域$s(\neq r)$における消費者が購入する価格p_{rs}は，$p_{rs}=p_r\tau_{rs}$となる。この輸送費τ_{rs}のもとで，企業の分布を$(M_1,\cdots,M_R)$とするならば，地域rの価格指数P_rは次のようになる。

$$P_r = \left\{\sum_{S=1}^{R}\phi_{sr}M_s p_s^{-(\sigma-1)}\right\}^{-1/(\sigma-1)} \tag{1.33}$$

$\phi_{sr}(\equiv \tau_{sr}^{-(\sigma-1)})$は交易自由度を表し，輸送費が低下すると交易自由度は高くなる。

次に，地域rに立地する企業の利潤関数を説明する。地域rの熟練労働者の賃金率はw_rであるが，農業財価格を1とするので，農家賃金は各地域で1となる。産業間を自由に参入・退出ができるので，均衡では利潤はゼロとなり，地域rの所得は，$Y_r = \lambda_r H w_r + \nu_r L$となる。従って，(1.30)式を用いると，地域$r$に立地する製品$i$を生産する企業の総需要は，$q_r = \mu p_r^{-\sigma}\sum_{S=1}^{R}Y_s\phi_{rs}P_s^{\sigma-1}$となるので，地域$r$に立地する企業の利潤関数は，$\pi_r = (p_r-w_r)q_r-w_r f$となる。企業はこの式で得られる利潤を最大化するように価格を決める。

次に，熟練労働者の地域間移動がない場合を短期均衡とし，一方，熟練労働者の地域間移動がある場合を長期均衡として，各々の場合の空間均衡と賃金・労働移動関数を説明する。熟練労働者が地域間を移動しない短期均衡では，利潤がゼロのときの地域rの熟練労働者の均衡賃金（$\lambda_r > 0$の場合）は，

$$w_r^* = \kappa_2 \left[\sum_{S=1}^{R} \phi_{rs} Y_s P_s^{\sigma-1} \right]^{1/\sigma} \quad r = 1,\cdots,R, \tag{1.34}$$

となる．$\kappa_2 \equiv [(\sigma-1)/\sigma][\mu/(\sigma-1)f]^{1/\sigma}$ である．(1.32) 式の間接効用関数に賃金所得 Y と $p^A = 1$ を代入することによって，地域 r の実質賃金を得る．

$$V_r = \omega_r = \frac{w_r^*}{P_r^\mu} \quad r = 1,\cdots,R. \tag{1.35}$$

したがって，この間接効用水準は実質賃金と同じである．

一方，熟練労働者が地域間を移動する長期均衡では，熟練労働者はより高い効用水準を提供する地域に移動すると仮定するので，労働者が他の地域でより高い効用水準を得られないときに，空間均衡は生じる[8]．より高い効用水準を持つ地域に熟練労働者が引き付けられるという熟練労働者の労働移動の調整過程は次のようになる．

$$\dot{\lambda}_r = \lambda_r(\omega_r - \overline{\omega}) \quad r = 1,\cdots,R,$$

ここで，$\dot{\lambda}_r$ は λ_r を時間で微分し，ω_r は分布 $(\lambda_1,\cdots,\lambda_R)$ に対する均衡実質賃金であり，$\overline{\omega} \equiv \Sigma \lambda_s \omega_s$ はすべての地域間の平均実質賃金である．すなわち，この式は熟練労働者が低賃金の地域から高賃金の地域へと移動することを意味している．

以上の空間経済システムを 2 つの地域 ($r = 1, 2$) に当てはめると以下のようになる[9]．ここでは，未熟練労働者は 2 つの地域 ($\nu_1 = \nu_2 = 1/2$) に等しく配分されると仮定する．

$$Y_r = \lambda_r H w_r^* + L/2 \quad r = 1, 2 \tag{1.36}$$

$$P_r = \kappa_1 [\lambda_r (w_r^*)^{-(\sigma-1)} + \tau^{-(\sigma-1)} \lambda_s (w_s^*)^{-(\sigma-1)}]^{-1/(\sigma-1)} \quad s \neq r \tag{1.37}$$

$$w_r^* = \kappa_2 (Y_r P_r^{\sigma-1} + \tau^{-(\sigma-1)} Y_s P_s^{\sigma-1})^{1/\sigma} \quad s \neq r \tag{1.38}$$

---

[8] 短期・長期均衡に関する詳細は，Fujita and Thisse (2013) の pp.295-298 参照．
[9] 2 地域の空間経済に関しては，Fujita and Thisse (2013) の 8.2.2 節 (pp.298-306) 参照．

$$\omega_r = w_r^* P_r^{-\mu} \quad r = 1, 2 \tag{1.39}$$

ここで，$\kappa_1 \equiv [\sigma/(\sigma-1)](H/\sigma f)^{-1/(\sigma-1)}$ である。$\lambda \equiv \lambda_1$ とすると，$\lambda_2 = 1-\lambda$ となり，任意の所与 λ に対して，短期均衡が存在する。均衡条件 (1.36) 式－(1.39) 式から，2地域の名目賃金の合計は一定であり，2地域全体の所得は製造業部門の空間的分布と市場統合度と独立であり，企業（労働）移動は2地域全体の所得に影響を与えないが，地域の所得には影響を与えることがわかる。この場合に空間均衡は，$\Delta(\lambda) \equiv \omega_1(\lambda) - \omega_2(\lambda) = 0$ のとき $\lambda \in (0,1)$ で生じる[10]。熟練労働者の労働移動の調整過程は，$\dot{\lambda} = \lambda \Delta(\lambda)(1-\lambda)$ となる。もし $\Delta(\lambda)$ が正で $\lambda \in (0,1)$ ならば，労働者は地域2から地域1に移動する。Krugman (1991) は，この非線形システムのシミュレーション分析により，以下のような結論を得ている。輸送費が高いときには，製造業部門は両地域に分散し（$\lambda^* = 1/2$），対称均衡は安定的で唯一の均衡である。一方，輸送費が低いときには，いずれかの地域に集積し（$\lambda^* = 0, 1$），対称均衡は不安定になり，中心－周辺構造が唯一の安定均衡となる。輸送費が中間のときには，3つの安定均衡が存在する。すなわち，対称均衡と地域1かまたは地域2に製造業部門の集積をもつ中心－周辺構造である。以上がCPモデルの概要である。本書では，このCPモデルをベースに，第9章において，我が国の47都道府県のデータを用いてNEGモデルを構築し，巨大地震が労働移動に及ぼす影響を分析する。

(3) 新産業集積・産業クラスター研究の動向

本書では，大震災からの復興及び地域再生戦略として新産業集積・産業クラスターの形成に着目する。1960年代以降産業集積の研究や地域計画が盛んに行われたが，1990年代以降新しい産業集積・産業クラスター研究が盛んに行われるようになった。ここでは，これらの動向を紹介する。古典的な産業集積の研究は，経済学者A.ウェーバーに始まり，「集積の経済」の源泉を解明したのは，アルフレッド・マーシャル (1890) である。彼は，集積の経済が生じる

---

[10] $\Delta(0) \leq 0$ のとき $\lambda = 0$ で，また $\Delta(1) \geq 0$ のとき $\lambda = 1$ で空間均衡が生じる。

のは，(1) 情報・知識のスピルオーバー，(2) 地域の非交易生産要素の共有，(3) 地域の熟練労働のプール，の3つの要因であると指摘した．このマーシャル的外部経済は，地域特化の経済と都市化の経済に分類されるが，両タイプの外部経済に関して，Jacobs（1969）は，都市化の経済が支配的であると述べ，一方，Porter（1998）は一連の研究で産業クラスターを提唱するとともに，グローバル経済において産業クラスターが成功する主たる理由は競争力のあるイノベーションを展開する強い地域特化の経済の存在にあると述べ，この両者に関する論争の結論は，対象とする産業の特徴や地域の規模に依存するといわれている．この外部経済の概念は，1990年代の前半にP.クルーグマン（1991）等による新経済地理学（NEG）モデルにより，そのミクロ的基礎付けが行われた（その後の展開はFujita, Krugman and Venables（1999），Fujita and Thisse（2002, 2013）等参照）．集積の経済を実証的に解明した論文として，Nakamura（1985）等があるが，P.クルーグマン（1991）論文に触発され，1990年代後半から集積の経済の実証分析が盛んに行われるようになった．その先鞭的な研究の代表がEllison and Glaeser（1997）である．この指数を用いて，日本の製造業の集積の経済を実証した論文には徳永・影山・阿久根（2006），Tokunaga, Kageyama, Akune and Nakamura（2014）等がある．一方，Mori et al.（2005）はこのEG指数と別の新たな指数を提案した．これらの研究は，アルフレッド・マーシャル（1890）等の伝統的な産業集積の研究と区別して，新産業集積の研究と呼ばれている．

　ポーターは，急速なグローバル化の進展による競争の激化の下での競争優位を考察し，多様で異質な企業の集積によって，異分野との交流やフェイス・トゥ・フェイスのコミュニケーションが盛んになり，そこから生じるより様々なアイデアを新製品や新技術の開発に活用するという産業クラスターの概念を示した．単に，企業集積による外部経済だけでなく，大学や研究機関などの企業を取り巻く研究組織や地方政府とともにシステム的に地域再生を推し進める戦略である．特に，アメリカのシリコンバレーのIT産業クラスターやフランスのワイン産業・食品産業クラスターは有名である．日本の産業クラスターを分析した論文には多和田・家森（2005），多和田・塚田（2010）や影山・徳永・阿久根（2006）等がある．最近の産業クラスターの研究では，イノベー

ションを促進するためのソフトな経営資源の重要性を指摘している。本書の第1章6節と第5章では，SCGEモデルを用いてイノベーションを伴う産業クラスター形成による地域再生のシミュレーション分析を行い，第6章では，イノベーションを伴う広域な自動車産業クラスターの形成，第7章では，イノベーションを伴う持続可能な漁業・水産加工産業クラスターの形成による復興・地域再生への経済効果を動学的CGEモデルにより分析する。

1.5　原型SCGEモデルによる大震災の影響と復興分析

(1)　福島県における原子力災害影響のシミュレーションの内容

　ここでは，前節までに考察した内容を踏まえて福島県がその他被災3県と同様に地震・津波被害だけによる影響（つまり，「原子力災害なかりせば」の影響）ケースと原発事故による原子力災害の影響ケースについてシミュレーション分析を行う。

　まず，福島県も岩手県と宮城県と同様に地震と津波の被害で止まっていたとした「原子力災害なかりせば」ケースについてシミュレーションする。ここでは，福島県も岩手県や宮城県，茨城県と同じ被災地域として労働と資本の総賦存量の減少率をそのまま福島県に適用する（第5章2節(1)を参照されたい）。

　他方，後者の原子力災害の影響ケースについては，3つのシナリオに基づいて行う。

　第1の「財政移転なし」シナリオは，原子力災害の影響地域での生産活動の停止状態が続き，同地域分だけ福島県の労働と資本の総賦存量は減少する。また，原子力災害で農業，漁業と電力・ガス・水道の生産活動は回復せず，かつ原子力災害に対して国からの福島県への財政措置が執られないとする。具体的な設定として，原子力災害がもたらした農林水産業への影響は，図1-6の減少率からほとんど回復しないとする。また，電力・ガス・水道の生産量については，表1-3から影響地域の同産業の生産量がゼロになったとした減少率である64.8%から回復しないとする。原型SCGEモデル上ではこの部門1と部門2の

各産業において上記した生産量の減少率に近似するようにキャリブレーションで得られた生産関数の効率パラメータ（生産性）を低下させることで対応する。

第2の「財政移転あり」シナリオは，表1-5から原子力災害に対して国からの福島県への財政措置として継続的に一定の金額が支給されるとする。その金額を年間800億円とする。これは平成25年度予算や平成26年度概算要求額で「原子力災害からの復興・再生」として予算化された中で，除染等と再生可能エネルギー支援，及び風評被害対策以外で影響地域の自治体に支給される交付金の平均額である。この金額を域外部門からの経常移転額に上乗せする。

第3の「財政移転と製造業の産業振興」シナリオは，第2のシナリオに中小企業の支援という名目で福島県の製造業（部門2）に補助金が支給され，それに相当する分が追加で福島県に財政措置の上乗せするシミュレーションであ

表1-9 地震・津波被害と原子力災害による影響と復興政策のシミュレーションの内容

		福島県の総賦存量		福島県の原子力災害影響生産活動の生産性変化率（aFの効率パラメータ）			福島県の地方政府への財政移転方法
		労働	資本	部門1	部門2	部門3	
地震・津波被害の影響ケース（「原子力災害なかりせば」ケース）（復興政策なし）		▲7.7%	▲11.0%	0%			財政移転なし
原子力災害の影響ケース	財政移転なしシナリオ（復興政策なし）	▲7.5%	▲14.8%	▲5.0%	0%	▲4.0%	財政移転なし
	財政移転ありシナリオ（復興政策あり）						地方政府に原子力災害からの復興・再生の事業費として域外部門からの経常移転額に800億円の上乗せを行う
	財政移転と製造業の産業振興（補助金支給）シナリオ（復興政策あり）						「財政移転あり」シナリオに加えて，福島県の製造業に対しての既存の間接税率比率に1.0%を引き下げを行い，その原資として域外部門の経常移転額に500億円を追加する

(出所) 筆者作成。

る。具体的には，平成 25 年度予算で予算化されている「中小企業への支援と立地補助金」の 1,588 億円のうち，500 億円相当が福島県に支給され，それが製部門 2 の産業に既存の間接税率に 1.0%引き下げたと想定する。以上のシミュレーション内容をまとめた表が表 1-9 である。

最後に，原型 SCGE モデルの各種の代替弾力性の設定について説明する。労働と資本の代替弾力性 σF_a は部門 1 が「0.6」，部門 2 と部門 3 が「1.3」とし，CET 型変形関数の代替弾力性 σT_c は各部門とも「2.0」とし，CES 型関数の代替弾力性 σA_a では部門 1 が「2.5」，部門 2 は「3.0」，部門 3 は「1.9」とした。

(2) 地震・津波被害の影響と原子力災害影響のシミュレーションの結果

このモデルを用いた地震・津波被害の影響と原子力災害影響のシミュレーション結果を示したのが表 1-10 である。この表から地震・津波被害の影響ケース（「原子力災害なかりせば」ケース）と原子力災害影響ケースのうち「財政移転なし」シナリオの 2 つのケースを比較すると，原子力災害が福島県の等価変分をさらに 1,944 億円ほど悪化させ，生産量をさらに 5.28%ポイント，実質 GRP も 5.07%ポイント減少させることになる。このように原型 SCGE モデルからも福島原発事故の影響が福島県の生産活動や家計に大きく影響していることがわかる。

次に，原子力災害影響ケースのうち財政移転の有無による結果を比較する。同表の生産量や実質 GRP の指標をみると，財政移転がこれらの指標をさらに悪化させている一方で，等価変分と家計の効用水準はほとんど変化がみられない。これは，域外部門から地方政府に注入された経常移転（財政移転）は確かに政府貯蓄や政府消費を回復させる効果がみられるものの，それが福島県の投資需要に結び付く構図に反映できないからである。その証左が総貯蓄の変化に現れている。原型 SCGE モデルでは所得移転に相当する外国貯蓄の減少幅が逆に増幅することになり，経常移転の増加がかえって総貯蓄を減少させる結果になる。このことは，所得移転や財政移転の役割を果たすその他地域や中央政府が独立した部門として位置づいていない原型 SCGE のモデルの限界であると言えよう。しかし，こうした単なる財政移転に加えて製造業の産業振興を実

表 1-10 地震・津波被害と原子力災害による影響と復興政策のシミュレーション分析

基準値からの変化率	地震・津波被害の影響ケース（「原子力災害なかりせば」ケース）（復興政策なし）	原子力災害影響ケース					
		財政移転なしシナリオ（復興政策なし）		財政移転ありシナリオ（復興政策あり）		財政移転と製造業の産業振興（補助金支給）シナリオ（復興政策あり）	
	①	②	②-①	③	③-②	④	④-③
等価変分（億円）	▲4,119	▲6,063	▲1,944	▲6,063	0	▲5,913	150
福島県の生産量	-9.75	-15.03	-5.28	-15.14	-0.11	-14.50	0.65
実質 GRP	-9.38	-14.45	-5.07	-14.48	-0.03	-14.23	0.24
家計の効用水準	-9.90	-14.46	-4.56	-14.46	0.00	-13.94	0.52
家計所得	-7.13	-7.26	-0.12	-7.25	0.01	-7.31	-0.06
総貯蓄	3.87	38.03	34.16	34.38	-3.65	20.71	-13.66
外国貯蓄（億円）	▲9,430	▲2,840	6,590	▲3,609	▲769	▲6,216	▲2,607

（出所） 筆者作成。

施するシナリオをみると，等価変分は 150 億円の改善がみられ，生産量と実質 GRP もそれぞれ 0.65％ポイントと 0.24％ポイントほど減少率は縮小している。このモデルからもこうした産業振興策の効果があることはわかる。

1.6 新産業集積・産業クラスターの形成による地域再生のシミュレーション分析

(1) 新産業集積・産業クラスターの形成のシミュレーション内容

　ここでは，被災した農林水産業と製造業が新産業集積・産業クラスターの形成によって如何に復興・地域再生するのかを原型 SCGE モデルを用いたシミュレーション分析により解明する。具体的なシミュレーション内容は表1-11 に示したように，前項で行った地震・津波被害の影響ケース（「原子力災害なかりせば」ケース）のベースシナリオにしている。そして，そのベースシナリオに基づいて4つのシナリオを行う。第1に，産業振興のための補助金シナリオである。このシナリオは，福島県の農林水産業に200億円，鉱業・製造業

に550億円に相当する補助金が支給され，福島県の産業振興と雇用確保が図られたと想定する。因みに，この金額は平成24年度当初予算と平成25年度概算決定額で計上された「産業の振興・雇用の確保」に関する東日本大震災復興特別会計の予算額（農林水産業への支援の741億円と中小企業への支援と立地補助金の2,282億円）が被災4県の生産被災額に按分される形で福島県に配分されたと想定した額である。原型SCGEモデルでは福島県の地方政府に域外部門から750億円に支払いを受け，それを原資に部門1の間接税率を6.5％引き下げ，部門2の間接税率を1.1％引き下げられたとする。第2に，この補助金シナリオに福島産の製品差別化が図られたとするシナリオである。このシナリオでは補助金によって県外に対して県内製品の価格優位を利用して，県内の製品への移入代替が進み，県内で生産された製品が県外により移出されることを想定する。言い換えると，このシナリオは県内に新産業集積がみられ，その産

表1-11　新産業集積・産業クラスターの形成による地域再生のシミュレーション内容

		福島県の総賦存量		生産活動の生産性変化率（aFの効率パラメータ）			CES型関数の代替弾力性（上段）CET型変形関数の代替弾力性（下段）（σAc, σTc）			福島県の地方政府への財政移転額と措置方法
		労働	資本	部門1	部門2	部門3	部門1	部門2	部門3	
新産業集積の経済分析	産業振興のための補助金政策シナリオ	▲7.7%	▲11.0%	0%	0%	0%	2.5 / 2.0	3.0 / 2.0	1.9 / 2.0	・福島県の農林水産業への支援として200億円と，製造業の中小企業への支援と立地補助金として550億円，合計750億円の復興財政措置が福島県の地方政府になされたと想定。 ・福島県の地方政府はそれを原資として， ①部門1（農林水産業）に既存の間接税率を6.5％引き下げる ②部門2（鉱業と製造業）の既存の間接税率を1.1％引き下げる
	補助金政策＋製品差別化のシナリオ			0%	0%	0%	5.0 / 4.0	6.0 / 4.0	1.9 / 2.0	
	補助金政策＋生産性向上シナリオ			4.0%	2.0%	0%	2.5 / 2.0	3.0 / 2.0	1.9 / 2.0	
	補助金政策＋製品差別化＋生産性向上シナリオ			4.0%	2.0%	0%	5.0 / 4.0	6.0 / 4.0	1.9 / 2.0	

（出所）　筆者作成。

業集積を通じて生産された製品にブランド力をつけ，県外により多くの移出が可能になるというものである。ここでは，CET 型変形関数と CES 型関数の代替弾力性をそれぞれ倍にすることによってこのシナリオを表現した。一方，第3のシナリオは，補助金を通じて産業の集積が図られたことがイノベーションを伴い生産性向上に繋がったというシナリオである。このシナリオは第2のシナリオよりも中長期的視点の要素が入り，かつ第2のような形での製品の差別化ではなく，生産性向上による高付加価値化から県内外での福島産製品の優位が得られるというものである。第4章と第5章の2地域間 SAM を用いた 2SCGE モデルでのキャリブレーションで計測された被災地域とその他地域における農林業と電子部品・ディバイスの効率パラメータの較差比を利用し，部門1の効率パラメータに 1.04，部門2の効率パラメータに 1.02 を乗じて生産性向上があったと想定する。第4に，第2と第3のシナリオを合わせたシナリオである。このシナリオは新産業集積が完成した姿を描いている。

(2) 新産業集積・産業クラスターの形成による地域再生のシミュレーション結果

　4つシナリオのシミュレーション結果は表 1-12 で示した通りである。この結果から次の点を指摘することができる。第1に，大震災からの復興には，何らかの補助金政策が不可欠である。それは，本シミュレーションが震災後の1年間を通じて落ち込んだ労働と資本の総賦存量を固定にしているという制約下であるものの，補助金政策のシナリオはベースシナリオに比べて等価変分を 307 億円ほどマイナス幅が縮小し，福島県の総生産量も 8.67％減と1％ポイントほど回復させる経済効果をもたらすからである。第2に，補助金政策は復興・地域再生を目指す上での必要条件に過ぎず，復興・地域再生には新産業集積が必要であり，その過程において何らかの施策が必要であることをシミュレーション結果が示唆している。例えば，福島産の製品差別化を図る施策を行うと，県内の生産量は 8.14％減とさらに 0.5％ポイント減少率は小さくなり，部門1の生産は 11.7％増の2桁の伸び率になり，部門2の生産も 3.23％減と 5.99％減から大きく縮小する。そしてこうした生産拡大にともなう部門1と部門2の雇用量も増加や改善がみられる。但し，上述したように資本と労働の総

賦存量を固定していることから部門3の産業と労働は負の影響を受けることになる。第3に、生産性向上シナリオの結果から、産業クラスター形成による新産業集積は、製品差別化よりも等価変分、県の生産量と実質GRPをともに大きく回復させる経済効果があることがわかる。但し、労働環境の視点からみると、生産性向上シナリオよりも製品差別化シナリオの方が効果的である。以上の3点の考察を踏まえると、産業クラスターの形成は、その形成過程で補助金と製品差別化の施策を図りながら、新産業集積を着実に進展させることによって、震災で落ち込んだ地域経済を活性化させ、地域住民の生活水準を大きく回復させることに繋がると結論づけられる。

表1-12 新産業集積・産業クラスターの形成による地域再生の効果

基準値からの変化率 ＜ ＞は地震津波被害の影響 ケースの等価変分からの差分		地震・津波被害の影響ケース	新産業集積の経済分析			
			産業振興のための補助金政策シナリオ	補助金政策＋製品差別化のシナリオ	補助金政策＋生産性向上シナリオ	補助金政策＋製品差別化＋生産性向上シナリオ
等価変分 （億円）	福島県	▲4,119	＜307＞	＜314＞	＜530＞	＜564＞
福島県	福島県の生産量	-9.75	-8.67	-8.14	-7.47	-6.03
	実質GRP	-9.38	-9.21	-9.16	-8.66	-8.51
	家計の効用水準	-9.90	-8.82	-8.80	-8.23	-8.11
	家計所得	-7.13	-7.14	-7.11	-7.16	-7.15
	総貯蓄	3.87	-19.39	-28.68	-31.21	-55.41
福島県の部門別生産量	部門1（農林水産業）	-12.60	1.59	11.70	8.94	29.51
	部門2（鉱業・製造業）	-11.85	-5.99	-3.23	-1.67	5.88
	部門1（建設業と第三次産業）	-8.50	-10.49	-11.52	-11.23	-13.79
福島県の雇用量	部門1（農林水産業）	-11.37	3.02	13.31	6.19	26.25
	部門2（鉱業・製造業）	-10.47	-4.52	-1.67	-2.13	5.41
	部門1（建設業と第三次産業）	-6.77	-8.81	-9.82	-9.60	-12.20

（出所） 筆者作成。

1.7 おわりに

　本章の前半では，東日本大震災が岩手県，宮城県，福島県，茨城県にもたらした経済的・人的被害に加え，福島県に甚大な被害をもたらした原子力災害の影響について鉱工業生産指数や福島県の統計，経済産業省のアンケート調査結果などの資料に基づき考察した。その一方で，国がこうした被災地域の復旧・復興に対してこれまでにどの程度の財政移転を行ってきたのかについても復興庁資料を基に明らかにした。

　また，本章の後半では，福島県社会会計表を用いた原型 SCGE モデルから原子力災害の影響と復興に向けた新産業集積・産業クラスターによる地域再生効果を分析した。これらの分析結果から福島県が地震・津波被害で止まったケースに比べて原子力災害は，さらに福島県の域内生産量と実質 GRP をそれぞれ 5.28％と 5.07％ポイント減少させるほどに大きな影響を与えた。こうした中で実施されている福島県への財政措置の効果について分析したところ，福島県への原子力災害からの復興・再生への財政移転に加え，新産業集積・産業クラスターの形成に向けた財政措置（補助金支給）がなされることで初めて，地域経済が活性化することがわかった。このように単なる財政措置を講ずるよりは，産業振興のための補助金政策を通じて製品の差別化やイノベーションによる生産性向上を伴う被災地の新産業集積を図る産業クラスターを形成することが震災からの復興に大きく貢献することが示された。

　確かに原子力災害の影響地域を除けば，こうした公表された資料や 20 兆円を上回る復興財政措置から考察すると，被災県間や産業間で復興の進捗状況について程度こそあれ，被災地域は東日本大震災がもたらした甚大な経済被害から震災前の状況に回復しつつあることが伺える。しかし，その一方で，東日本大震災から 3 年を経過した中で，原子力災害の影響地域を除く，岩手県や宮城県の津波被害地域でも地域産業の復興はこれからという状況であり，かつ同地域の住民の生活基盤すら安定していないというのが状況であろう。こうした財政措置の規模と被災地域の復興の現況との溝は，県レベルのマクロ経済統計や

復興予算レベルの資料に基づく考察には限界があるものの，その溝を可能な限り埋めることなくしては，震災復興の経済分析にはならない。

そこで，本書の第2章以降の第3章から第7章では，県ごとの産業連関表や県民経済計算などの各種統計を立体的にした地域間社会会計表（SAM）を作成し，それをデータベースとした乗数分析や静学的・動学的応用一般均衡モデルを用いて，大震災による地域経済への影響や復興・地域再生の実証分析を行う。さらに，地域間産業連関表（第8章）とNEGモデル（第9章）を用いて，原子力災害の影響を含めて東日本大震災がもたらした経済被害を受けた産業や家計，人口移動などの地域経済への影響を実証分析する。

付表 1-1　SCEG モデルの変数一覧表

内生変数		外生変数	
（価格変数）		LS	労働賦存量
PL	賃金率	KS	資本賦存量
PK	資本収益	TEHG	社会保障費
PD_a	生産活動 a による国内生産財の価格	TEGH	社会給付費
PDD_c	商品 c の国内財の価格	TEHO	家計部門からの域外への経常移転
P_c	商品 c のアーミントン合成財の価格	TEOG	域外からの地方政府部門への経常移転
PE_c	商品 c の輸出財の価格	PWE_c	商品 c の輸出財の国際価格
PM_c	商品 c の輸入財の価格	PWM_c	商品 c の輸入財の国際価格
ER	為替レート	パラメータ	
（数量変数）		aF_a	生産活動 a における生産関数の効率パラメータ
L_a	生産活動 a による労働投入量	io_{ca}	生産活動 a における商品 c の中間投入の係数
K_a	生産活動 a による資本投入量	σF_a	生産活動 a における労働と資本の代替弾力性
XD_a	生産活動 a による国内生産量	γF_a	生産活動 a における生産関数の分配パラメータ
XDD_c	商品 c の国内生産財の国内供給量	aT_c	商品 c の CET 型変形関数の効率パラメータ
X_c	商品 c のアーミントン合成財の数量	γT_c	商品 c の CET 型変形関数の分配パラメータ
E_c	商品 c の輸出財の変形量	σT_c	商品 c の CET 型変形関数の輸出財と国内生産財との代替弾力性
M_c	商品 c の輸入財の投入量		
H_c	商品 c の家計消費量	aA_c	商品 c の CES 型関数の効率パラメータ
G_c	商品 c の地方政府消費量	γA_c	商品 c の CES 型関数の分配パラメータ
I_c	商品 c の投資量	σA_c	商品 c の CES 型関数の輸入財と国内生産財との代替弾力性
（金額変数）			
Y	家計所得	αH_c	商品 c の家計消費の C-D 型関数の選好パラメータ
CBUD	家計消費の予算	αI_c	商品 c の投資の C-D 型関数の選好パラメータ
GRBU	地方政府の予算	tp_c	商品 c の生産税率
SH	家計貯蓄	tt_c	商品 c の輸入関税率
SG	地方政府貯蓄	tm_c	商品 c の輸入品商品税率
TRDH	直接税の税収	hmps	家計の貯蓄率
TRPTT	国内間接税の総税収	gmps	地方政府の貯蓄率
$TRPT_a$	生産活動 a が支払う国内間接税（生産税）	shG_c	商品 c の政府消費の割合
TRMTT	輸入関税の総税収		
$TRMT_c$	商品 c の輸入関税の税収		
TRMCT	輸入品商品税の総税収		
$TRMC_c$	商品 c の輸入品商品税の税収		
SF	外国貯蓄		
S	総貯蓄		

（出所）　筆者作成。

第2章
2地域間社会会計表を用いた大震災による経済損失の波及効果分析

2.1 はじめに

本章は地震や津波からの直接的な外的ショックによる生産活動の減少がもたらす波及効果について，被災地域とそれ以外の地域の地域別，かつ生産活動，家計部門，その他部門の経済活動ごとに考察する。そこで，まず東日本大震災で大きな被害を被った岩手県，宮城県，福島県，及び茨城県の4県を被災4県とし括り，それ以外の都道府県をその他地域とした2地域間社会会計表（SAM）を構築する。このSAMを用いて以下の2つの外的ショックに関する乗数分析を行う。まず，第1の外的ショックとして今回の震災による2011年4-8月期の大幅な輸出の減少を取り上げ，被災地域とその他地域の生産活動部門，家計などの制度部門及びその他部門にどのような影響をもたらしたかを明らかにする。第2の外的ショックとして地震と津波による農業被害や漁業被害がもたらした被災地域の生産活動や家計部門への影響の大きさを明らかにする[1]。

2.2 2地域間社会会計表の構築

(1) 被災4県とその他地域の2地域間社会会計表

本章で作成する2地域間SAMの概要を示したのが表2-1である。この

---
1 サプライチェーン途絶による影響については徳井他（2012）を参照されたい。

SAMを作成するベースのデータは，石川・三菱総研が共同で作成した47都道府県の2005年地域間産業連関表である[2]。そして同表から得られない，2地域の家計・企業・政府など制度部門やその他部門の支払いと受取りの情報については，国民経済計算と47都道府県の県民経済計算の2005年暦年（年度）値から求める。また，生産要素の移出入は，経産省の「平成17年地域間産業連関表」に記載されている付加価値部門の移出入から推計する。さらに石川・三菱総研の地域間産業連関表では輸入額の中に輸入品商品税と関税が内数となっていたため，全国の産業連関表から輸入に関する財・サービスの税率を求め，2地域の輸入額に乗ずることから輸入額から両税を取り出す。そして，伊藤(2008) の2地域間SAMの枠組みに従い，生産活動部門は20部門×2地域，生産要素部門は労働と資本の2部門×2地域，制度部門と貯蓄・投資部門が9部門×2地域，その他部門が7部門，海外部門は1部門の計70×70の行列の2地域間SAMを作成する。

この2地域間SAMの特徴は，2地域の制度部門を家計と企業，地方政府に分け，さらに企業を非営利団体，非金融企業，金融機関に3分割し，地方政府を国出先機関，都道府県，市町村，社会保障基金に4分割していることである。加えて，その他部門を構成する7部門のうち1部門に中央政府を設けてい

表2-1　2地域間SAMの概要

	被災4県	その他地域	その他部門	海外部門
被災4県	地域内SAM	移出	税部門，財産所得・その他経常移転，中央政府	輸出，労働・資本移転
その他地域	移入	その他地域内SAM	同上	同上
その他部門	税部門，財産所得・その他経常移転，中央政府	同左	同左	海外とのその他経常移転
海外部門	輸入，労働・資本移転	同左	海外とのその他経常移転	

（出所）　筆者作成。

2　南山大学の石川良文教授から提供を頂いた，被災4県とその他地域の2地域間産業連関表がベースとなっている。

る。確かに伊藤（2008）が指摘しているように地方政府内の分割や中央政府との遣り取りについて，県民経済計算の中で「一般（地方）政府の部門別所得支出取引」が47の都道府県全てで整備されているわけではなく，整備されているのは1道9県に過ぎない。そのため，これらのデータから全国値を推計しなければならないことに無理があるものの，福島県を除くその他被災3県で同表が整備されていることから地方政府内の分割を試みる。このように地方政府内を分割する理由は，被災地域への財政措置をどのような形で実施することが効果的であるかを明らかにしたいからである。とりわけ，その他部門からの被災地域への財政移転がもたらす効果のみならず，その他地域への影響についても計量的な把握が不可欠であると考えたからである。

次に，表2-2の2地域間のマクロSAMから各部門における被災4県の経済規模を考察する。まず，財・サービス部門の2005年の産出額は68.9兆円で全国の6.5％を占める。また，同地域内での中間投入額は20.4兆円で，その他地域から同部門への移入が11.1兆円，逆に移出は11.2兆円とほぼ移出入は同規模である。輸出が3.7兆円で，輸入は3.9兆円と入超となっている。生産要素部門においては，被災4県内での財・サービスに投入される労働は15.2兆円，資本が14.5兆円となっている。一方，制度部門では，家計の受取額が26.6兆円と全国の6.1％を占めるが，地方政府の受取額は12.4兆円と全国の7.4％を占め，各部門の中での全国比が最も高い。そして，その内中央政府からの受取比率が39.2％とその他地域の23.9％よりも16％ポイント程度上回るほどに，被災4県の地方政府の財源は中央政府からの財政移転に大きく依存していると言える。

(2) 地域間社会会計表によるSAM乗数分析の枠組み

ここでは，表2-2から構築した2地域間SAMを用いてSAM乗数分析の枠組みを示す[3]。

2地域間SAMに従い，内生的に決定される両地域の財・サービス部門，生産要素部門，家計などの制度部門，貯蓄・投資部門，及びその他部門を需要側

3　この節は伊藤（2008）に多くを依拠している。

表 2-2 被災 4 県とその他地域の 2 地域間マクロ SAM

(単位：10 億円)

			被災 4 県							その他地域						その他部門					海外部門(輸出)	合計(受取)
			生産要素		制度			貯蓄・投資	財・サービス	生産要素		制度			貯蓄・投資	直接税	間接税	財産所得	その他部門	中央政府		
		財・サービス	労働	資本	家計	企業	地方政府			労働	資本	家計	企業	地方政府								
被災4県	財・サービス	20,402			13,206	1,116	6,449	5,403	11,212			4,708	347	43	2,257						3,713	68,856
	生産要素 労働	15,246							789												13	16,048
	生産要素 資本	14,465							115												8	14,588
	制度 家計		16,045	4,532		575	3,612											1,338	508			26,609
	制度 企業			8,900	604													3,073	876			13,454
	制度 地方政府	-233			3,335	4,985	633									1,029	1,602	272	56	4,844		12,358
	貯蓄・投資			818	2,955		313													174	-1,281	7,146
その他地域	財・サービス	11,100			4,126	282	86	1,743	432,002			263,809	24,246	84,656	112,559						59,684	994,291
	生産要素 労働	786							246,881												144	247,810
	生産要素 資本	121							210,111												86	210,318
	制度 家計									247,780	137,070		12,055					21,883	18,058			410,751
	制度 企業										11,325							73,491	15,899	37,221		237,785
	制度 地方政府	-3,104							39,115		11,127	49,950		5,432		19,381	25,859	8,585	1,213			155,663
	貯蓄・投資											23,157	111,126	-4,853						-2,566	-12,049	114,816
その他部門	直接税				1,080	834						23,498	16,330									41,742
	間接税	3,074																				42,189
	財産所得				646	5,128	638					13,237	65,199	11,826						17,463		114,137
	その他部門				656	534	611					21,066	8,482	5,806						1,871		39,026
	中央政府			283			17							167		21,333	14,728					39,673
海外部門（輸入）	3,895	3	56					57,171	30	587							5,495	2,416			69,652
合計（支払）	68,856	16,048	14,588	26,609	13,454	12,358	7,146	994,291	247,810	210,318	410,751	237,785	155,663	114,816	41,742	42,189	114,137	39,026	39,673	69,652	

(出所) 筆者作成。

の波及効果の観点から捉えると，(2-1) 式のように表せる．

$$y = B \cdot y + x \tag{2-1}$$

ここで，y は内生部門・各項目の総受取額の列ベクトル，B は分析対象とする内生部門の SAM 構成行列で，SAM の各構成要素を各項目の列和で割った値，x は外生部門を表し，この SAM では海外部門の輸出の列ベクトルである．

(2-1) 式を y について解くと，SAM 乗数行列 M が得られる．

$$y = (1-B)^{-1} x = Mx \tag{2-2}$$

2 地域間 SAM は地域間 SAM であるから，被災地域の波及効果のみならず，その他地域への波及効果も含んでいる．従って，(2-3) 式のように y，B，x は 3 分割できる．

$$\begin{bmatrix} y_1 \\ y_2 \\ y_3 \end{bmatrix} = \begin{bmatrix} B_{11} & \hat{b}_{12} & \hat{b}_{13} \\ \hat{b}_{21} & B_{22} & \hat{b}_{23} \\ \hat{b}_{31} & \hat{b}_{32} & B_{33} \end{bmatrix} \times \begin{bmatrix} y_1 \\ y_2 \\ y_3 \end{bmatrix} + \begin{bmatrix} x_1 \\ x_2 \\ x_3 \end{bmatrix} \tag{2-3}$$

ここで，y_1 は被災 4 県の内生変数，y_2 がその他地域の内生変数，y_3 はその他部門の内生変数，B_{11} は被災 4 県が同地域の各部門に支払いを表す部分行列，B_{22} がその他地域が同地域の各部門に支払いを表す部門行列，B_{33} はその他部門が同部門に支払いを表す部分行列，$\hat{b}_{ij}$ は 3 部門における相互間での支払いを表す部分行列，x_1, x_2, x_3 は 3 部門のそれぞれの外生変数，ここでは海外部門（輸出）を表す．(2-3) 式を y について解くと，(2-4) 式と (2-5) 式が得られる．

$$\begin{bmatrix} y_1 \\ y_2 \\ y_3 \end{bmatrix} = \begin{bmatrix} I & -D_{12} & -D_{13} \\ -D_{21} & I & -D_{23} \\ -D_{31} & -D_{32} & I \end{bmatrix}^{-1}$$

$$\times \begin{bmatrix} (I-B_{11})^{-1} & 0 & 0 \\ 0 & (I-B_{22})^{-1} & 0 \\ 0 & 0 & (I-B_{33})^{-1} \end{bmatrix} \times \begin{bmatrix} x_1 \\ x_2 \\ x_3 \end{bmatrix} \tag{2-4}$$

ここで，$D_{ij} = (I-B_{ii})^{-1} \hat{b}_{ij}$ を表し，

$$y = M_r^{bt} M_r^{in} x \tag{2-5}$$

となる．行列 M_r^{bt} は地域間の波及効果及びその他部門との波及効果を表し，行列 M_r^{in} は地域内の波及効果及びその他部門内の波及効果を表す．

2.3　2地域間社会会計表による経済波及効果分析

(1)　家計部門への経済波及効果

最初に，被災地域とその他地域における家計部門以外の各項目（30部門）が1単位増加したことによる，家計部門への波及効果について考察する．

その経済波及効果の大きい項目順に並べたものが表2-3である．この表から被災地域とその他地域での家計所得に影響を与える部門の順位に大きな差異がみられない．両地域とも労働と社会保障基金が第1位，第2位を占める．

なお，両者のSAM乗数の大きさは両者の経済規模の差を反映したものである．例えば，被災地域の「市町村」への外的需要が1単位増加すると，同地域の家計所得は1.398の増加になる．そしてこの増分のうち同地域内の波及効果が1.023を占め，その他地域やその他部門との連関による効果は残り0.375である．一方，その他地域の「市町村」への外的需要が1単位増加すると，同地域の家計所得は7.071の増加になり，そのうちその他地域内の波及効果が1.819であることから，残りの増加分である自地域外やその他部門からの波及効果はかなり大きいことがわかる．いずれにしろ，地方政府に関連する部門や第三次産業が上位を占め，第一次産業や第二次産業は下位に位置する．こうした下位に位置する業種の中で，被災地域とその他地域で業種間での順位が逆転する．例えば，被災地域では一般機械やその他製造業が他の製造業よりも上位に位置するが，その他地域では自動車，一般機械，設備基盤製造業が上位に位置する．また，農林水産業は被災地域の順位がその他地域よりも上位に位置することから，同産業の被災地域における家計所得へのインパクトはその他地域よりも大きい．その中で林業は農業や漁業に比べて家計所得へのインパクトがより大きい．福島原発事故によって拡散した放射能が森林資源を汚染し，その

表 2-3 家計部門への経済波及効果

順位	被災4県	統合効果	自地域内	地域間・他部門間	その他地域	統合効果	自地域内	地域間・他部門間
1	労働	1.996	1.622	0.373	労働	7.616	2.380	5.236
2	社会保障基金	1.656	1.285	0.371	社会保障基金	7.362	2.169	5.193
3	公務・公共サービス	1.443	1.075	0.368	市町村	7.071	1.819	5.251
4	市町村	1.398	1.023	0.375	商業	6.987	1.799	5.187
5	商業	1.381	1.006	0.375	都道府県	6.957	1.678	5.279
6	都道府県	1.372	0.996	0.376	公務・公共サービス	6.943	1.898	5.044
7	非営利団体	1.295	0.926	0.368	非営利団体	6.862	1.794	5.068
8	その他サービス業	1.190	0.828	0.362	金融・保険・不動産	6.851	1.569	5.283
9	金融・保険・不動産	1.188	0.804	0.384	資本	6.808	1.525	5.284
10	資本	1.175	0.791	0.384	国出先機関	6.804	1.162	5.643
11	建設	1.170	0.810	0.360	その他サービス業	6.640	1.652	4.989
12	国出先機関	1.164	0.780	0.384	建設	6.637	1.703	4.934
13	運輸	1.143	0.792	0.351	金融機関	6.550	0.598	5.952
14	電力等	1.088	0.726	0.363	非金融企業	6.470	1.175	5.296
15	林業	0.987	0.673	0.313	貯蓄・投資	6.329	1.573	4.757
16	貯蓄・投資	0.953	0.596	0.357	運輸	6.316	1.576	4.740
17	一般機械製造業	0.922	0.591	0.332	電力等	6.010	1.393	4.617
18	その他製造業	0.914	0.609	0.305	自動車	6.007	1.468	4.539
19	農業	0.902	0.566	0.336	一般機械製造業	5.856	1.456	4.400
20	漁業	0.899	0.593	0.306	設備基盤製造業	5.717	1.359	4.358
21	その他耐久財製造業	0.885	0.570	0.315	食料品・たばこ	5.715	1.190	4.524
22	設備基盤製造業	0.872	0.545	0.327	その他耐久財製造業	5.687	1.407	4.280
23	電子通信機器	0.853	0.554	0.298	その他製造業	5.661	1.383	4.278
24	食料品・たばこ	0.817	0.466	0.351	林業	5.611	1.318	4.293
25	非耐久財製造業	0.786	0.509	0.277	農業	5.516	1.199	4.318
26	自動車	0.763	0.426	0.337	漁業	5.488	1.260	4.228
27	非金融企業	0.759	0.371	0.388	電子通信機器	5.010	1.218	3.793
28	石油化学関連製造業	0.659	0.375	0.284	非耐久財製造業	4.853	1.143	3.710
29	金融機関	0.629	0.226	0.403	石油化学関連製造業	4.657	0.952	3.705
30	鉱業	0.121	0.056	0.066	鉱業	1.036	0.114	0.922

(出所) 筆者作成。

除染作業に多くの時間を費やすことが予想されるため,林業の生産活動の減少による家計所得へのマイナスの影響も懸念される。

(2) 各産業部門からの経済波及効果

ここでは,2つの波及効果を考察する。第1に,表2-4と表2-5で示した被災地域の各産業部門が1単位変化したことによる被災地域内への経済波及効果と,その他地域及びその他部門への経済波及効果である。第2に,表2-6で示

表2-4 被災地域の各産業部門からの経済波及効果：自地域内

産業区分	被災地域への波及効果	被災4県内の波及効果				
		産業計	労働	資本	制度計	貯蓄・投資
農業	6.492	3.059	0.516	0.823	1.744	0.351
林業	6.744	2.977	0.563	0.937	1.875	0.392
漁業	5.967	2.797	0.570	0.666	1.627	0.307
鉱業	1.684	1.269	0.078	0.074	0.225	0.038
食料品・たばこ	5.876	2.957	0.505	0.610	1.521	0.283
非耐久財製造業	5.386	2.738	0.524	0.502	1.375	0.247
石油化学関連製造業	5.032	2.738	0.421	0.453	1.202	0.217
設備基盤製造業	6.067	3.073	0.568	0.588	1.555	0.283
一般機械製造業	6.024	2.955	0.623	0.565	1.598	0.283
電子通信機器	5.724	2.950	0.590	0.485	1.447	0.251
自動車	5.361	2.846	0.516	0.440	1.330	0.229
その他耐久財製造業	5.869	2.941	0.601	0.533	1.525	0.269
その他製造業	5.921	2.869	0.617	0.570	1.583	0.283
建設	6.916	3.228	0.838	0.604	1.919	0.327
電力等	7.275	3.298	0.661	0.895	2.025	0.395
商業	7.893	3.391	0.961	0.813	2.317	0.411
金融・保険・不動産	7.939	3.252	0.649	1.197	2.352	0.490
運輸	6.947	3.236	0.796	0.656	1.923	0.337
公務・公共サービス	7.896	3.358	1.040	0.758	2.336	0.404
その他サービス業	7.316	3.268	0.790	0.797	2.080	0.381

(出所) 筆者作成。

表 2-5　被災地域の各産業部門からの経済波及効果：その他地域とその他部門

産業区分	その他地域への波及効果	その他地域への波及効果 産業計	労働	資本	制度計	貯蓄・投資	その他部門への波及効果	その他部門への波及効果 税部門	財産所得等	中央政府
農業	30.591	12.524	3.201	2.718	10.532	1.617	3.743	1.248	1.903	0.591
林業	28.527	11.628	2.988	2.531	9.860	1.520	3.525	1.139	1.838	0.548
漁業	28.005	11.483	2.940	2.487	9.619	1.476	3.394	1.138	1.718	0.537
鉱業	5.665	2.279	0.596	0.497	2.000	0.292	0.752	0.290	0.335	0.127
食料品・たばこ	31.600	12.899	3.315	2.808	10.924	1.654	3.914	1.383	1.895	0.636
非耐久財製造業	25.519	10.503	2.686	2.269	8.721	1.339	3.038	1.030	1.524	0.484
石油化学関連製造業	25.928	10.718	2.711	2.293	8.859	1.347	3.126	1.098	1.522	0.506
設備基盤製造業	30.246	12.503	3.179	2.694	10.283	1.586	3.545	1.192	1.790	0.563
一般機械製造業	30.851	12.771	3.254	2.748	10.460	1.617	3.571	1.194	1.812	0.566
電子通信機器	27.685	11.479	2.918	2.462	9.379	1.448	3.205	1.077	1.620	0.509
自動車	31.766	13.389	3.339	2.807	10.591	1.640	3.536	1.195	1.777	0.564
その他耐久財製造業	29.289	12.135	3.085	2.607	9.928	1.534	3.397	1.138	1.720	0.539
その他製造業	28.184	11.599	2.965	2.506	9.633	1.480	3.357	1.132	1.692	0.533
建設	33.353	13.740	3.519	2.971	11.371	1.751	3.925	1.321	1.981	0.623
電力等	32.959	13.442	3.460	2.925	11.387	1.745	4.062	1.352	2.070	0.640
商業	34.325	14.006	3.620	3.052	11.831	1.817	4.177	1.386	2.133	0.658
金融・保険・不動産	34.755	14.126	3.639	3.079	12.057	1.855	4.344	1.400	2.270	0.674
運輸	32.393	13.292	3.414	2.885	11.096	1.705	3.872	1.302	1.955	0.614
公務・公共サービス	33.934	13.892	3.582	3.018	11.648	1.794	4.075	1.344	2.091	0.640
その他サービス業	33.272	13.619	3.503	2.960	11.431	1.759	4.015	1.330	2.053	0.632

（出所）　筆者作成。

したその他地域における各産業部門とその他部門における各部門が1単位変化したことによる被災地域への経済波及効果である。

　まず，表2-4からわかるように被災地域内への経済波及効果が大きい産業は第三次産業であり，その効果は8弱である。そして農業と林業が6.5前後，製造業は6前後である。このように第三次産業の波及効果が大きい理由は，家計部門を含む制度部門への波及効果が大きいからである。

　一方，表2-5から明らかなようにその他地域への経済波及効果が大きいのは

第三次産業であり，次いで食料品・たばこ，自動車である。この結果からその他地域の食料品・たばこ産業と被災地域での農林水産物との連関が相対的に強いことがわかり，同様にその他地域の自動車と被災地域の自動車（これは自動車部品）との連関も他の製造業よりも強いことがわかる。その他部門への波及効果についても農業，食料品・たばこが他の産業に比べて大きい。

表2-6 その他地域の産業からの被災地域への経済波及効果

産業区分／その他部門	被災地域への波及効果	産業計	労働	資本	制度計	貯蓄・投資
農業	2.044	0.869	0.206	0.188	0.674	0.107
林業	1.982	0.837	0.201	0.181	0.659	0.104
漁業	1.974	0.836	0.200	0.181	0.654	0.103
鉱業	0.399	0.164	0.040	0.036	0.137	0.021
食料品・たばこ	2.139	0.907	0.215	0.197	0.708	0.112
非耐久財製造業	1.749	0.741	0.177	0.160	0.578	0.091
石油化学関連製造業	1.731	0.737	0.174	0.157	0.572	0.090
設備基盤製造業	2.105	0.900	0.213	0.193	0.690	0.110
一般機械製造業	2.132	0.911	0.216	0.196	0.698	0.111
電子通信機器	1.878	0.809	0.191	0.171	0.610	0.097
自動車	2.220	0.956	0.225	0.203	0.722	0.115
その他耐久財製造業	2.063	0.881	0.209	0.189	0.676	0.108
その他製造業	2.016	0.855	0.204	0.185	0.666	0.105
建設	2.357	1.003	0.239	0.216	0.776	0.123
電力等	2.131	0.898	0.216	0.195	0.710	0.112
商業	2.385	1.003	0.243	0.218	0.796	0.126
金融・保険・不動産	2.407	1.012	0.244	0.220	0.805	0.127
運輸	2.202	0.928	0.224	0.202	0.732	0.116
公務・公共サービス	2.352	0.993	0.239	0.215	0.780	0.124
その他サービス業	2.317	0.977	0.235	0.212	0.770	0.122
税部門	2.839	1.148	0.288	0.253	1.002	0.149
財産所得等	2.415	0.994	0.240	0.217	0.831	0.133
中央政府	3.083	1.225	0.310	0.272	1.111	0.165

（出所）筆者作成。

最後に，その他地域の各産業部門やその他部門の各部門からの被災地域への経済波及効果を示した表 2-6 をみると，その他部門の各部門による経済波及効果が 2.5～3.0 と最も大きい。その他地域の産業からの経済波及効果は第三次産業が 2.3～2.5 の範囲と他の産業よりも大きく，食料品・たばこ，自動車も 2.1～2.2 と他の製造業よりも経済波及効果が比較的に大きいと言える。

2.4　大幅な輸出額減少による経済損失の波及効果分析

次に，今回の震災が主因となって生じた 2011 年 4－8 月期の大幅な輸出額の減少がそのまま 1 年間続いたという想定下での影響を分析する。すなわち，被災地域で年間の輸出額が半減し，その他地域でも年間の輸出額が前年比 4％強減少した場合における，被災地域やその他地域での生産活動部門への影響とそれ以外の各部門での受取（収入）への影響を計測する。

まず，試算の与件は経産省が公表している「産業活動分析」（平成 23 年 7－9 月期）の報告内容（被災地域に所在する港からの輸出状況について）に基づいている[4]。同報告書内の「被災地域に所在する港別輸出額，対前年同月（期）比」の数値を基に作成したのが表 2-7 である。同表から明らかなように被災地域では震災後の 4－8 月期の輸出額は約 2,659 億円と前年同期比で 52.0％減少し，一方で，その他地域の輸出は前年同期比 4.1％の減少である。震災により港湾施設が被害を受けたことで利用できず，一部でその他地域の施設を利用している場合が想像される。しかし，それよりも多くの場合は，被災地域での生産活動の停滞による面が大きいと言えよう。被災地域を港湾別にみると，宮城県内の港湾からの輸出が 100％近い減少となっている。図 2-1 の宮城県の貿易統計（通関ベース）でこの動向をみると，9 月以降は 4－8 月期ほどの大幅な落ち込みではないものの，輸出額は前年同月比 60％台，輸入額は同 70％台の減少率で推移し，震災から復興が遅れていることがわかる。

次に，上記の与件を踏まえ試算の前提を示す。第 1 は，震災で輸出が減少し

4　「産業活動分析」（平成 23 年 7－9 月期）の pp.84-96 を参照されたい。

2.4 大幅な輸出額減少による経済損失の波及効果分析　53

表 2-7　震災後の被災地域の輸出動向　　　　　（単位：百万円）

輸出額	2010年 3月	2010年 4月	2010年 4-8月期	2011年 3月	前年同期比	2011年 4月	前年同期比	2011年 4-8月期	前年同期比
被災地域	119,205	104,361	553,939	77,531	-35.0%	20,531	-80.3%	265,906	-52.0%
青森	578	718	4,254	689	19.2%	832	15.9%	5,075	19.3%
八戸	16,799	11,503	68,261	9,233	-45.0%	1,079	-90.6%	34,481	-49.5%
青森空港	0	0	0	0	―	0	―	0	―
宮古	0	7	7	0	―	0	-100.0%	0	-100.0%
釜石	1,083	500	4,880	593	-45.2%	8	-98.4%	2,958	-39.4%
大船渡	964	787	3,028	698	-27.6%	745	-5.3%	4,307	42.2%
仙台塩釜	25,845	26,054	122,656	12,182	-52.9%	1,119	-95.7%	19,788	-83.9%
石巻	799	2,881	13,539	974	21.9%	0	-100.0%	166	-98.8%
気仙沼	78	53	248	9	-88.5%	0	-100.0%	23	-90.7%
仙台空港	1,512	1,281	8,499	761	-49.7%	0	-100.0%	31	-99.6%
小名浜	2,650	3,479	17,790	1,697	-36.0%	1,543	-55.6%	7,185	-59.6%
相馬	1,370	1,357	5,116	703	-48.7%	171	-87.4%	5,640	10.2%
福島空港	0	19	33	0	―	0	-100.0%	0	-100.0%
鹿島	29,559	27,646	129,774	21,452	-27.4%	1,694	-93.9%	99,810	-23.1%
日立	29,482	20,459	134,815	20,553	-30.3%	6,433	-68.6%	52,749	-60.9%
筑波	8,486	7,618	41,041	7,988	-5.9%	6,908	-9.3%	33,694	-17.9%
その他地域	5,881,219	5,785,383	27,703,291	5,783,705	-1.7%	5,136,089	-11.2%	26,563,855	-4.1%
全国	6,000,424	5,889,744	28,257,230	5,861,236	-2.3%	5,156,620	-12.4%	26,829,761	-5.1%

（出所）　経済産業省「産業活動分析」の図表Ⅱ-3-5 より筆者作成。

た産業部門を第三次産業以外の産業，つまり，農業からその他製造業までの13 の産業とし，第三次産業と他の部門における海外部門（輸出）は変化がないと前提した。第 2 に，震災による各産業部門の輸出への影響は輸出額に比例すると前提した。影響に関する具体的な数値は入手できないので，被災地域の各産業における輸出の減少率は同じであるとみなした。また，その他地域の産業においても同様な設定をした。さらに，試算に際して SAM の基準年である2005 年時点の 13 産業の輸出額が 2011 年時点でも同額であるという前提を置

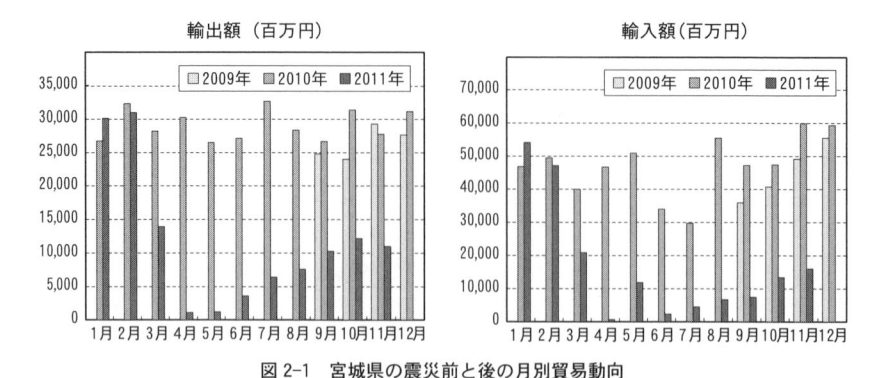

図 2-1 宮城県の震災前と後の月別貿易動向

(出所) 宮城県統計課「みやぎ経済月報」(2012/1) の主要経済指標より作成。

き，両地域の各産業の輸出額に上述した輸出の減少率を乗じ，各産業の輸出の減少額を求めた。これらの減少額を (2-4) 式の x_1, x_2 にそれぞれ挿入し，y_1, y_2, y_3 を算出した。こうして得られた金額を各部門の 2005 年時点の総受取額で除して変化率を求めた。このような前提のもとでの被災地域とその他地域の生産活動への影響を示したのが表 2-8 の (A) と (B) である。表 2-8 (A) は金額（単位：億円）表示で，表 2-8 (B) は変化率表示である。表 2-8 (A) からわかるように，震災による輸出の減少に伴う被災地域の生産の減少は約 6.5 兆円で，うち被災地域の輸出の減少に伴う同地域での生産の減少額は 4.9 兆円となり，全体の 75％にあたる。そして，この生産の減少額は被災地域の生産額 68.9 兆円の 9.46％に相当する。一方，その他地域においては，震災による輸出の減少に伴うその他地域の生産の減少額は約 46.4 兆円で，同地域の生産額 994.3 兆円の 4.67％に相当する。その内訳では被災地域の輸出の減少によるその他地域の生産の減少額は 20.1 兆円で，全体の 43％にあたるが，その他地域の輸出の減少による影響分は残りの 26.3 兆円である。

次に，震災による輸出の減少に伴う生産の減少額を被災地域の産業別でみると，電子・通信機器が 0.69 兆円で最も多く，次いで設備基盤製造業の 0.68 兆円，その他サービス業と公務・公共サービスの 0.61 兆円と 0.59 兆円である。このように第三次産業は輸出の減少がないと仮定したものの，建設・第三次産

表 2-8 輸出減による生産活動部門への影響試算結果

(A) 金額ベース　　　　　　　　　（単位：億円）　　　　　　　　　　　　　　　（単位：億円）

被災地域	輸出減による生産活動への影響 全体	被災地域の輸出減	その他地域の輸出減	その他地域	輸出減による生産活動への影響 全体	被災地域の輸出減	その他地域の輸出減
農業	-844	-508	-336	農業	-4,896	-2,258	-2,638
林業	-103	-70	-33	林業	-624	-285	-340
漁業	-132	-83	-49	漁業	-814	-371	-444
鉱業	-866	-622	-244	鉱業	-6,593	-2,920	-3,673
食料品・たばこ	-2,588	-1,552	-1,035	食料品・たばこ	-17,292	-7,961	-9,331
非耐久財製造業	-1,268	-858	-410	非耐久財製造業	-10,051	-4,547	-5,504
石油化学関連製造業	-5,533	-4,362	-1,170	石油化学関連製造業	-27,089	-11,646	-15,443
設備基盤製造業	-6,810	-5,522	-1,288	設備基盤製造業	-26,615	-11,256	-15,359
一般機械製造業	-5,382	-4,781	-601	一般機械製造業	-17,670	-6,583	-11,087
電子通信機器	-6,915	-6,211	-704	電子通信機器	-18,399	-6,768	-11,631
自動車	-2,053	-1,766	-286	自動車	-21,341	-5,932	-15,409
その他耐久財製造業	-2,475	-2,209	-266	その他耐久財製造業	-9,605	-3,388	-6,217
その他製造業	-1,197	-932	-264	その他製造業	-8,048	-3,474	-4,574
建設	-3,755	-2,593	-1,162	建設	-28,725	-12,929	-15,795
電力等	-2,758	-1,925	-833	電力等	-12,414	-5,546	-6,868
商業	-3,292	-2,124	-1,168	商業	-43,791	-19,925	-23,866
金融・保険・不動産	-4,952	-3,423	-1,528	金融・保険・不動産	-52,881	-23,824	-29,057
運輸	-2,168	-1,438	-730	運輸	-21,274	-9,656	-11,618
公務・公共サービス	-5,880	-3,739	-2,141	公務・公共サービス	-56,679	-25,810	-30,869
その他サービス業	-6,154	-4,128	-2,026	その他サービス業	-79,583	-36,172	-43,411
産業部門全体	-65,123	-48,847	-16,276	産業部門全体	-464,385	-201,251	-263,134

業が被災地域全体の生産の減少の 44.5％を占めている。また，これを変化率，つまり個別産業の影響度でみると，一般機械や自動車（部品）などの製造業の耐久財生産が 16～18％減少するとともに，上述したように第三次産業の生産が 6～7％減少している。一方，その他地域における輸出の減少による各産業の生産への影響度をみると，押し並べて 4％台後半の減少となっているものの，金額では建設・第三次産業の生産活動の減少額は 29.5 兆円（「建設」から

(B) 変化率ベース

被災地域	輸出減による生産活動への影響 全体	被災地域の輸出減	その他地域の輸出減
農業	-6.14%	-3.70%	-2.45%
林業	-8.11%	-5.53%	-2.58%
漁業	-6.55%	-4.12%	-2.42%
鉱業	-8.77%	-6.30%	-2.47%
食料品・たばこ	-6.10%	-3.66%	-2.44%
非耐久財製造業	-7.64%	-5.17%	-2.47%
石油化学関連製造業	-10.87%	-8.57%	-2.30%
設備基盤製造業	-12.72%	-10.31%	-2.40%
一般機械製造業	-17.98%	-15.98%	-2.01%
電子通信機器	-19.30%	-17.34%	-1.97%
自動車	-16.27%	-14.00%	-2.27%
その他耐久財製造業	-18.54%	-16.55%	-1.99%
その他製造業	-10.54%	-8.21%	-2.33%
建設	-8.78%	-6.07%	-2.72%
電力等	-7.96%	-5.56%	-2.41%
商業	-6.67%	-4.30%	-2.37%
金融・保険・不動産	-7.70%	-5.32%	-2.38%
運輸	-6.99%	-4.64%	-2.35%
公務・公共サービス	-6.59%	-4.19%	-2.40%
その他サービス業	-7.34%	-4.92%	-2.42%
産業部門全体	-9.46%	-7.09%	-2.36%

その他地域	輸出減による生産活動への影響 全体	被災地域の輸出減	その他地域の輸出減
農業	-4.68%	-2.16%	-2.52%
林業	-4.86%	-2.22%	-2.65%
漁業	-4.69%	-2.13%	-2.55%
鉱業	-4.92%	-2.18%	-2.74%
食料品・たばこ	-4.67%	-2.15%	-2.52%
非耐久財製造業	-4.82%	-2.18%	-2.64%
石油化学関連製造業	-4.85%	-2.09%	-2.77%
設備基盤製造業	-5.19%	-2.19%	-2.99%
一般機械製造業	-4.90%	-1.82%	-3.07%
電子通信機器	-4.96%	-1.83%	-3.14%
自動車	-4.64%	-1.29%	-3.35%
その他耐久財製造業	-4.75%	-1.68%	-3.08%
その他製造業	-4.78%	-2.07%	-2.72%
建設	-4.87%	-2.19%	-2.68%
電力等	-4.65%	-2.08%	-2.58%
商業	-4.42%	-2.01%	-2.41%
金融・保険・不動産	-4.55%	-2.05%	-2.50%
運輸	-4.20%	-1.90%	-2.29%
公務・公共サービス	-4.64%	-2.11%	-2.53%
その他サービス業	-4.61%	-2.10%	-2.52%
産業部門全体	-4.67%	-2.02%	-2.65%

（出所）　筆者作成。

「その他サービス業」の合計）となり，その他地域全体の63.6%を占めている。

　次に，表2-9（A）の金額と（B）の変化率から，輸出の減少による生産活動部門以外の家計などの制度部門やその他部門への影響を考察する。家計所得への影響をみると，被災地域の減少率は7.66%で，その他地域の減少率が4.56%となっている。これを金額ベースでみると，被災地域全体の家計所得の減少は2兆円となり，これは世帯当たり66.0万円の減少になる。一方，その他地

表 2-9 輸出減による生産活動部門以外の部門への影響試算結果

(A) 金額ベース

(単位：億円)

被災地域	輸出減による受取(収入)への影響 全体	被災地域の輸出減	その他地域の輸出減
労働	-13,317	-9,470	-3,846
資本	-12,143	-8,672	-3,472
家計	-20,390	-14,082	-6,307
世帯当たり家計所得(万円)	-66.0	-45.6	-20.4
非営利団体	-297	-162	-135
非金融企業	-7,935	-5,589	-2,346
金融機関	-1,163	-589	-574
国出先機関	-877	-420	-457
都道府県	-1,283	-725	-559
市町村	-1,310	-680	-631
社会保障基金	-3,671	-2,268	-1,403
貯蓄・投資	-6,315	-4,342	-1,973

(単位：億円)

その他地域	全体	被災地域の輸出減	その他地域の輸出減
労働	-115,066	-51,088	-63,978
資本	-97,029	-43,149	-53,880
家計	-187,193	-84,103	-103,090
世帯当たり家計所得(万円)	-40.3	-18.1	-22.2
非営利団体	-3,686	-1,706	-1,980
非金融企業	-72,051	-32,263	-39,788
金融機関	-26,897	-12,902	-13,995
国出先機関	-11,558	-5,473	-6,084
都道府県	-13,698	-6,370	-7,328
市町村	-14,203	-6,670	-7,533
社会保障基金	-33,008	-15,104	-17,904
貯蓄・投資	-56,311	-25,374	-30,937

(単位：億円)

その他部門	全体	被災地域の輸出減	その他地域の輸出減
直接税	-19,460	-9,107	-10,353
間接税	-18,704	-8,909	-9,795
間接税(輸入品商品税)	-1,817	-861	-956
間接税(関税)	-390	-186	-204
税部門合計	-40,371	-19,063	-21,308
財産部門	-42,456	-20,519	-21,937
その他部門	-16,934	-7,900	-9,034
中央政府	-19,018	-8,984	-10,034
人口当たりGDP(万円)	-20.2	-9.6	-10.7

(B) 変化率ベース

被災地域	輸出減による受取(収入)への影響 全体	被災地域の輸出減	その他地域の輸出減
労働	-8.30%	-5.90%	-2.40%
資本	-8.32%	-5.94%	-2.38%
家計	-7.66%	-5.29%	-2.37%
非営利団体	-5.07%	-2.77%	-2.31%
非金融企業	-7.94%	-5.59%	-2.35%
金融機関	-4.05%	-2.05%	-2.00%
国出先機関	-4.80%	-2.30%	-2.50%
都道府県	-5.74%	-3.24%	-2.50%
市町村	-5.23%	-2.71%	-2.52%
社会保障基金	-6.35%	-3.92%	-2.43%
貯蓄・投資	-8.84%	-6.08%	-2.76%

その他地域	全体	被災地域の輸出減	その他地域の輸出減
労働	-4.64%	-2.06%	-2.58%
資本	-4.61%	-2.05%	-2.56%
家計	-4.56%	-2.05%	-2.51%
非営利団体	-4.36%	-2.02%	-2.34%
非金融企業	-4.54%	-2.03%	-2.51%
金融機関	-3.81%	-1.83%	-1.98%
国出先機関	-4.64%	-2.20%	-2.44%
都道府県	-4.76%	-2.21%	-2.55%
市町村	-4.79%	-2.25%	-2.54%
社会保障基金	-4.57%	-2.09%	-2.48%
貯蓄・投資	-4.90%	-2.21%	-2.69%

その他部門	全体	被災地域の輸出減	その他地域の輸出減
直接税	-4.66%	-2.18%	-2.48%
間接税	-4.93%	-2.35%	-2.58%
間接税(輸入品商品税)	-5.25%	-2.49%	-2.76%
間接税(関税)	-4.97%	-2.37%	-2.60%
財産部門	-3.72%	-1.80%	-1.92%
その他部門	-4.34%	-2.02%	-2.31%
中央政府	-4.79%	-2.26%	-2.53%

(出所) 筆者作成。

域全体の家計所得の減少は 18.7 兆円となり，これは世帯当たり 40.3 万円の減少になる。これは被災世帯に比べて 6 割程度の減少に止まっている[5]。また，地方政府の歳入への影響では，被災地域が 5 ％半ばの歳入減となるのに対して，その他地域では 4.8％の歳入減となっている。一方，両地域の影響度に違いが見られたのが「貯蓄・投資部門」である。被災地域では 8.84％の減少となり，その他地域では 4.90％よりも 5 ％ポイント上回る結果となっている。この差は被災地域での輸出減による同地域での家計収支や生産活動の投資に少なからず大きな影響を与えたと推測される。

最後に，その他部門への影響を考察する。税部門合計の減収は 4 兆円の減収となり，とりわけ，生産活動の減少に伴い国内間接税のみならず，輸入品商品税や関税も 5 ％前後減収となっている。また，中央政府の受取額は 1.9 兆円減少し，財産所得部門も 4.2 兆円減少となり，これは税部門の減収額に相当する。以上のように今回の大震災による 2011 年 4－8 月期の輸出の減少（全国ベースの 5.1％減）の基調がそのまま 1 年間続くと想定すると，国民 1 人当たり GDP 額は 20.2 万円減少することになる[6]。

2.5 農業・漁業被害からの経済損失の波及効果分析

津波による農地の冠水等の被害や地震による地盤毀損等の被害，及び津波による養殖場などの施設被害を受けた被災地域では，農業や漁業の生産活動が減少した。そこで，この節ではこうした生産の減少が同地域やその他地域の生産活動，及びその他部門に及ぼす影響を明らかにする。なお，前節と同様に震災直後における農業と漁業の被害がそのまま 1 年間続いたという想定下での影響を計測する。そのため，本節の計測結果は震災直後からの復旧・復興の財政措置の効果を織り込んでおらず，第 7 章の動学的応用一般均衡モデルを用いた震災被害からの漁業生産の減少額よりも過大推計になっている。

5 　世帯当たりの金額を算出する世帯数は，分子が 2005 年の SAM の数値であるために，分母も 2005 年国勢調査の世帯数を用いた。
6 　国民 1 人当たり GDP の計測の人口も世帯数と同様に 2005 年の国勢調査の総人口値を用いた。

推計の与件と算出方法は下記の通りである。農業被害に関しては，被災4県ごとに津波による被害を被った農地面積を推計した農林水産省の調査結果を利用し，漁業被害については，福島県を除いて被害を受けた漁業経営体のヒアリングから算出した同省の調査結果を利用する。これらの調査結果を基に被災4

表2-10 津波と地震による被災地域における農業と漁業の被害額

(A) 農地被害面積から推計した農業被害額

	耕種農業生産額 (百万円：2005年)	耕地面積 (ha：2010年)	津波による被害 推定面積(ha)	被害 面積率	津波による推計農業 被害額（百万円）
岩手県	138,406	153,900	725	0.5%	652
宮城県	138,402	136,300	14,341	10.5%	14,562
福島県	203,588	149,900	5,462	3.6%	7,418
茨城県	305,246	175,200	208	0.1%	362
被災地域計	785,642	615,300	20,736	3.4%	22,995

	耕種農業生産額 (百万円：2005年)	耕地面積 (ha：2010年)	津波以外による 被害推定面積(ha) 誤差率調整後	被害 面積率	津波以外の震災 による推計農業 被害額(百万円)
岩手県	138,406	153,900	10,905	7.1%	9,807
宮城県	138,402	136,300	2,911	2.1%	2,956
福島県	203,588	149,900	27,502	18.3%	37,352
茨城県	305,246	175,200	1,444	0.8%	2,517
被災地域計	785,642	615,300	42,762	6.9%	52,631

（出所）農林水産省「東日本大震災（津波）による農地の推定被害面積」資料より作成し，一部は筆者が推計。

(B) 漁業経営体の被災状況から推計した漁業被害額

	漁業生産額 (百万円：2005年)	漁業経営体 (2008年)	被害があった 経営体	被害率	震災による推計漁業 被害額（百万円）
岩手県	40,955	5,313	5,100	96.0%	39,313
宮城県	82,970	4,006	3,990	99.6%	82,639
福島県	20,338	743	740	99.6%	20,256
茨城県	21,709	479	210	43.8%	9,518
被災地域計	165,972	10,541	10,040	95.2%	151,725

（出所）農林水産省「東日本大震災による漁業経営体の被災・経営再開状況」資料より作成し，一部は筆者が推計。

県ごとに各被害率を算出したのが表 2-10 である。そしてこれらの比率を各県の 2005 年の農業生産額と漁業生産額に乗ずることで，農業と漁業の津波による被害金額を求める。その被害額は農業が約 756 億円となり，その内訳は津波による被害が約 230 億円で，地震による被害は約 526 億円となった。また，漁業は約 1,517 億円と計測された。そして，これらの推計額を 2 節 2 項で示した (2-4) 式の x_1 内の農業と漁業の生産部門にそれぞれ挿入し，y_1, y_2, y_3 を求め

表 2-11　地震と津波による農業・漁業被害から生産部門への影響の計測結果

(A)　金額ベース　　　　　　　　　（単位：億円）　　　　　　　　　　　（単位：億円）

被災地域	津波と地震による農業と漁業の被害がもたらした生産活動への影響			その他地域	津波と地震による農業と漁業の被害がもたらした生産活動への影響		
	合計	農業被害	漁業被害		合計	農業被害	漁業被害
農業	-945	-889	-56	農業	-350	-139	-210
林業	-11	-4	-7	林業	-39	-14	-25
漁業	-1,567	-5	-1,562	漁業	-72	-20	-53
鉱業	-47	-16	-31	鉱業	-379	-132	-247
食料品・たばこ	-356	-146	-210	食料品・たばこ	-1,189	-430	-758
非耐久財製造業	-110	-39	-71	非耐久財製造業	-633	-223	-410
石油化学関連製造業	-300	-102	-198	石油化学関連製造業	-1,600	-553	-1,047
設備基盤製造業	-184	-65	-119	設備基盤製造業	-1,246	-437	-809
一般機械製造業	-95	-34	-61	一般機械製造業	-829	-293	-536
電子通信機器	-96	-34	-62	電子通信機器	-728	-256	-472
自動車	-29	-10	-19	自動車	-712	-251	-462
その他耐久財製造業	-64	-15	-49	その他耐久財製造業	-465	-150	-315
その他製造業	-50	-17	-33	その他製造業	-455	-159	-296
建設	-423	-154	-269	建設	-1,761	-622	-1,139
電力等	-212	-77	-135	電力等	-742	-262	-481
商業	-314	-103	-210	商業	-2,711	-952	-1,760
金融・保険・不動産	-502	-165	-337	金融・保険・不動産	-3,231	-1,138	-2,093
運輸	-239	-87	-152	運輸	-1,321	-468	-853
公務・公共サービス	-443	-151	-292	公務・公共サービス	-3,543	-1,250	-2,293
その他サービス業	-571	-200	-370	その他サービス業	-4,885	-1,723	-3,162
産業部門全体	-6,557	-2,313	-4,244	産業部門全体	-26,894	-9,471	-17,423

た。それが表 2-11 (A) と表 2-12 (A) である。また，こうして得られた金額を各部門の 2005 年の総受取額で除して変化率を求めた表が表 2-11 (B) と表 2-12 (B) である。

最初に，表 2-11 (A) と表 2-11 (B) から被災地域における生産活動への影響を考察する。地震と津波による農業と漁業の被害がもたらした農業と漁業の生産額の減少は，農業が 6.88%で，漁業は 77.77%であった。さらに，この被

(B) 変化率ベース

被災地域	津波と地震による農業と漁業の被害がもたらした生産活動への影響			その他地域	津波と地震による農業と漁業の被害がもたらした生産活動への影響		
	合計	農業被害	漁業被害		合計	農業被害	漁業被害
農業	-6.88%	-6.47%	-0.41%	農業	-0.33%	-0.13%	-0.20%
林業	-0.85%	-0.30%	-0.55%	林業	-0.31%	-0.11%	-0.20%
漁業	-77.77%	-0.24%	-77.53%	漁業	-0.42%	-0.11%	-0.30%
鉱業	-0.48%	-0.17%	-0.31%	鉱業	-0.28%	-0.10%	-0.18%
食料品・たばこ	-0.84%	-0.34%	-0.49%	食料品・たばこ	-0.32%	-0.12%	-0.20%
非耐久財製造業	-0.66%	-0.23%	-0.43%	非耐久財製造業	-0.30%	-0.11%	-0.20%
石油化学関連製造業	-0.59%	-0.20%	-0.39%	石油化学関連製造業	-0.29%	-0.10%	-0.19%
設備基盤製造業	-0.34%	-0.12%	-0.22%	設備基盤製造業	-0.24%	-0.09%	-0.16%
一般機械製造業	-0.32%	-0.11%	-0.20%	一般機械製造業	-0.23%	-0.08%	-0.15%
電子通信機器	-0.27%	-0.09%	-0.17%	電子通信機器	-0.20%	-0.07%	-0.13%
自動車	-0.23%	-0.08%	-0.15%	自動車	-0.15%	-0.05%	-0.10%
その他耐久財製造業	-0.48%	-0.11%	-0.37%	その他耐久財製造業	-0.23%	-0.07%	-0.16%
その他製造業	-0.44%	-0.15%	-0.29%	その他製造業	-0.27%	-0.09%	-0.18%
建設	-0.99%	-0.36%	-0.63%	建設	-0.30%	-0.11%	-0.19%
電力等	-0.61%	-0.22%	-0.39%	電力等	-0.28%	-0.10%	-0.18%
商業	-0.64%	-0.21%	-0.43%	商業	-0.27%	-0.10%	-0.18%
金融・保険・不動産	-0.78%	-0.26%	-0.52%	金融・保険・不動産	-0.28%	-0.10%	-0.18%
運輸	-0.77%	-0.28%	-0.49%	運輸	-0.26%	-0.10%	-0.17%
公務・公共サービス	-0.50%	-0.17%	-0.33%	公務・公共サービス	-0.29%	-0.10%	-0.19%
その他サービス業	-0.68%	-0.24%	-0.44%	その他サービス業	-0.28%	-0.10%	-0.18%
産業部門全体	-0.95%	-0.34%	-0.62%	産業部門全体	-0.27%	-0.10%	-0.18%

(出所) 筆者作成。

表2-12 地震と津波による農業・漁業被害から制度部門とその他部門への影響の計測結果

(A) 金額ベース (単位：億円)

被災地域	合計	農業被害	漁業被害
労働	-1,255	-390	-865
資本	-1,633	-622	-1,010
家計	-2,046	-682	-1,364
世帯当たり家計所得(万円)	-6.6	-2.2	-4.4
非営利団体	-25	-9	-16
非金融企業	-1,038	-394	-644
金融機関	-83	-29	-54
国出先機関	-57	-20	-37
都道府県	-112	-40	-72
市町村	-98	-34	-64
社会保障基金	-327	-111	-217
貯蓄・投資	-730	-265	-465

その他地域	合計	農業被害	漁業被害
労働	-6,882	-2,421	-4,461
資本	-5,829	-2,056	-3,773
家計	-11,432	-4,029	-7,402
世帯当たり家計所得(万円)	-2.5	-0.9	-1.6
非営利団体	-236	-83	-152
非金融企業	-4,381	-1,546	-2,835
金融機関	-1,844	-657	-1,187
国出先機関	-770	-272	-497
都道府県	-885	-313	-573
市町村	-932	-330	-603
社会保障基金	-2,080	-734	-1,345
貯蓄・投資	-3,462	-1,223	-2,239

その他部門	合計	農業被害	漁業被害
直接税	-1,266	-447	-819
間接税	-1,251	-447	-804
間接税(輸入品商品税)	-117	-39	-78
間接税(関税)	-37	-11	-26
税部門合計	-2,671	-944	-1,727
財産部門	-2,953	-1,054	-1,899
その他部門	-1,094	-385	-708
中央政府	-1,262	-447	-815
人口当たりGDP(万円)	-1.3	-0.5	-0.9

(B) 変化率ベース

被災地域	合計	農業被害	漁業被害
労働	-0.78%	-0.24%	-0.54%
資本	-1.12%	-0.43%	-0.69%
家計	-0.77%	-0.26%	-0.51%
非営利団体	-0.44%	-0.16%	-0.28%
非金融企業	-1.04%	-0.39%	-0.64%
金融機関	-0.29%	-0.10%	-0.19%
国出先機関	-0.31%	-0.11%	-0.20%
都道府県	-0.50%	-0.18%	-0.32%
市町村	-0.39%	-0.14%	-0.25%
社会保障基金	-0.57%	-0.19%	-0.37%
貯蓄・投資	-1.02%	-0.37%	-0.65%

その他地域	合計	農業被害	漁業被害
労働	-0.28%	-0.10%	-0.18%
資本	-0.28%	-0.10%	-0.18%
家計	-0.28%	-0.10%	-0.18%
非営利団体	-0.28%	-0.10%	-0.18%
非金融企業	-0.28%	-0.10%	-0.18%
金融機関	-0.26%	-0.09%	-0.17%
国出先機関	-0.31%	-0.11%	-0.20%
都道府県	-0.31%	-0.11%	-0.20%
市町村	-0.31%	-0.11%	-0.20%
社会保障基金	-0.29%	-0.10%	-0.19%
貯蓄・投資	-0.30%	-0.11%	-0.20%

その他部門	合計	農業被害	漁業被害
直接税	-0.30%	-0.11%	-0.20%
間接税	-0.33%	-0.12%	-0.21%
間接税(輸入品商品税)	-0.34%	-0.11%	-0.23%
間接税(関税)	-0.47%	-0.14%	-0.33%
財産部門	-0.26%	-0.09%	-0.17%
その他部門	-0.28%	-0.10%	-0.18%
中央政府	-0.32%	-0.11%	-0.21%

(出所) 筆者作成。

害がもたらす被災地域の総生産額の減少率は0.95%と金額でみると，6,557億円であった。その内訳は農業被害による分が0.34%減の2,313億円で，漁業被害による分は0.62%減の4,244億円であった。一方，同表からその他地域における生産活動への影響をみると，産業部門全体では2.69兆円の減少，変化率で0.27%の減少であった。その内訳は，農業被害による分が0.95兆円，漁業被害による分は1.74兆円の減少であった。

産業別の被害金額をみると，被災地域では農業と漁業を除き最も被害金額が大きいのはその他サービス業で，次いで，金融・保険・不動産，建設，公務・公共サービスの順となった。このように第三次産業全体では2,281億円と全体の34.8%をも占める結果となった。製造業では農業と漁業との産業連関度の高い食料品・たばこ産業が356億円の減少となり，その他の製造業よりも被害が大きい。

一方，その他地域では各産業とも押し並べて0.2%前後の生産の減少となり，金額でみると，第三次産業全体が1.6兆円の減少となり，その他地域全体の61.1%を占める結果となった。

最後に，制度部門とその他部門の各項目に対して地震と津波による農業と漁業の被害がもたらした影響を考察する。その結果が表2-12（A）と表2-12（B）である。被災地域における家計所得の減少率は0.77%，世帯当たり6.6万円の減少となり，その他地域における家計所得の減少率は0.28%，世帯当たり2.5万円の減少となったことがわかる。このように被災地域の家計はその他地域の家計と比べて多大な被害を受けたことがわかる。それと同様に，貯蓄・投資部門における被災地域では1.02%の減少となり，その他地域の0.30%の減少と比べると，大きく上回る結果となっている。また，税部門合計では2,671億円の減収となり，中央政府の受取も1,262億円減少し，財産部門も2,953億円減少し，多大なマイナスの影響を受けていたことが明らかになった。

2.6 おわりに

本章では，東日本大震災で大きな被害を被った岩手県，宮城県，福島県，及

び茨城県を被災地域とし，それ以外の都道府県をその他地域とした 2 地域間社会会計表（SAM）を構築した。そしてこの SAM を用いて震災によって大幅に輸出額が減少したことがもたらした経済損失の波及効果と，地震と津波による農業・漁業被害がもたらした被災地域への経済損失の波及効果という 2 つの外的ショックについて乗数分析を行った。その結果は以下のようにまとめられる。

1) 大幅な輸出額減少による経済損失の波及効果

① 震災直後から 6 ヵ月間の被災地域を中心とした 50％を上回る輸出の減少が 1 年間続いたと想定すると，こうした輸出の減少がもたらす被災地域の生産を 6.5 兆円減少させ，また，被災地域の家計所得を 2 兆円（世帯当たり 66.0 万円）減少させた。

② また，個別産業の影響度は被災地域の一般機械産業や自動車などの耐久財産業への震災ショックが大きく，その他地域における産業の負の供給ショックに比べて 4 倍近くまで及んだ。

2) 地震と津波による農業・漁業被害の経済損失の波及効果

① 直接的な影響を受けた被災地域の農業と漁業の生産は，農業が 2.62％，漁業は 77.12％と減少した。

② また，こうした被害が被災地域の生産活動全体で約 0.5 兆円の減少をもたらした。さらに，その震災による負の供給ショックの影響によるその地域全体の生産に対しても約 2 兆円の減少をもたらした。

③ 加えて，家計所得においてもマイナスの影響を与え，被災地域の世帯では世帯当たり 5.1 万円，その他地域の世帯では世帯当たり 1.9 万円の減少をもたらした。

次章では，被災 4 県を福島県とそれ以外のその他被災 3 県に分割し，今回の震災による福島県，その他被災 3 県及びその他地域の被害額がもたらした地域経済への負の波及効果について，福島第一原子力発電所事故による影響を含めて分析を行う。その一方で，平成 23・24 年度の復興のための財政措置がどの程度被災地域への復旧・復興に繋がっているのかを明らかにする。

付表2-1 地域間SAMの各項目

(1) 生産活動部門（財・サービス部門）

石川・三菱総研の47都道府県IO表の産業区分		地域間SAMの産業区分	
1	農業	1	農業
2	林業	2	林業
3	漁業	3	漁業
4	鉱業	4	鉱業
5	食料品・たばこ	5	食料品・たばこ
6	繊維製品	6	非耐久財製造業
7	製材・木製品		
8	家具・装備品		
9	パルプ・紙・紙加工品		
11	化学製品	7	石油化学関連製造業
12	石油・石炭製品		
13	プラスチック製品		
16	窯業・土石製品	8	設備基盤製造業
17	鉄鋼製品		
18	非鉄金属製品		
19	金属製品		
20	一般機械	9	一般機械製造業
21	事務用・サービス用製品		
27	精密機械		
23	電子・通信機械	10	電子通信機器

石川・三菱総研の47都道府県IO表の産業区分		地域間SAMの産業区分	
25	自動車	11	自動車
22	民生用電気機械	12	その他耐久財製造業
24	その他の電気機械		
26	その他の輸送用機械		
10	印刷・出版	13	その他製造業
14	ゴム製品		
15	皮革・同製品		
28	その他の製造業		
29	建築・建設補修	14	建設
30	土木		
31	電力	15	電力等
32	ガス・熱供給		
33	水道・廃棄物処理		
34	商業	16	商業
35	金融・保険	17	金融・保険・不動産
36	不動産		
37	運輸	18	運輸
39	公務	19	公務・公共サービス
40	教育・研究		
41	医療・保険・社会保障		
42	その他の公共サービス		
38	通信・放送	20	その他サービス業
43	対事業所サービス		
44	対個人サービス		
45	その他		

(2) 生産要素，制度部門，及びその他部門

生産要素	労働
	資本
制度	家計
	非営利団体
	非金融企業
	金融機関
	国出先機関
	都道府県
	市町村
	社会保障基金
貯蓄・投資	

その他部門	直接税
	間接税
	間接税（輸入商品税）
	間接税（関税）
	財産部門
	その他部門
	中央政府
海外部門(輸入・輸出)	

(出所) 筆者作成。

第 3 章

3 地域間社会会計表を用いた大震災の経済損失と復興財政措置の波及効果分析

3.1 はじめに

　本章では，第 2 章の被災 4 県を福島県とそれ以外のその他被災 3 県に分割し，それ以外の都道府県との 3 地域間社会会計表（SAM）を作成し，この SAM を用いて以下の 2 つの乗数分析を行う。第 1 に，福島県を初め被災地域への復旧・復興に向けて既に執行された事業費や現在執行されている事業費が，被災地域の復旧・復興にどの程度効果的であったかを明らかにする。第 2 に，福島第一原子力発電所事故による周辺地域の生産活動の停止が，福島県のみならずそれ以外の被災地域や被災地域以外のその他地域に及ぼす影響について分析する。

3.2 3 地域間社会会計表の構築

　本節で作成する 3 地域間 SAM の概要を示したものが表 3-1 である。この 3 地域間 SAM は第 2 章の 2 地域間 SAM と同様な枠組みを 2 地域から 3 地域に拡張したものである。
　この 3 地域間 SAM は，生産活動部門が 20 部門×3 地域，生産要素部門は労働と資本の 2 部門×3 地域，制度部門と貯蓄・投資部門が 9 部門×3 地域，その他部門が 7 部門，海外部門は 1 部門の計 101×101 の行列から成る。
　本節では，この SAM のベースとなる表 3-2 の 3 地域間のマクロ SAM を用いて，各部門における福島県とその他被災 3 県の経済規模と相互依存関係を考察する。まず，福島県の財・サービス部門の 2005 年の産出額は 15.9 兆円で全

表3-1 3地域間SAMの概要

	福島県	その他被災3県	その他地域	その他部門	海外部門
福島県	福島県内SAM	福島県の移出	同左	税部門，財産所得・その他経常移転・中央政府	輸出，労働・資本移転
その他被災3県	福島県の移入	その他被災3県内SAM	その他被災3県の移出	同上	同上
その他地域	同上	その他被災3県の移入	その他地域内SAM	同上	同上
その他部門	税部門，財産所得・その他経常移転・中央政府	同左	同左	税部門と中央政府とのやり取り	海外から財産所得，その他経常移転
海外部門	輸入，労働・資本移転	同左	同左	海外への財産所得，その他経常移転	

（出所）　筆者作成．

国の1.5%を占める．また，同地域内での中間・最終需要額は8.8兆円で，その他被災3県の同部門からの移入が1.9兆円で，逆に福島県からその他被災3県への移出は0.8兆円とその他被災3県とは入超になっている．一方，その他地域の同部門からの移入が4.5兆円で，逆に福島県からその他地域への移出は6.3兆円とその他地域とは出超になっている．また，福島県の輸出が380億円で，輸入は2,660億円と入超になっている．次にその他被災3県の財・サービス部門の2005年の産出額は53.0兆円で全国の5.0%を占める．また，同地域内での中間・最終需要額は35.1兆円で，その他地域の同部門からの移入が12.9兆円で，逆にその他被災3県からその他地域への移出は12.3兆円と0.6兆円ほど入超になっている．また，その他被災3県の輸出が3.67兆円で，輸入は3.63兆円とほぼ均衡している．生産要素部門においては，福島県とその他被災3県の生産要素のエージェントが投入する労働はそれぞれ3.86兆円と12.2兆円，資本がそれぞれ3.58兆円と11.0兆円となっている．一方，制度部門では，家計の受取額が福島県とその他被災3県でそれぞれ6.17兆円と20.44兆円と全国の1.4%と4.6%を占める．また，地方政府の受取総額（補助金込み）は福島県とその他被災3県でそれぞれ3.16兆円と9.43兆円となり，その

68　第3章　3地域間社会会計表を用いた大震災の経済損失と復興財政措置の波及効果分析

表 3-2　福島県とその他被災3県及び

			福島県						その他被災3県					
			生産活動	生産要素		制度			貯蓄・投資	生産活動	生産要素		制度			貯蓄・投資
			財・サービス	労働	資本	家計	企業	地方政府		財・サービス	労働	資本	家計	企業	地方政府	
福島県	生産活動	財・サービス	3,552			2,234	245	1,442	1,248	509			214	16	2	102
	生産要素	労働	3,802							7						
		資本	3,572							1						
	制度	家計		3,863	915		131	906								
		企業			2,375	111										
		地方政府	-59		213	653		176								
	貯蓄・投資					1,110	1,818	221								
その他被災3県	生産活動	財・サービス	1,193			473	32	10	200	15,147			10,285	823	4,995	3,852
	生産要素	労働	14							11,423						
		資本	2							10,890						
	制度	家計									12,182	3,617		444	2,705	
		企業										6,525	493			
		地方政府								-173		604	2,682		458	
	貯蓄・投資												1,846	3,167	91	
その他地域	生産活動	財・サービス	2,789			1,106	75	23	467	8,311			3,020	206	63	1,276
	生産要素	労働	32							754						
		資本	5							116						
	制度	家計														
		企業														
		地方政府														
	貯蓄・投資															
その他部門		直接税				218	191						861	643		
		間接税	705							2,368						
		財産所得				130	733	126					516	4,395	512	
		その他部門				136	99	167					521	435	424	
		中央政府			69			6				214			11	
海外部門(輸入)			266	1	11					3,629	2	45				
合　計(支払)			15,872	3,864	3,582	6,172	3,325	3,097	1,915	52,984	12,184	11,006	20,437	10,129	9,260	5,230

(出所)　筆者作成。

その他地域の3地域間マクロSAM

(単位：10億円)

	その他地域					その他部門					海外輸出部門	合計(受取)
	生産活動	生産要素		制度			貯蓄・投資	その他部門				
	財・サービス	労働	資本	家計	企業	地方政府		直接税	間接税	財産所得	その他部門	中央政府		
	3,786			1,590	117	15	762						38	15,872
	52												3	3,864
	8												2	3,582
										268	59			6,172
										665	175			3,325
								221	323	56	11	1,503		3,097
												-368	-865	1,915
	7,426			3,118	230	28	1,495						3,675	52,984
	757												10	12,184
	108												6	11,006
										1070	419			20,437
										2,409	702			10,129
								807	1,279	216	45	3,341		9,260
												542	-415	5,230
	432,002			263,809	24,246	84,656	112,559						59,684	994,291
	246,881												144	247,810
	210,111												86	210,318
		247,780	58,388		12,055	52,588				21,883	18,058			410,751
			137,070	11,325						73,491	15,899			237,785
	-3,104		11,127	49,950		5,432		19,381	25,859	8,585	1,213	37,221		155,663
				23,157	111,126	-4,853						-2,566	-12,049	114,816
				23,498	16,330									41,742
	39,115													42,189
				13,237	65,199	11,826							17,463	114,137
				21,066	8,482	5,806							1,871	39,026
			3,146			167		21,333	14,728					39,673
	57,171	30	587							5,495	2,416			69,652
	994,291	247,810	210,318	410,751	237,785	155,663	114,816	41,742	42,189	114,137	39,026	39,673	69,652	

内中央政府からのそれぞれ受取額は 1.5 兆円と 3.34 兆円である。その比率が福島県が 47.6％，その他被災 3 県は 35.4％に達し，その他地域の 23.4％よりも福島県が 24.2％ポイント，その他被災 3 県は 12.0％ポイント上回る。このように福島県とその他被災 3 県の地方政府の財源はともに中央政府からの財務移転に大きく依存していると言える。

なお，3 地域間 SAM の乗数分析においても第 2 章 2 節（2-2）式の乗数分析の枠組みをそのまま利用するが，SAM を 2 地域から 3 地域に拡張していることから第 2 章の（2-3）式と（2-4）式が次のような形になる。

まず，第 2 章の（2-3）式の y, B, x の 3 分割が次式（3-1）のように 4 分割になる。

$$\begin{bmatrix} y_1 \\ y_2 \\ y_3 \\ y_4 \end{bmatrix} = \begin{bmatrix} B_{11} & \hat{b}_{12} & \hat{b}_{13} & \hat{b}_{14} \\ \hat{b}_{21} & B_{22} & \hat{b}_{23} & \hat{b}_{24} \\ \hat{b}_{31} & \hat{b}_{32} & B_{33} & \hat{b}_{34} \\ \hat{b}_{41} & \hat{b}_{42} & \hat{b}_{43} & B_{44} \end{bmatrix} \times \begin{bmatrix} y_1 \\ y_2 \\ y_3 \\ y_4 \end{bmatrix} + \begin{bmatrix} x_1 \\ x_2 \\ x_3 \\ x_4 \end{bmatrix} \tag{3-1}$$

ここで，y_1 は福島県の内生変数，y_2 がその他被災 3 県の内生変数，y_3 はその他地域の内生変数，y_4 がその他部門の内生変数，B_{11} は福島県が同地域の各部門に支払いを表す部分行列，B_{22} はその他被災 3 県が同地域の各部門に支払いを表す部分行列，B_{33} はその他地域が同地域の各部門に支払いを表す部門行列，B_{44} はその他部門が同部門に支払いを表す部分行列，$\hat{b}_{ij}$ は 4 部門における相互間での支払いを表す部分行列，x_1, x_2, x_3, x_4 は 4 部門のそれぞれの外生変数，ここでは海外部門（輸出）を表す。そして，（3-1）式を y について解くと，下記の（3-2）式が得られる。

$$\begin{bmatrix} y_1 \\ y_2 \\ y_3 \\ y_4 \end{bmatrix} = \begin{bmatrix} I & -D_{12} & -D_{13} & -D_{14} \\ -D_{21} & I & -D_{23} & -D_{24} \\ -D_{31} & -D_{32} & I & -D_{34} \\ -D_{41} & -D_{42} & -D_{43} & I \end{bmatrix}^{-1}$$

$$\times \begin{bmatrix} (I-B_{11}) & 0 & 0 & 0 \\ 0 & (I-B_{22}) & 0 & 0 \\ 0 & 0 & (I-B_{33}) & 0 \\ 0 & 0 & 0 & (I-B_{44}) \end{bmatrix} \times \begin{bmatrix} x_1 \\ x_2 \\ x_3 \\ x_4 \end{bmatrix} \tag{3-2}$$

ここで，$D_{ij} = (I-B_{ii})^{-1}\hat{b}_{ij}$ を表す。
そして，第 2 章の (2-5) 式と同じ式である

$$y = M_r^{bt} M_r^{in} x \tag{3-3}$$

が得られる。ここで，M_r^{bt} 行列は地域間の波及効果及びその他部門との波及効果を表し，行列 M_r^{in} は地域内の波及効果及びその他部門内の波及効果を表す。

3.3 震災被害による被災地域とその他地域への経済損失の波及効果

(1) 被災地域における生産額ベースの被害額の推計

ここでは，2 節の (3-3) 式の x となる福島県とその他被災 3 県における各産業の生産被害額を推計する。まず，製造業における 9 つの業種の被害額は，第 1 章表 1-1 の震災後から 3 ヵ月までの期間における震災前からの生産の減少額から推計する。この表の各業種の減少額は，震災によって操業停止を余儀なくされた被災企業による直接的な生産の減少だけではなく，被災企業でなくても生産リンケージからのマイナスの影響や自地域経済やその他地域経済からのマイナス影響などによる間接的な生産の減少も含まれる。つまり，この生産の減少額は (3-3) 式の y に相当する。従って，ここでは (3-3) 式を用いて値を求める推計方法を採用した。次に福島県とその他被災 3 県の農林業と漁業については，第 1 章表 1-2 で推計した農地と漁業の大震災直後の被害額を利用する。また，林業については被害に関連するデータがないので農業の被害比率を利用し，その比率を林業の生産額に掛けて算出する。

一方，建設業や第三次産業の生産被害額の算出については，表 3-3 に示したように稲田他 (2011) が推計した被災 4 県ごとの産業別生産被害額を利用する。そこで，製造業の被害額 (1 兆 7,912 億円) と表 3-3 の製造業の被害額との差額から調整係数を算出し，この係数に基づき表 3-3 の建設業と第三次産業の数値を掛けることで本章ベースの建設業と第三次産業の生産被害額を推計した。このように推計した結果が表 3-4 である。

表 3-3　被災地域における震災による被害の産業別生産規模の推計値(単位：百万円)

	岩手県	宮城県	福島県	茨城県	合計
域内生産額（GRP）	856,919	3,630,875	2,244,817	2,171,334	8,903,944
農林漁業	50,742	96,880	69,949	33,714	251,286
鉱業	4,320	2,206	6,039	3,402	15,967
製造業	169,053	603,146	509,611	844,079	2,125,889
建設業	113,677	360,490	245,131	172,422	891,720
電気・ガス・熱供給・水道業	23,194	63,127	410,352	74,918	571,591
卸売・小売業・宿泊・飲食	99,979	614,714	196,403	188,733	1,099,829
金融・保険業	34,174	114,072	82,546	68,129	298,921
不動産業	79,088	448,874	108,382	179,131	815,476
運輸・通信業	39,261	414,173	104,980	128,866	687,280
サービス業	128,640	550,219	324,771	322,785	1,326,415
公務	114,790	362,975	186,652	155,154	819,571
民営企業	742,129	3,267,900	2,058,165	2,016,179	8,084,373

（出所）　稲田・入江・島・戸泉「東日本大震災による被害のマクロ経済に対する影響」（関西社会経済研究所）2011 年 4 月，8 頁を参照。

　表 3-4 が示すように，福島県の震災による直接的被害額は産業計で 2 兆 3,360 億円となり，産業全体の生産額の 14.7％を占める。その中で電力等が 7,408 億円と最も被害額が大きく，次いで建設業となっている。また，製造業の中では電子通信機器の被害が 1,198 億円となっている。一方，その他被災 3 県の被害額は合計で 5 兆 5,781 億円となり，産業全体の生産額の 10.7％を占める。その中で石油化学関連産業が 8,453 億円と最も被害額が大きく，次いでその他サービス業や商業などの第三次産業の順になっている。また，漁業も 1,315 億円と生産額の 72.8％を占めている。なお，この表の金額はこれらの産業が 1 年間生産活動を停止した場合に起こりうる被害規模を表していることに留意されたい。

(2)　震災被害による被災地域とその他地域への経済損失の波及効果

　ここでは前項で推計した震災による被害額を用いて，被災地域とその他地域への波及効果を分析する。第 1 に，表 3-5 から震災の被害による福島県，その

表 3-4 被災地域における生産額ベースの被害額（与件）

（単位：億円）

福島県	東日本大震災の直接的被害額（与件） 金額	生産額に占める比率
農業	-448	16.2%
林業	-41	16.2%
漁業	-203	99.6%
鉱業	-52	3.1%
食料品・たばこ	-396	4.3%
非耐久財製造業	-476	13.0%
石油化学関連製造業	-629	9.6%
設備基盤製造業	-1,020	13.2%
一般機械製造業	-15	0.3%
電子通信機器	-1,198	8.9%
自動車	-554	14.7%
その他耐久財製造業	-56	1.4%
その他製造業	-65	2.2%
建設	-2,120	23.0%
電力等	-7,408	39.8%
商業	-1,699	16.7%
金融・保険・不動産	-1,651	12.1%
運輸	-908	12.5%
公務・公共サービス	-1,614	7.6%
その他サービス業	-2,809	16.4%
産業部門全体	-23,360	14.7%

（単位：億円）

その他被災3県	東日本大震災の直接的被害額（与件） 金額	生産額に占める比率
農業	-309	2.8%
林業	-33	3.3%
漁業	-1,315	72.8%
鉱業	-83	1.0%
食料品・たばこ	-214	0.7%
非耐久財製造業	-184	1.4%
石油化学関連製造業	-8,453	19.4%
設備基盤製造業	-2,348	5.1%
一般機械製造業	-193	0.8%
電子通信機器	-506	2.3%
自動車	-1,531	17.5%
その他耐久財製造業	-30	0.3%
その他製造業	-45	0.5%
建設	-5,402	16.1%
電力等	-1,347	9.2%
商業	-7,548	19.6%
金融・保険・不動産	-7,716	15.3%
運輸	-4,865	20.7%
公務・公共サービス	-5,288	7.9%
その他サービス業	-8,369	12.7%
産業部門全体	-55,781	10.7%

（出所）筆者作成。

他被災3県及びその他地域の各産業（生産活動部門）への波及効果を考察する。第2に，表3-6から震災の直接的な生産活動の被害がもたらす生産活動以外の部門への波及効果を考察する。これらの波及効果はいずれも震災による被害が回復せずにその被害によって生産活動の停止が1年間続くという前提による結果であることに留意されたい。

まず，表 3-5 に示したように福島県における震災の直接的な生産活動の被害がもたらす生産活動部門への波及効果の総被害額は 6 兆 7,581 億円となる。この金額は 2005 年の生産活動部門の生産額（SAM 上では受取額）の 42.6％に達する。最も被害が大きかった産業は電力等で 1 兆 862 億円，次いで旅館・ホテル，飲食などのその他第三次産業で 1 兆 501 億円の被害額となっている。製造業部門では電子通信機器が 2,902 億円と最も被害を受け，次に食料品・たばこは 2,579 億円となっている。このように福島県の総被害額のうち自地域内波及効果比率は 69％となり，その中でも漁業，建設業，電力等，その他第三次産業などの産業は 70％後半から 80％台となっている。

　一方，福島県以外のその他被災 3 県では，総被害額が 18 兆 1,321 億円となる。この金額は 2005 年の生産額の 34.7％と福島県より 8％ポイント下回っている。被害が大きかった産業はその他サービス産業と金融・不動産・保険業で 2 兆円を超え，石油化学関連製造業も 1.9 兆円と他の製造業よりも大きな被害を受けている。また，漁業は他産業に比べれば，被害額が 1,715 億円と少ないものの，対 2005 年の生産額からの変化率をみると，94.9％とほぼ全滅に近い状況となっている。また，電子通信機器が 2,974 億円，自動車は 2,557 億円の被害を受けたことになる。

　また，震災の直接的な生産活動の被害がもたらすその他地域への負の波及効果による総被害額は 104 兆 920 億円となる。この金額は 2005 年のその他地域の生産額の 10.5％相当に当たる。この被害額は粗生産額ベースの数値であり，こうした極めて大きな被害額は震災直後の最も大きな被害の状態がそのまま 1 年間続くという前提による結果で，しかも産業ごとに粗生産額を合計した結果となっていることに留意する必要がある。ここで注目される産業は自動車と電子通信機器である。第 1 章で考察したように電子通信機器の被害額は 2 兆 8,698 億円となっている。この被害額は鉱工業生産指数を用いた 2011 年 3-6 月期の生産減少率から推計した金額の 3 兆 5,543 億円に近い数値になっているが，自動車は 2 兆 9,509 億円と鉱工業生産指数から推計される 13 兆 8,028 億円の 1/5 程度になっている。この原因として，レオンチェフ型の逆行列を利用した「後方連関効果」，すなわちある産業の製品需要の変動がその産業に中間財を供給している別の産業の生産活動に影響を及ぼす効果しか計測していな

3.3 震災被害による被災地域とその他地域への経済損失の波及効果　75

表 3-5　震災の直接的生産活動の被害がもたらす生産活動部門への波及効果

(単位：億円)

	福島県					その他被災3県					その他地域			全国	
	(X=A+B)総波及効果額の	波及効果の地域内=A	波及効果の地域間等=B	比率地域内波及効果A/X	生産額の変化率対福島県2005生産額	(X=A+B)総波及効果額	波及効果の地域内=A	波及効果の地域間=B	比率地域内波及効果A/X	生産額の変化率対被災3県2005生産額	(X=A+B)総波及効果額	生産額の変化率対その他地域2005生産額	(X=A+B)総波及効果額	生産額の変化率対全国2005生産額
農業	-1,093	-686	-407	62.8%	-39.5%	-2,905	-1,456	-1,449	50.1%	-26.6%	-12,184	-11.7%	-16,182	-13.7%
林業	-138	-97	-41	70.1%	-54.8%	-355	-205	-150	57.8%	-35.2%	-1,518	-11.8%	-2,011	-14.3%
漁業	-248	-215	-33	86.8%	-121.9%	-1,715	-1,492	-224	87.0%	-94.9%	-2,034	-11.7%	-3,997	-20.6%
鉱業	-891	-686	-205	77.0%	-52.5%	-2,699	-1,433	-1,266	53.1%	-33.1%	-14,951	-11.2%	-18,542	-12.9%
食料品・たばこ	-2,579	-1,167	-1,411	45.3%	-27.9%	-7,823	-3,477	-4,345	44.5%	-23.8%	-42,775	-11.5%	-53,176	-12.9%
非耐久財製造業	-1,196	-632	-564	52.9%	-32.6%	-3,470	-1,816	-1,654	52.3%	-27.3%	-24,385	-11.7%	-29,050	-12.9%
石油化学関連製造業	-1,993	-887	-1,106	44.5%	-30.3%	-19,482	-14,444	-5,038	74.1%	-44.6%	-60,356	-10.8%	-81,831	-13.4%
設備基盤製造業	-2,260	-1,353	-907	59.9%	-29.2%	-10,258	-5,962	-4,297	58.1%	-22.4%	-51,418	-10.0%	-63,936	-11.3%
一般機械製造業	-886	-207	-680	23.3%	-18.1%	-3,242	-901	-2,341	27.8%	-13.1%	-32,565	-9.0%	-36,694	-9.4%
電子通信機器	-2,902	-1,527	-1,376	52.6%	-21.5%	-2,974	-1,235	-1,738	41.5%	-13.5%	-28,698	-7.7%	-34,575	-8.5%
自動車	-958	-633	-325	66.1%	-25.5%	-2,557	-2,009	-549	78.5%	-29.3%	-29,509	-6.4%	-33,024	-7.0%
その他耐久財製造業	-563	-106	-457	18.8%	-14.1%	-1,346	-557	-789	41.4%	-14.6%	-17,103	-8.5%	-19,012	-8.8%
その他製造業	-751	-225	-526	30.0%	-25.0%	-1,533	-614	-919	40.0%	-18.6%	-18,008	-10.7%	-20,292	-11.3%
建設	-7,756	-6,089	-1,667	78.5%	-84.0%	-16,643	-12,415	-4,228	74.6%	-49.7%	-68,023	-11.5%	-92,422	-14.6%
電力等	-10,862	-8,760	-2,102	80.6%	-58.4%	-6,068	-4,122	-1,946	67.9%	-41.6%	-28,846	-10.8%	-45,776	-15.3%
商業	-4,917	-3,483	-1,434	70.8%	-48.3%	-16,165	-11,223	-4,942	69.4%	-42.0%	-104,484	-10.6%	-125,566	-12.1%
金融・保険・不動産	-7,283	-5,498	-1,785	75.5%	-53.2%	-24,483	-18,443	-6,039	75.3%	-48.5%	-125,354	-10.8%	-157,120	-12.8%
運輸	-3,338	-2,358	-980	70.6%	-46.0%	-11,474	-8,607	-2,867	75.0%	-48.9%	-50,938	-10.0%	-65,749	-12.2%
公務・公共サービス	-6,466	-3,838	-2,628	59.4%	-30.4%	-18,571	-10,740	-7,830	57.8%	-27.9%	-136,624	-11.2%	-161,660	-12.4%
その他サービス業	-10,501	-8,168	-2,333	77.8%	-61.2%	-27,560	-18,883	-8,678	68.5%	-41.9%	-191,146	-11.1%	-229,207	-12.7%
産業部門全体	-67,581	-46,615	-20,966	69.0%	-42.6%	-181,321	-120,033	-61,288	66.2%	-34.7%	-1,040,920	-10.5%	-1,289,821	-12.1%

(出所)　筆者作成。

く，過少推計となっていると見られる[1]。いずれにしろ，震災による被災地域の生産活動停止が一時的であったとしてもその他地域を含めて全国の生産量を1割以上も減少されるほどの大きな影響を及ぼしたと言えよう。

次に，被災地域における生産活動の被害がもたらした他部門への負の影響を考察する。表 3-6 から生産要素部門での労働と資本の被害額について福島県ではそれぞれ1.6兆円，その他被災3県が4.1兆円と4.2兆円，その他地域では26.7兆円と22.5兆円，全国では労働が32.5兆円，資本は28.4兆円となっている。また，制度部門における家計の被害額を世帯当たり家計所得でみると，震災直後の被害が1年間続けば，福島県では328万円の減少になり，その他被災3県では257万円，その他地域では95万円の年収減になる。

表3-6　震災の直接的な生産活動の被害がもたらす生産活動以外の部門への波及効果

(単位：億円)

総被害額	生産要素部門，制度部門等への波及効果			
	全国	福島県	その他被災3県	その他地域
労働	-324,568	-16,612	-41,180	-266,776
資本	-284,428	-16,981	-42,114	-225,333
家計	-529,416	-23,614	-63,692	-442,110
世帯当たり家計所得(万円)	-101.9	-327.6	-257.4	-95.1
非営利団体	-10,076	-217	-743	-9,116
非金融企業	-207,113	-11,399	-26,503	-169,211
金融機関	-73,803	-911	-2,396	-70,495
国出先機関	-31,774	-560	-1,680	-29,534
都道府県	-38,269	-1,092	-3,210	-33,967
市町村	-39,548	-940	-2,879	-35,728
社会保障基金	-93,699	-3,565	-9,961	-80,173
貯蓄・投資	-162,583	-11,837	-17,108	-133,637

(単位：億円)

その他部門	全体
直接税	-49,054
間接税	-48,312
間接税(輸入品商品税)	-4,046
間接税(関税)	-985
税部門合計	-102,397
財産部門	-112,621
その他部門	-42,369
中央政府	-48,428
人口当たりGDP(万円)	-51.7

(出所)　筆者作成。

---

[1]　もう1つの原因として，今回の震災で被災した工場だけが生産する自動車部品（マイコン）を日本の多くの自動車組立・自動車部品メーカーが調達していたため，被災地域以外の工場でその部品を代替することができなかったからである。こうした事象はSAMの乗数で反映することができないが，次章の地域間応用一般均衡モデルにおいて外生的に与える商品の地域間代替弾力性のパラメータの大きさを選択することで反映させることができる。

また，金融機関以外の民間企業への影響も全国では 20.7 兆円の受取減になる。さらに，貯蓄・投資部門への影響も全国では 16.2 兆円の減少となり，税部門においても直接税と間接税の合計で 11.3 兆円の税収減になっている。この震災の直接的な生産活動の被害がもたらした影響を 1 人当たり GDP でみると，51.7 万円の減少となり，被害が大きいことがわかる。

3.4　平成 23・24 年度の復興のための財政措置による経済波及効果

(1)　3 地域間 SAM に挿入する復興のための財政措置の前提

最初に，平成 23・24 年度の復興のための被災地域に振り向けられた財政措置について福島県とその他被災 3 県にどのように配分されたのかを説明し，配分されたそれらの金額を (3-3) 式の外生変数のどの部門に挿入するのかを示す。一方，財政措置の財源についてもどの部門からどれだけの財源を要求するのかを合わせて示す。

まず，復興庁資料（2013）から区分別に平成 23 年度末の平成 23 年度補正予算（1 次から 3 次）と平成 24 年 9 月 30 日の平成 23 年度補正予算（繰越分）及び平成 24 年度予算の予算に関する執行状況を把握する。しかし，同資料は被災地ごとの執行金額や予算配分額を明示されていないので，ここでは区分内容から明らかに原発事故関連などに対する財政措置とわかる項目以外に関して，被害額の大きさによって執行され，予算配分されるものと想定した。そして各項目の金額を該当する 3 地域間 SAM の項目ごとに表 3-4 で推計した被害額の大きさに比例して配分した。一方，財源に関しては，補正予算の財源となった「その他収入」や「前年度余剰金受入」の金額は中央政府の歳入に相当する金額を減額した。そして復興公債金に関しては，財産部門への受取額を減額し，それぞれの分を被災地域への財政措置の項目に配分した。また，平成 24 年度の復興予算に関しては，同予算の歳入内訳に従って，復興特別税の税収分は直接税，子ども手当や高速道路無料化の見直し等による一般会計からの受入は中央政府，復興国債収入は財産部門とし，それぞれの部門から減額し，

表 3-7 平成 23・24 年度の復興のための財政措置の地域別・部門別の配分額と財源の調達部門

(単位：億円)

財政措置の項目	本 SAM 上で財政措置額を挿入する部門	平成23年度補正予算の執行額（1次から3次）			平成23年度補正予算繰越分＋平成24年度予算の合計		
		合計	福島県	その他被災3県	合計	福島県	その他被災3県
支出項目		89,324	27,693	61,631	71,511	20,761	50,750
生活支援	家計部門	7,119	1,925	5,194	2,428	657	1,771
災害廃棄処理	建設業	3,186	828	2,358	7,384	1,918	5,466
公共事業・施設復旧＋復興交付金	投資部門	9,638	1,666	7,972	39,338	6,799	32,539
住宅	投資部門	4,870	325	4,545	661	44	617
雇用確保	労働部門	4,308	1,238	3,070	118	34	84
原子力災害から復興・再生	都道府県	2,784	2,784	0	2,953	2,953	0
	市町村	3,963	3,963	0	4,205	4,205	0
風評被害・食の安全	農業	2,688	2,688	0	183	183	0
	林業	139	139	0	9	9	0
	漁業	201	201	0	14	14	0
地方交付税交付金	都道府県	10,293	2,015	8,279	2,522	494	2,028
	市町村	12,115	2,868	9,247	2,968	703	2,265
農林水産業の復興支援	農業	2,172	290	1,882	842	112	730
	林業	256	26	230	99	10	89
	漁業	1,242	131	1,111	482	51	431
災害関連融資	鉱業	53	21	33	15	6	9
	食料品・たばこ	240	156	84	66	43	23
	非耐久財製造業	260	187	72	71	51	20
	石油化学関連製造業	3,579	248	3,331	976	68	908
	設備基盤製造業	1,327	402	925	362	110	252
	一般機械製造業	82	6	76	22	2	21
	電子通信機器	671	472	199	183	129	54
	自動車	821	218	603	224	59	165
	その他耐久財製造業	34	22	12	9	6	3
	その他製造業	43	26	18	12	7	5
	商業	3,644	669	2,974	994	183	811
	運輸・通信	2,275	358	1,917	620	98	523
	その他サービス業	4,405	1,107	3,298	1,201	302	899
研究開発・再生エネルギー等	電力等	1,791	1,515	276	1,499	1,268	231
生活支援以外の被災者支援	公務・公共サービス	5,124	1,198	3,926	1,052	246	806
財源項目		89,324			71,511		
平成23年度第1次補正予算	中央政府	3,051			0		
平成23年度第2次補正予算	中央政府	19,988			0		
平成23年度第3次補正予算	財産部門	64,952			33,876		
	中央政府	1,333			0		
平成24年度復興特別会計	財産部門	0			26,823		
	中央政府	0			5,507		
	直接税	0			5,305		

(出所) 復興庁資料 (2013) より筆者作成。

それぞれの分を被災地域への財政措置の項目に配分した。このようにして作成した表が表 3-7 である。

(2) 被災地域における復興のための財政措置の効果分析

次に、平成 23 年度補正予算で執行された財政措置と平成 23 年度補正予算の繰越額と平成 24 年度復興予算による財政措置が、震災で大きく被害を受けた被災地域の産業や家計、企業の経済主体をどの程度まで回復させることができたのかを、震災から 1 年後と震災から 2 年後の 2 時点で分析する。

まず、福島県への財政措置による効果を分析する。この効果を示したものが表 3-8 である。平成 23 年度補正予算の執行による経済波及効果は、産業全体で 4 兆 6,219 億円のプラス効果をもたらすと推測される。しかし、農林業と公務・公共サービスを除く多くの生産活動においては、この財政措置による効果だけでは震災後の被害を全て回復させるには不十分であり、震災の 1 年後でも 2 兆 1,362 億円の減額となる。2005 年比の福島県生産額に対して産業全体では 86.5％の回復となるが、2010 年比は 84.5％に止まることがわかる。また、平成 23 年度補正予算の繰越額と平成 24 年度復興予算により、産業全体で 3 兆 3,962 億円の追加の経済効果をもたらし、震災の 2 年後で被害額を 1 兆 2,600 億円ほど上回り、2005 年比で 107.9％（2010 年比で 109.1％）まで回復すると推測される。但し、産業間での回復のバラツキがみられ、こうした財政措置の恩恵を受けるのが建設業と公務・公共サービス、農業であり、ほとんどの製造業は震災の 2 年後でも 100％まで回復しない。中でも電力等は 68.0％に止まっている。

この推計結果を第 1 章表 1-1 と表 1-2 と対比してみると、製造業の各業種においてはそれほど大きな差異がみられないが、農林水産業において大きな違いがみられる。これは、第 1 章表 1-2 の金額は地震と津波からの直接的な被害からの回復を示しているのに対して、表 3-7 の金額は放射能からの風評被害等への財政支援による生産活動への経済波及効果を示しているからである[2]。さらに、生産活動部門以外の財政措置の効果をみると、生産要素部門では労働と資

---

2 福島県の農林水産業に対して風評被害・食の安全という名目で、年間の生産額に近い金額で財政支援が実施されたことで、農林水産業の生産活動があたかも回復しているかのような結果となっている。

表 3-8　福島県への財政措置による経済波及効果　　　　　　（単位：億円）

福島県	平成23年度補正予算執行額の波及効果(A)	平成23年度繰越額＋平成24年度復興予算の波及効果(B)	震災から1年後の福島県の生産の増減額(C)	震災から1年後の回復度（対2005年福島県生産額の比率）	震災から2年後の福島県の生産の増減額(D)	震災から2年後の回復度（対2005年福島県生産額の比率）
農業	3,238	413	2,145	177.5%	2,558	192.4%
林業	214	67	77	130.5%	144	157.2%
漁業	224	28	-24	88.4%	4	102.2%
鉱業	269	220	-622	63.4%	-402	76.3%
食料品・たばこ	1,638	974	-941	89.8%	34	100.4%
非耐久財製造業	489	336	-707	80.7%	-371	89.9%
石油化学関連製造業	911	498	-1,082	83.6%	-584	91.1%
設備基盤製造業	741	571	-1,519	80.4%	-948	87.8%
一般機械製造業	311	467	-575	88.3%	-109	97.8%
電子通信機器	868	638	-2,034	84.9%	-1,396	89.7%
自動車	296	152	-662	82.4%	-510	86.4%
その他耐久財製造業	148	151	-414	89.6%	-263	93.4%
その他製造業	411	310	-340	88.7%	-30	99.0%
建設	5,239	7,231	-2,518	72.7%	4,713	151.1%
電力等	2,754	2,160	-8,109	56.4%	-5,948	68.0%
商業	2,995	2,294	-1,922	81.1%	372	103.7%
金融・保険・不動産	4,668	3,205	-2,615	80.9%	590	104.3%
運輸	2,037	1,300	-1,301	82.1%	-1	100.0%
公務・公共サービス	12,257	8,235	5,792	127.2%	14,026	165.9%
その他サービス業	6,510	4,713	-3,990	76.8%	722	104.2%
産業部門全体	46,219	33,962	-21,362	86.5%	12,600	107.9%
労働	14,647	10,468	-1,965	94.9%	8,503	122.0%
資本	11,622	7,663	-5,359	85.0%	2,304	106.4%
家計	22,419	15,127	-1,195	98.1%	13,932	122.6%
非営利団体	70	41	-147	87.0%	-106	90.7%
非金融企業	7,595	4,971	-3,804	85.1%	1,167	104.6%
金融機関	-131	-206	-1,042	84.0%	-1,248	80.8%
国出先機関	-209	-96	-770	83.7%	-866	81.7%
都道府県	5,303	3,811	4,211	186.8%	8,022	265.4%
市町村	7,600	5,488	6,660	217.4%	12,148	314.2%
社会保障基金	2,841	2,138	-724	95.4%	1,414	109.0%
貯蓄・投資	9,603	11,735	-2,235	88.3%	9,501	149.6%

（注1）　C＝X（表3-5）＋A
（注2）　D＝X（表3-5）＋A＋B
（出所）　筆者作成。

本が震災の1年後ではそれぞれ2005年比で94.9％と85.0％となるが，震災の2年後ではそれぞれ122.0％と106.4％となり，震災による被害は回復するものと推察される。これにより震災で減少した家計所得は震災の2年後において2005年比で122.6％まで回復している。また，福島県や県内の市町村に対して多くの財政措置が執られ，これらの地方公共団体の受取額が2005年比で2倍から3倍に達している。同様に，貯蓄・投資部門においても震災から1年後には88.3％となるが，平成24年度予算等で多くの財政措置がなされることから震災から2年後には2005年比で1.5倍となっている。

次に，その他被災3県への財政措置による経済波及効果を分析する。この効果を示しているものが表3-9である。平成23年度補正予算の執行による波及効果は，産業全体で11兆7,137億円のプラスとなる。だが，上述した福島県と同様に農林業と公務・公共サービスを除く多くの生産活動においては，この財政措置による効果だけでは震災後の被害を回復するには不十分であり，震災の1年後でも6兆4,184億円の減少となる。2005年比でその他被災3県の産業全体の回復度は87.7％に止まっている。しかし，平成23年度補正予算の繰越額と平成24年度復興予算を投入すると，産業全体では9兆2,447億円の増加となり，震災の2年後ではそれは2兆8,263億円ほど上回り，2005年比で105.4％まで回復する。産業間の回復度をみると，福島県ほどの回復のバラツキがみられず，製造業でも震災から2年後で100％前後となっている。その中で，建設業が震災から1年後から2年後の期間において集中的に財政措置がなされた関係から震災からの2年後の回復度が184.0％となっている。また，この推計結果を第1章表1-1と表1-2と対比してみると，製造業では電子通信機器と自動車において差異がみられるものの，それほど大きな差異がみられない。これは，第1章で説明したように財政措置以外の要因が大きく働くからであろう。一方，農林水産業では大きな違いがみられる。これは，茨城県を除く岩手県や宮城県では第1章表1-2が示すように地震と津波による直接的な被害からの回復はまだ途上であるものの，被災地域における農林水産業の復興支援のための財政措置がその他被災3県の農林水産業の生産活動の回復に大きく貢献したからであろう。さらに，生産活動部門以外について財政措置の効果をみると，生産要素部門では労働と資本とも震災の1年後ではそれぞれ2005年比

表 3-9　その他被災 3 県への財政措置による経済波及効果　　　（単位：億円）

その他被災3県	平成23年度補正予算執行額の波及効果(A)	平成23年度繰越額＋平成24年度復興予算の波及効果(B)	震災から1年後のその他被災3県の生産の増減額(C)	震災から1年後の回復度（対2005年その他被災3県生産額の比率）	震災から2年後のその他被災3県の生産の増減額(D)	震災から2年後の回復度（対2005年その他被災3県生産額の比率）
農業	3,721	1,798	816	107.5%	2,614	123.9%
林業	570	552	215	121.3%	767	176.1%
漁業	1,323	553	-393	78.3%	160	108.9%
鉱業	1,044	636	-1,655	79.7%	-1,019	87.5%
食料品・たばこ	4,808	2,894	-3,015	90.8%	-120	99.6%
非耐久財製造業	2,070	2,193	-1,400	89.0%	794	106.3%
石油化学関連製造業	9,110	4,598	-10,372	76.2%	-5,774	86.8%
設備基盤製造業	4,743	5,965	-5,515	88.0%	450	101.0%
一般機械製造業	1,467	2,047	-1,775	92.8%	272	101.1%
電子通信機器	1,370	1,498	-1,604	92.7%	-105	99.5%
自動車	1,012	588	-1,545	82.3%	-957	89.0%
その他耐久財製造業	871	1,139	-474	94.9%	665	107.2%
その他製造業	783	684	-750	90.9%	-67	99.2%
建設	16,135	28,652	-508	98.5%	28,144	184.0%
電力等	3,695	2,551	-2,373	83.7%	178	101.2%
商業	8,366	5,635	-7,799	79.7%	-2,164	94.4%
金融・保険・不動産	12,007	7,973	-12,476	75.3%	-4,503	91.1%
運輸	6,213	4,077	-5,261	77.6%	-1,184	95.0%
公務・公共サービス	21,765	7,534	3,194	104.8%	10,728	116.1%
その他サービス業	16,065	10,880	-11,495	82.5%	-615	99.1%
産業部門全体	117,137	92,447	-64,184	87.7%	28,263	105.4%
労働	33,217	23,115	-7,963	93.5%	15,152	112.4%
資本	25,865	17,888	-16,249	85.2%	1,638	101.5%
家計	51,544	32,690	-12,148	94.1%	20,541	110.1%
非営利団体	143	78	-600	87.3%	-523	88.9%
非金融企業	15,613	10,640	-10,891	85.4%	-250	99.7%
金融機関	-1,266	-1,313	-3,662	83.5%	-4,975	77.6%
国出先機関	-415	-195	-2,094	84.6%	-2,289	83.1%
都道府県	8,991	2,561	5,781	133.0%	8,342	147.6%
市町村	10,328	2,635	7,449	138.4%	10,084	152.0%
社会保障基金	6,446	3,917	-3,515	91.7%	402	101.0%
貯蓄・投資	22,717	39,972	5,609	110.7%	45,580	187.1%

（注1）　C＝X(表3-5)＋A
（注2）　D＝X(表3-5)＋A＋B
（出所）　筆者作成。

で93.5%と85.2%であったが、震災の2年後では112.4%と101.5%となり、震災による減少から回復しているものと推察される。このために家計部門においても震災で減少した家計所得は震災の2年後において2005年比で110.1%まで回復している。また、その他被災3県や県内の市町村に対して多くの財政措置がこれまで執行されているために、これらの地方公共団体の受取額が2005年比で2－3倍と達している。同様に、貯蓄・投資部門においても震災から1年後は110.7%となり、さらに平成24年度予算等で多くの財政措置がなされたことから震災から2年後では2005年比で1.8倍となる。

最後に、その他地域への財政措置による経済波及効果を分析する。この効果を示したものが表3-10である。この表から平成23年度補正予算の執行による経済波及効果と平成23年度補正予算の繰越額および平成24年度復興予算による経済波及効果はマイナスになることがわかる。これは、被災地域への財政措置の財源が復興国債などの公債発行や中央政府の収入によるからである。つまり、財産部門や中央政府へのマイナスの影響によりその他地域の経済主体への負の波及効果となっている。確かに、被災地域はその他地域と同様にこのようなマイナスの影響を受けるものの、それを上回る財政措置によるプラス効果があるので、純効果はプラスになっている。しかし、その他地域は被災地域の復興によるプラスの効果を打ち消すほどにこのようなマイナスの効果を受けることになる。その結果、産業全体では平成23年度補正予算の執行の場合は9兆5,316億円の負の影響をもたらし、平成23年度補正予算の繰越額および平成24年度復興予算の場合は5兆3,598億円の負の影響をもたらすことになる。それ以外の部門では、家計部門がそれぞれ7兆6,438億円と5兆4,421億円と負の影響を受け、同様に金融機関もそれぞれ5兆2,256億円と4兆9,551億円と負の影響を受けている。この家計部門の影響は生産要素部門の労働と資本が受けるマイナス効果を反映しているからであり、一方、金融機関の影響は財産部門が受ける負の影響を受けるからである。以上のことから、被災地域の復興に向けた財政措置は実質上、その他地域からの所得移転に他ならないと言えよう。

表 3-10　その他地域への財政措置による波及効果　　　　（単位：億円）

その他地域	平成23年度補正予算執行額の波及効果(A)	平成23年度繰越額＋平成24年度復興予算の波及効果(B)	震災から1年後のその他地域の生産額の増減額(C)	震災から1年後の回復度（対2005年その他地域生産額の比率）	震災から2年後のその他地域の生産額の増減額(D)	震災から2年後の回復度（対2005年その他地域生産額の比率）
農業	-539	-562	-12,723	87.8%	-13,285	87.3%
林業	-158	-107	-1,677	86.9%	-1,783	86.1%
漁業	-52	-58	-2,086	88.0%	-2,144	87.7%
鉱業	227	299	-14,725	89.0%	-14,426	89.2%
食料品・たばこ	-2,658	-2,224	-45,433	87.7%	-47,656	87.1%
非耐久財製造業	-344	299	-24,729	88.2%	-24,430	88.3%
石油化学関連製造業	2,111	1,495	-58,245	89.6%	-56,750	89.8%
設備基盤製造業	1,155	5,473	-50,263	90.2%	-44,790	91.3%
一般機械製造業	-1,545	1,293	-34,111	90.5%	-32,818	90.9%
電子通信機器	-1,881	-356	-30,580	91.7%	-30,936	91.7%
自動車	-561	418	-30,070	93.5%	-29,652	93.6%
その他耐久財製造業	-799	-132	-17,902	91.1%	-18,034	91.1%
その他製造業	-503	-38	-18,511	89.0%	-18,549	89.0%
建設	-14,139	-11,869	-82,162	86.1%	-94,031	84.1%
電力等	-3,054	-1,840	-31,899	88.0%	-33,740	87.3%
商業	-8,016	-4,311	-112,500	88.6%	-116,811	88.2%
金融・保険・不動産	-17,297	-11,913	-142,651	87.7%	-154,564	86.7%
運輸	-3,483	-1,993	-54,421	89.3%	-56,414	88.9%
公務・公共サービス	-24,809	-15,362	-161,432	86.8%	-176,795	85.5%
その他サービス業	-18,969	-12,108	-210,116	87.8%	-222,223	87.1%
産業部門全体	-95,316	-53,598	-1,136,236	88.6%	-1,189,834	88.0%
労働	-28,166	-16,680	-294,943	88.1%	-311,622	87.4%
資本	-23,489	-14,378	-248,823	88.2%	-263,201	87.5%
家計	-76,438	-54,421	-518,548	87.4%	-572,969	86.1%
非営利団体	-1,433	-1,320	-10,549	87.5%	-11,869	86.0%
非金融企業	-26,684	-19,958	-195,895	87.7%	-215,854	86.4%
金融機関	-52,256	-49,551	-122,751	82.6%	-172,302	75.6%
国出先機関	-8,617	-5,787	-38,152	84.7%	-43,938	82.4%
都道府県	-4,258	-2,258	-38,225	86.7%	-40,484	85.9%
市町村	-3,829	-2,363	-39,557	86.7%	-41,920	85.9%
社会保障基金	-23,892	-13,854	-104,065	85.6%	-117,919	83.7%
貯蓄・投資	-29,295	-25,027	-162,933	85.8%	-187,960	83.6%

（注1）　C＝X（表3-5）＋A
（注2）　D＝X（表3-5）＋A＋B
（出所）　筆者作成。

3.5　福島第一原発事故の被害による経済損失の波及効果

(1)　3地域間 SAM に挿入する原発事故による被害額の推計

　第1章3節(2)で説明したように，福島第一原発事故による周辺地域の生産活動は，震災から3年が過ぎようとしてもほとんど回復していない。そこで，本項は1年単位でその影響を把握することができる乗数分析を通じて福島第一原発事故がもたらした福島県内・県外の経済波及効果を分析する。

　以下のように福島原発事故による被害額を設定する。ここではその被害額を第1章表1-3で推計した相双地域の相馬市と新地町を除く1市6町3村の2010年度の総生産額である1兆4,942億円とした。また，原発事故影響地域における各産業の生産額のうち，3地域間 SAM の生産活動部門（第2章付表1を参照）の区分に合わせるために，製造業の各業種については2010年工業統計表の製造品出荷額に基づいて配分した。表3-11 からその配分した各業種の

表 3-11　福島県と原発事故影響地域の総生産額

（単位：百万円）

2010年度	県内総生産額	原発事故影響地域の総生産額	2010年度	県内総生産額	原発事故影響地域の総生産額
農業	257,364	27,983	その他耐久財製造業	294,344	10,995
林業	13,357	1,555	その他製造業	256,270	14,381
漁業	19,222	1,170	建設	730,925	72,219
鉱業	9,873	841	電力等	1,144,335	740,788
食料品・たばこ	603,298	13,354	商業	989,877	48,811
非耐久財製造業	260,657	16,048	金融・保険・不動産	1,225,306	82,900
石油化学関連製造業	684,919	49,538	運輸	739,200	36,720
設備基盤製造業	703,272	22,934	公務・公共サービス	1,156,331	98,395
一般機械製造業	495,867	28,161	その他サービス業	2,705,076	169,453
電子通信機器	1,081,909	41,933	産業部門全体	13,785,162	1,494,212
自動車	413,762	16,034			

（出所）　福島県市町村民経済計算等より筆者作成。

生産額をみると，原発事故影響地域は電子通信機器が419億円と石油化学関連製造業に次いで生産額が大きく，自動車（部品）も160億円ほど生産をしていたことがわかる。そして，こうした表3-11に示した各産業の生産額を原発事故がもたらした福島県の生産活動への被害額に置き換えて乗数分析の与件とした。

(2) 原発周辺地域の被害がもたらす県内・県外への経済損失の波及効果

最初に，福島県内・県外の原発事故による生産活動部門への経済波及効果を分析する。この効果を示したものが表3-12である。福島県内全体への被害額は年間3兆3,862億円であり，この金額は2005年比で福島県総生産額の21.3％，2010年比で24.6％に達する。この被害額は原発事故影響地域の生産活動が1年間停止した場合の想定額である。原発事故以降，周辺地域に財政措置が実施されているものの，上述したように原発事故による生産活動の停滞からの復興はあまりなされておらず，周辺地域の生産活動の停止による経済損失は，今後も福島県の生産活動に負の影響を及ぼすものと推察できる。また，この被害額の89.4％が福島県内での波及効果分であるが，残りは地域間による波及効果分で，その額は3,596億円程度である。一方，その他被災3県の原発事故による被害額は1兆6,318億円で，その他地域の被害額は20兆1,552億円である。

次に，原発事故による生産活動部門以外の部門についての影響について考察する。その結果をまとめたのが表3-13である。生産要素部門では，福島県の労働と資本がそれぞれ年間7,933億円と9,199億円減少し，全国では労働が6兆3,043億円，資本は5兆6,127億円減少している。また，制度部門では家計が福島県で1兆1,251億円，世帯当たりに換算すると156万円家計所得が減少することになる。また，全国でみると，世帯当たり家計所得は19.7万円の減少となる。また，金融機関以外の民間企業では4兆897億円の収入減となり，貯蓄・投資部門でも3兆3,312億円の貯蓄（投資）減となる。さらに，その他部門をみると，原発事故による影響で年間の税収減は1兆9,819億円となり，約2兆円の税収が原発事故により徴税できない状況が続くことになる。こうした福島原発により周辺地域の生産活動の停止が1人当たりGDPで10.1万円ほど国民1人1人に影響を及ぼし続ける。

3.5 福島第一原発事故の被害による経済損失の波及効果　87

表3-12　原発事故による福島県内・県外の生産活動部門への影響

(単位：億円)

	福島県					その他被災3県		その他地域	
	波及効果の総被害額 (X=A+B)	影響度 (対2005年福島県生産額の変化率)	影響度 (対2010年福島県生産額の変化率)	地域内の波及効果=A	地域間等の波及効果=B	自地域内波及効果比率=A/X	波及効果の総被害額 (X=A+B)	影響度 (対2005年その他被災3県生産額の変化率)	波及効果の総被害額 (X=A+B)	影響度 (対2005年その他地域生産額の変化率)
農業	-491	-17.7%	-19.1%	-424	-67	86.4%	-382	-3.5%	-2,336	-2.2%
林業	-52	-20.8%	-39.2%	-46	-7	87.4%	-42	-4.2%	-296	-2.3%
漁業	-24	-11.8%	-12.5%	-19	-5	78.8%	-55	-3.1%	-388	-2.2%
鉱業	-572	-33.7%	-579.3%	-536	-36	93.6%	-502	-6.2%	-2,880	-2.1%
食料品・たばこ	-837	-9.1%	-13.9%	-619	-219	73.9%	-1,170	-3.6%	-7,991	-2.2%
非耐久財製造業	-340	-9.3%	-13.1%	-253	-87	74.5%	-442	-3.5%	-4,827	-2.3%
石油化学関連製造業	-817	-12.4%	-11.9%	-666	-151	81.5%	-1,396	-3.2%	-11,567	-2.1%
設備基盤製造業	-573	-7.4%	-8.1%	-413	-159	72.1%	-1,009	-2.2%	-10,104	-2.0%
一般機械製造業	-524	-10.7%	-10.6%	-408	-116	77.9%	-660	-2.7%	-6,545	-1.8%
電子通信機器	-860	-6.4%	-8.0%	-612	-248	71.2%	-483	-2.2%	-5,549	-1.5%
自動車	-272	-7.3%	-6.6%	-211	-61	77.6%	-120	-1.4%	-6,007	-1.3%
その他耐久財製造業	-219	-5.5%	-7.4%	-142	-77	64.8%	-230	-2.5%	-3,543	-1.8%
その他製造業	-318	-10.6%	-12.4%	-247	-71	77.7%	-243	-2.9%	-3,533	-2.1%
建設	-3,704	-40.1%	-50.7%	-3,414	-290	92.2%	-1,043	-3.1%	-13,033	-2.2%
電力等	-8,759	-47.1%	-76.5%	-8,368	-392	95.5%	-602	-4.1%	-5,518	-2.1%
商業	-1,868	-18.3%	-18.9%	-1,624	-244	86.9%	-1,412	-3.7%	-20,255	-2.0%
金融・保険・不動産	-3,623	-26.5%	-29.6%	-3,311	-312	91.4%	-1,540	-3.0%	-23,996	-2.1%
運輸	-1,418	-19.6%	-19.2%	-1,253	-165	88.4%	-783	-3.3%	-9,777	-1.9%
公務・公共サービス	-2,948	-13.9%	-25.5%	-2,465	-483	83.6%	-1,748	-2.6%	-26,431	-2.2%
その他サービス業	-5,640	-32.9%	-20.9%	-5,235	-405	92.8%	-2,454	-3.7%	-36,976	-2.1%
産業部門全体	-33,862	-21.3%	-24.6%	-30,267	-3,596	89.4%	-16,318	-3.1%	-201,552	-2.0%

(出所)　筆者作成。

表 3-13　原発事故による福島県内・県外の生産活動部門以外の部門への影響

（単位：億円）　　　　　　　　　　（単位：億円）

総被害額	生産要素部門，制度部門等への波及効果			
	全国	福島県	その他被災3県	その他地域
労働	-63,043	-7,933	-3,706	-51,404
資本	-56,127	-9,199	-3,500	-43,428
家計	-102,205	-11,251	-5,973	-84,981
世帯当たり家計所得(万円)	-19.7	-156.1	-24.1	-18.3
非営利団体	-1,939	-84	-107	-1,748
非金融企業	-40,897	-6,096	-2,276	-32,525
金融機関	-13,865	-279	-424	-13,163
国出先機関	-6,112	-103	-318	-5,691
都道府県	-7,467	-445	-449	-6,572
市町村	-7,690	-297	-475	-6,917
社会保障基金	-17,930	-1,379	-1,132	-15,419
貯蓄・投資	-33,312	-6,098	-1,624	-25,590

その他部門への波及効果	
	全体
直接税	-9,442
間接税	-9,426
間接税（輸入品商品税）	-770
間接税（関税）	-181
税部門合計	-19,819
財産部門	-20,930
その他部門（経常移転）	-8,132
中央政府	-9,386
人口当たりGDP（万円）	-10.1

（出所）　筆者作成。

3.6　おわりに

　本章では，福島県，その他被災3県，その他地域の3地域間SAMを構築した。そしてこのSAMを用いて1）東日本大震災による被災地域の被害額の経済波及効果，2）被災地域の復興のための財政措置の効果，さらに3）福島第一原発事故による被害の経済波及効果について乗数分析を行った。その結果は以下のようにまとめられる。

1) 東日本大震災の被害額による経済損失の波及効果
　① 東日本大震災により被災地域の被害額を生産額ベースで推計したところ，福島県では産業全体で2兆3,360億円（2005年生産額の14.7%），その他被災3県は産業全体で5兆5,781億円（2005年生産額の10.7%）となった。
　② そして，こうした被害額が1年間生産活動を停止した場合に起こりうる

3.6 おわりに

と想定して経済損失の波及効果を計測したところ，福島県の県内や地域間の波及効果を合わせた総被害額は産業全体で6兆7,851億円に達し，家計部門への影響は2兆3,614億円，世帯当たり327.6万円となった。
③ また，その他被災3県の総被害額は産業全体で18兆1,321億円に達し，家計部門への影響は6兆3,692億円，世帯当たり257.4万円になった。

2) 被災地域の復興のための財政措置の効果
① 被災地域の被害に対して平成23・24年度を通じて16兆円余の復興への財政措置が執行された。その効果を計測したところ，福島県の産業全体では震災から2年後においては震災前の水準を上回る107.9%まで回復しているとの結果が得られた。
② また，その他被災3県の産業全体でも福島県と同様に震災から2年後では105.4%まで回復している結果になった。
③ この計測結果をみる限り，震災から2年後の現在では被災地域の産業全体でみれば震災前の水準に戻ったことになる。しかし，こうした結果は第1章で述べたように個々の産業や個々の地域の現状からみて必ずしも一致する結果になっていない。この理由として次の3点が挙げられる。
  a) 乗数分析という手法に依拠する。つまり，価格メカニズムによる調整や時間軸を前提としておらず，財政措置の時間軸とその波及効果の経過経路に「ズレ」を生じさせているからである。この課題は第6章で対応する。
  b) SAMの産業区分をベースにしていることから震災の影響をより強く受けた水産加工業，旅館・ホテル，飲食店などの産業が的確に捉えることができていないからである。
  c) 被災地域への財政措置の配分先と金額が被災地域での復興ニーズと異なっていたからであろう。具体的には，地方交付税交付金は被災地域の県と市町村に配分されている結果が，公務・公共サービスへの生産活動を他産業に比べて早い回復をもたらしている。通常の使途で地方交付税交付金を使えば，被災した企業の再開や再開後の事業展開などといった震災から復興事業に直接的に貢献する形となって現れることは少ない。この点が推測結果と実態との「ズレ」となって現れている

に過ぎない．むしろこの結果から被災した個々の産業に直接的に資金配分されるように財政移転の配分を変更した方が望ましいということが示唆される．この点は第5章の分析を通じて明らかにする．
3) 福島第一原発事故の被害による経済損失の波及効果
① 福島第一原発事故による周辺地域の生産活動の停止による被害額から原発事故がもたらした福島県内の産業全体の被害額は3兆3,862億円となり，世帯当たりの家計所得は156万円の減少となった．
② また，全国で世帯当たり19.7万円の減少になるという結果が得られた．

次章では，第2章の2地域間SAMをデータベースとして2地域間応用一般均衡モデルを構築し，自動車産業の「負のサプライショック」について分析を行う．また，第5章の前半部分では，同モデルを用いて引き続き「被災地域への復興財源措置」について分析を行う．そして後半部分では原発事故の影響だけに特化するために，福島県と3地域間SAMのうちその他被災3県をその他地域に含めた新たな「その他地域」による2地域間SAMを再構築して「福島原発事故による原子力災害影響」について分析を行う．

付表 3-1　全国とその他部門への財政措置による経済波及効果　　　（単位：億円）

全国	平成23年度補正予算執行額の波及効果	平成23年度繰越額＋平成24年度復興予算の波及効果	震災から1年後の国内生産の増減額	震災から1年後の回復度（対2005年国内生産額の比率）	震災から2年後の国内生産の増減額	震災から2年後の回復度（対2005年国内生産額の比率）
農業	6,420	1,648	-9,762	91.7%	-8,114	93.1%
林業	626	512	-1,385	90.2%	-873	93.8%
漁業	1,495	523	-2,503	87.1%	-1,980	89.8%
鉱業	1,540	1,154	-17,002	88.2%	-15,848	89.0%
食料品・たばこ	3,788	1,645	-49,388	88.0%	-47,743	88.4%
非耐久財製造業	2,215	2,828	-26,836	88.1%	-24,007	89.3%
石油化学関連製造業	12,132	6,591	-69,699	88.5%	-63,108	89.6%
設備基盤製造業	6,639	12,009	-57,297	89.9%	-45,288	92.0%
一般機械製造業	233	3,806	-36,461	90.7%	-32,655	91.6%
電子通信機器	357	1,780	-34,218	91.6%	-32,438	92.0%
自動車	747	1,158	-32,277	93.2%	-31,119	93.4%
その他耐久財製造業	221	1,158	-18,791	91.3%	-17,633	91.8%
その他製造業	690	956	-19,602	89.1%	-18,646	89.6%
建設	7,234	24,014	-85,187	86.5%	-61,174	90.3%
電力等	3,395	2,870	-42,381	85.9%	-39,510	86.8%
商業	3,344	3,618	-122,221	88.2%	-118,603	88.6%
金融・保険・不動産	-623	-735	-157,743	87.1%	-158,478	87.1%
運輸	4,766	3,384	-60,983	88.7%	-57,599	89.3%
公務・公共サービス	9,214	407	-152,447	88.3%	-152,040	88.4%
その他サービス業	3,606	3,485	-225,601	87.5%	-222,116	87.7%
産業部門全体	68,039	72,811	-1,221,782	88.5%	-1,148,971	89.2%
労働	19,697	16,904	-304,871	88.4%	-287,967	89.1%
資本	13,997	11,173	-270,431	88.0%	-259,258	88.5%
家計	-2,475	-6,604	-531,891	87.8%	-538,495	87.7%
非営利団体	-1,221	-1,201	-11,296	87.5%	-12,497	86.2%
非金融企業	-3,477	-4,347	-210,590	87.5%	-214,937	87.3%
金融機関	-53,652	-51,071	-127,455	82.6%	-178,526	75.7%
国出先機関	-9,242	-6,077	-41,016	84.7%	-47,093	82.4%
都道府県	10,036	4,114	-28,234	90.9%	-24,119	92.2%
市町村	14,100	5,761	-25,448	92.1%	-19,688	93.9%
社会保障基金	-14,605	-7,799	-108,304	86.1%	-116,103	85.1%
貯蓄・投資	3,024	26,679	-159,558	86.9%	-132,879	89.1%
直接税	-3,386	-8,372	-52,440	87.4%	-60,812	85.4%
間接税	3,117	2,847	-45,195	88.1%	-42,348	88.8%
間接税(輸入品商品税)	286	261	-3,760	89.1%	-3,499	89.9%
間接税(関税)	69	56	-916	88.3%	-861	89.0%
税部門合計	87	-5,209	-102,311	90.9%	-107,519	90.5%
財産部門	-94,494	-89,911	-207,115	81.9%	-297,026	74.0%
その他部門(経常移転)	-5,189	-5,071	-47,558	87.8%	-52,629	86.5%
中央政府	-24,559	-8,427	-72,987	81.6%	-81,414	79.5%

（出所）　筆者作成。

第4章
2地域間応用一般均衡モデルによる自動車産業の負の供給ショック分析

4.1 はじめに

　第1章で考察したように東日本大震災は被災地域に甚大な経済的影響を及ぼしたが，被災地域以外の地域においても「サプライチェーン（供給網）の寸断」という形で負の供給ショックをもたらした。こうした事態が顕著に現れた産業が自動車産業である。自動車に搭載するマイコンを製造していたルネサスエレクトロニクスの那珂工場（茨城県ひたちなか市）が東日本大震災で被災したことでエンジンや車体の制御に使う車載用マイコンなどの自動車部品の供給が滞り，国内の多くの自動車組立工場はかなりの期間にわたり操業停止を余儀なくさせられた（いわゆるルネサス・ショック）。また，こうした事態は国内の工場のみならず，海外の工場まで操業停止に追い込んだ。本来，自動車組立・自動車部品産業は組立メーカーを頂点とし，一次部品メーカー，二次部品メーカーといった形で生産ピラミッド構造を持ち，構造の下部になるほど汎用性の高い部品から構成されている。そのため，図4-1の左図のように，仮にS地域からの部品の供給が停止した場合（破線で表示）でも，他地域から部品の供給が代替できる。このことにより，上部に位置するユニットや機能部品などの生産が停止するまでには至らず，まして自動車製造ラインが停止することはない。しかし，東日本大震災によって図4-1の右図のように一部の下部構造にダイヤモンド型の生産ピラミッド構造となっていたことが明らかになった。つまり，下層の部品の中にS地域でしか製造しておらず，かつS地域以外で直ちに供給することができない代替性の低い部品（これを基幹部品と呼ぶ）が存在していた。そのS地域が被災したことでその部品を製造できず，その部品

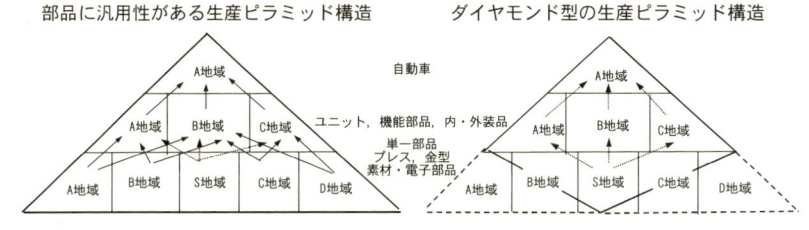

図4-1 「負の供給ショック」が発生したメカニズム

(出所) 筆者作成。

供給を受けていた上部に位置する自動車部品も製造できなくなり，ひいては最上部の自動車製造のラインを停止する事態に至った。さらに，このような事態を深刻化させたのは，経済のグローバル化の結果，国内に止まらず海外にも負の供給ショックをもたらす生産構造になっていた点である。

これらの点は，第2章3節において2地域間社会会計表（SAM）を用いた乗数分析によって解明された。その分析結果から農林水産業や自動車産業などの製造業及び第三次産業において今回の震災により「負の供給ショック」が発生し，その被害額が大きいことがわかった。しかし，このSAMを用いた乗数分析の結果は，外生変数を1単位増加させたことによる経済波及効果を示しただけで，経済の複雑な相互依存関係を考慮に入れていない。そこで，本章ではこの弱点を克服する地域間応用一般均衡モデルを用いて分析する。特に，本章では裾野の広い産業である自動車産業に焦点を当て，今回の震災で発生した被災地域とその他地域における「自動車のサプライチェーン寸断」の効果を分析する。まず，第2章で作成した2地域間SAMをデータベースとした2地域間応用一般均衡モデルを構築し，このモデルを用いて「負の供給ショック」のシミュレーション分析を行う。

4.2　東日本大震災と「負の供給ショック」

(1) 自動車産業の「サプライチェーン寸断」の実態とその回復

まず，東日本大震災を事例とした「サプライチェーン」に関する先行研究を

紹介しよう。浜口（2012）は，東日本大震災の被災地に立地する製造業事業所を対象に実施した調査結果に基づき，この地域のサプライチェーンの特徴と被災の影響を考察している。また，斉藤（2012）と Todo et al.（2013）はこうしたサプライチェーンにおける企業間ネットワークのあり方の視点から分析し，藤本（2011）と大塚・市川（2011）は，特に自動車産業のサプライチェーンの評価を行っている。そして自動車産業に加え，根本（2012）は流通業や漁業のサプライチェーンを含めた地域経済の復興を論じている。

次に，本項では，これらの研究を基に，自動車産業の「サプライチェーン寸断」の実態について，全国と被災4県の鉱工業生産指数の推移から考察する。同指数から作成した表4-1により，震災直後から3ヵ月後の期間における製造業の各業種の生産は，震災前の期間（2010年7月から2011年2月まで）の生産に比べて，被災4県平均で25.5％減となっていることがわかる。そのなかで自動車産業（輸送機械工業）は同29.9％減と，電子通信機器（同19.2％減）よりも10％ポイントほど大きく減少した。しかし，他の業種に比べて大幅に生産が縮小したわけではない。一方，その他地域の自動車の生産をみると，同期間において32.7％減と電子通信機器よりも21％ポイントも大きく減少し，他業種に比べて突出して生産が落ち込んだことがわかる。これが「サプライチェーンの寸断」であり，いわゆる「負の供給ショック」を示している。我が国の自動車製造業は章末の付表4-2が示すように，同業種及び異業種との集積度が高いだけに，負の供給ショック度は大きいといえる。

震災後の各自動車メーカーの対応により，2011年7月から9月までの期間ではその他地域の自動車産業は1.1％減と震災前の水準に比べて微減まで回復した。一方，被災地域の自動車産業も3.7％減と被災地域平均の10％減よりも生産が回復する結果になった。その後，2011年10月から1年後までの期間では，被災地域の自動車産業は震災前の水準まで回復し，その他地域の自動車産業も9.9％増とプラスに転じた。この傾向は2012年度を通じても続き，被災地域での自動車産業は他の業種が依然マイナス基調で推移している中で18.8％増と2桁の回復となった。また，その他地域の自動車産業も3.6％増で推移した。その一方で被災地域の電子通信機器は自動車と対照的である。震災後の半年以降も回復する見込みがなく，その他地域の生産も震災以降，悪化の一途を辿っ

表4-1 震災前と震災後の被災4県とその他地域の各製造業の生産量変化 （単位：億円）

震災前の2010年7月から2011年の2月の平均生産額から変化分	2011年3月-6月（震災直後から約3ヵ月後の期間）	震災前からの変化率	2011年7月-9月（震災3ヵ月後から半年後の期間）	震災前からの変化率	2011年10月-2012年1月（震災半年後から1年後までの期間）	震災前からの変化率	2012年2月-2013年1月（震災1年後から2年後の期間）	震災前からの変化率
被災4県地域	-57,449	-25.5	-22,550	-10.0	-13,475	-6.0	-5,024	-2.2
食料品・たばこ	-7,444	-22.3	-3,422	-10.2	-1,371	-4.1	-74	-0.2
非耐久財製造業	-3,720	-32.2	-1,809	-15.7	-1,348	-11.7	-782	-6.8
石油化学関連製造業	-20,584	-44.2	-9,980	-21.4	-8,817	-18.9	-2,973	-6.4
設備基盤製造業	-11,552	-26.4	-3,638	-8.3	-1,945	-4.4	-1,716	-3.9
一般機械製造業	-2,627	-9.7	2,280	8.4	3,193	11.8	1,570	5.8
電子通信機器	-5,400	-19.2	-3,960	-14.0	-3,087	-11.0	-2,814	-10.0
自動車	-3,418	-29.9	-428	-3.7	85	0.7	2,143	18.8
その他耐久財製造業	-1,066	-7.6	-884	-6.3	-141	-1.0	-350	-2.5
その他製造業	-1,638	-18.2	-709	-7.9	-44	-0.5	-28	-0.3
その他地域	-165,873	-6.1	-220	0.0	19,582	0.7	-72,576	-2.7
食料品・たばこ	804	0.2	3,033	0.9	2,089	0.6	-1,720	-0.5
非耐久財製造業	-204	-0.2	-1,924	-1.5	393	0.3	-4,461	-3.6
石油化学関連製造業	2,572	0.5	3,684	0.8	-1,960	-0.4	-8,364	-1.7
設備基盤製造業	-10,605	-2.5	-11,570	-2.7	-9,638	-2.3	-10,586	-2.5
一般機械製造業	3,281	1.2	19,131	6.8	19,106	6.8	-13,841	-4.9
電子通信機器	-35,543	-11.5	-34,825	-11.3	-55,500	-18.0	-64,290	-20.9
自動車	-138,028	-32.7	-4,723	-1.1	41,775	9.9	15,363	3.6
その他耐久財製造業	10,953	4.6	27,941	11.7	23,684	9.9	16,780	7.0
その他製造業	896	0.8	-968	-0.9	-367	-0.3	-1,457	-1.3
全国	-223,321	-7.6	-22,770	-0.8	6,107	0.2	-77,600	-2.6
食料品・たばこ	-6,640	-1.8	-389	-0.1	718	0.2	-1,794	-0.5
非耐久財製造業	-3,924	-2.9	-3,733	-2.7	-955	-0.7	-5,243	-3.9
石油化学関連製造業	-18,012	-3.4	-6,297	-1.2	-10,777	-2.0	-11,337	-2.1
設備基盤製造業	-22,156	-4.7	-15,208	-3.2	-11,584	-2.5	-12,301	-2.6
一般機械製造業	655	0.2	21,411	6.9	22,299	7.2	-12,271	-4.0
電子通信機器	-40,943	-12.2	-38,784	-11.5	-58,587	-17.4	-67,104	-19.9
自動車	-141,447	-32.6	-5,151	-1.2	41,860	9.6	17,506	4.0
その他耐久財製造業	9,887	3.9	27,058	10.7	23,543	9.3	16,430	6.5
その他製造業	-742	-0.6	-1,677	-1.4	-411	-0.3	-1,485	-1.2

（出所）経済産業省と各県統計課の鉱工業生産指数より筆者作成。

ている。

　こうした被災4県合計でみた自動車産業は急速に回復しているように見えるが，被災4県ごとに自動車産業の生産指数の推移をみると，必ずしも全ての県で同様に回復しているとは限らない。表4-2をみると，自動車産業の生産が回復しているのは岩手県のみで，岩手県は震災後1年から2年の期間で震災前に比べて6割増となった。しかし，それ以外の残り3県は震災前の水準を下回り，宮城県が7％減，福島県と茨城県は2割減のままで，この水準は電子通信機器の回復よりも遅れている。このように被災地域内でも最終財生産である自動車組立工場が立地している岩手県と，中間財を生産している自動車部品工場のみが立地している福島県や茨城県の違いが被災からの回復過程に決定的な差になって現れたと考えられる。こうした点からその他地域の自動車産業を回復させたのはこれまで中間財を供給していた被災地域の自動車部品工場が復旧・復興したからではなく，被災地域以外の自動車部品工場が代替生産したからであろう。また，これまで被災地域の工場だけでしか基幹部品を生産していなかった場合は，その他地域の自動車産業は，被災地域以外でこの製品の生産拠点の分散化を図り，分散化された生産拠点からの供給に切り替えられたからであろう。一方，最終財を生産していた岩手県の組立工場は，エコカー補助金等による国内市場の活性化策により最終財生産が増加する中で，必要な中間財の供給を被災地域だけではなく，その他地域により多くの供給先を求めたからであろう。

表4-2　全国と各県の自動車・電子通信機器の震災後の生産指数の推移

	自動車産業（輸送機械工業）					電子通信機械				
2005年 =100	2010年7月- 2011年2月	2011年 3月-6月	2011年 7月-9月	2011年10月- 2012年1月	2012年2月- 2013年1月	2010年7月- 2011年2月	2011年 3月-6月	2011年 7月-9月	2011年10月- 2012年1月	2012年2月- 2013年1月
福島県	86.7	61.9	82.3	86.6	69.7	117.3	96.7	113.0	114.9	105.9
岩手県	117.2	76.8	118.5	123.9	195.5	97.5	84.2	69.9	65.3	69.0
宮城県	94.7	75.4	88.2	85.8	88.5	93.8	84.4	66.7	76.6	99.7
茨城県	78.3	57.1	69.5	75.6	63.9	46.4	35.9	36.8	42.3	40.9
全国	91.6	61.7	90.5	100.4	95.3	112.6	98.9	99.6	93.0	90.1

（出所）　表4-1と同じ。

(2) 被災地域における自動車産業の生産ピラミッド構造の実態

次に，2005年の非競争移入型・競争輸入型の被災4県とそれ以外の地域間産業連関表[1]から自動車・自動車部品産業に焦点を当て，投入構造と産出構造を考察する。

表4-3は茨城県，その他被災3県，その他地域の自動車・自動車部品産業の投入構造である。その他被災3県には，岩手県で自動車組立工場があるために，その他被災3県は自動車産業を含むが，茨城県は自動車部品産業のみである。因みに，その他被災3県の自動車産業全体に占める中間財である自動車部品産業比率は中間投入部門で63.7%，生産額では67.1%と6割を超えている。表4-3からその他地域の投入構造をみると，2005年時点の中間投入額は35.4兆円，そのうちその他被災3県の自動車部品の投入額は3,330億円，茨城県の自動車部品は1,168億円，そして震災によるサプライチェーンの寸断の象徴的な部品であるマイコンが含まれる電子部品・ディバイスが79億円となってい

表4-3 自動車・自動車部品産業の投入構造　　　　　　（単位：百万円）

		自動車・自動車部品 その他被災3県	構成比	自動車部品 茨城県	構成比	自動車・自動車部品 その他地域	構成比
その他被災3県	自動車部品	112,172	14.7	3,644	1.8	333,064	0.9
	電子部品・ディバイス	5,729	0.7	553	0.3	19,164	0.1
	それ以外の産業	212,307	27.7	2,990	1.5	157,771	0.4
茨城県	自動車部品	1,154	0.2	9,848	4.8	116,855	0.3
	電子部品・ディバイス	452	0.1	4,648	2.3	7,904	0.0
	それ以外の産業	17,298	2.3	70,518	34.5	264,496	0.7
その他地域	自動車部品	282,483	36.9	52,094	25.5	20,849,625	58.9
	電子部品・ディバイス	4,026	0.5	9,164	4.5	675,923	1.9
	それ以外の産業	130,045	17.0	50,780	24.9	12,972,408	36.6
中間投入計		765,665	100	204,239	100	35,397,211	100
生産額		919,696		265,611		44,172,993	

（出所）石川・三菱総研の47都道府県の2005年地域間産業連関表より筆者作成。

1　南山大学の石川良文教授から提供を頂いた，被災4県とその他地域の2地域間産業連関表（暫定版）である。記して深謝したい。

る。このようにその他地域の自動車・自動車部品産業における被災4県からその他地域に移入される自動車部品の金額は8,992億円と全体の投入金額に占める比率は2.5％に過ぎない。そして，その中でも0.1％に満たない茨城県の電子部品・ディバイスが日本の自動車生産のみならず海外の自動車生産に少なからず大きな「負の供給ショック」を与える結果となった。

　一方，自動車部品部門の産出先を表4-4からみると，自動車・自動車部品部門に供給される「歩留まり率（＝同部門への産出額／同部門の総産出量）」は，電子部品・ディバイスや食料品・たばこに比べて高い比率になっている。そして，被災地域の自動車部品は同地域に歩留まるよりは，その他地域の自動車組立産業により多く供給されている。1国ベースでみれば，自動車産業は比較的完結性の高い生産ピラミッドを構築し，地域ごとに組立工場がある地域では地域内で生産ピラミッド構造を呈している。しかし，地域内の生産ピラミッド構造はそれほど完結性の高いものではない。茨城県のように組立工場のない地域

表4-4　同産業内での歩留まり率の比較

		自動車・自動車部品への歩留まり率			
		その他被災3県	茨城県	その他地域	合計
自動車部品	その他被災3県	18.2	0.6	54.0	72.8
	茨城県	0.4	3.7	44.0	48.1
	その他地域	1.1	0.2	78.5	79.8
		電子部品・ディバイスへの歩留まり率			
		その他被災3県	茨城県	その他地域	合計
電子部品・ディバイス	その他被災3県	20.8	0.3	20.8	41.9
	茨城県	7.5	10.0	18.2	35.7
	その他地域	1.3	0.4	32.4	34.0
		食料品・たばこへの歩留まり率			
		その他被災3県	茨城県	その他地域	合計
食料品・たばこ	その他被災3県	7.4	0.3	5.9	13.6
	茨城県	0.7	7.6	9.4	17.8
	その他地域	0.2	0.5	14.3	15.1

（出所）　表4-3と同じ。

やその他被災3県のように組立工場があっても量産工場でない地域における自動車部品は同地域内の自動車ピラミッドに供給されるのではなく，その他地域の生産ピラミッド内の自動車・自動車部品工場に供給される比率が高くなっている。そして，その部品が基幹部品であり，かつその地域からのみ供給されていた部品であれば，その部品の供給が何らかの要因で停止した場合において前項に述べた結果をもたらしたと言える。

4.3 2地域間応用一般均衡モデルの構造

(1) 2地域間応用一般均衡モデルの概要

2地域間応用一般均衡モデル（以下では2SCGEモデルと呼ぶ）は，第2章で説明した2地域間SAMを一部修正し，簡素化した62×62の行列のSAMをデータベースとしている。そして，この2地域間SAMを用いて図4-2が示すように一国を被災地域とその他地域の2地域に分割し，2地域間CGEモデルを構築した[2]。それぞれの地域の経済主体として1家計，11産業，1企業，1地方政府，投資バンクの15のエージェントを持ち，11の商品市場，労働と資本の2つの生産要素市場から成る。それを中央政府と海外部門の2つのエージェントが加わる。労働と資本は地域内の産業間で移動でき，それぞれの総賦存量は固定される。なお，2SCGEモデルの11産業については，章末の付表1を参照されたい。

(2) 2SCGEモデルの構造

下記では2SCGEモデルのうち，本章は国内生産，家計，及び貯蓄・投資の各ブロックの構造を中心に説明する。

1) 国内生産ブロック

国内生産ブロックでは図4-3のようにネスト構造をしている。o地域

---

[2] 2SCGEモデルはEcoMod Modeling School (2012) で提供された開放経済の静学一国モデルのGAMSコード，及びTokunaga et al. (2003) に基づいて構築している。

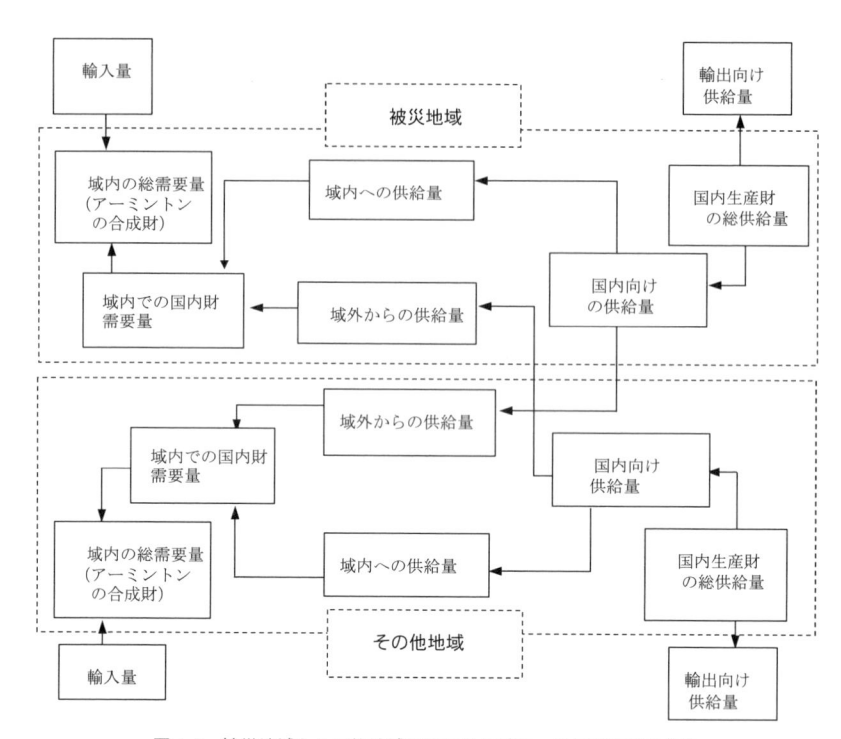

100　第4章　2地域間応用一般均衡モデルによる自動車産業の負の供給ショック分析

図4-2　被災地域とその他地域における地域内・地域間の財の流れ

（出所）　Tokunaga et al. (2003) のFigure2を参考に筆者作成。

($o \in S$) の各生産活動部門 ($a \in A$) は1商品 ($c \in C$) を生産し，多段階的利潤最大化行動をとると想定する。第1段階 (A1) では，産業がレオンチェフ型生産技術の制約下で付加価値 KL_a^o と統合した各中間投入財 XC_{ca}^o を使って生産行動をとる。第2段階 (A2) では，運輸業を含めた各生産活動部門において統合した中間財は規模一定のCES型生産技術の制約下で生産地 ($d \in R$) の d 地域から移入されるアーミントン合成財 XX_{ca}^{do} と o 地域内のアーミントン合成財 XX_{ca}^{oo} から導出される。このように2SCGEモデルで運輸業を他の産業と同じように扱うことが，確かに2地域間で交通基盤が異なっていることに加え，震災直後に交通網が寸断し，輸送サービス水準の変化が起こったにもかかわらず，こうした輸送サービス水準の変化を反映できないという構造的な問題

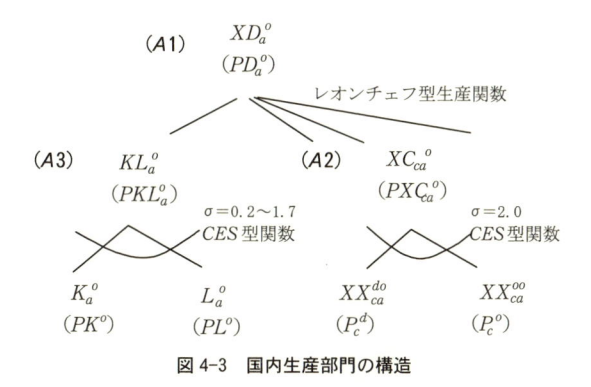

4.3 2地域間応用一般均衡モデルの構造

図中のノード構造:
- (A1) XD_a^o (PD_a^o) — レオンチェフ型生産関数
- (A3) KL_a^o (PKL_a^o), σ=0.2～1.7 CES型関数
  - K_a^o (PK^o), L_a^o (PL^o)
- (A2) XC_{ca}^o (PXC_{ca}^o), σ=2.0 CES型関数
  - XX_{ca}^{do} (P_c^d), XX_{ca}^{oo} (P_c^o)

図4-3 国内生産部門の構造

(出所) 筆者作成。

を抱えることになる。しかし、本章では、地域内で生産ピラミッドを持つ産業にとって他地域から部品等の製品を調達する場合にその製品の汎用度によってどの程度の地域内での生産に波及効果をもたらすのかを計測することにある。そのため、こうした構造的課題を認識しつつも運輸業がそれ以外の10の産業と同じ生産行動パターンを取るという仮定を置くことにする。なお、この課題への対応として次章の復興財源シミュレーションでは運輸業を他産業と区別して外生的に扱う国内生産ブロック構造に変更する。また、付加価値部分 (A3) についても2SCGEモデルは、中間財部門と同様に規模一定のCES型生産技術の制約下で消費地 o 地域の a 部門の労働 L_a^o と資本 K_a^o から導出する。そして、o 地域の a 部門の生産者価格 PD_a^o は「ゼロ利潤条件」が成立することから、収入=生産費用から求められる。そして消費地 o 地域の資本収益 PK^o と賃金率 PL^o は o 地域内の産業間を移動できることから、o 地域の産業全てで同一となる。また、o 地域の a 部門の統合した中間財価格 PXC_a^o は中間財の需給均衡の定義式から導出される。

2) 家計ブロック

家計ブロックでは家計の効用水準 UH^o の最大化行動を図4-4のように定式化した。まず、第1段階 (B1) として消費地 o 地域の家計は予算制約下 $CBUD^o$ で統合した財 HC_c^o を一次同次のコブ・ダグラス型効用関数を最大化する。また、第2段階 (B2) では、統合した財は規模一定のCES型生産技術の

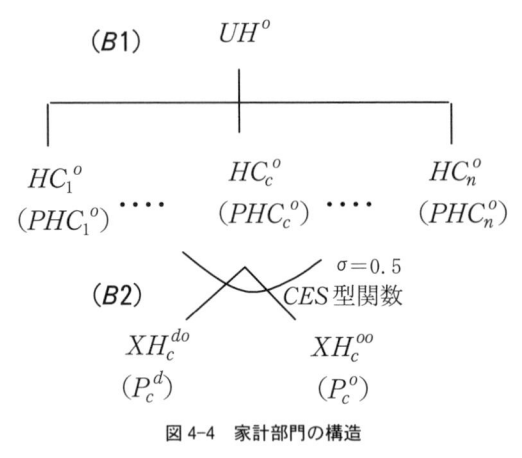

```
                    (B1)      UH^o
                         ┌─────┼─────┐
                      HC_1^o  HC_c^o  HC_n^o
                     (PHC_1^o)····(PHC_c^o)····(PHC_n^o)
                                    σ=0.5
                    (B2)      ╳   CES型関数
                          XH_c^{do}    XH_c^{oo}
                           (P_c^d)      (P_c^o)
```

図4-4 家計部門の構造

(出所) 筆者作成。

制約下で生産地 $d \in R$ の d 地域から移入されるアーミントン合成財 XH_c^{do} と o 地域内のアーミントン合成財 XH_c^{oo} から導出される。また，c 財の統合した価格 PHC_c^o は当該財の需給均衡の定義式から導出される。

ところで，家計所得は，家計の雇用者所得と資本所得，社会給付及び財産所得とその他経常移転の受取から成る。また，家計予算 $CBUD^o$ は家計所得から所得税，家計貯蓄，社会負担及び財産所得とその他経常移転の支払を差し引いた残余である。なお，家計貯蓄は貯蓄性向を一定とし，家計所得から算出される。

3) 貯蓄・投資ブロック

貯蓄・投資ブロックでは家計ブロックと同じ構造を持ち，図4-5の構造である。2SCGEモデルでは貯蓄先行的な閉じ方をしている。そして投資は「バンク」と名づけたエージェントが一次同次のコブ・ダグラス型効用関数に従って11の産業からの投資需要 IC_c^o に対して貯蓄 S^o を配分する。ここでの貯蓄は（4-1）式で示されているように家計 SH^o，企業 SN^o，地方政府 SLG^o，中央政府 SCG^o の貯蓄に地域間資本収支（所得移転）SDB^o と外国貯蓄 SF^o が加わる。また，第2段階（C2）では統合した財 IC_c^o は規模一定のCES型生産技術の制約下で生産地 $d \in R$ の d 地域から移入されるアーミントン合成財 XI_c^{do} と o 地域内のアーミントン合成財 XI_c^{oo} から導出される。また，c 財の統合した価格

4.3 2地域間応用一般均衡モデルの構造

```
            (C1)       UI^o
                     ┌───┼───┐
                  IC_1^o   IC_c^o   IC_n^o
                 (PIC_1^o)(PIC_c^o)(PIC_n^o)
            (C2)      ╲ σ=0.5 ╱
                       ╲CES型関数
                    XI_c^{do}  XI_c^{oo}
                    (P_c^d)    (P_c^o)
```

図4-5 投資部門の構造

(出所) 筆者作成。

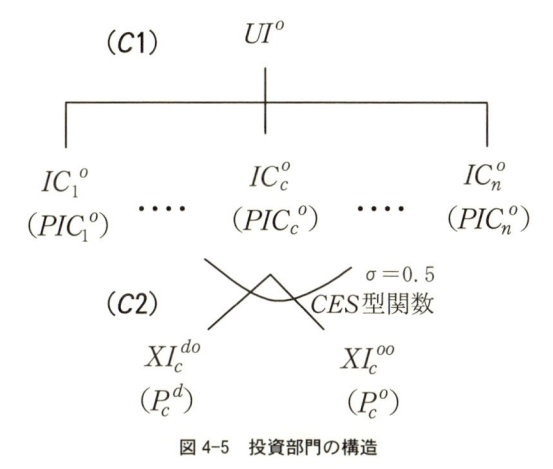

PIC_c^o は当該財の需給均衡式から導出される。

$$S^o = SH^o + SN^o + SLG^o + SCG^o + SDB^o + SF^o \cdot ER^o \tag{4-1}$$

それ以外のブロックについては，第5章で詳細に説明するためにここでは簡潔に記述する。まず，交易ブロックについては被災地域とその他地域とも海外部門との輸出・輸入を行う一方で，被災地域とその他地域においても移入・移出による交易が行われる。2SCGEモデルでは外貨建ての国際価格を固定とし，両地域の各貿易均衡式ではそれぞれ地域の外国貯蓄を内生変数し，両地域の財産所得と移転所得の合計の収支と両地域共通の為替レートを外生変数とした[3]。一方，両地域の交易均衡式では，両地域間の「名目為替レート」は同一であることから不均衡な経常収支を所得移転で均衡させる。つまり，超過移入の地域では相手地域から超過移入額と同額の貯蓄が自地域の貯蓄に付加される

---

[3] 外国貯蓄を外生変数にし，為替レートと財産所得と移転所得の合計の収支を内生変数にしたとしても，為替レートはほとんど変化せずに，対外経常収支は財産所得と移転所得の合計の収支が変化することで均衡する結果になる。加えて，2SCGEモデルでは両地域間の交易の経常収支が両地域間の所得移転によって均衡することから，両地域の対外的な経常収支においても両地域の総貯蓄に影響する外国貯蓄で均衡させた。

ことで均衡する。次に，政府ブロックについては中央政府と地方政府が存在する。中央政府自らは歳出行動をせずに，自らが徴収する税金等を被災地域とその他地域の地方政府に再配分する機能を持つ。そして税収に一定の比率を乗じて中央政府は貯蓄を行い，それを両地域の貯蓄部門に配分する。一方，両地域の地方政府は，まず歳入に一定の比率を乗じて貯蓄を行い，次に地方政府が行う財・サービスへの歳出行動はこうした貯蓄への支出や他の制度部門への移転等の支出を除いた歳入額に対して一定の比率を乗じて各財・サービスに配分する。最後に，市場均衡条件ブロックでは10の市場について均衡条件式を定式化している[4]。

(3) シミュレーションのための代替弾力性の設定

各ブロックにおけるそれぞれの関数パラメータの推定は基準年とした2005年の2地域間SAMのデータを用いたキャリブレーション方法で行った。

また，2SCGEモデルの各ブロックにおけるそれぞれの関数パラメータの推定は，基準年である2005年の2地域間SAMのデータを用いたキャリブレーション方法で行った。しかし，各関数のパラメータの推定にあたり，1つのパラメータは外部のデータベースに依存しなければならない。これらのパラメータの設定について述べると，生産ブロックの労働と資本の代替弾力性と貿易ブロックのアーミントン関数の代替弾力性についてはGTAP7.1で用いられている値の一部を修正し設定した[5]。また，伴（2007），林山・阿部・武藤（2011）らの既往研究を参考に生産ブロックの地域間の代替弾力性，家計と投資ブロッ

---

[4] こうした上記の方程式体系は被災地域とその他地域でワルラス法則からそれぞれ1本が冗長となるため，価値尺度財（ニューメレール）としてどれか1つの財価格を選択しなければならない。当初，2SCGEモデルは労働と資本の地域間移動を無いと仮定し，ニューメレールを被災地域とその他地域の賃金率として構築した。しかし，シミュレーションにおいてワルラス法則によって方程式体系から外した両地域の労働需給の均衡式が成立せずに，両地域を合計した労働需給のみが一致する結果となった。つまり，地域間での労働移動が行われて初めて，2SCGEモデルは全て均衡することになる。しかし，現実的にその他地域から被災地域への労働者が移動する可能性は低いと考えられる。そのため，資本であれば，地域間を移動することが比較的容易であると考え，2SCGEモデルではその価格である資本収益を選択し固定した。

[5] 一部修正した箇所は農林業と漁業の労働と資本の代替弾力性である。GTAP7.1では農林水産業が0.2であるが，この数値は小さいと判断し，表4-5で示したように0.6とした。

表 4-5　2SCGE モデルの代替弾力性の一覧表

生産活動部門	CES 生産関数の資本と労働の代替弾力性（σFa）	CET 型変形関数の代替弾力性（σTc）	アーミントン関数の代替弾力性（σAc）	生産部門の商品に関する地域間代替弾力性（σRc）	家計部門と投資部門の商品に関する地域間代替弾力性（σHIc）
農林業	0.6		2.7		
漁業	0.6		1.2		
食料品・たばこ	1.2		2.0		
電子部品・デバイス	1.3		4.2		
自動車・自動車部品	1.3		2.8		
その他製造業・鉱業	1.3	2.0	3.2	2.0	0.5
建設業	1.4		1.9		
電力・ガス・水道	1.3		2.8		
商業	1.3		1.9		
運輸業	1.7		1.9		
その他の第三次産業	1.3		1.9		

（出所）　筆者作成。

クの地域間の代替弾力性，及び貿易ブロックの CET 型関数の代替弾力性を設定した。これらの値は表 4-5 でまとめられている。

4.4　2 地域間応用一般均衡モデルによる「負の供給ショック」の計測

(1)　2 つの「負の供給ショック」のシミュレーション内容

　ここでは，2 つのシミュレーションを行う。一つは被災地域の自動車部品の生産減がもたらすその他地域の自動車部品や自動車製造への影響を計測する。これをシミュレーションⅠ（上位同業種インパクト・シミュレーション）と呼ぶ。

　もう一つは被災地域の素材・中間財の生産減がもたらす被災地域での自動車部品や自動車製造への影響を計測する。これをシミュレーションⅡ（下位異業種インパクト・シミュレーション）と呼び，図 4-6 で両者の関係を図示してい

106　第4章　2地域間応用一般均衡モデルによる自動車産業の負の供給ショック分析

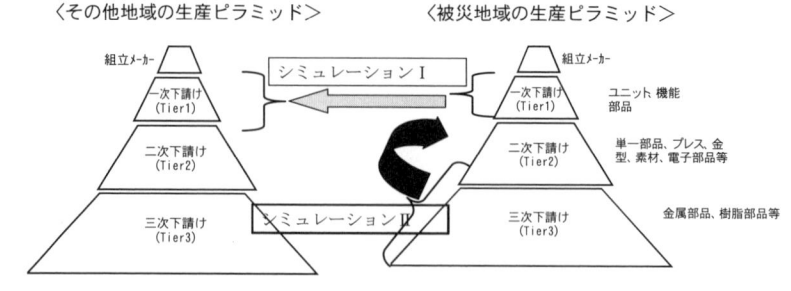

図4-6　2SCGEモデルによるシミュレーション内容

（出所）筆者作成。

る（Tokunaga, S., Kageyama, M., Akune, Y., and Nakamura, R.（2012）参照）。

　最初に，シミュレーションⅠ（上位同業種インパクト・シミュレーション）の内容について述べる。今回のような自然災害によってある地域の自動車部品生産が減少した場合，その自動車部品がその他地域の自動車組立や自動車部品の生産にとって基幹部品であるのか，それともその他地域でその部品が代替可能な汎用性のある部品であるのかによって，その他地域の自動車生産にどの程度の「負の供給ショック」を与えるのかを計測する。具体的には2SCGEモデルで内生変数となっている被災地域の自動車・自動車部品の生産量を外生化し，同製品の生産量が10％減，20％減，40％減，そして60％減となった4つのケースを設定する[6]。一方，被災地域とその他地域との同製品の代替度を4つに設定する。1つはほとんど代替できない基幹部品である場合（表4-5の統合中間財投入を導出するためのCES型関数の地域間代替弾力性σを0.1とする），2つ目は代替性が弱い準基幹部品である場合（$\sigma=0.5$），3つ目は代替性がややある準汎用性部品である場合（$\sigma=1.3$），最後の4つ目は代替性がある汎用性部品である場合（$\sigma=2.0$）である。これらの4×4の行列について2SCGEモデルを使って計測し，それぞれのケースにおける被災地域とその他

　6　自動車・自動車部品の域内生産量を外生化することは，同産業の生産関数が1本余ることになる。そのため，同生産関数の中で外生変数扱いである効率パラメータaFを内生変数にすることで，変数と方程式の数を一致させた。

地域への経済波及効果も明らかにする。

　次に，シミュレーションⅡ（下位異業種インパクト・シミュレーション）については，ある地域の自動車部品生産や自動車製造に対して，同地域から供給される生産ピラミッドの下部に位置する製造業の生産が減少した場合，その供給される製品が基幹の製品であるのか，それともその製品は別の地域で代替可能な汎用性があるのかどうかによって同地域の自動車部品や最終財である自動車製造にどの程度の「負の供給ショック」を与えるのかを計測する。具体的には2SCGEモデルで内生変数となっている被災地域のその他製造業・鉱業と電子部品・ディバイスの各生産量を外生化し，同製品の生産量が10％減，20％減，40％減となった3つのケースを設定し，2SCGEモデルを使って計測する。

(2) シミュレーションⅠ（上位同業種インパクト・シミュレーション）の結果

　今回の震災によって自動車・自動車部品の生産は，4.2節で見たように被災地域で震災後の3ヵ月で平均減少率が29.9％減，その他地域では32.7％減であった。この点を踏まえて表4-6のⅠ-BとⅠ-Cのケースで基幹部品であると想定したシミュレーション結果から，その他地域の生産量はそれぞれ2.72％減と6.52％減となっており，2SCGEモデル上でのその他地域への「負の供給ショック」は4.5％減前後であると推計できる。この数値に比べて実際との差が7倍となっている理由は，2～3万点に及ぶ部品の供給の中で1点の基幹部品の供給がすべてストップしたことが自動車の製造に大きく影響したことを物語っている証左である。さらに，2SCGEモデル上で被災地域で基幹部品の生産が6割近く減少したⅠ-Dケースでもその他地域の自動車・自動車部品の生産への影響は11.243％減に止まる。このことからもその他地域の生産が3割以上減少したことはこうした特殊な要因が作用したことがわかる。その一方で，被災地域での生産が仮に6割減となったとしてもその部品が汎用性のあるものであれば，表4-6からその他地域の生産量は2.684％減に止まるという興味深いシミュレーションⅠの結果を得ている。そしてこの結果は被災地域での生産が20％減でかつ，部品が基幹部品のあるケースのシミュレーション結果と同程度であることがわかる。つまり，被災地域の生産量の減少率が仮に3倍となってもその部品の代替度が3ランク上昇すれば，その他地域の生産へのマイ

表4-6 シミュレーションⅠ（上位同業種インパクト・シミュレーション）の結果その1

基準値からの変化率 自動車・自動車部品		地域間代替弾力性	被災地域の生産量			
			Ⅰ-Aケース 10％減	Ⅰ-Bケース 20％減	Ⅰ-Cケース 40％減	Ⅰ-Dケース 60％減
その他地域の生産量	基幹品	σ＝0.1	▲ 1.239	▲ 2.720	▲ 6.520	▲ 11.243
	準基幹品	σ＝0.5	▲ 0.918	▲ 1.968	▲ 4.570	▲ 7.923
	準汎用品	σ＝1.3	▲ 0.547	▲ 1.145	▲ 2.539	▲ 5.250
	汎用品	σ＝2.0	▲ 0.360	▲ 0.744	▲ 1.613	▲ 2.684

（出所）筆者作成。

ナスの影響はほぼ同程度である。同様に被災地域の生産の減少率が倍になってもその部品の代替度が2ランク上昇すれば，その他地域の生産へのマイナスの影響はほぼ同じであることが表4-6からわかる。このように今回の大震災のように被災地域での生産に大きな損害を受けたとしても，被災地域以外の地域に対して部品供給の切り替えが可能な汎用性の高い部品であれば，「負の供給ショック」の影響をかなり回避することができたはずである。こうしたシミュレーション結果を踏まえると，その他地域から部品の供給を受ける必要があるならば，その部品の汎用性を高めること，もしその他地域から基幹部品の供給を受けるならば，複数の供給先を確保できる仕組みを構築することが必要となる。

また，こうした自動車部品の汎用性をどのようにするかは，被災地域やそれ以外の地域の地域経済やその地域全体，及び家計の効用水準にも影響する。今回のように震災によって自動車部品の生産が大幅に減少したとしても，自動車部品が基幹部品であるのか，それとも汎用性のある部品であるかによって，被災地の地域経済の減少率を5割から6割，被災地域全体の生産量も4割程度軽減することができ，家計の効用水準への影響は汎用性の高い部品であれば，軽微であることが表4-7の結果からわかる。一方，その他地域への波及効果についても，その他地域の地域経済には自動車部品の汎用性の有無にはあまり影響がみられないものの，地域全体の生産量には2割から3割程度減少率が軽減され，家計の効用水準においても4割程度減少率が軽減される結果となっている。具体的な数値例を表4-7のⅠ−Dケースでみると，被災地の自動車部品が

表 4-7 シミュレーション I（上位同業種インパクト・シミュレーション）の結果その 2

基準値からの変化率	地域間代替弾力性	被災地域における自動車・自動車部品の生産量							
		I-Aケース：10%減		I-Bケース：20%減		I-Cケース：40%減		I-Dケース：60%減	
		被災地域	その他地域	被災地域	その他地域	被災地域	その他地域	被災地域	その他地域
実質GRP	σ=0.1	▲0.244	0.000	▲0.541	▲0.002	▲1.309	▲0.007	▲2.262	▲0.015
	σ=0.5	▲0.196	0.000	▲0.423	▲0.002	▲0.987	▲0.007	▲1.697	▲0.018
	σ=1.3	▲0.142	0.000	▲0.297	▲0.002	▲0.658	▲0.006	▲1.054	▲0.017
	σ=2.0	▲0.114	0.000	▲0.237	▲0.001	▲0.511	▲0.005	▲0.840	▲0.015
地域の全体生産量	σ=0.1	▲0.376	▲0.037	▲0.788	▲0.080	▲1.703	▲0.191	▲2.564	▲0.328
	σ=0.5	▲0.326	▲0.027	▲0.671	▲0.058	▲1.416	▲0.135	▲2.163	▲0.232
	σ=1.3	▲0.268	▲0.016	▲0.542	▲0.034	▲1.112	▲0.076	▲2.301	▲0.157
	σ=2.0	▲0.239	▲0.010	▲0.480	▲0.022	▲0.973	▲0.049	▲1.473	▲0.080
家計の効用水準	σ=0.1	▲0.010	▲0.013	▲0.028	▲0.028	▲0.095	▲0.071	▲0.214	▲0.129
	σ=0.5	▲0.005	▲0.010	▲0.016	▲0.023	▲0.062	▲0.056	▲0.155	▲0.102
	σ=1.3	▲0.001	▲0.008	▲0.002	▲0.017	▲0.024	▲0.039	▲0.027	▲0.065
	σ=2.0	0.004	▲0.006	0.005	▲0.014	0.006	▲0.031	▲0.047	▲0.056

(出所) 筆者作成。

基幹部品であれば，被災地域の実質域内総生産（GRP）は 2.262%減になるものの，汎用性の高い部品であれば 0.840%減に止まる。その一方で，その他地域の実質 GRP は汎用性に関係なく 0.015%～0.017%の減少と大きな変化がない。また，域内全体の生産量については，基幹部品と汎用性部品では被災地域はそれぞれ 2.564%減と 1.473%減，その他地域も 0.328%と 0.08%減と減少率に明らかな違いがみられ，同様に家計の効用水準でも被災地域とその他地域はともに自動車部品の汎用度によってその影響度に違いがみられる。

(3) シミュレーションⅡ（下位異業種インパクト・シミュレーション）の結果

次に，自動車産業の生産ピラミッドの上位に位置する自動車部品や自動車製造の生産が，下位に位置するその他製造業・鉱業や電子部品・ディバイス産業の製品の汎用度によってどのように影響を受けるのかについて考察する。

表 4-8 からその他製造業・鉱業については，汎用性の高い製品であればあるほど，被災地域やその他地域における自動車産業の生産ピラミッド構造にとっ

表 4-8 シミュレーションⅡ（下位異業種インパクト・シミュレーション）の結果

基準値からの変化率	地域間代替弾力性	被災地域におけるその他製造業・鉱業の生産量							
		Ⅱ-A ケース：10%減		Ⅱ-B ケース：20%減				Ⅱ-C ケース：40%減	
		σ=0.1	σ=2.0	σ=0.1	σ=0.5	σ=1.3	σ=2.0	σ=0.1	σ=2.0
自動車・自動車部品の生産量	被災地域	▲3.223	▲1.673	▲6.572	▲5.613	▲4.250	▲3.435	▲13.334	▲7.238
	その他地域	▲0.759	▲0.465	▲1.588	▲1.393	▲1.121	▲0.961	▲3.395	▲2.049
電子部品・デバイスの生産量	被災地域	▲3.660	▲2.424	▲7.431	▲6.649	▲5.546	▲4.892	▲15.044	▲9.982
	その他地域	▲0.526	▲0.444	▲1.106	▲1.045	▲0.961	▲0.913	▲2.423	▲1.934
その他製造業・鉱業の生産量	その他地域	▲0.469	0.108	▲0.973	▲0.597	▲0.078	0.224	▲2.065	0.484

基準値からの変化率	地域間代替弾力性	被災地域における電子部品・デバイスの生産量							
		Ⅱ-A ケース：10%減		Ⅱ-B ケース：20%減				Ⅱ-C ケース：40%減	
		σ=0.1	σ=2.0	σ=0.1	σ=0.5	σ=1.3	σ=2.0	σ=0.1	σ=2.0
自動車・自動車部品の生産量	被災地域	▲0.108	▲0.037	▲0.228	▲0.189	▲0.127	▲0.084	▲0.485	▲0.204
	その他地域	0.002	▲0.003	0.000	▲0.002	▲0.006	▲0.008	▲0.013	▲0.025
その他製造業・鉱業の生産量	被災地域	▲0.259	▲0.151	▲0.526	▲0.468	▲0.374	▲0.309	▲1.053	▲0.638
	その他地域	0.014	0.008	0.029	0.025	0.020	0.016	0.063	0.035
電子部品・デバイスの生産量	その他地域	▲0.892	▲0.372	▲1.841	▲1.549	▲1.083	▲0.768	▲3.901	▲1.645

（出所）　筆者作成。

てみれば，その他製造業・鉱業の生産減による「負の供給ショック」を受ける程度を緩和することができる。具体的な数値例として，4.2節の表4-1から，被災地域の食料品・たばこ，電子通信機器，自動車を除くそれ以外の製造業の生産量が震災後3ヵ月間で27.1%減少したことから，Ⅱ-Bケース（20%減）をみると，その他製造業・鉱業の製品が基幹品であれば，被災地域の自動車産業の生産量は6.572%減になるが，汎用性の高い製品であれば，3.435%減まで軽減される。そしてその他地域の自動車産業に対しても1.588%減から0.961%減と「負の供給ショック」の影響が緩和されることがわかる。また，被災地域の電子部品・ディバイスの生産が与える，被災地域とその他地域の自動車産業の生産ピラミッドへの影響はその他の製造業に比べて小さくなっている。

具体的な数値例として，4.2節の表4-1から被災地域の電子通信機器の生産

量が震災後3ヵ月間で19.2%減少したことから，Ⅱ－Bケース（20%減）をみると，電子部品・ディバイス産業の製品が基幹品であれば，被災地域の自動車産業の生産量は0.228%減になるが，汎用性の高い製品であれば，0.084%減と微減になる。このことから被災地域が汎用性の高い電子部品・ディバイスの製品を生産していれば，震災でその生産がより大きく減少したとしても，被災地域のみならずその他地域の自動車産業の生産にとって「負の供給ショック」の影響は緩和される。このようにその他製造業・鉱業に比べて電子部品・ディバイス産業は，同程度の汎用性でかつ同程度の生産が減少したとしても，その生産減が与える被災地域のみならずその他地域の自動車産業の生産への「負の供給ショック」は極めて小さいという結果となった。一方，被災地域における電子部品・ディバイスの製品が基幹品であればその他地域の同業種の生産量は1.841%減になり，汎用性の高い製品であれば，0.768%減となる。

4.5 おわりに

本章では，被災地域とその他地域の2地域間応用一般均衡モデル（2SCGEモデル）を構築した。そしてその2SCGEモデルを用いて，異地域間での上位同業種と同地域間での下位異業種の2つの「負の供給ショック」についてシミュレーションを実施した。その結果は以下のようにまとめられる。
1) 異地域間での上位同業種の「負の供給ショック」
被災地域の自動車部品の生産が倍以上減少したとしても，その部品の汎用性が高ければ，その他地域の自動車組立・自動車部品生産へのマイナスの影響度は同程度になる。
2) 同地域間での下位異業種の「負の供給ショック」
被災地の自動車生産ピラミッドの下部に位置するような製造業が生産する素材・中間財の製品がその他地域から調達しにくいものであればあるほど，その産業の生産がより減少すれば，被災地域の自動車部品や自動車製造の生産をより減少させる。
以上の2つのシミュレーションから次の政策的含意が導き出せる。

① 被災地域で自動車産業クラスターを形成するには，その構造は自動車部品の点数からみて生産ピラミッドを構築せざるを得ず，自然災害等によるリスク・マネジメントから完結性の高い生産ピラミッドを持つ必要がある。但し，自地域内でしか調達できない部品はできるだけ避け，素材・中間財などの比較的汎用性の高い部品は同地域の生産ピラミッド下部の製造業から供給を受けることが望ましい。

② 加えて，こうした自動車産業クラスターの形成を支援する産業振興策も必要である。そのためにも現在施行されている被災地域への財政措置の活用を視野に入れるべきであろう。

そこで，次の第5章では，まず被災地域の復旧・復興のための財源を何処に求め，どのような施策を講じることが震災で大きく落ち込んだ被災地域の各産業を回復させ，復興に繋げることができるかについて，2SCGEモデルを用いて分析する。次に，被災地域から福島県を取り出して作成する新たな2地域間SAMをデータベースとする2SCGEモデルを用いて，福島原発事故による影響分析を行い，福島復興に向けた産業振興の課題について考察する。最後に，被災地域の復興・地域再生にとって同地域内で新産業集積・産業クラスターを形成することが，いかに効果的であるのかを2SCGEモデルを用いて明らかにする。

付表 4-1　地域間 SAM と 2SCGE モデルの各項目

生産活動部門（財・サービス部門）

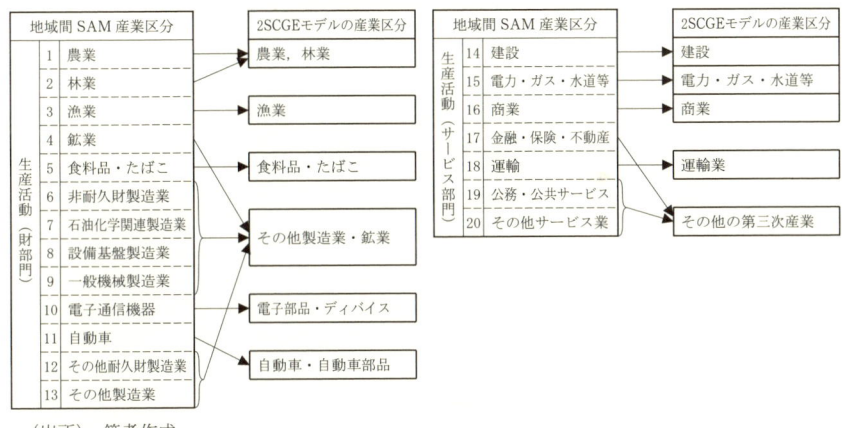

地域間 SAM 産業区分		2SCGEモデルの産業区分
生産活動（財部門）	1 農業	農業，林業
	2 林業	
	3 漁業	漁業
	4 鉱業	
	5 食料品・たばこ	食料品・たばこ
	6 非耐久財製造業	
	7 石油化学関連製造業	その他製造業・鉱業
	8 設備基盤製造業	
	9 一般機械製造業	
	10 電子通信機器	電子部品・デバイス
	11 自動車	自動車・自動車部品
	12 その他耐久財製造業	
	13 その他製造業	

地域間 SAM 産業区分		2SCGEモデルの産業区分
生産活動（サービス部門）	14 建設	建設
	15 電力・ガス・水道等	電力・ガス・水道等
	16 商業	商業
	17 金融・保険・不動産	
	18 運輸	運輸業
	19 公務・公共サービス	その他の第三次産業
	20 その他サービス業	

（出所）　筆者作成。

付表 4-2　自動車製造業の同・異業種間集積度（エリソン・グレイサーの共集積指数）

(A) 自動車製造業（二輪自動車を含む）

2000 年

	順位	SIC	業種名	Y_{EG}^C
川上業種	1	3112	自動車車体・附随車製造業	0.054
	2	2111	板ガラス製造業	0.052
	3	3113	自動車部分品・附属品製造業	0.049
	4	1841	軟質プラスチック発泡製品製造業（半硬質性を含む）	0.026
	5	1831	電気機械器具用プラスチック製品製造業（加工業を除く）	0.019
川下業種	1	—	—	—
	2	—	—	—
	3	—	—	—
	4	—	—	—
	5	—	—	—

2005 年

	順位	SIC	業種名	Y_{EG}^C
川上業種	1	3112	自動車車体・附随車製造業	0.069
	2	3113	自動車部分品・附属品製造業	0.049
	3	2914	配電盤・電力制御装置製造業	0.026
	4	1845	発泡・強化プラスチック製品加工業	0.023
	5	1831	電気機械器具用プラスチック製品製造業（加工業を除く）	0.020
川下業種	1	—	—	—
	2	—	—	—
	3	—	—	—
	4	—	—	—
	5	—	—	—

(B) 自動車車体・附随車製造業
2000 年

	順位	SIC	業種名	Y_{EG}^C
川上業種	1	3113	自動車部分品・附属品製造業	0.052
	2	2492	金属製スプリング製造業	0.037
	3	1992	医療・衛生用ゴム製品製造業	0.025
	4	2914	配電盤・電力制御装置製造業	0.024
	5	1841	軟質プラスチック発泡製品製造業（半硬質性を含む）	0.021
川下業種	1	3111	自動車製造業（二輪自動車を含む）	0.054
	2	3113	自動車部分品・附属品製造業	0.052
	3	3199	他に分類されない輸送用機械器具製造業	0.004
	4	—	—	—
	5	—	—	—

2005 年

	順位	SIC	業種名	Y_{EG}^C
川上業種	1	3113	自動車部分品・附属品製造業	0.074
	2	2492	金属製スプリング製造業	0.040
	3	2236	磨棒鋼製造業	0.039
	4	2251	銑鉄鋳物製造業（鋳鉄管，可鍛鋳鉄を除く）	0.039
	5	2914	配電盤・電力制御装置製造業	0.039
川下業種	1	3151	フォークリフトトラック・同部分品・附属品製造業	0.151
	2	3113	自動車部分品・附属品製造業	0.074
	3	3111	自動車製造業（二輪自動車を含む）	0.069
	4	3159	その他の産業用運搬車両・同部分品・附属品製造業	0.019
	5	3199	他に分類されない輸送用機械器具製造業	0.007

(C) 自動車部分品・付属品製造業
2000 年

	順位	SIC	業種名	Y_{EG}^C
川上業種	1	3112	自動車車体・附随車製造業	0.052
	2	2251	銑鉄鋳物製造業（鋳鉄管，可鍛鋳鉄を除く）	0.026
	3	1841	軟質プラスチック発泡製品製造業（半硬質性を含む）	0.026
	4	2492	金属製スプリング製造業	0.023
	5	1831	電気機械器具用プラスチック製品製造業（加工業を除く）	0.021
川下業種	1	3112	自動車車体・附随車製造業	0.052
	2	3111	自動車製造業（二輪自動車を含む）	0.049
	3	3199	他に分類されない輸送用機械器具製造業	0.007
	4	—	—	—
	5	—	—	—

2005 年

	順位	SIC	業種名	Y_{EG}^C
川上業種	1	3112	自動車車体・附随車製造業	0.074
	2	2251	銑鉄鋳物製造業（鋳鉄管，可鍛鋳鉄を除く）	0.027
	3	2492	金属製スプリング製造業	0.027
	4	2922	内燃機関電装品製造業	0.026
	5	1845	発泡・強化プラスチック製品加工業	0.025
川下業種	1	3151	フォークリフトトラック・同部分品・附属品製造業	0.097
	2	3112	自動車車体・附随車製造業	0.074
	3	3111	自動車製造業（二輪自動車を含む）	0.049
	4	3159	その他の産業用運搬車両・同部分品・附属品製造業	0.014
	5	3199	他に分類されない輸送用機械器具製造業	0.009

（出所）経済産業研究所部内セミナー（2013 年 7 月）配布資料，筆者作成。

第 5 章

2 地域間応用一般均衡モデルによる復興・地域再生に関する分析

5.1 はじめに

　東日本大震災による社会インフラなどの社会資本ストックの毀損額は，幾つかの研究機関等から 16 兆円から 18 兆円に達するとの試算が出されている[1]。それに加えて原発事故の被害額や補償額への支援などを含めると，短期のみならず中長期にわたる復旧・復興事業に対する財政措置のあり方の議論は避けて通れない。加えて，現時点における国・地方の財政悪化，高齢化社会，経済のグローバル化など日本が置かれている環境下では，復興の受益を得る将来世代にも負担をさせる形で復興費用を国債で賄うことが妥当であるのか，それとも，毎年何らかの形で復興財源を確保し，単年ごとに収支を均衡させることが望ましいのかという点も議論する必要がある。2013 年 1 月の復興推進会議において「集中復興期間（平成 23 年度から平成 27 年度）」における復旧・復興事業の規模と財源について見直しがなされた。それは，図 5-1 に示したように平成 24 年度までに計上された事業費に，向こう 3 年間の事業費を加えた事業費合計が 23.5 兆円規模となり，その財源の約 45％を 25 年間かけて徴税する復興特別所得税を含めた復興増税（10.5 兆円程度）で充当する計画となっている。こうした見直しから集中復興期間中は主に歳出削減と復興国債で賄い，そして長期に渡って直接税増税分を復興国債の償還財源に充てると読み取れる。この点は平成 24 年度予算における「東日本大震災復興特別会計」の主な歳入

---

[1] 東日本大震災の直接被害（ストック被害）については，内閣府（2011）が 16.9 兆円，稲田他（2011）は 17.8 兆円，日本政策投資銀行（2011）は 16.4 兆円，林田他（2011）は 17 兆円と推計している。

の内訳をみると,復興特別税の税収が約14.1%,子供手当てや高速道路無料化などの見直しによる一般会計からの受入は約14.6%,そして復興国債の発行による収入が約71%になっている。このように今回の震災による復旧・復興事業の主な財源は復興国債の発行で賄われている。

また,こうした事業費の中に福島復興に向けた事業として「原子力災害からの復興・再生」の事業費項目があり,この事業項目で既に執行された予算額及び平成24年度補正予算を含めて平成24年度までに約1.7兆円が予算化されている。今後においても平成25年度復興特別会計予算に関する基本的な考え方からわかるように福島県を中心に被災地域の復興に向けてきめの細かい財政措置が講じられるものと思われる[2]。

そこで,本章の目的は3つある。第1に,震災の復旧・復興事業のために国が被災地域の地方自治体に財政移転を行う財源を何処に求めることが望ましいのかを分析することである。第2に,福島第一原子力発電所事故による周辺地域の生産活動の停止が,福島県のみならずそれ以外の地域にも及ぼす影響を分析することである。第3に,震災によって被害を受けた農林水産業と製造業において新産業集積の形成が,被災地域の復興・地域再生を可能にするのかを分析する。そして,こうした復興・地域再生を被災県ごとで図ることが望ましいのか,それとも被災4県全体で復興・地域再生を図ることの方が良いのかを明らかにする。

以上の点を分析するためには,データベースとして第1の復興財政措置分析では第2章で用いた被災4県とその他地域の2地域間SAMを使う。また,第2の原子力災害の影響分析では第3章で用いた3地域間SAMを福島県とその他地域の2地域間SAMに修正して使い,第3の新産業集積の経済分析はこの2つのSAMを利用する。そして,この3つの分析においては第4章で用いた2地域間応用一般均衡(2SCGE)モデルをベースにするものの,第1と第2の分析では国内生産ブロックの生産構造を変更する。そしてこうした2SCGE

---

[2] この基本的な考え方について以下の3つの点が示されている。第1は,復興庁が指令塔となり復興の加速化に資するよう本格的な予算を編成する。第2は,福島を含む被災地全体の諸課題について諸制度の隙間を埋め,機動的に対応する。第3は,国が前面に立って福島の深刻な諸課題に対応出来るよう,事業制度を創設する。

5.2 2地域間応用一般均衡モデルによる復興財源のシミュレーション　117

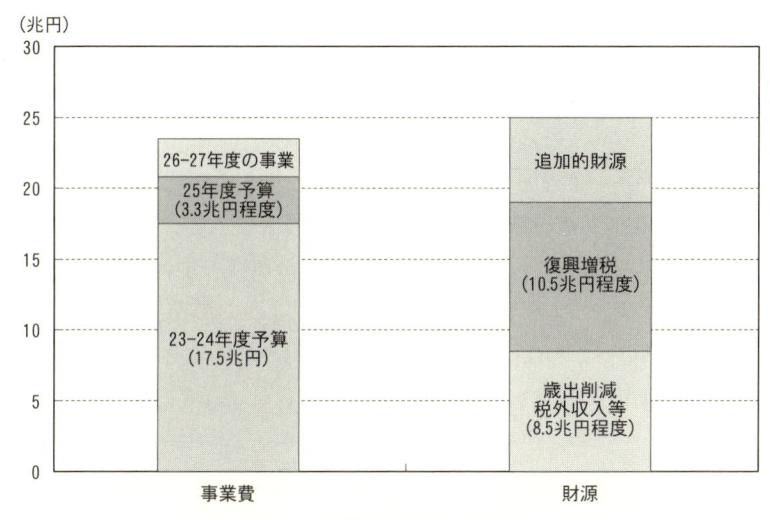

図 5-1　復興財源枠組みの見直し

（出所）　復興庁資料より筆者作成。

モデルから得られる等価変分，域内総生産（GRP）や各産業の生産量などの変化率を通じて解明する。

5.2　2地域間応用一般均衡モデルによる復興財源のシミュレーション*

(1)　復興財源のシミュレーションのための 2SCGE モデルの特徴

　最初に，第4章で説明した 2SCGE モデルの全体構造の中で，復興財源のシミュレーションのために国内生産ブロックの構造の変更と，本シミュレーションの核となるモデル構造について説明する。

　1)　国内生産ブロックの構造変更について

　まず，本節の復興財源シミュレーションにおいて 2SCGE モデルの国内生産ブロックを次のように変更する。それは，第4章の図 4-3 の第1段階（A1）について，図 5-2 で示したように産業がレオンチェフ型生産技術の制約下で付

加価値 KLT_a^o と運輸業（$c=t$）の商品を除く 10 の商品（$c \neq t$）から成る統合した各中間投入財 XC_{ca}^o を使って生産行動をとると変更する。次に，右側の第 2 段階（A2）から運輸業を他の産業と区別して外生的に扱う。こうした運輸業の扱い方によって，付加価値の部分の第 3 段階（A3-1～A3-3）は左側でさらに 3 段階のツリーになる。第一段階は中間財部門と同様に規模一定の CES 型生産技術の制約下で消費地 o 地域の a 部門の労働 L_a^o と「資本・運輸業の組」（KT_a^o）から導出する。第二段階では KT_a^o は規模一定の CES 型生産技術の制約下で資本 K_a^o と生産要素扱いの運輸業 XC_{ta}^o から導出する。また，第 3 段階の運輸業 XC_{ta}^o は（A2）と同様な方法で導出される。そして第 1 と第 2 段階の「組」の価格である o 地域の a 部門の $PKLT_a^o$ と PKT_a^o は「ゼロ利潤条件」から求まる。なお，運輸部門の取り扱いについては宮城・浅野（1999）が示唆する方法もあり，2SCGE モデルの更なる改良を今後の課題としたい。

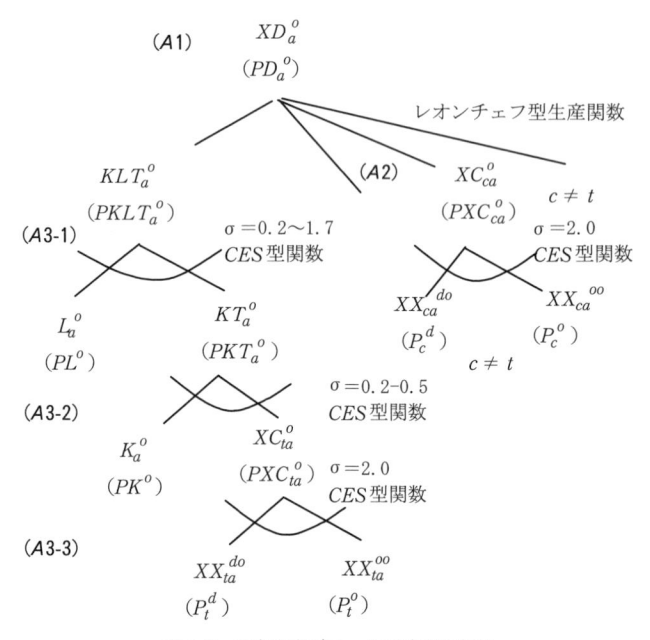

図 5-2 国内生産ブロックの構造の変更

（出所） 筆者作成。

2) 交易ブロックの構造

交易ブロックでは，図5-3のように被災地域とその他地域がそれぞれ海外部門との輸出・輸入を行う一方で，被災地域とその他地域においても移入・移出による交易が行われる。

具体的に2SCGEモデルに組み込まれている構造については図5-4が示すようにd地域産の生産物の国内向けXDD_c^dと輸出向けE_c^dとの配分について（D1）は，CET型変形関数を制約下において売上高最大化問題を解くことによって求める。また，国内市場向けの生産財と輸入財M_c^dから成る国内供給の合成財X_c^dであるアーミントン合成財について（D2）は，CES型生産関数の制約下で総費用最小化問題を解くことによって求める。国内向けの価格PDD_c^d

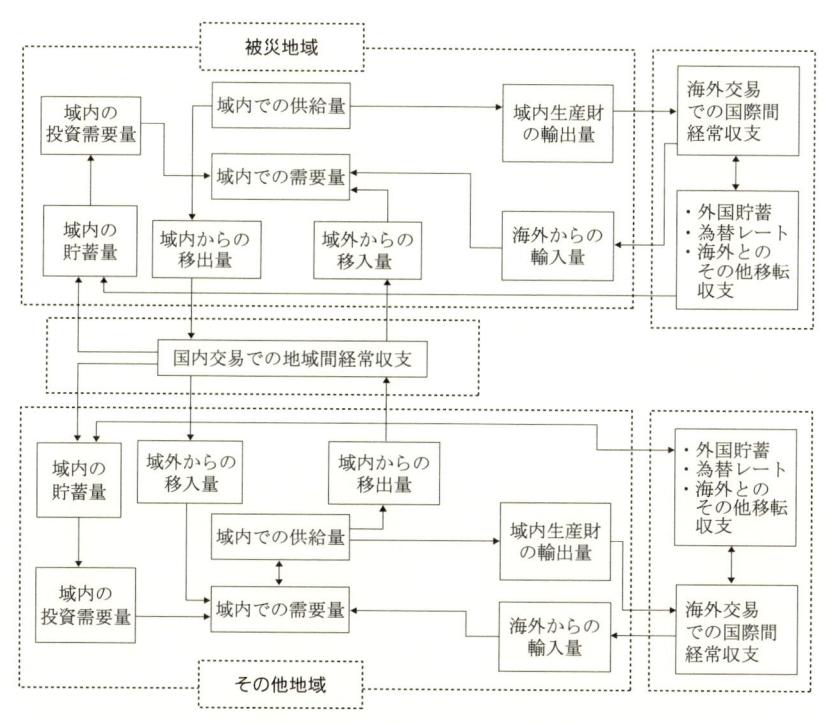

図5-3 被災地域とその他地域の国内・海外の交易ブロックの構造

（出所）筆者作成。

120　第5章　2地域間応用一般均衡モデルによる復興・地域再生に関する分析

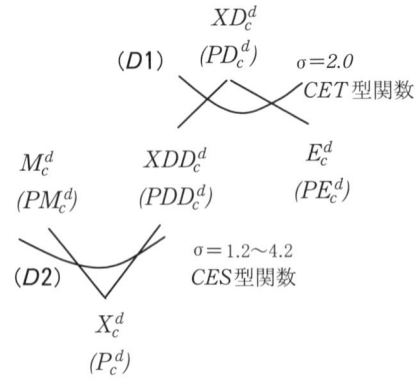

```
                    XD_c^d
          (D1)     (PD_c^d)
                              σ=2.0
                              CET型関数

      M_c^d      XDD_c^d      E_c^d
     (PM_c^d)    (PDD_c^d)    (PE_c^d)

                              σ=1.2〜4.2
          (D2)                CES型関数
                    X_c^d
                   (P_c^d)
```

図5-4　貿易部門の構造

(出所)　筆者作成。

とアーミントン合成財の価格 P_c^d はともに「ゼロ利潤条件」から求まる。輸出価格 PE_c^d と輸入価格 PM_c^d は国際価格（それぞれ $\overline{PWE_c}$ と $\overline{PWM_c}$）に為替レート ER_c^d を乗じて算出するが、輸入価格には関税 tt_c や輸入品商品税 tm_c を含んでいる。2SCGE モデルは外貨建て国際価格を固定とし、(5-1) 式の貿易均衡式では、d 地域の外国貯蓄 SF^d と海外との純労働移転 $\overline{NLW^d}$ 及び純資本移転 $\overline{NKW^d}$ を外生変数とし、財産所得と移転所得の合計の収支 BOP^d と地域共通の為替レートを内生変数とした[3]。

$$\sum_{c \in C} M_c^d \cdot \overline{PWM_c} = \sum_{c \in C} E_c^d \cdot \overline{PWE_c} + SF^d + BOP^d + \overline{NLW^d} + \overline{NKW^d} \quad (5\text{-}1)$$

一方、両地域の交易均衡式では、両地域間の「名目為替レート」は同一であることから不均衡な経常収支を所得移転で均衡させる。つまり、超過移入の地域では相手地域から超過移入額と同額の貯蓄が自地域の貯蓄に付加されることで均衡する。

3)　政府ブロック

ここでは、本章で重要なブロックである政府ブロックについて説明する。

---

[3]　本章では第4章と逆に設定した理由は、被災地域への財政移転が引き起こす同地域の貯蓄への影響を、海外部門の貿易収支の変化がもたらす外国貯蓄の要因と、国内交易の経常収支の変化による所得移転がもたらす要因を区別したかったからである。

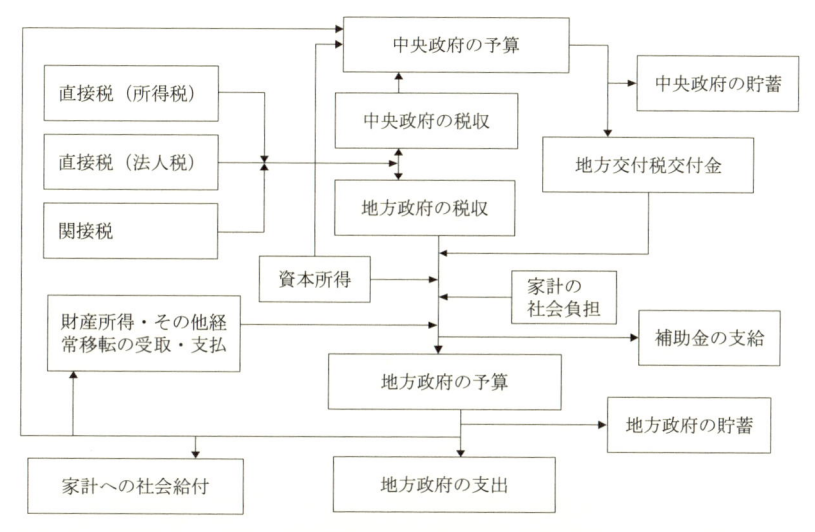

図 5-5　中央政府と地方政府の役割と相互関係

(出所)　筆者作成。

　図 5-5 で示したように中央政府と地方政府が存在する。中央政府自らは歳出行動をせずに，自らが徴収する税金等を被災地域とその他地域の地方政府に再配分する機能を持つ。そして，税収に一定の比率を乗じて中央政府は貯蓄を行い，それを両地域の貯蓄部門に配分する。一方，両地域の地方政府は，まず歳入に一定の比率を乗じて貯蓄を行い，次に財・サービスへの歳出行動を行う。それは，貯蓄への支出や他の制度部門への移転等の支出を除いた歳入額に対して一定の比率を乗じて各財や各サービスに配分する。

(2)　復興財源のシミュレーションの前提条件と内容

1)　生産要素の総賦存量の設定と代替弾力性

　今回の震災が及ぼした日本経済へのマクロ経済的な影響について震災直後から幾つかの研究機関等が直接被害額と間接被害額を推計している。徳井他 (2012) がこうした機関の推計結果をレビューしつつ，推計している。その結果をみると，純資本ストックの被害額を 10.7 兆円，粗生産額・年額ベースの被害額が 6.5 兆円 (GDP の 0.7%に相当する) である。本章では内閣府が公表

する実質季節調整済の GDP 四半期系列の推移から推計する。本推計の間接被害額（フロー被害）は，2SCGE モデルの基準値である 2005 年産業連関表の付加価値額（但し，ネットの間接税額を除いた）をベースとし，2011 年 3 月〜2012 年 3 月の期間内における平均月間被害額から算出する。こうして算出される水準と基準値との変化率から年間被害額を求めると，この額は約 3 兆 4,180 億円になり，震災前の水準を 0.70％押し下げたと推計される。また，2SCGE モデルの労働の間接被害額を雇用者報酬の四半期系列から求めると，その年間被害額は 1 兆 4,870 億円と震災前の労働への支払額を 0.56％押し下げ，全体からこの労働分を差し引いた金額，つまり資本分は 1 兆 9,310 億円になり，震災前の資本への支払額よりも 0.86％押し下げたことになる。こうした全国値での間接被害額のうち被災 4 県の被害額は，地域間産業連関表を活用した地域別間接被害額を推計した稲田他（2011）の推計結果を参考にし，被災地域の間接被害額を推計する。この結果，被災地域の労働の間接被害額は 1 兆 2,350 億円で震災前の水準を 7.69％押し下げ，資本は 1 兆 6,020 億円と 10.98％押し下げたと推計される。以上の点をまとめた表が表 5-1 で，こうして得られた数値を 2SCGE モデルの生産要素である労働と資本が今回の震災で被った被害とした。そして，2SCGE モデルに反映させるために固定されている 2005 年の被災地域の労働と資本の総賦存量にそれぞれ 0.923 と 0.890 を乗じた値に設定し，その他地域の労働と資本の総賦存量についてもそれぞれ 0.998 と 0.999 を乗じた値に設定し直した。ここでは，震災被害や原発事故に伴う被災地域からその他地域への労働移動は想定していない。こうした自然災害に伴う地域間労働移動に関しては第 9 章で分析しているので，参照されたい。また，2SCGE モデルの代替弾力性については，国内生産ブロックの付加価値部門のツリーを変更したことにより，第 4 章 3 節の表 4-5 の一部の代替弾力性について表 5-2 のように変更する。なお，このシミュレーションでは 2SCGE モデルの価値尺度財（ニューメレール）を第 4 章から変更した[4]。

---

[4] 第 4 章では，ニューメレールとして両地域の資本収益を選択し固定したが，本章では，47 都道府県の地域間 CGE モデルを構築した林山・阿部・武藤（2011）においてニューメレールとして北海道の賃金率のみを選択している点を踏まえ，上記の方程式体系がワルラス法則を満足するように，ニューメレールとしてその他地域の賃金率を選択し固定した。

表 5-1　被災地域とその他地域における間接被害額の推計　　（単位：10億円）

		賦存量のベース値	震災後の賦存量	変化率	間接被害額
全国	労働	263,858	262,371	-0.56	-1,487
	資本	224,906	222,976	-0.86	-1,931
	合計	488,764	485,346	-0.70	-3,418
被災地域	労働	16,048	14,813	-7.69	-1,235
	資本	14,588	12,986	-10.98	-1,602
	合計	30,636	27,799	-9.26	-2,837
その他地域	労働	247,810	247,558	-0.10	-253
	資本	210,318	209,990	-0.16	-328
	合計	458,128	457,547	-0.13	-581

（出所）　内閣府資料を基に筆者推計。

表 5-2　生産ブロック構造変更による代替弾力性の設定

生産活動部門	CES 生産関数の労働と「資本・運輸業の組」の代替弾力性 ($\sigma F2_a$)	CES 生産関数の資本と運輸業の代替弾力性 ($\sigma F3_a$)
農林業	0.6	0.2
漁業	0.6	0.2
食料品・たばこ	1.2	0.4
電子部品・デバイス	1.3	0.4
自動車・自動車部品	1.3	0.4
その他製造業・鉱業	1.3	0.4
建設業	1.4	0.4
電力・ガス・水道	1.3	0.4
商業	1.3	0.4
運輸業	1.7	0.5
その他の第三次産業	1.3	0.4

（出所）　筆者作成。

2)　復興財源のシミュレーションの内容

　ここでのシミュレーションの前提となる財政移転については，2SCGE モデルの構造を踏まえると，総務省管轄予算である地方財政計画に基づく平成24年度の東日本大震災分の復旧・復興事業の歳入金額に着目する。そしてこの歳

124　第5章　2地域間応用一般均衡モデルによる復興・地域再生に関する分析

表5-3　復興財源のシミュレーション内容の一覧表

			被災地域の地方政府への財政移転方法
シミュレーションⅠ（財源有効性シミュレーション）	Ⅰ-A	ベースシナリオ	財政移転なし
	Ⅰ-B	交付金再配分シナリオ	その他地域に配分される地方交付税交付金の一部を，財政移転として被災地域に回す
	Ⅰ-C	直接税増税シナリオ	その他地域の家計の所得税率と法人税率を引き上げ，その税収を中央政府を通じて，被災地域に財政移転をする
	Ⅰ-D	復興国債発行シナリオ	その他地域の企業が財産所得部門に支払う資金で中央政府が発行する復興国債を購入し，中央政府はその収入分を被災地域に財政移転をする
シミュレーションⅡ（効果的な財政移転シミュレーション）	Ⅱ-A	財政措置シナリオ	復興国債発行シナリオに加えて，財政移転額を建設業を除く被災地域の各産業の推計被害額の割合で配分し，その金額を各産業の既存の補助金比率に上乗せする
	Ⅱ-B	農林漁業と食料品・たばこ，及び製造業の産業振興シナリオ	復興国債発行シナリオに加えて，財政移転額を被災地域の農林業，漁業，食料品・たばこ，電子部品・ディバイス，自動車・自動車部品，その他製造業・鉱業に対して既存の補助金比率に上乗せする
	Ⅱ-C	農林漁業と食料品・たばこ，及び第三次産業の産業振興シナリオ	復興国債発行シナリオに加えて，財政移転額を被災地域の農林業，漁業，食料品・たばこ，電力・ガス・水道，商業，運輸業，その他の第三次産業に対して，既存の補助金比率に上乗せする

（出所）　筆者作成。

入のうち前年度余剰金受入を含めた震災復興特別交付税の6,855億円に，国庫支出金の1兆772億円を加えた1兆7,627億円を復興財源のシミュレーションの前提となる中央政府から被災地域の地方政府への財政移転の金額とする。

　復興財源のシミュレーションは，表5-3で示したようにシミュレーションⅠ（財源有効性シミュレーション）とシミュレーションⅡ（効果的な財政移転シミュレーション）に大別し，さらに，シミュレーションⅠは4つに，シミュレーションⅡは3つに分けて行う。

　まず，シミュレーションⅠ（財源有効性シミュレーション）の4つを説明する。Ⅰ-A（ベースシナリオ）は財政移転なしで，全てのシミュレーションのベースとなる。そして，Ⅰ-B（交付金再配分シナリオ）は中央政府が被災地

域の地方政府に財政移転をする 1 兆 7,627 億円の財源をその他地域の地方政府に配分する地方交付税交付金の中に求める。つまり，中央政府が両地域の地方政府に配分する交付金比率を変更することで財源を捻出する。2SCGE モデル上では，被災地域の地方交付税交付金に上記の財政移転額に上乗せする。そして上乗せした金額とシミュレーションによって中央政府の歳入が変化する分は，中央政府がその他地域の地方政府に配分する地方交付税交付金の中で調整される。

　Ⅰ－C（直接税増税シナリオ）は，直接税の税率を引き上げることで財源を確保する。本来であれば，2013 年から 25 年間実施される復興特別所得税（支払うべき所得税額に一律 2.1％上乗せする）の施策に準拠した形で直接税の税率を引き上げるシミュレーションが望ましい。しかし，2SCGE モデルは静学であるという限界があり，本節では年間の財政移転額に見合った財源をその他地域の所得税率と法人税率をそれぞれ 0.26％と 0.31％引き上げることによって確保し，その税収を中央政府の歳入を通じて被災地域の地方政府に移転する。2SCGE モデル上では，直接税の税収は中央政府のみならず両地域の地方政府に配分されるため，こうして増税された直接税収の再配分の金額を上記の財政移転額に上乗せする際に考慮する。

　Ⅰ－D（復興国債発行シナリオ）は，中央政府が発行する復興国債をその他地域の企業が購入し，その収入を被災地域の地方政府に移転する。2SCGE モデル上では，被災地域の地方政府への財政移転額分だけ，その他地域の企業が財産所得部門に支払う額を減額し，その減額した分を中央政府に支払う。中央政府はその他地域の企業から財政移転額に相当する金額を受け取り，その金額を中央政府の歳入に組み込む。そして中央政府の歳出入の均衡式を通じて被災地域の地方政府に移転される。一方，財産所得部門の勘定においては，その他地域の企業が同部門に支払う金額（預金や債券等の利息支払など）の一部を減らす分だけ，同部門から受け取るはずの同額（預け金受入利息や有価証券利息配金など）が減少し，相殺されるものとする。そのため，同部門が行う海外部門などの他部門との支払・受取の金額に影響は生じない。

　以上のⅠ－BからⅠ－Dの 3 つのシナリオにおけるその他地域での財源先と被災地域への財政移転の流れを示したのが，図 5-6 である。

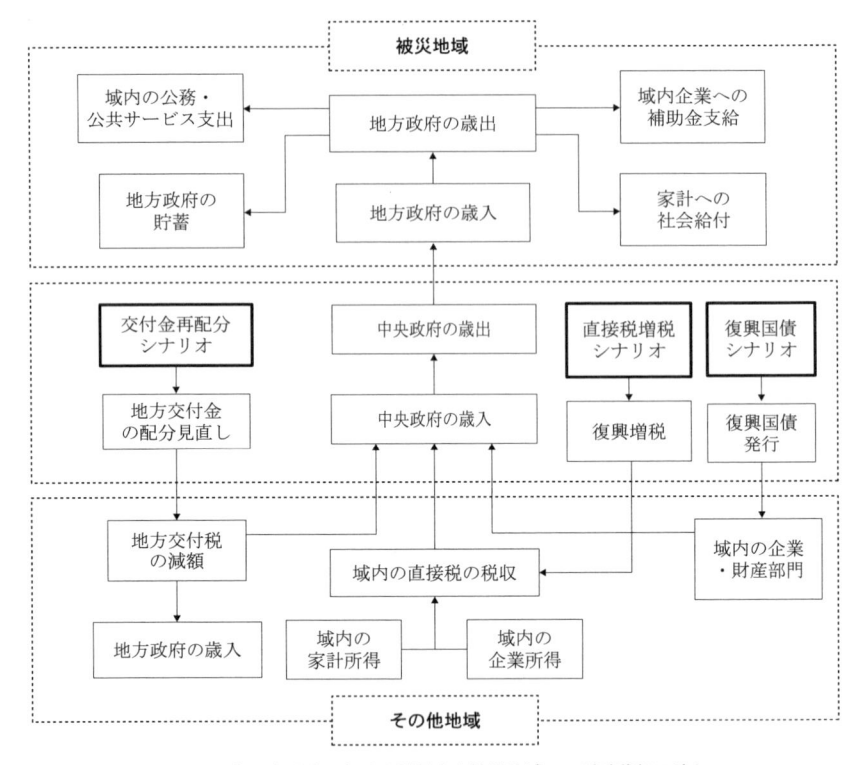

126　第5章　2地域間応用一般均衡モデルによる復興・地域再生に関する分析

図 5-6　各シナリオにおける財源先と被災地域への財政移転の流れ
（出所）　筆者作成。

　次に，シミュレーションⅡ（効果的な財政移転シミュレーション）は，上記のⅠ-Dで行う復興国債発行のシミュレーション結果との比較を通じて考察する。この復興国債発行シナリオをベースにした理由は冒頭に述べたように平成24年度復興特別会計の主な財源が復興国債発行によるからである。そしてこうして確保された財源を使って被災地域の地方政府が従来の歳出項目に基づいて配分するのではなく，これまで各産業に支払ってきた補助金を増額することで被災地の産業振興に振り向ける。こうした補助金の増額は産業の国内外での競争力を向上させ，生産活動の回復・促進が期待される。さらに地域内での労働と資本の移動にも繋がる。実際に被災地域の産業復興に向けた財政措置とし

て平成23年度補正予算と平成24年度復興特別会計予算において農林水産業の産業支援，中小企業への支援・立地補助事業等，災害関連融資，研究開発・再生エネルギー等に対して総額で3兆572億円が計上されている。東北経済産業局（2013）の資料によると，その一環に被災事業者に対する事業再開支援策として中小企業を中心にグループ補助金が2013年2月22日現在で青森，岩手，宮城，福島の4県に371グループ，計3,540億円（国費＋県費）ほど支給されている。本節はこうした補助金政策を通じて産業の復旧・復興・振興がなされている点を踏まえてII−A（財政措置シナリオ）を行う。このシミュレーションはII−B（農林漁業と食料品・たばこ，及び製造業の産業振興シナリオ）とII−C（農林漁業と食料品・たばこ，及び第三次産業の産業振興シナリオ）における補助金比率の設定のベースとなっている。そこで，II−Aの補助金の上乗せ比率は，震災によって各産業の推計被害額の割合を基準に2SCGEモデルの設定である財政移転額全てが建設業を除く各産業に配分されると想定する。具体的には農林業が既存の補助金の比率に13.0％上乗せし，漁業は10％，食料品・たばこ3.1％，電子部品・ディバイス1.6％，自動車・自動車部品3.5％，その他製造業・鉱業2.6％，電力・ガス・水道と運輸業5.8％，商業5.7％，その他の第三次産業1.5％，それぞれ既存の補助金の比率に上乗せする。なお，建設業を補助金の増額対象から外した理由は，建設業が本章の財政移転フレーム外で被災地域への復旧・復興に対して巨額の財政措置を受けている点を踏まえると，ここでの補助金の増額をインジェクションするシミュレーションには馴染まないと判断したからである。

そこで，こうした比率を参考にしてII−B（農林漁業と食料品・たばこ，及び製造業の産業振興シナリオ）では，全ての財政移転額に使って農林業，漁業及び食料品・たばこに対して既存の補助金の比率を10.0％上乗せし，電子部品・ディバイス，自動車・自動車部品及びその他製造業・鉱業に対する既存の補助金の比率を6.2％上乗せする。ここでのシミュレーションは補助金の配分を製造業に傾斜配分した形にしている。一方，もう一つのII−C（農林漁業と食料品・たばこ，及び第三次産業の産業振興シナリオ）では，同様に全ての財政移転額に使って農林業，漁業及び食料品・たばこに対してII−Bと同じ10.0％を上乗せし，電力・ガス・水道等と商業は既存の補助金の比率を6.5％，運

128 第5章 2地域間応用一般均衡モデルによる復興・地域再生に関する分析

輸業は 6.6%,その他の第三次産業は 2.0% 上乗せする。ここでのシミュレーションは逆に第三次産業への補助金の配分を重視した形にしている。

(3) 復興財源のシミュレーション結果

1) 復興財源別にみたシミュレーションⅠの結果

まず,表 5-4 と図 5-7,及び図 5-8 のⅠ−A のベースシナリオから震災によって単純に被災地域の労働と資本の総賦存量だけが減少したと想定した場合における被災地域の経済や生産活動への影響を考察する。なお,本項のシミュレーション結果に関する文中及び表中の数値(等価変分を除く)は,いずれも 2005 年の 2 地域間 SAM の数値(=基準値)からの変化率であり,パーセンテージ表示になっている。

このベースシナリオのシミュレーションによると,被災地域の実質域内総生産(GRP)や域内生産量は基準値である 2005 年比で 9% を上回る減少になると推計される。また,図 5-8 から産業別生産量の変化率をみると,農林業,その他製造業・鉱業,及び第三次産業が 2005 年比で 7-8% の減少となり,漁業と食料品工業は 6% 台の減少,電子部品・ディバイス工業と自動車・自動車部品産業は 4-5% 減となっている。その一方で,建設業の生産量は 25.23% 減と

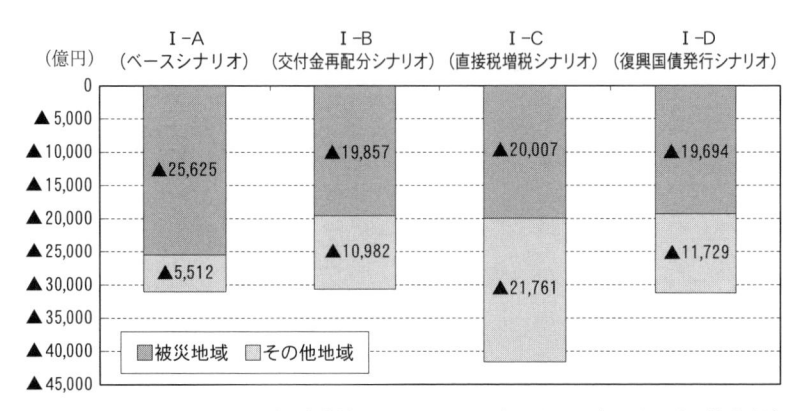

図 5-7 シミュレーションⅠ(財源有効性シミュレーション)における各シナリオの被災地域とその他地域の等価変分

(出所) 筆者作成。

大幅に減少する。これは地域内の貯蓄が基準値の 2005 年比で 27.03% 減になることが被災地域内の投資を減少させ，その影響を建設業が大きく受けるからである。こうした被災地域の貯蓄が大幅減少する背景には，家計所得の減少による家計貯蓄が減少することと，被災地の地域経済が大幅に落ち込むことで被災

表 5-4 シミュレーション I（財源有効性シミュレーション）における各シナリオの主な指標の変化率

基準値からの変化率（%）		家計の効用水準	家計所得	賃金率	資本収益	域内生産量	実質地域GRP	為替レート	総貯蓄
I-A （ベースシナリオ）	被災地域	-14.42	-10.46	-0.53	3.83	-9.37	-9.22	0.06	-27.03
	その他地域	-0.23	-0.15	―	-0.04	-0.11	-0.13		1.69
I-B （交付金再配分シナリオ）	被災地域	-8.89	0.11	14.86	19.39	-11.16	-9.77	0.89	13.23
	その他地域	-0.60	-0.15	―	-0.02	0.01	-0.15		-0.44
I-C （直接税増税シナリオ）	被災地域	-9.05	-0.20	14.41	18.87	-11.10	-9.74	0.89	12.95
	その他地域	-1.00	-0.14	―	0.01	-0.03	-0.15		-0.53
I-D （復興国債発行シナリオ）	被災地域	-8.75	0.41	15.30	19.76	-11.17	-9.78	0.96	15.51
	その他地域	-0.64	-0.13	―	0.06	-0.06	-0.16		-1.41

（出所）　筆者作成。

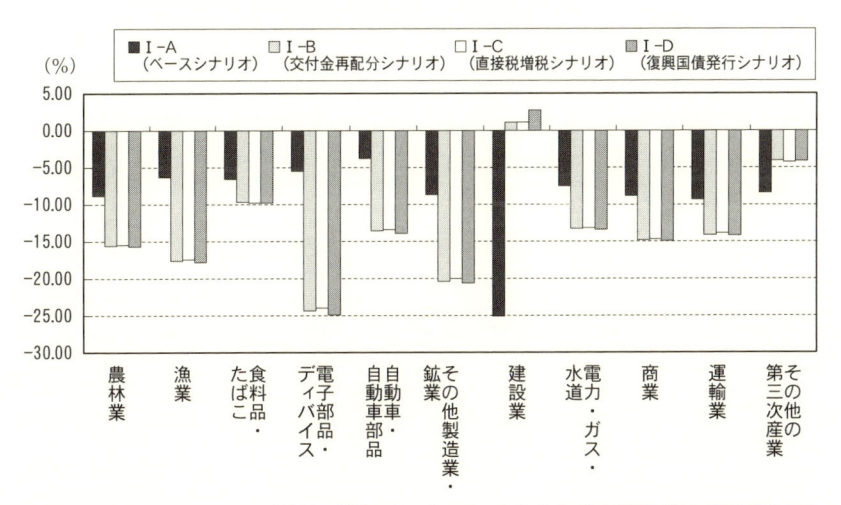

図 5-8　シミュレーション I（財源有効性シミュレーション）における被災地域の各産業の生産量の変化率

（出所）　筆者作成。

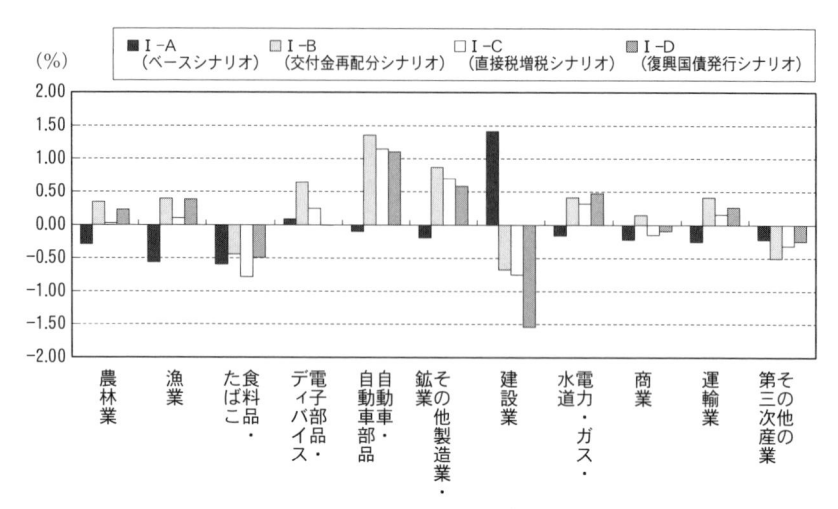

130　第5章　2地域間応用一般均衡モデルによる復興・地域再生に関する分析

図5-9　シミュレーションⅠ（財源有効性シミュレーション）におけるその他地域の各産業の生産量の変化率

（出所）　筆者作成。

　地域への移入額が減少し，その他地域との経常黒字幅が結果的に拡大（その他地域への所得移転額の増加）するからである。また，表5-4から被災地域の家計部門への影響をみると，上述したように家計所得は基準値から10.46%減，家計の効用水準も14.42%減となり，図5-7から被災地域の等価変分は2兆5,625億円のマイナスとその他地域の5,512億円のマイナスよりも4.6倍の大きさに達している。

　こうした経済環境下において被災地域の地方政府に1兆7,627億円の財政移転がなされると，3つの復興財源はいずれもベースシナリオに比べて等価変分は5,600億円から5,900億円ほど改善する。しかし，被災地の地域経済の落ち込みは逆に0.5%ポイントほどさらに悪化する。また，被災地の生産量も2005年比11%台の減少となり，これも1.8%ポイントほどさらに減少率は拡大する。これは，被災地域への財政移転によって被災地の賃金率と資本収益が2005年比で2桁上昇することで被災地域の内需が回復するが，生産要素価格の上昇による被災地の製品価格が割高になり，輸出が2005年比で31－32%減少し，輸入は逆に11－12%増加するなど被災地の生産量をさらに落ち込ませ

るからである．一方，被災地域の総貯蓄については，その他地域への移出額が減少し，逆に移入額は増加するなどの要因もあり，2005年水準の1兆380億円から1兆2,430億円ほど増加する．この結果，被災地域の総貯蓄は2005年比で13.0－15.5％増と大幅に改善する．

このようにいずれのシナリオも被災地域への財政移転は，被災地域の労働と資本の総賦存量が固定されているという前提下で被災地の生産要素価格の上昇をもたらし，家計所得を改善させることで家計の効用水準を回復させ，ひいては内需も回復させる．しかし，こうした動きは被災地域の生産活動を回復させることには結び付かないことがわかる．

一方，その他地域は財政移転に必要な財源を徴収される側として位置づけられている．この3つのシナリオが求める財源先によってその他地域の実質GRPや域内生産量，及び等価変分等への経済波及効果が異なって現れる．具体的には交付金再配分シナリオは財源先がその他地域の地方政府であることから，直接的な負の影響として，図5-9のその他地域の公務・公共サービスが含まれるその他の第三次産業の生産量が0.51％減と他の2つのシナリオよりも0.2－0.3％ポイントほど減少率が大きくなる．また，直接税増税シナリオはその直接的な負の影響として，その他地域の家計効用水準を1.0％減と他の2つのシナリオよりも0.4％ポイント減少率を大きくさせる．また，復興国債発行シナリオはその他地域の企業貯蓄を減少させ，その他地域の総貯蓄が1.41％減と他の2つのシナリオより1％ポイントほど減少率が大きくなる．こうした直接的な負の影響を踏まえて，その他地域の実質GRPや域内生産量，及び等価変分をみる．実質GRPは3つの復興財源とも大きな違いが見られない．しかし，生産量では交付金再配分シナリオは2005年比で0.01％増とプラスになるが，復興国債発行シナリオは0.06％減とマイナスになる．また，直接税増税シナリオは等価変分を他の2つのシナリオよりも1兆円ほど悪化させる．

以上の考察からどの復興財源を用いることが被災地とその他地域の地域経済に効果的であるかについて，その判断の指標として実質GRPや域内生産量などが考えられるが，総賦存量が固定させている静学モデルでは等価変分が望ましいとの指摘がある．そこでまずは，被災地域の等価変分を図5-7からみると，この3者にはそれほど大きな差異がみられないが，その中で復興国債発行

シナリオが最もマイナス幅は小さい。一方，その他地域の等価変分をみると，最もマイナス幅が小さいのが交付金再配分シナリオで，直接税増税シナリオは2兆円を越えるマイナスになる。そして，この3者に被災地域の等価変分を合計すると，交付金再配分シナリオは3兆839億円のマイナスになり，ベースシナリオの3兆1,137億円のマイナスを下回る。こうした全国計の等価変分からみると，被災地域への財政移転の施策は適切であると評価できる。一方，復興国債発行シナリオと直接税増税シナリオは共にベースシナリオの水準を上回る結果になり，この2つの方法によって財源を確保するという施策は課題があると言える。また，等価変分以外の実質GRPや域内生産量の指標で比較すると，被災地域の生産量において直接税増税シナリオが他の2つのシナリオよりも減少率が若干小さい程度で3者には大きな違いがない。一方，その他地域においては交付金再配分シナリオが直接税増税や復興国債発行のシナリオよりもその他地域への負の経済波及効果を最小限に止めている。

　こうした点から総合的に判断すると，復興財源を何処に求めることが効果的であるかという問いに対しては，交付金再配分シナリオであると言える。

　最後に，被災地域の地方政府に財政移転をした場合にどの生産部門がマイナスの影響を大きく受けることになるのかを図5-8から考察する。いずれの3つの復興財源とも被災地域の産業別生産量への影響について大きな違いがなく，製造業がより大きくマイナス影響を受けることになる。電子部品・デバイスが24％前後と最も大きな影響を受け，次にその他製造業・鉱業も20％減となる。また，自動車・自動車部品は13％減となっている。このように総じて製造業の生産量を大きく減少する理由は，被災地域の製造業の製品が割高になり，貿易財であるこれらの製品の国際競争力が低下し，他の産業よりもより大きなマイナスの影響を受けることになるからである。因みに，ベースシナリオでは貿易収支が出超であった電子部品・デバイスは入超に転じ，その他製造業・鉱業の入超もベースシナリオよりも8,000億円以上も拡大する。また，自動車・自動車部品は出超であるものの，ベースシナリオよりも出超が550億円ほど縮小するなど，被災地域の地方政府に財政移転をすることによって製造業を中心に被災地域の生産量が減少する結果をもたらす。一方，図5-9からその他地域の製造業は総じてベースシナリオよりも生産量が増加する結果になる。

その中で，自動車・自動車部品は2005年比1％を上回る増加となり，その他製造業・鉱業の生産量も0.6－0.8％とベースシナリオよりも改善している。こうした製造業を中心に被災地域の生産の代替がその他地域で行われることで，その他地域の地域経済へのマイナスの影響を多少緩和させる効果になっていることがわかる。また，ベースシナリオで大きく生産量が減少した被災地域の建設業の変化をみると，いずれもプラスに転じるほどに回復する結果になる。これは建設業が非貿易財であることに加え，被災地域の貯蓄水準が大幅に改善することが被災地域の投資の増加に繋がるからである。そしてその一部が被災地域での復興事業ではなく，通常の地方政府の歳出を通じて公共事業等に回されることで，建設業の生産が増加するからである。いずれのシナリオも被災地域の生産活動面からみると，中央政府からの財政移転を被災地域の地方政府に単に実施することには課題が残ると言える。

2) 被災地域の産業復興に向けたシミュレーション

ここではまず，震災による生産の被害程度に応じた財政措置を実施することで産業振興を図る施策（II－A）の政策評価を行う。次に，被災地域の農林水産業と製造業に重点を置いた施策で産業振興を図る場合（II－B）と，製造業よりも農林水産業と第三次産業をまずは活性化させることに重点を置いた施策の場合（II－C）での政策評価を行う。いずれの政策評価は，財政移転が単に被災地域の地方政府の歳入に組み込まれることを想定した復興国債発行シナリオ（I－D）との波及効果の違いを比較することから明らかにする。このように財政移転をこの3つのパターンで各産業に補助金として再配分する施策は，被災地域の労働と資本の総賦存量が固定されている前提下で，配分された補助金の増額の程度によって生産コストが引き下げられ，その引き下げの程度に応じて各産業の生産量を回復させる。そしてその生産の回復度に応じてその他の第三次産業にシフトしていた労働と資本を地域内の産業間で効果的な再移動させる行動をもたらす。

まず，表5-5と図5-10，及び図5-11のII－A（財政措置シナリオ）をI－D（復興国債発行シナリオ）と比較しながら政策効果を評価すると，表5-5から財政移転の全額を産業振興に振り向けることで被災地域の生産量は9.66％減と1.3％ポイント減少率が縮小する。そして図5-11から産業別生産量の変化率

をみると，農林水産業は10%ポイントを上回るほどに回復し，その他の第三次産業を除く各産業でも生産量の減少率が3－5%ポイント程度縮小し，生産の回復がみられる。また，建設業は補助金の対象産業ではないものの，2005年比10.59%増と復興国債発行シナリオよりも8%ポイント上回る。これは家計貯蓄の増加と企業貯蓄の増加に加え，その他地域との交易が入超となり，逆にその他地域から所得移転がなされることで被災地域の総貯蓄は2005年比で28.78%増になるからである。一方，その他の第三次産業は補助金比率が上乗せになるものの，公務・公共サービス支出に振り向けられる財政移転分がなくなることから，その他の第三次産業の生産量は2005年比で8.86%減と復興国債発行シナリオよりも4.8%ポイント減少する。こうした各産業の生産量の変化を通じて被災地域の労働と資本の生産要素価格はそれぞれ21.76%と26.63%と復興国債発行シナリオよりもさらに6－7%ポイントほど上昇し，家計所得の増加から被災地域の等価変分は4,180億円ほど改善する。また，その他地域の等価変分も800億円ほど改善することになる。

　次に，農林水産業と製造業に重点配分したⅡ－Bの施策を実施すると，図5-10から被災地域の等価変分は財政措置シナリオよりも1,740億円ほどさらに改善し，1兆3,774億円のマイナスになる。一方，その他地域の等価変分はむしろ逆に1,106億円ほど悪化し，復興国債発行シナリオの水準よりも悪化する結果になる。しかし，両者を合わせた全体でみた等価変分は2兆5,876億円のマイナスと財政措置シナリオの2兆6,511億円のマイナスを下回る。また，被災地域内の生産量は2005年比8.27%減と財政措置シナリオよりも1.4%ポイントもさらに回復することになるが，実質GRPは若干悪化する結果になる。確かに図5-11から第三次産業に振り向ける補助金を製造業に追加したことで製造業の生産量は電子部品・ディバイスが13.82%減，自動車・自動車部品は1.61%減，その他製造業・鉱業でも10.13%減と財政措置シナリオよりも4.6－9.5%ポイントも減少率は縮小する。また，建設業は22.36%増と財政措置シナリオの倍以上の伸び率になる。他方，逆に製造業に振り向ける補助金を第三次産業に追加したⅡ－Cでは，被災地域の生産量は10.34%減と財政措置シナリオよりも0.7%ポイント，製造業に振り向けたシナリオよりも2.1%ポイントも悪化し，図5-10から等価変分は1兆7,084億円のマイナスと2つのシナリオよ

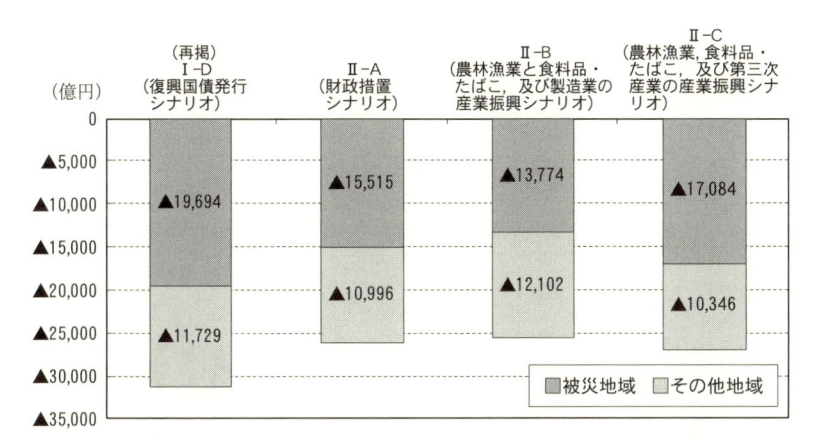

図 5-10 シミュレーションⅡ（効果的な財政移転シミュレーション）における各シナリオの被災地域とその他地域の等価変分

(出所) 筆者作成。

表 5-5 シミュレーションⅡ（効果的な財政移転シミュレーション）における各シナリオの主な指標の変化率

基準値からの変化率 (%)		家計の効用水準	家計所得	賃金率	資本収益	域内生産量	実質GRP	為替レート	総貯蓄
(再掲) Ⅰ-D (復興国債発行シナリオ)	被災地域	-8.75	0.41	15.30	19.76	-11.17	-9.78	0.96	15.51
	その他地域	-0.64	-0.13	—	0.06	-0.06	-0.16		-1.41
Ⅱ-A (財政措置シナリオ)	被災地域	-3.90	4.88	21.76	26.63	-9.66	-9.53	0.88	28.78
	その他地域	-0.58	-0.13	—	0.10	-0.07	-0.15		-2.06
Ⅱ-B (農林漁業と食料品・たばこ，及び製造業の産業振興シナリオ)	被災地域	-2.83	8.92	27.79	31.80	-8.27	-9.57	0.87	48.75
	その他地域	-0.69	-0.12	—	0.14	-0.11	-0.17		-3.19
Ⅱ-C (農林漁業，食料品・たばこ，及び第三次産業の産業振興シナリオ)	被災地域	-4.74	2.08	1.57	22.87	-10.34	-9.44	0.91	18.09
	その他地域	-0.49	-0.13	—	0.08	-0.05	-0.15		-1.49

(出所) 筆者作成。

りもさらに悪化する結果になる。但し，実質 GRP は若干改善される。また，被災地域の総貯蓄は 18.09％増と製造業に振り向けたシナリオよりも約 30％ポイントも下回る。これは家計貯蓄の増加が鈍化することと，その他地域の交易が出超になることでその他地域への所得移転が増加するからである。そして建

136　第5章　2地域間応用一般均衡モデルによる復興・地域再生に関する分析

凡例:
- ■（再掲）Ⅰ-D（復興国債発行シナリオ）
- □Ⅱ-A（財政措置シナリオ）
- □Ⅱ-B（農林漁業と食料品・たばこ、及び製造業の産業振興シナリオ）
- ▨Ⅱ-C（農林漁業、食料品・たばこ、及び第三次産業の産業振興シナリオ）

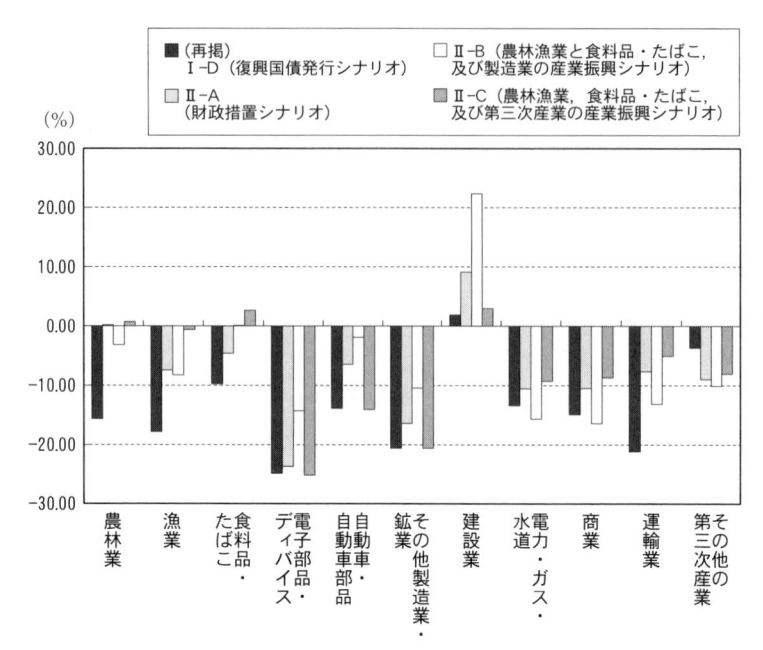

図5-11　シミュレーションⅡ（効果的な財政移転シミュレーション）における被災地域の各産業の生産量の変化率

（出所）　筆者作成。

設業の生産量の変化率も4.13％増と増加率が大幅に鈍化する。

　このように財政移転を被災地域の地方政府の歳入に単に組み込むだけではなく，シミュレーションⅠの考察から震災で生産が大きく落ち込んだ産業に対してこうした財政移転を再配分することにより，被災地の地域経済のみならず，被災地の家計効用の更なる改善にも繋がる。とりわけ，被災地域の生産量全体をより回復させるには，財政移転を製造業により傾斜的に配分することの方が効果的であり，被災地域の等価変分のマナス分をより大きく縮小させる。但し，その他地域の家計効用へのマイナスの影響はより大きくなるという副作用をともなう。

　こうした復興財源に関する2つのシミュレーションを行った結果は以下のようにまとめられる（表5-6）。

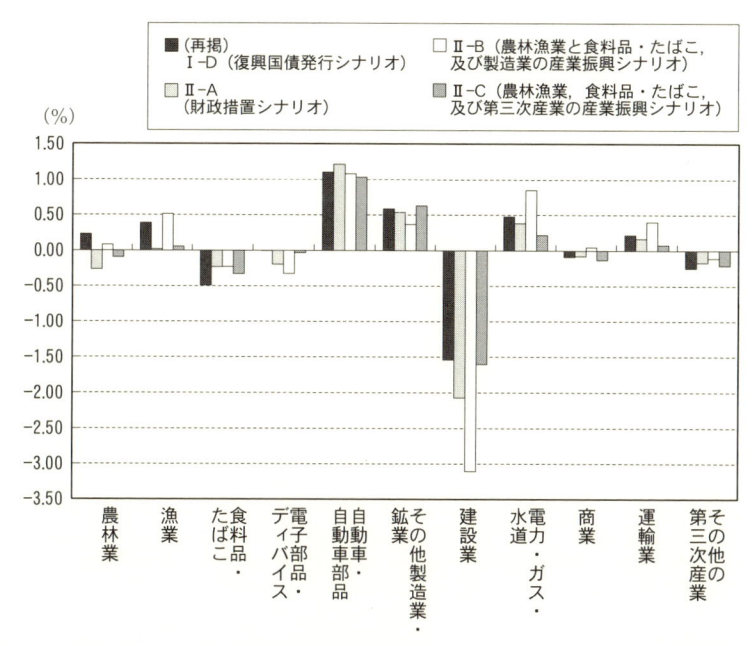

図5-12 シミュレーションⅡ（効果的な財政移転シミュレーション）におけるその他地域の各産業の生産量の変化率

(出所) 筆者作成。

1) 財源有効性シミュレーション
① 被災地域の地方政府に1兆7,627億円の財政移転がなされると，3つの復興財源はいずれもベースシナリオに比べて等価変分は5,600億円から5,900億円ほど改善する。
② しかし，被災地の地域経済の落ち込みは逆に0.5%ポイントほどさらに悪化する。また，被災地の生産量も2005年比11%台の減少となり，これも1.8%ポイントほどさらに減少率は拡大する。
③ いずれの3つの復興財源とも被災地域の製造業がより大きくマイナス影響を受けることになる。特に，電子部品・ディバイスが2005年比で24%前後の減少となる。一方，被災地域の建設業は，建設業が非貿易財であることに加え，被災地域の貯蓄水準が大幅に改善することから，いずれの復興財源ともプラスに転じるほどに回復する。

表 5-6 復興財源のシミュレーション結果のまとめ一覧表

			復興有効性シミュレーション			効果的な財源移転シミュレーション		
	基準値からの変化率	ベースシナリオ（Ⅰ・A）	交付金再配分シナリオ（Ⅰ・B）	直接税増税シナリオ（Ⅰ・C）	復興国債発行シナリオ（Ⅰ・D）	財政措置シナリオ（Ⅱ・A）	農林漁業と食料品・たばこの産業振興シナリオ（Ⅱ・B）	農林漁業と食料品・たばこ、及び第三次産業振興シナリオ（Ⅱ・C）
等価変分（億円）	合計	▲31,137	▲30,839	▲41,768	▲31,423	▲26,511	▲25,876	▲27,430
	被災地域	▲25,625	▲19,857	▲20,007	▲19,694	▲15,515	▲13,774	▲17,084
	その他地域	▲5,512	▲10,982	▲21,761	▲11,729	▲10,996	▲12,102	▲10,346
被災地域の経済指標	被災地域の生産量	-9.37	-11.16	-11.10	-11.17	-9.66	-8.27	-10.34
	実質GRP	-9.22	-9.77	-9.74	-9.78	-9.53	-9.57	-9.44
	家計の効用水準	-14.42	-8.89	-9.05	-8.75	-3.90	-2.83	-4.74
	総貯蓄	-27.03	13.23	12.95	15.51	28.78	48.75	18.09
被災地域の主な産業別生産量	農林業	-8.95	-15.76	-15.64	-15.84	-0.20	-3.48	0.38
	漁業	-6.35	-17.69	-17.50	-17.90	-7.62	-8.41	-0.85
	食料品・たばこ	-6.60	-9.81	-9.88	-9.87	-4.83	-0.10	2.51
	電子部品・ディバイス	-5.47	-24.13	-23.75	-24.68	-23.32	-13.82	-24.80
	自動車・自動車部品	-3.77	-13.47	-13.29	-13.82	-6.24	-1.67	-13.91
	その他製造業・鉱業	-8.72	-20.29	-19.92	-20.49	-16.10	-10.13	-20.33
	建設業	-25.23	0.98	1.01	2.57	10.59	22.36	4.13
	電力・水道・ガス等	-7.57	-13.34	-13.25	-13.48	-10.64	-15.71	-9.40
	商業	-8.83	-14.71	-14.57	-14.79	-10.19	-16.16	-8.39
	運輸業	-9.42	-14.29	-14.17	-14.35	-6.92	-14.26	-5.40
	その他の第三次産業	-8.43	-4.00	-4.19	-4.04	-8.86	-10.34	-7.98
その他地域の主な産業別生産量	電子部品・ディバイス	0.09	0.64	0.23	-0.02	-0.21	-0.35	-0.05
	自動車・自動車部品	-0.10	1.35	1.14	1.09	1.20	1.06	1.02
	その他の第三次産業	-0.22	-0.51	-0.32	-0.25	-0.18	-0.12	-0.21

（出所）筆者作成。

④ その他地域の製造業は総じてベースシナリオよりも生産量が増加する結果になる。その中で，自動車・自動車部品は2005年比で1％を上回る増加となる。
2) 効果的な財政移転シミュレーション
① 財政移転の全額を産業振興に振り向けることで，財政移転による被災地域の生産量の減少率は縮小する。加えて，いずれのシナリオとも財源有効性シミュレーションよりも被災地域の等価変分はさらに改善する。
② 建設業は補助金の対象産業ではないものの，家計貯蓄の増加と企業貯蓄の増加やその他地域との交易が入超による所得移転の増加から被災地域の総貯蓄が大幅に増加することから，復興国債発行シナリオよりも増加する。中でも，農林水産業と製造業に重点配分したシナリオでは，2005年比で20％以上の伸び率になる。
③ その他の第三次産業は補助金比率が上乗せになるものの，公務・公共サービス支出に振り向けられる財政移転分がなくなることから，その他の第三次産業の生産量はいずれのシナリオとも2005年比で8％から10％減少し，復興国債発行シナリオよりも4-6％ポイント近く減少する。

こうした復興財源の2つのシミュレーション結果を踏まえると，最適なシナリオとは，その他地域に配分された地方交付税交付金の一部を被災地域の財政移転の財源に当て，その財源を被災地域の地方政府に単に回すのではなく，その財政移転を製造業により傾斜的に配分することの方が効果的であると結論づけられる。

140　第5章　2地域間応用一般均衡モデルによる復興・地域再生に関する分析

表 5-7　福島県とその他地

			福島県								その他地域	
			生産活動		生産要素			制度			貯蓄・投資	生産活動	
			産業	財・サービス	労働	土地	資本	家計	企業	地方政府		産業	財・サービス
福島県	生産活動	産業		15,592									
		財・サービス	3,552					2,234	245	1,442	1,248	4,295	
	生産要素	労働	3,802									59	
		土地	15									0	
		資本	3,557									9	
	制度	家計			3,863	15	900		131	906			
		企業					2,375	111					
		地方政府	-59				213	653		176			
	貯蓄・投資							1,110	1,818	221			
その他地域	生産活動	産業											982,246
		財・サービス	3,982					1,579	108	33	667	462,886	
	生産要素	労働	46									259,795	
		土地	0									294	
		資本	7									220,931	
	制度	家計											
		企業											
		地方政府										-3,277	
	貯蓄・投資												
その他部門		直接税						218	191				
		間接税	691	15								37,255	4,229
		財産所得						130	733	126			
		その他部門						136	99	187			
		中央政府					69			6			
海外部門（輸入）				266	1	0	11						60,800
合計（支払）			15,592	15,872	3,864	15	3,568	6,172	3,325	3,097	1,915	982,246	1,047,274

（出所）　筆者作成。

5.2 2地域間応用一般均衡モデルによる復興財源のシミュレーション

域の2地域間マクロ SAM　　　　　　　　　　　　　　　　　　　　　　　（単位：10億円）

その他地域												
生産要素			制度			貯蓄・投資	その他部門					海外部門（輸出）	合計（受取）
労働	土地	資本	家計	企業	地方政府		直接税	間接税	財産所得	その他部門	中央政府		
													15,592
			1,803	133	16	865						38	15,872
												3	3,864
												0	15
												2	3,568
									268	89			6,172
									665	175			3,325
							221	323	56	11	1,503		3,097
											-368	-865	1,915
													982,246
			280,232	25,505	89,742	119,182						63,359	1,047,274
												154	259,994
												0	294
												92	221,030
259,962	294	61,710		12,499	55,293				22,953	18,477			431,188
		143,595	11,818						75,900	16,600			247,914
		11,732	52,632		5,889		20,188	27,139	8,801	1,258	40,562		164,924
			25,003	114,293	-4,761						-2,024	-12,464	120,046
			24,359	16,973									41,742
													42,189
			13,753	69,594	12,337							17,463	114,137
			21,587	8,917	6,230							1,871	39,026
		3,360			178		21,333	14,728					39,673
32	0	633							5,495	2,416			69,652
259,994	294	221,030	431,188	247,914	164,924	120,046	41,742	42,189	114,137	39,026	39,673	69,652	

5.3 2地域間応用一般均衡モデルによる原子力災害影響のシミュレーション分析

(1) 原子力災害影響のシミュレーションのための2地域間SAMと2SCGEモデル

　まず，福島県とその他地域から成る2地域間SAMは，第3章で作成した福島県，その他被災3県，その他地域から成る3地域間SAMのうち被災3県の分をその他地域に組み込むことに加えて，労働と資本の2つの生産要素に土地を入れた3つの生産要素から成る2地域間SAMを作成する。特に，農林業の生産活動で資本の一部に含まれていた土地を抽出する理由は，本節において原子力災害の影響を分析する上で，放射能汚染によって福島県の耕作面積が減少したという事象を与件に入れる必要があったからである。こうして作成されたマクロSAMが表5-7である。この表から次の2点を考察することができる。第1に，福島県の土地[5]は146億円と推計され，農林業の生産要素の9.8%を占める。その一方，その他地域の土地は全国の3,086億円から福島県分を差引いた2,940億円になり，同5.3%を占める。この点から原子力災害の影響による耕作面積の減少は福島県の農業生産への影響をより大きくさせる要因の1つになっている。第2に，福島県は最終消費部門を含めたその他地域からの移入が6.4兆円で逆にその他地域への移出は7.1兆円であることから7,436億円の出超になっている。このように福島県がその他地域との交易で出超となっている背景には，表5-8から電力・ガス・水道の移出の1.4兆円のうち，電力の1.3兆円の移出が大きく寄与していることがわかる。しかし，今回の原子力災害により電力の移出分の大半がゼロになったとすると，福島県とその

5　土地を自作地地代と支払地代の合計と定義し，その推計方法は10a当たりの米を中心とした生産費統計（農林水産省農業経営統計調査）から，農家所得を純利益，家族労働費，資本利子，地代に分解し，農家所得に占める地代の割合を求め，その割合をSAMの農林業の資本に掛けることで土地分を抽出した。但し，県レベルの米の生産費統計がないために，東北地域のデータから得られた割合を福島県に当てはめた。

5.3 2地域間応用一般均衡モデルによる原子力災害影響のシミュレーション分析　143

表 5-8　福島県の産業連関表からみる福島県の移出入と輸出入　　（単位：億円）

2005 年	福島県とその他地域			福島県と海外部門		
	移出額	移入額	所得移転	輸出額	輸入額	外国貯蓄
農林業	1,598	1,155	▲444	0	0	0
漁業	153	151	▲1	0	0	0
食料品・たばこ	6,114	2,717	▲3,397	72	1,034	962
電子部品・デバイス	11,724	5,239	▲6,486	18	2	▲16
自動車・自動車部品	3,519	3,335	▲183	17	5	▲12
その他製造業・鉱業	25,508	27,039	1,531	272	1,616	1,344
建設業	0	0	0	0	0	0
電力・ガス・水道	14,005	790	▲13,216	0	0	0
商業	4,105	9,087	4,982	0	0	0
運輸業	2,370	2,555	185	0	0	0
その他の第三次産業	2,027	11,620	9,593	0	0	0
産業計	71,124	63,688	▲7,436	379	2,657	2,278

（出所）　福島県の産業連関表などの統計資料より筆者作成。

他地域との交易は逆に 6,570 億円の入超になる。加えて，海外との貿易についても輸出が 379 億円で，輸入は 2,657 億円と入超である。このことから，これまで福島県からその他地域に所得移転がなされていたのが，逆にその他地域から所得移転を受ける側に転じ，かつ外国貯蓄が経常的にプラスであることから福島県内の貯蓄が増加する傾向は今回の原子力災害でより強まったと言える。

　また，本節も前節と同様に，2SCGE モデルの国内生産ブロックの構造（第 4 章図 4-3）を農林業の生産活動について図 5-13 に示した構造に変更する。それは，農林業で土地 R_a^o を生産要素に加えたことで，付加価値部分（A3）が 2 段階になる。第 1 段階の o 地域の農林業 a 部門における付加価値 KLR_a^o は中間財部門と同様に規模一定の CES 型生産技術の制約下での労働 L_a^o と「資本・土地の組」（KR_a^o）から導出する。第 2 段階の KR_a^o は，同様に規模一定の CES 型生産技術の制約下で資本 K_a^o と土地 R_a^o から導出する。また，第 1 と第 2 段階の「組」の価格である o 地域の農林業 a 部門の $PKLR_a^o$ と PKR_a^o はゼロ利潤条件から求まる。また，土地と地代（PR_a^o）から得られる所得（$PR_a^o \times R_a^o$）

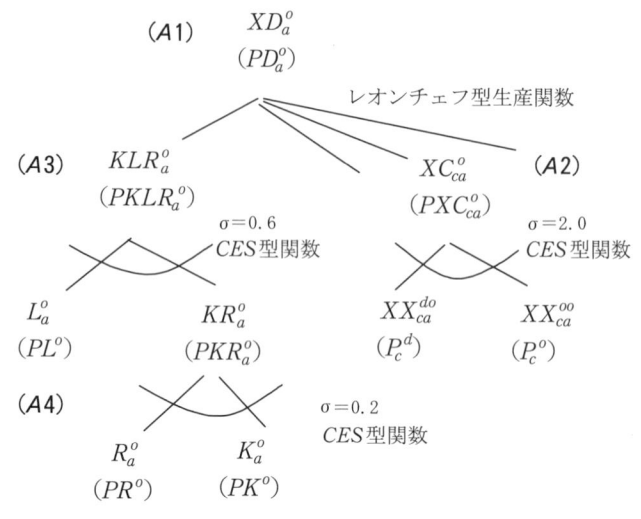

$$
\begin{array}{c}
(A1) \quad XD_a^o \\
(PD_a^o)
\end{array}
$$

レオンチェフ型生産関数

$(A3)$ KLR_a^o $\quad$ XC_{ca}^o $\quad (A2)$
$(PKLR_a^o)$ $\quad$ (PXC_{ca}^o)

σ=0.6 CES型関数　　σ=2.0 CES型関数

L_a^o $\quad$ KR_a^o $\quad$ XX_{ca}^{do} $\quad$ XX_{ca}^{oo}
(PL^o) $\quad$ (PKR_a^o) $\quad$ (P_c^d) $\quad$ (P_c^o)

$(A4)$

σ=0.2 CES型関数

R_a^o $\quad$ K_a^o
(PR^o) $\quad$ (PK^o)

図 5-13　農林業の生産活動における国内生産部門の構造

(出所)　筆者作成。

を，表 5-7 で示した家計部門の収入の一部とする。さらに，土地は産業間や地域間での移動がないために，農林業の土地への需要量＝土地の賦存量の均衡式が絶えず成立する。そして今回の原子力災害による福島県の耕作面積の減少は同県の土地賦存量の減少をもたらし，農林業の土地への需要量は賦存量の減少分だけ減少することになる。それが福島県の農林業の生産量への減少に繋がる。農林業の国内生産ブロック以外の各ブロック構造には変更がなく，そのまま利用する。但し，新たに作成される 2 地域間 SAM のデータを用いて各関数のパラメータを再推定するキャリブレーションは必要になる。

(2) 原子力災害影響のシミュレーションの前提条件と内容
1) 生産要素の総賦存量の設定と代替弾力性

2 地域の労働と資本の総賦存量の設定について説明する。第 1 章 2 節 (2) で述べたように震災後から福島第一原発事故による周辺地域の生産活動が，現時点でもほぼ停止した状況であることを踏まえ，2005 年 SAM 上での福島県の

5.3 2地域間応用一般均衡モデルによる原子力災害影響のシミュレーション分析

労働と資本の総賦存量は，第1章表1-4に基づいてそれぞれ0.925と0.852を乗じた値に設定し直した．また，福島県の土地の賦存量については，原子力被害地域以外でも放射能汚染により作付けが制限された地域もあり，平成23年産水稲の作付面積が64,400haと震災前の平成22年産水稲の作付面積（80,600ha）よりも20.1%減少した．この比率を原子力災害による土地の賦存量の減少率とみなした．一方，その他地域には岩手県，宮城県，茨城県のその他被災3県が含まれるものの，同地域の労働と資本の総賦存量に変化がないとする．なお，原子力災害を初め今回の震災による被災県の人口の自然減と社会減がもたらす被災地域やその他地域の地域経済への影響に関しては第8章で分析しているので，参照にされたい．また，後述するシミュレーションの内容において第4章の表4-5に記載した2SCGEモデルの各種の代替弾力性のうち，生産部門の商品に関する地域間代替弾力性を表5-9のように設定し直す．加えて，農林業における第1段階の労働と「資本・土地の組」と第2段階の資本と土地とのそれぞれの代替弾力性は，図5-13の図中に示した「0.6」と「0.2」とする．

表5-9 2SCGEモデルの代替弾力性の一覧表の一部変更

生産活動部門	生産部門の商品に関する地域間代替弾力性（σRc）		
	ベースシナリオ	原子力災害あり	製品の差別化あり
農林業	2.0	5.0	5.0
漁業		5.0	5.0
食料品・たばこ		2.0	0.5
電子部品・デバイス		2.0	0.5
自動車・自動車部品		2.0	0.5
その他製造業・鉱業		2.0	0.5
建設業		2.0	2.0
電力・ガス・水道		5.0	5.0
商業		2.0	2.0
運輸業		2.0	2.0
その他の第三次産業		2.0	2.0

（出所）筆者作成．

2) 原子力災害影響のシミュレーションの内容

ここでは，福島第一原発事故による原子力災害がもたらしている影響について，次の5つのシナリオ（Ⅲ－AからⅢ－E）のシミュレーションⅢを行う。

まずベースシナリオのⅢ－Aについて述べる。このシナリオは，「原子力災害なかりせば」ケースである。つまり，福島県も岩手県と宮城県と同様に地震と津波の被害で止まっていたことをベースシナリオにする。これによりⅢ－B～Ⅲ－Eの原子力被害のシナリオと比較することによって原子力被害の大きさと経済波及効果を把握することができる。そこで，このシナリオでは第2節の被災地域の労働と資本の総賦存量の減少率をそのまま福島県に適用し，土地の賦存量の減少率は福島県の津波による農地被害面積比率（4%）とする。

次に，Ⅲ－BからⅢ－Eの4つのシナリオについて述べる。

Ⅲ－Bの「財政移転なし」シナリオは，原子力災害の影響地域での生産活動が停止したことで，福島県全体の労働と資本の総賦存量が同地域分だけそのまま減少し，土地の賦存量も水稲の作付制限面積の比率で減少したとする。さらに原子力災害で漁業と電力・ガス・水道の生産活動も回復することができず，かつ原子力災害に対して国からの福島県への財政措置が執られないとする。具体的な設定として，原子力災害がもたらした漁業の生産量は，第1章図1-6から平成23年度のそれぞれの減少率である52.3%からほとんど回復しないとする。また，電力・ガス・水道の生産量については，第1章表1-3から影響地域の同産業の生産量がゼロになったとしての減少率である64.8%から回復しないとする。2SCGEモデル上ではこの2つの産業において上記した生産量の減少率に近似するようにキャリブレーションで得られた生産関数の効率パラメータ（生産性）を低下させることで対応する[6]。加えて，表5-9でも記したようにこの3つの産業の地域間代替弾力性を2.0から5.0に変更した。これは，この3つの産業の生産が原子力災害によって制限されたことで福島県以外の地域に供給先が変更されたと想定したからである。

Ⅲ－Cの「財政移転あり」シナリオは，原子力災害に対して国からの福島県への財政措置として継続的に一定の金額が支給されるとする。その金額を年間

6　効率パラメータ（aF）の低下率を，漁業が34.5%，電力・ガス・水道は55.0%と設定した。

800億円とする。これは平成25年度予算や平成26年度概算要求額で「原子力災害からの復興・再生」として予算化された中で、除染等と再生可能エネルギー支援、及び風評被害対策以外で影響地域の自治体に支給される交付金の平均額である。2SCGEモデルはこの金額を中央政府が福島県の地方政府に配分する地方交付税交付金に上乗せする。したがって、その上乗せ分とシミュレーションによって中央政府の歳入の変化分を加えた合計が中央政府からその他地域の地方政府が受け取る地方交付税交付金に反映されることになる。

Ⅲ－Dの「財政移転と製造業の産業振興」シナリオは、Ⅲ－Cのシナリオに中小企業の支援という名目で福島県の製造業に補助金が支給され、それに相当

表5-10　原子力災害影響のシミュレーションの内容の一覧表

変化率		福島県の総賦存量			その他地域の総賦存量			福島県の原子力災害影響による生産活動の生産性			福島県の地方政府への財政移転方法
		労働	資本	土地	労働	資本	土地	農林業	漁業	電力等	
Ⅲ－A	ベースシナリオ	▲7.7%	▲11.0%	▲4.0%					0%		財政移転なし
Ⅲ－B	財政移転なしシナリオ										財政移転なし
Ⅲ－C	財政移転ありシナリオ				0%	0%	0%				中央政府から福島県の地方政府に原子力災害からの復興・再生の事業費として県内自治体に800億円の財政移転を行う
Ⅲ－D	財政移転と製造業の産業振興（補助金支給）シナリオ	▲7.5%	▲14.8%	▲20.1%				0%	▲34.5%	▲55.0%	「財政移転あり」シナリオに加えて、福島県の製造業に対しての既存の補助金比率に1.0%を上乗せし、その原資として中央政府は財政移転に500億円を追加する
Ⅲ－E	財政移転と製造業の産業振興（補助金支給）並びに製品の差別化シナリオ										「財政移転と製造業の産業振興」シナリオに加えて、福島県の製造業は、その他地域との商品の差別化を行う

（出所）筆者作成。

する分が追加で福島県に地方交付税交付金の上乗せするシミュレーションである。具体的には平成25年度予算で予算化されている「中小企業への支援と立地補助金」の1,600億円のうち，500億円相当が福島県に支給され，それが製造業の各産業に既存の補助金比率に1.0％上乗せしたと想定する。

最後のⅢ－Eとは，Ⅲ－Dのシナリオに加えて製品の差別化がなされたシナリオである。このシナリオはⅢ－Dの与件と同じであるが，補助金を支給される製造業はその他地域との製品の差別化を行ったと想定する。具体的にはこれらの産業の地域間代替弾力性を2.0から0.5としてシミュレーションを行う。以上のシミュレーションをまとめた表が表5-10である。

(3) 原子力災害影響のシミュレーション分析の結果

まず，表5-11と表5-12，及び図5-14のベースシナリオから「原子力災害なかりせば」ケースを想定した場合における福島県の地域経済や生産活動への影響を考察する。このシミュレーションによると，福島県の県内生産量と実質GRPは基準値である2005年比でそれぞれ8.92％と9.25％ほど減少する。また，表5-12から産業別生産量の変化では農林業が8.49％減，漁業は7.46％減，電力・ガス・水道は8.30％減に止まり，建設業は24.68％減に大幅に減少する結果になる。他方，食料品工業は6.90％減，電子部品・ディバイスや自動車・自動車部品は4％台後半の減少になる。また，表5-11から福島県の生産要素価格と家計部門への影響をみると，賃金率と資本収益はそれぞれ4.9％増と9.18％増になるものの，地代は17.11％と大幅に減少する。これは，土地の賦存量の減少率を上回るほどに農林業の生産量が減少したからである。また，家計所得は基準値から7.63％減，家計の効用水準も12.23％減になる。そして福島県の等価変分は図5-12から5,554億円のマイナスとなり，その他地域の756億円のマイナスよりも7.3倍を上回るマイナスになる。

そこで，原子力災害によって土地の賦存量が減少し，漁業と電力・ガス・水道でも大幅に生産量が減少したという事象を織り込んだ「財政移転なし」シナリオをベースシナリオと対比する形でみると，福島県の実質GRPや県内生産量はベースシナリオよりも6-7％ポイントほどさらに悪化する。また，地代を含めて3つの生産要素の価格はベースシナリオよりも上昇し，家計所得の減

少率は若干縮小するが，家計の効用水準は 14.69％減と 2.5％ポイント悪化し，等価変分は 7,041 億円のマイナスとベースシナリオよりも 1,487 億円悪化する。さらに，表 5-12 から各産業への影響をみると[7]，建設業の生産量がベースシナリオの 24.68％減から 29.80％増に転じる。この背景には福島県の総貯蓄がベースシナリオの 23.44％減から 45.79％増になり，こうして増加した貯蓄が福島県の投資需要を増加させ，ひいては建設業の生産量の増加に繋がったからである。このように福島県の貯蓄が大幅に増加する理由は，上述したようにその他地域との交易における福島県の経常黒字に大きく貢献してきた電力の移出が大幅に落ち込み，経常収支がベースシナリオの 1 兆 2,455 億円から 480 億円まで大幅に縮小するからである[8]。そして，「財政移転あり」シナリオでは，800 億円の財政移転が福島県の地方政府に注入されることで，地代は 39.25％減と「財政移転なし」の 0.89％増から大幅なマイナスに転じる。これは農林業の労働と資本が建設業などの他産業にシフトすることで農林業の生産量が 30.29％減とさらに 9％ポイント減少し，それに合わせて地代も大幅に減少したからである。一方，賃金率や資本収益がさらに上昇することで他地域や海外との競争力が低下し，製造業の生産量を 3－7％ポイント程度減少させる。そして製造業での移出額は減少し，移入額が増加することになる。加えて公務・公共サービスの増加によりその他の第三次産業の移入額も増加することで，福島県の経常収支は 7,472 億円の赤字に転じる（その他地域に所得移転をする側から逆にその他地域から所得移転を受ける側になる）。これにより「財政移転なし」シナリオよりも福島県の総貯蓄は 95.92％増と倍増し，建設業の生産量は 60.82％増まで拡大する。しかし，製造業を中心とした生産量の減少がより大きく，結果として県内の総生産量は 15.15％とさらに 0.3％ポイントほど悪化することになる。一方，賃金率の大幅な上昇は家計所得の上昇に繋がり，家計の効用水準を改善させ，等価変分も図 5-14 から 5,914 億円のマイナスと「財政移転なし」

---

7 農林業の生産量は 21.43％減と第 1 章図 1-6 の 17.7％減よりも 4％ポイントほど上回っているものの，近似した結果になっている。
8 原子力災害によって福島県からの電力の移出量はほぼゼロになっていると推察されるが，付表 1 のシミュレーション結果でも，電力・ガス・水道の移出量は 2005 年の基準値から約 69％減になり，移入額では 42％減に止まる。

150　第5章　2地域間応用一般均衡モデルによる復興・地域再生に関する分析

表5-11　5つのシナリオにおける主な指標の変化率

基準値からの変化率（%）	福島県					その他地域				
	Ⅲ-A（ベースシナリオ）	Ⅲ-B（財政移転なしシナリオ）	Ⅲ-C（財政移転ありシナリオ）	Ⅲ-D（財政移転と製造業の産業振興シナリオ）	Ⅲ-E（財政移転と製造業の産業振興及び製品の差別化シナリオ）	Ⅲ-A（ベースシナリオ）	Ⅲ-B（財政移転なしシナリオ）	Ⅲ-C（財政移転ありシナリオ）	Ⅲ-D（財政移転と製造業の産業振興シナリオ）	Ⅲ-E（財政移転と製造業の産業振興及び製品の差別化シナリオ）
中央政府から財政移転の増減額（億円）	0	0	800	1,300	1,300	▲97	121	▲34	▲110	▲381
家計の効用水準	-12.23	-14.69	-8.62	-4.65	-7.42	-0.06	-0.27	-0.36	-0.42	-0.38
家計所得	-7.63	-7.10	1.97	8.12	4.01	0.00	0.01	0.02	0.02	0.02
賃金率	4.90	9.50	24.04	33.88	27.19	—	—	—	—	—
資本収益	9.18	11.29	23.18	31.12	26.96	-0.01	0.09	0.12	0.13	0.10
地代	-17.11	0.89	-39.25	-56.29	-46.13	-0.01	0.71	1.69	2.33	1.99
域内生産量	-8.92	-14.88	-15.15	-15.10	-13.97	0.00	0.01	0.01	0.02	-0.01
実質GRP	-9.25	-16.86	-17.05	-17.27	-16.93	0.00	-0.04	-0.05	-0.06	-0.05
物価	6.10	14.45	25.86	33.08	28.16	0.00	0.09	0.12	0.14	0.11
総貯蓄	-23.44	45.79	95.92	127.76	76.95	0.40	-0.63	-1.22	0.08	-0.86

（注）　財政移転と等価変分の数値以外の数値はパーセンテージ表示となっている。
（出所）　筆者作成。

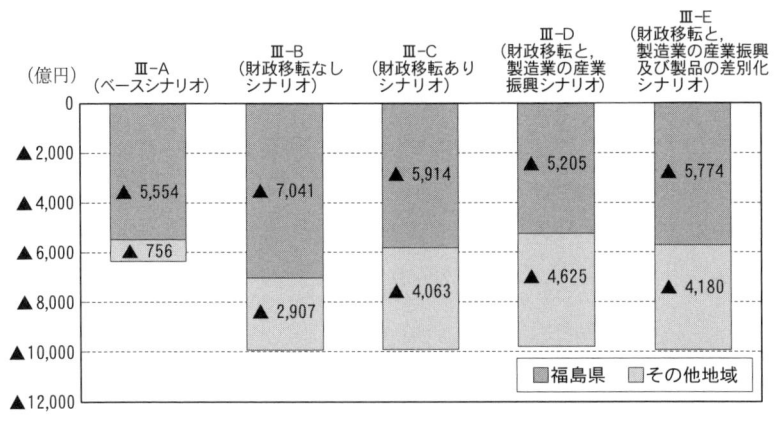

図5-14　シミュレーションⅢにおける各シナリオの福島県とその他地域の等価変分

シナリオ	福島県	その他地域
Ⅲ-A（ベースシナリオ）	▲5,554	▲756
Ⅲ-B（財政移転なしシナリオ）	▲7,041	▲2,907
Ⅲ-C（財政移転ありシナリオ）	▲5,914	▲4,063
Ⅲ-D（財政移転と製造業の産業振興シナリオ）	▲5,205	▲4,625
Ⅲ-E（財政移転と製造業の産業振興及び製品の差別化シナリオ）	▲5,774	▲4,180

（出所）　筆者作成。

表5-12　5つのシナリオにおける各産業の生産量の変化率

基準値からの国内生産量の変化率	福島県					その他地域				
	Ⅲ-A（ベースシナリオ）	Ⅲ-B（財政移転なしシナリオ）	Ⅲ-C（財政移転ありシナリオ）	Ⅲ-D（財政移転と製造業の産業振興シナリオ）	Ⅲ-E（財政移転及び製造業の産業振興と製品の差別化シナリオ）	Ⅲ-A（ベースシナリオ）	Ⅲ-B（財政移転なしシナリオ）	Ⅲ-C（財政移転ありシナリオ）	Ⅲ-D（財政移転と製造業の産業振興シナリオ）	Ⅲ-E（財政移転及び製造業の産業振興と製品の差別化シナリオ）
農林業	-8.49	-21.43	-30.29	-35.51	-32.26	0.00	0.13	0.32	0.44	0.38
漁業	-7.46	-53.69	-58.05	-60.07	-58.90	-0.07	0.31	0.36	0.39	0.33
食料品・たばこ	-6.90	-9.54	-12.54	-13.54	-8.05	-0.08	-0.16	-0.13	-0.11	-0.25
電子部品・デバイス	-4.25	-6.52	-11.85	-13.54	-3.75	-0.11	-0.64	-1.02	-1.19	-1.35
自動車・自動車部品	-4.21	-4.44	-8.10	-8.90	-1.18	-0.12	0.00	0.20	0.33	0.07
その他製造業・鉱業	-6.75	-11.39	-18.13	-20.71	-9.41	-0.03	0.02	0.18	0.27	0.04
建設業	-24.68	29.80	60.82	78.05	43.30	0.33	-0.61	-1.17	-1.54	-0.87
電力・ガス・水道	-8.30	-68.42	-71.50	-73.03	-72.15	0.25	3.81	3.97	4.04	4.00
商業	-11.08	-4.05	-1.89	-0.61	-5.05	-0.03	-0.18	-0.19	-0.19	-0.13
運輸業	-9.65	-12.44	-16.23	-18.34	-17.18	0.01	0.00	0.10	0.15	0.13
その他の第三次産業	-8.83	-12.13	-11.00	-11.00	-11.39	-0.05	-0.04	-0.04	-0.03	-0.04

（注）　全ての数値はパーセンテージ表示となっている。
（出所）　筆者作成。

シナリオよりも1,127億円程度改善する。他方，その他地域についてみると，等価変分は逆に1,160億円ほど悪化し，4,063億円のマイナスになる。また，生産面では食料品や電子部品・デバイスが「財政移転なし」シナリオよりも減少するものの，自動車・自動車部品やその他製造業・鉱業では増加するように産業間で明暗が分かれる。

　次に，財政移転を行い，かつ製造業の産業振興のために補助金を支給する追加措置を同時に実施する「財政移転と製造業の産業振興」シナリオ（Ⅲ-D）を考察する。表5-11，表5-12及び図5-14からそのシミュレーション結果をみると，地代は農林業の生産量がさらに減少することから56.29％減となるものの，賃金率や資本収益はそれぞれ33.88％増と31.12％増と更なる上昇により

家計所得は上昇する。それが，家計の効用水準を改善させ，等価変分も5,205億円のマイナスと「財政移転あり」シナリオよりも709億円程度改善することになる。だが，県内の生産量と実質GRPは0.1%から0.3%ポイントほど悪化する。それを表5-12から製造業の生産量の変化をみると，補助金を支給したにもかかわらず，「財政移転あり」シナリオよりもいずれの産業ともさらに減少する結果になっている。これは補助金によって生産コストを引き下げる以上に，追加の財政移転により生産要素価格が上昇したことでかえって生産コストは上昇し，その他地域との価格競争力が低下し，生産量の減少をもたらしたからである。加えて，移出額の減少と移入額の増加をもたらし，経常赤字幅がより拡大することでその他地域からの福島県への所得移転額の増加を通じて総貯蓄はより増加し，建設業の生産量の増加に繋がる。したがって，福島県の産業振興による財源を追加的な財政移転によって賄う政策は，むしろ逆効果になることがわかる。仮に追加的な財政移転による政策を採用するならば，こうした補助金を使ってその他地域の製品との差別化を図ることで競争力を向上させる必要がある。そのシミュレーションがⅢ−Eである。Ⅲ−Eは製造業の各産業の地域間代替弾力性を0.5にすることで，福島産の生産コストが上昇しても，その他地域の生産に代替されにくく，かつ福島産の製品がその他地域の生産により不可欠なものにする，つまり福島産の製品の差別化を図ることによる効果をシミュレーションしたものである。このことにより，等価変分は図5-14から569億円ほど減少し，5,774億円のマイナスに悪化するものの，製造業の生産量はベースシナリオと同程度まで回復し，移出は増加し，移入が減少することで拡大傾向であった経常赤字を1/5程度まで縮小する。そして総貯蓄の伸び率を5割程度縮小させることができ，建設業の生産量の伸び率も43.3%増に止まる。こうしたシナリオ別移出入と所得移転については章末の付表1を参照されたい。

　こうした原子力災害影響のシミュレーションを行った結果は以下のようにまとめられる（表5-13）

1) 財政移転の有無のシミュレーション
① ベースシナリオである「原子力災害なかりせば」ケースと，「財政移転なし」シナリオである「原子力災害あり」のケースと比較すると，「原

5.3 2地域間応用一般均衡モデルによる原子力災害影響のシミュレーション分析　153

表5-13　原子力災害影響のシミュレーション結果のまとめ一覧表

	基準値からの変化率	ベースシナリオ（Ⅲ-A）	財政移転なしシナリオ（Ⅲ-B）	財政移転ありシナリオ（Ⅲ-C）	財政移転と製造業の産業振興（補助金支給）シナリオ（Ⅲ-D）	財政移転と製造業の産業振興（補助金支給）並びに製品の差別化シナリオ（Ⅲ-E）
等価変分（億円）	合計	▲6,310	▲9,948	▲9,977	▲9,830	▲9,954
	福島県	▲5,554	▲7,041	▲5,914	▲5,205	▲5,774
	その他地域	▲756	▲2,907	▲4,063	▲4,625	▲4,180
福島県	福島県の生産量	-8.92	-14.88	-15.15	-15.10	-13.97
	実質GRP	-9.25	-16.86	-17.05	-17.27	-16.93
	家計の効用水準	-12.23	-14.69	-8.62	-4.65	-7.42
	総貯蓄	-23.44	45.79	95.92	127.76	76.95
福島県の産業別生産量	食料品・たばこ	-6.90	-9.54	-12.54	-13.54	-8.05
	電子部品・ディバイス	-4.25	-6.52	-11.85	-13.54	-3.75
	自動車・自動車部品	-4.21	-4.44	-8.10	-8.90	-1.18
	その他製造業・鉱業	-6.75	-11.39	-18.13	-20.71	-9.41
	建設業	-24.68	29.80	60.82	78.05	43.30
全国	その他地域からの所得移転額（億円）	-12,455	480	7,472	11,858	3,107
	福島県への財政移転額（億円）	0	0	800	1,300	1,300

（出所）　筆者作成。

　　子力災害あり」ケースの方が「原子力災害なかりせば」ケースよりも実質GRPを7.6%ポイント，県内生産量も6.0%ポイント悪化させる。そして等価変分を3,638億円さらにマイナス幅を拡大させる結果になる。
② 「財政移転あり」の等価変分は5,914億円のマイナスと「財政移転なし」シナリオの7,041億円のマイナスよりも1,130億円程度改善する。一方，その他地域の等価変分は逆に1,160億円ほど悪化する。
③ また，「財政移転あり」の福島県の総貯蓄は「財政移転なし」シナリオよりも95.92%増と倍増し，建設業の生産量は60.82%増まで拡大する。しかし，製造業を中心に生産量がさらに減少するために，結果として県内の総生産量は15.15%と0.3%ポイントさらに悪化することになる。

2) 財政移転に合わせた産業振興策のシミュレーション
① 製造業の産業振興のための補助金支給を実施すると，等価変分は5,205億円のマイナスと「財政移転あり」シナリオよりも709億円程度改善するが，県内の生産量と実質GRPはともに若干さらに悪化する。
② そして，製造業の生産量は補助金を支給したにもかかわらず，「財政移転あり」シナリオよりもいずれの産業ともさらに減少する。
③ そこで，福島産の製品の差別化を図る施策を行うと，等価変分は570億円ほどマイナス幅が拡大するものの，製造業の生産量はベースシナリオと同程度まで回復し，移出は増加し，移入が減少する。

5.4 復興・地域再生のための新産業集積の経済分析

本節では，被災地域の農林水産業と製造業において新産業集積の形成による復興・地域再生への経済効果を分析する。

本節で行うシミュレーションは大きく3つに分かれる。第1に，シミュレーションIVは被災地域の域内での産業間の資本移動のみで新産業集積を形成した場合におけるシミュレーションである。そして，同シミュレーションは2節での復興財源シミュレーションで用いた2地域間SAMをデータベースにし，2SCGEモデルは第4章で利用したモデルを用い[9]，モデルの閉じ方とニューメレールは2節と同じである。第2に，シミュレーションVは被災地の域外からの資本移動をともないながら被災地域全体で新産業集積を形成した場合におけるシミュレーションである。このシミュレーションVとシミュレーションIVとの違いは，地域間での資本移動が発生することを想定し，第4章と同じようにニューメレールを両地域の資本収益としている点である。第3に，シミュレーションVIはシミュレーションVと同じモデルと設定で行い，データベースだけを3節の福島県とその他地域の2地域間SAMに変更したシミュレーショ

---

[9] 2節の2SCGEモデルを使わずに第4章の2SCGEモデルを利用する理由は，被災地域と福島県とのシミュレーション結果を比較するからである。そのために，2節と3節の2SCGEモデルのベースモデルである第4章のモデルを利用した。

ンである。このシミュレーションの目的は，新産業集積を被災地域全体で行うのか，それとも被災各県で行うことの方が望ましいのかを明らかにすることであり，そのためにデータベースのみを変更したシミュレーションを行う。以下では，それぞれのシミュレーションの具体的な内容とその結果について説明する。

(1) シミュレーションⅣの内容とその結果について
1) シミュレーションⅣの内容

ここでは，シミュレーションⅣの内容から説明する。ここで行うシミュレーションのシナリオは表5-14に示した項目の中で，「製品汎用化」が含まれているシナリオを除く5つのシナリオである。その理由は，ここでのシミュレーションは新産業集積の初期段階を想定しており，「製品汎用化」の段階よりもむしろ「製品差別化」による地域内企業育成の段階であるからである。そこで，まずベースシナリオは，震災によって被災地域の労働と資本の総賦存量が減少した点においては，2節のベースシナリオと同じであるが，その他地域では労働と資本の総賦存量は変化しないと想定した。それはシミュレーションⅥのベースシナリオと同じ条件にするためである。次に，このベースシナリオ下で，被災地域での産業振興のための補助金シナリオを設定する。この補助金政策シナリオは第1章5節2項と同じ平成24年度当初予算と平成25年度概算決定額で計上された「産業の振興・雇用の確保」に関する東日本大震災復興特別会計の予算額に基づいている。そのうち，農林水産業への支援の741億円は被災地域の地方政府を通じて農林業と漁業に補助金が支給されたとする。一方，中小企業への支援と立地補助金の2,282億円も同様に，製造業の各生産活動部門に補助金が支給され，被災地域全体の産業振興と雇用確保が図られたと想定する。2SCGEモデルでは2節の交付金再配分シナリオと同じ財政移転を想定し，被災地域の地方政府に中央政府から総計3,023億円が財政移転され，それを原資に農林業と漁業では，既存の生産補助金比率を5％引き上げ，製造業のうち，食料品・たばこは1.5％，それ以外の電子部品・デバイス，自動車・自動車部品，その他製造業・鉱業はそれぞれの1.0％引き上げられたとする。そして，これらの生産補助金比率の引き上げ措置は補助金総額でほぼ充当される。第3のシナリオは，この補助金政策シナリオに被災地域の製品がその他地

表5-14 新産業集積の経済分析のシミュレーションⅣとⅤの内容

	被災地域の総賦存量		生産活動の生産性変化率（aFの効率パラメータ）		生産部門の商品に関する地域間代替弾力性（σRc）			被災地域の地方政府への財政移転額と措置方法
	労働	資本	農林業、漁業、食料品・たばこ	電子部品・デバイス、自動車、その他製造業・鉱業	農林業漁業	食料品・たばこ	電子部品・デバイス、その他製造業・鉱業	自動車・自動車部品	
ベースシナリオ			0%	0%	2.0	2.0	2.0	2.0	被災地域への産業振興に対する財政措置なし
産業振興のための補助金政策シナリオ			0%	0%	2.0	2.0	2.0	2.0	・被災地域への農林水産業への支援として741億円と、製造業の中小企業としての支援と立地補助金として2,282億円、合計3,023億円の復興財政措置が被災地域の地方政府になされたと想定。 ・被災地域の地方政府はそれを原資として、 ①農林業と漁業に対して既存の生産補助金比率を5%引き上げる ②食料品・たばこ産業に対して既存の生産補助金比率を1.5%引き上げる ③電子部品・デバイス、自動車、自動車部品、その他製造業、鉱業の各産業に対して既存の生産補助金比率を1%引き上げる
補助金政策＋製品差別化のシナリオ			0%	0%	1.5	0.5	1.5	0.5	
補助金政策＋製品汎用化のシナリオ	▲7.7%	▲11.0%	0%	0%	3.0	3.0	3.0	3.0	
新産業集積の経済分析	補助金政策＋生産性向上シナリオ		4.0%	2.0%	2.0	2.0	2.0	2.0	
	補助金政策＋製品差別化＋生産性向上シナリオ		4.0%	2.0%	1.5	0.5	1.5	0.5	
	補助金政策＋製品汎用化＋生産性向上シナリオ		4.0%	2.0%	3.0	3.0	3.0	3.0	

(出所) 筆者作成。

5.4 復興・地域再生のための新産業集積の経済分析　157

域の製品との差別化が図られたとするシナリオである。このシナリオでは生産活動における中間財投入を他地域からの移入よりも同一地域からの商品を購入する傾向が強まることで他地域からの移入が減少する一方で，他地域への移出は増加すると想定する。2SCGE モデルでは第 4 章の図 4-3 の（A2）の CES 型関数の商品の地域間代替弾力性を農林業と漁業，電子部品・ディバイス，その他製造業・鉱業では 1.5 とし，これらの産業から中間財を投入する食料品・たばこと自動車・自動車部品は 0.5 とする。一方，第 4 のシナリオは，補助金を通じて産業の集積が図られた結果として生産性向上に繋がったというシナリオである。このシナリオは第 3 のシナリオよりも中長期的視点の要素が入り，かつ製品の差別化ではなく，イノベーションを伴う生産性向上による高付加価値化から被災地域の製品の優位が得られるとする。2SCGE モデルでは第 4 章の 2SCGE モデルでのキャリブレーションで計測された被災地域とその他地域における農林業と電子部品・ディバイスの効率パラメータの較差比を利用し，農林業，漁業，食料品・たばこの効率パラメータに 1.04，電子部品・ディバイス，自動車・自動車部品，その他製造業・鉱業の効率パラメータに 1.02 を乗じて生産性向上があったと想定する。なお，第 7 章では水産加工業の生産性向上についてイノベーションをロジスティック曲線に当てはめ，改めて設定し「持続可能な漁業・水産加工クラスター」の形成に向けたシミュレーションを実施している。第 5 のシナリオは，第 3 と第 4 のシナリオを合わせたシナリオである。このシナリオは新産業集積が完成した姿を描いている。

2）シミュレーションIVの結果

表 5-15 がシミュレーションIVの結果である。この表から次の 3 点が指摘される。

第 1 に，産業振興の補助金政策は確かに震災で落ち込んだ被災地域の生産と地域経済，及び地域の生活水準を回復させる効果がみられる。また，補助金が支給される産業の生産量と雇用量の変化をみると，補助金の引き上げ率が高い農林業と漁業，及び食料品・たばこの各産業では生産量と雇用量の回復がみられる。その一方で補助金が支給された電子部品・ディバイス，自動車・自動車部品，その他製造業・鉱業では，むしろベースシナリオよりも生産量と雇用量がともに悪化する結果になっている。これは，2 地域間での資本と労働の移動

表 5-15　新産業集積の経済分析に関するシミュレーションIVの結果

		ベースシナリオ (IV-A)	産業振興のための補助金政策シナリオ (IV-B)	補助金政策＋製品差別化のシナリオ (IV-C)	補助金政策＋生産性向上シナリオ (IV-D)	補助金政策＋製品差別化＋生産性向上シナリオ (IV-E)
等価変分（億円）	・基準値からの変化率 ・＜ ＞はベースシナリオの等価変分からの差分					
	合計	▲25,569	＜1,233＞	＜1,222＞	＜2,263＞	＜2,254＞
	被災地域	▲25,504	＜2,217＞	＜2,168＞	＜3,270＞	＜3,243＞
	その他地域	▲65	＜▲984＞	＜▲946＞	＜▲1,007＞	＜▲989＞
被災地域の主要指標	域内生産量	-9.27	-9.17	-9.11	-8.48	-8.43
	実質GRP	-9.21	-9.19	-9.17	-8.67	-8.65
	家計の効用水準	-14.35	-12.33	-12.36	-11.68	-11.70
	総貯蓄	-27.31	-15.51	-17.09	-11.85	-13.00
	所得水準	-10.43	-7.39	-7.43	-6.60	-6.62
被災地域の産業別生産量	農林業	-8.78	-4.03	-4.08	-1.37	-1.73
	漁業	-6.18	-2.49	-2.48	0.20	-0.30
	食料品・たばこ	-6.45	-4.88	-4.50	-3.51	-3.39
	電子部品・デバイス	-5.45	-7.43	-7.03	-6.55	-6.19
	自動車・自動車部品	-3.70	-3.58	-2.74	-3.09	-2.35
	その他製造業・鉱業	-8.64	-9.18	-8.77	-7.93	-7.56
	建設業	-25.30	-17.09	-18.42	-14.37	-15.33
	その他第三次産業	-8.38	-8.80	-8.80	-8.73	-8.73
被災地域の産業別雇用量	農林業	-6.94	-2.23	-2.24	-3.48	-3.81
	漁業	-4.80	-1.15	-1.12	-2.40	-2.87
	食料品・たばこ	-3.56	-2.15	-1.70	-3.77	-3.62
	電子部品・デバイス	-3.85	-5.97	-5.53	-7.02	-6.64
	自動車・自動車部品	-2.08	-2.07	-1.18	-3.58	-2.82
	その他製造業・鉱業	-6.32	-7.04	-6.58	-7.73	-7.32
	建設業	-24.45	-16.21	-17.54	-13.50	-14.47
	その他第三次産業	-5.91	-6.51	-6.46	-6.55	-6.52
その他の指標	被災地域の賃金率	3.66	7.99	8.00	9.01	9.02
	被災地域の資本収益	-0.08	-0.06	-0.06	-0.05	-0.05
	その他地域の資本収益	-0.43	4.01	3.94	5.20	5.17

（出所）　筆者作成。

がないと仮定しているために，補助金の引き上げ率の高い第一次産業や食料品産業，及び補助金政策により生産が回復した建設業（被災地域の総生産や生活水準の回復によりその他地域から移入量が増加し，その他地域への所得移転が減少することで，被災地域の総貯蓄は回復し，建設業が回復する）に域内の資本と労働がシフトし，補助金の支給を受けたにもかかわらず上記の製造業の生産は逆に悪化することになったからである。

第2に，こうした製造業に補助金政策の効果を反映させるために，新産業集積の形成が必要になる。例えば，被災地域に域内の電子部品・ディバイス，その他製造業・鉱業を巻き込んだ自動車産業クラスターの生産ピラミッド構造を形成する。これにより補助金政策＋製品差別化シナリオ（Ⅳ－C）でみられるように，域内からの製品を購入し，域外に移出するような製品の差別化が図られ，こうした製造業における生産や雇用を回復させることができる。なお，製品の差別化の効果については，第6章2節(2)において動学的応用一般均衡モデルを用いた広域な新自動車産業クラスターの形成に関するシナリオの一つとして言及している。また，こうした産業集積の結果として各産業の生産性向上に繋がり，補助金政策＋生産性向上シナリオ（Ⅳ－D）でみられるように，製造業の生産量を回復させる。その一方で，この生産性向上はこうした産業の雇用量を悪化させる面を持つ。

第3に，こうした新産業集積が形成されたとしても域内で労働や資本が閉じていれば，この集積効果はかなり限定的にならざるを得ない。補助金政策＋製品差別化＋生産性向上シナリオ（Ⅳ－E）の結果をみても，食料品・たばこ産業を中核とし，その産業に原材料を供給する農林業と漁業を巻き込んだ産業クラスターの形成はベースラインの生産量の減少率を大幅に縮小させることができるものの，これらの産業の生産量をプラスに転じるまでには至らない。また，自動車産業クラスターの中核を成す自動車・自動車部品の生産量はベースラインに比べて1.3ポイントほど減少率が縮小する程度に止まり，まして電子部品・ディバイスの生産量はベースラインよりも悪化することになる。

そこで，次項では少なくとも地域間での資本移動，言い換えると被災地域外からの企業立地を想定したシミュレーションⅤを行うことで新産業集積の効果を改めて検証する。

(2) シミュレーションⅤの内容とその結果について

1) シミュレーションⅤの内容

ここでは，シミュレーションⅣの内容に，表5-14に示した「製品汎用化」が含まれている2つのシナリオを追加して行う。

このようにシミュレーションⅤで追加して製品差別化とは全く逆の製品汎用化のシナリオを行う理由は，新産業集積には被災地域の域外からの資本移動，つまり域外からの企業立地が不可欠であるからである。第6章で後述しているように実際に被災地域での自動車産業クラスターの形成に向けて域外からの資本移動（域外の企業立地）がなされている。こうした状況を2SCGEモデルで反映させるためにニューメレールを両地域の資本収益に設定することで対処する。つまり，2SCGEモデルでは第4章の脚注4で述べたように各地域の資本均衡式が成立しないものの，両地域全体での資本均衡式は成立する。このことから，被災地域の生産活動に必要な資本はその他地域からの資本移動によって充当される形になる。こうした被災地の域外からの資本移動によって補助金政策の効果が被災地域の製品の競争力を向上させることに繋がるならば，製品差別化よりはむしろ，製品汎用化を図ることの方が域外への移出を増加させ，より効果的になると考えられるからである。この製品汎用化シナリオでは，上記した自動車産業クラスターを形成する自動車・自動車部品，電子部品・ディバイス，その他製造業・鉱業の各産業と，食料品産業クラスターを構成する食料品・たばこ，農林業，漁業の各産業において，商品の地域間弾力性を2.0から3.0に設定し直した。

2) シミュレーションⅤの結果

表5-16がシミュレーションⅤの結果である。この表から次の2点が指摘できる。

第1に，製品差別化シナリオ（Ⅴ-C，Ⅴ-F）よりも製品汎用化シナリオ（Ⅴ-D，Ⅴ-G）の方が，産業振興の補助金政策による新産業集積の効果を高めることがわかる。補助金政策＋製品汎用化＋生産性向上シナリオ（Ⅴ-G）の結果をみると，食料品産業クラスターと自動車産業クラスターを構成する各産業の生産量は，いずれもプラスに転じている。シミュレーションⅣでは新産業集積の効果がみられなかった電子部品・ディバイスと自動車・自動車部品は

表 5-16 新産業集積の経済分析に関するシミュレーションVの結果

	・基準値からの変化率 ・< >はベースシナリオの等価変分からの差分	ベースシナリオ(V-A)①	産業振興のための補助金政策シナリオ(V-B)	補助金政策＋製品差別化のシナリオ(V-C)	補助金政策＋製品汎用化のシナリオ(V-D)	補助金政策＋生産性向上シナリオ(V-E)	補助金政策＋製品差別化＋生産性向上シナリオ(V-F)	補助金政策＋製品汎用化＋生産性向上シナリオ(V-G)②
等価変分（億円）	合計	▲25,676	<1,474>	<1,474>	<1,476>	<2,524>	<2,520>	<2,534>
	被災地域	▲25,695	<2,041>	<2,109>	<1,934>	<3,077>	<3,178>	<2,923>
	その他地域	19	<▲567>	<▲635>	<▲458>	<▲553>	<▲658>	<▲389>
被災地域の主要指標	域内生産量	-7.90	-6.23	-6.31	-6.12	-5.12	-5.23	-4.94
	実質GRP	-8.10	-6.82	-6.86	-6.78	-5.97	-6.03	-5.90
	家計の効用水準	-14.86	-13.39	-13.35	-13.47	-12.86	-12.79	-12.97
	総貯蓄	-32.66	-27.35	-25.56	-30.29	-25.06	-22.45	-29.33
	所得水準	-11.87	-10.59	-10.54	-10.68	-10.20	-10.12	-10.33
被災地域の産業別生産量	農林業	-6.65	0.73	-0.34	2.58	4.05	2.49	6.73
	漁業	-3.36	3.84	2.17	6.68	7.45	5.00	11.59
	食料品・たばこ	-5.38	-2.56	-3.34	-1.98	-0.89	-2.10	0.02
	電子部品・ディバイス	-1.25	1.42	1.03	2.25	3.52	2.97	4.71
	自動車・自動車部品	-1.61	0.93	-0.58	2.00	1.99	0.08	3.35
	その他製造業・鉱業	-5.68	-2.83	-3.10	-2.19	-0.69	-1.10	0.29
	建設業	-29.11	-24.80	-23.24	-27.34	-22.81	-20.55	-26.50
	電力・ガス・水道	-5.47	-4.98	-5.03	-4.89	-4.55	-4.63	-4.42
	商業	-7.22	-7.18	-7.13	-7.28	-6.91	-6.84	-7.05
	運輸業	-6.99	-6.67	-6.68	-6.66	-6.22	-6.24	-6.19
	その他第三次産業	-7.67	-7.33	-7.33	-7.34	-7.06	-7.06	-7.06
被災地域の産業別雇用量	農林業	-5.63	0.67	-0.45	2.60	-0.35	-1.92	2.33
	漁業	-2.58	3.79	2.09	6.70	3.01	0.60	7.07
	食料品・たばこ	-3.79	-2.65	-3.50	-1.95	-4.37	-5.64	-3.32
	電子部品・ディバイス	-0.34	1.37	0.93	2.27	1.15	0.55	2.40
	自動車・自動車部品	-0.71	0.88	-0.67	2.01	-0.35	-2.28	1.08
	その他製造業・鉱業	-4.38	-2.91	-3.24	-2.17	-3.13	-3.62	-2.03
	建設業	-28.67	-24.82	-23.29	-27.33	-22.99	-20.77	-26.63
	電力・ガス・水道	-3.52	-5.08	-5.22	-4.85	-5.27	-5.48	-4.94
	商業	-6.33	-7.23	-7.22	-7.26	-7.24	-7.23	-7.28
	運輸業	-5.99	-6.73	-6.78	-6.64	-6.59	-6.68	-6.46
	その他第三次産業	-6.32	-7.40	-7.47	-7.31	-7.56	-7.65	-7.42
その他の指標	被災地域への資本移動額(億円)	3,328	7,106	7,061	7,181	8,028	7,965	8,140
	被災地域の賃金率	-2.17	0.12	0.22	-0.04	0.82	0.97	0.59
	その他地域の賃金率	-0.03	-0.17	-0.18	-0.17	-0.21	-0.22	-0.20

(出所) 筆者作成。

それぞれ 4.71％増，3.35％増になっている。また，これらの産業の雇用量も 2.40％増と 1.08％増になっている。このようにシミュレーションIVの結果との対比から被災地域での自動車産業クラスターの形成にとって域外からの資本流入が不可欠であると言える。なお，本項で実施したシミュレーション結果，とりわけ生産性向上シナリオは，資本ストックを内生化した動学的 CGE モデルを用いた第 6 章と第 7 章での同様なシュミレーション結果と大きく異なるものではなかった。詳細な分析結果は第 6 章と第 7 章を参照されたい。

第 2 に，こうしたその他地域から被災地域への資本流入額は 7,000 億円から 8,000 億円ほどに達している。そして，こうした資本流入は補助金政策によって優遇された食料品産業クラスターと自動車産業クラスターを構成する各産業の生産量の回復・拡大に寄与している。また，それ以外の産業の生産量をシナリオごとにみると，建設業や第三次産業の各産業はこうした産業クラスター形成によるマイナスの影響を受けることなく，ベースシナリオよりも回復する結果になっている。但し，こうした産業の雇用量は，ここでも域外からの労働移動がないと仮定しているために，産業クラスターを形成する産業に労働がシフトすることから雇用量はベースシナリオよりも悪化することになる。

(3) シミュレーションVIの内容とその結果について

1) シミュレーションVIの内容

シミュレーションVIの内容は，被災地域を福島県に置き換えた 2 地域間 SAM のデータベースを使って，シミュレーションVと同じ設定で表 5-17 に示した 4 つのシナリオを行う。ここでのベースシナリオは，3 節の「原子力災害なかりせば」ケースと同じように原子力災害を想定していない。なお，シミュレーションVと同じ補助金の引き上げ率を設定した関係から，第 1 章 5 節 3 項に記述した福島県の農林水産業に 200 億円，鉱業・製造業に 550 億円に相当する補助金が支給されるという内容が，前者が 160 億円，後者は 530 億円に相当する補助金が支給されるという内容に修正される。

2) シミュレーションVIの結果

表 5-18 がシミュレーションVIの結果である。この表から次の 2 点が指摘できる。

5.4 復興・地域再生のための新産業集積の経済分析 163

表 5-17 新産業集積の経済分析のシミュレーションⅥの内容

	福島県の総賦存量		生産活動の生産性変化率（aFの効率パラメータ）		生産部門の商品に関する地域間代替弾力性（σRc）				福島県の地方政府への財政移転額と措置方法
	労働	資本	農林業・漁業、食料品・たばこ	電子部品・ディバイス、自動車、その他製造業・鉱業	農林業・漁業	食料品・たばこ	電子部品・ディバイス、その他製造業・鉱業	自動車・自動車部品	
ベースシナリオ			0%	0%	2.0	2.0	2.0	2.0	福島県への産業振興に対する財政措置なし
産業振興のための補助金政策シナリオ			0%	0%	2.0	2.0	2.0	2.0	・福島県の農林水産業への支援として 160 億円と、製造業の中小企業への支援として立地補助金として 530 億円、合計 690 億円の復興財政措置が福島県の地方政府になされたと想定。
補助金政策＋製品汎用化のシナリオ	▲7.7%	▲11.0%	0%	0%	3.0	3.0	3.0	3.0	①農林業と漁業に対してそれを原資として、既存の生産補助金比率を 5%引き上げる
補助金政策＋生産性向上シナリオ			4.0%	2.0%	2.0	2.0	2.0	2.0	②食料品・たばこ産業に対して既存の生産補助金比率を 1.5%引き上げる
補助金政策＋製品汎用化＋生産性向上シナリオ			4.0%	2.0%	3.0	3.0	3.0	3.0	③電子部品、自動車、ディバイス、自動車部品、その他製造業・鉱業の各産業に対して既存の生産補助金比率を 1%引き上げる

（出所） 筆者作成。

表 5-18 新産業集積の経済分析に関するシミュレーションⅥの結果

・基準値からの変化率 ・< >はベースシナリオの等価変分からの差分		ベースシナリオ (Ⅵ-A)①	産業振興のための補助金政策シナリオ (Ⅵ-B)	補助金政策+製品汎用化のシナリオ (Ⅵ-C)	補助金政策+生産性向上シナリオ (Ⅵ-D)	補助金政策+製品汎用化+生産性向上シナリオ (Ⅵ-E)②	変化率の差分	
							シミュレーションⅥの②-①	表5-16のシミュレーションⅤの②-①
等価変分（億円）	合計	▲5,878	<270>	<283>	<511>	<534>	534	2,534
	福島県	▲6,337	<320>	<283>	<427>	<330>	330	2,923
	その他地域	459	<▲51>	<31>	<84>	<204>	204	▲389
福島県の主要指標	域内生産量	-7.70	-6.65	-6.50	-5.94	-5.73	1.97	2.96
	実質GRP	-8.35	-7.42	-7.43	-6.79	-6.79	1.56	2.20
	家計の効用水準	-16.73	-15.60	-15.83	-15.43	-15.77	0.96	1.89
	総貯蓄	-61.51	-56.18	-62.30	-54.93	-63.46	-1.94	3.33
	所得水準	-13.97	-12.94	-13.18	-12.88	-13.23	0.73	1.54
福島県の産業別生産量	農林業	-3.04	5.22	9.64	9.10	15.48	18.52	13.38
	漁業	-0.67	5.95	9.87	9.34	15.03	15.71	14.95
	食料品・たばこ	-3.58	-1.57	-0.71	0.53	2.01	5.58	5.39
	電子部品・デバイス	0.62	1.77	3.20	2.52	4.36	3.74	5.95
	自動車・自動車部品	-1.01	0.24	1.45	0.99	2.53	3.54	4.97
	その他製造業・鉱業	-0.13	1.02	2.48	2.28	4.33	4.46	5.97
	建設業	-55.99	-51.28	-56.90	-50.09	-57.92	-1.94	2.61
	その他第三次産業	-8.28	-7.90	-8.02	-7.63	-7.09	1.19	0.61
福島県の産業別雇用量	農林業	-0.68	6.81	11.54	6.44	13.01	13.69	7.96
	漁業	1.09	7.12	11.25	6.26	12.04	10.95	9.65
	食料品・たばこ	-0.11	0.63	1.83	-1.26	0.66	0.76	0.47
	電子部品・デバイス	2.85	3.17	4.83	1.85	3.97	1.12	2.74
	自動車・自動車部品	0.85	1.42	2.81	0.13	1.90	1.05	1.79
	その他製造業・鉱業	2.47	2.65	4.38	1.85	4.23	1.76	2.34
	建設業	-55.41	-50.89	-56.50	-49.70	-57.52	-2.11	2.04
	その他第三次産業	-5.16	-5.96	-5.80	-5.75	-5.52	-0.36	-1.10
その他の指標	福島県への資本移動額（億円）	573	1,226	1,207	1,252	1,221	648	4,811
	被災地域の賃金率	-4.81	-3.03	-3.45	-2.93	-3.54	1.27	2.76
	その他地域の賃金率	0.02	0.00	0.00	-0.01	0.00	-0.02	-0.17

（出所）　筆者作成。

第1に，ベースシナリオと補助金政策＋製品汎用化＋生産性向上シナリオにおける各産業の生産量の変化率の差分をシミュレーションⅤとシミュレーションⅥで比較すると，新たな食料品産業クラスターを構成する各産業は，シミュレーションⅥの方がシミュレーションⅤを上回っている。とりわけ，農林業は前者が 18.52%ポイントと後者の 13.38%ポイントよりも 5 ポイント以上を上回り，補助金政策による新産業集積の効果が大きいと言える。

第2に，同様に自動車産業クラスターを構成する各産業について比較してみると，逆にシミュレーションⅤの方がシミュレーションⅥよりも 1.5 ポイントほど上回る結果になっている。自動車・自動車部品では前者が 4.97%ポイントと後者の 3.54%ポイントを上回り，電子部品・ディバイスでも前者が 5.95%ポイントと後者の 3.74%ポイントを上回っている。また，シミュレーションⅤとシミュレーションⅥの補助金政策＋製品汎用化＋生産性向上シナリオにおける自動車・自動車部品の生産量の変化率は，それぞれ 3.35%増と 2.53%増とシミュレーションⅤの方がシミュレーションⅥを上回り，電子部品・ディバイスも同様にそれぞれ 4.71%増と 4.36%増とシミュレーションⅤの方が上回る結果になっている。

以上の 2 点から食料品産業クラスターの形成は被災県単位で行うことが望ましいが，自動車産業クラスターの形成は被災県単位よりも被災地域で行うことの方が産業集積のメリットを活かせるという結論を導き出すことができる。

以上のシミュレーションⅣからシミュレーションⅥの 3 つのシミュレーション結果から次の 2 点を結論づけることができる。

第1に，震災で落ち込んだ被災地域を再生するためには，新産業集積の形成は必要である。そして，こうした産業への補助金支給は必要条件に過ぎず，初期段階では被災地域内での企業育成のための域内調達は必要である。しかし，その段階を過ぎれば，被災地域外の企業が立地（資本の流入）することが不可欠になる。そのために域外からの企業が参入しやすい環境整備を図ることが重要である。こうした環境が整備されることで初めて被災地域の新産業集積を通じて被災地域の復興・地域再生が促進されることになる。

第2に，食料品産業を中核とし，農林業と漁業を巻き込んだ食料品産業クラスターを形成する際には，被災地域全体よりはむしろ被災県単位によるクラス

ター形成が望ましい。その背景には，食料品産業のクラスターを構成する各産業の経済規模や地域内よりも県内における産業リンケージが強いからであろう。とりわけ，第7章では今回の震災で大きな被害を受けた三陸沿岸地域の漁業と水産加工業をリンケージしたクラスターの形成が，被災地域における復旧・復興に対してどの程度の経済波及効果をもたらし，さらに持続的可能な産業クラスターとして位置づけられるのかを明らかにする。一方，自動車組立産業を頂点とし，電子部品・ディバイスやその他製造業・鉱業から生産ピラミッド構造を自動車産業クラスターの形成は，被災県単位よりも被災地域全体での産業リンケージで行うことが望ましい。これは，被災県でも福島県と茨城県のように生産ピラミッドの頂点に位置する自動車組立工場がない県があり，地域全体を通じて初めて産業リンケージと産業集積のメリットが活かせるからである。こうした産業クラスターの形成には，クラスターを構成する各産業のリンケージを考慮した形成を行うことが肝要であると言えよう。

5.5 おわりに

本章の2節では，2SCGEモデルを用いて復興財源のシミュレーション分析を行った。その結果，国が被災地域の地方自治体に震災の復旧・復興事業のために財政移転を行う財源として，国から地方自治体に配分される地方交付税交付金を再配分することが，直接税増税や復興国債発行よりも効果的であると結論づけられる。その理由は被災地の地域経済や家計効用に効果的であることに加え，その他地域への負の経済波及効果を最小限に止めることができるからである。こうした財源を直接，被災地域の地方自治体に財政移転をすると，被災地の賃金率や資本収益が上昇する反面，生産要素価格の上昇から製品価格が割高になる。そして，その他地域での代替生産が進み，かつ国際競争力が低下することで貿易財である製造業を中心に生産量を大きく減少させることになる。そこで，負の影響を受ける産業にして既存の補助金を増額するシミュレーションを行うと，こうした産業の生産量は回復に向かい，かつ被災地域の家計の効用水準もさらに改善する。このように財政移転を被災地域の地方自治体の歳入

に単に組み込むだけではなく，震災で生産が大きく落ち込んだ生産部門に対して財政移転の一部を再配分することにより，被災地の地域経済のみならず，被災地の家計効用においても改善をもたらすことになる。

一方，本章の3節では，福島県とその他地域の2地域間SAMをデータベースにした2SCGEモデルを用いて福島原発事故による原子力災害影響のシミュレーション分析を行った。その結果，原子力災害への財政支援があるものの，原子力災害がもたらした地域経済の疲弊，農林業や漁業の被害及び電力生産の停止等が福島県のGRPと生産量をそれぞれ17.05％と15.15％縮小させていることがわかった。また，福島県は電力の移出によってその他地域との交易が出超であったが，シミュレーション結果によると，福島原発事故により入超に転じ，その他地域からの所得移転を受けることで県内の総貯蓄が増加し，ひいては投資需要を通じて建設業の生産が増加することになる。他方，その他地域への波及効果は，同地域の生産量を0.01％ほど若干増加させるものの，GRPは0.05％ほど減少することになる。また，福島県の中小企業や立地補助金等への支援策についてもシミュレーションを行うと，こうした産業振興策の追加措置は必ずしも福島県の産業振興に直結しないことがわかった。この結果は，現在放射能汚染によって生産活動が制限されている農林業や漁業の生産活動が再開される時に，単なる補助金等の支給による産業振興に加えて，他地域との商品の差別化が図られるような生産物に繋がる商品開発をしなければならないことを示唆している。なぜならば，福島県が電力の移出に大きく依存した地域経済であった故に，この構造から脱却し，電力に替わって国内外で競争力のある産業を新たに創造する必要があるからである。具体的には，除染が行き届かない土地や休耕地を活用したバイオ燃料産業クラスターを新たに形成することや，比較的に競争力のある電子部品や自動車部品の産業集積や技術革新を図ることで産業クラスターを形成することによって，福島県以外から新たな資本を呼び込むことができるような魅力的な産業を創造することが福島復興に不可欠な政策課題であると言える。

最後に，本章の4節では震災によって被害を受けた農林水産業と製造業が復興に向けて新産業集積を形成することが，被災地域の復興・地域再生にとって効果的であるのか，また，こうした復興・地域再生を被災県ごとで図ることが

望ましいのか，それとも被災4県全体で復興・地域再生を図ることの方が効果的であるのかを分析した．3つのシミュレーション結果から，震災で大きな被害を受けた被災地域を復興・再生するためには，新産業集積の形成は必要であることがわかった．そして，新産業集積を形成するために，単なる補助金を支給する施策は必要条件に過ぎず，初期段階では被災地域内での企業育成のための域内調達は必要である．しかし，その段階を過ぎれば，被災地域外からの企業の立地（資本の流入）が不可欠であるために，域外からの企業が参入しやすい環境整備を図る施策を講じる必要があることもわかった．さらに，こうした新産業集積の形成には，産業クラスターを構成する各産業の経済規模や地域内よりも県内における産業リンケージが強いケースにおいては，被災地域全体よりはむしろ被災県単位によるクラスター形成が望ましい．具体的には食料品産業を中核とし，農林業と漁業を巻き込んだ食料品産業クラスターを形成する際には，被災県単位での施策が望ましい．一方，自動車組立産業を頂点とし，電子部品・ディバイスやその他製造業・鉱業から生産ピラミッド構造による自動車産業クラスターを形成する際には，被災県でも福島県と茨城県のように生産ピラミッドの頂点に位置する自動車組立工場がない県があり，地域全体を通じて初めて産業リンケージとイノベーションを伴う産業集積のメリットが活かせることから，被災県単位よりも被災地域全体での産業リンケージで行うことが望ましい．このように産業クラスターの形成には，クラスターを構成する各産業のリンケージを考慮した形成を行うことが肝要であると言える．

そこで，次の第6章ではこうした2SCGEモデルから得られた産業クラスターの形成が復興・地域再生にとって不可欠であるという結論を踏まえ，今後の被災地域での復旧・復興のプロセスの中でどのようなタイミングでどのような施策を講じることが望ましいのかを明らかにするために，2SCGEモデルを動学化し政策シミュレーション分析を行う．さらに，そのモデルを使って被災地域での産業復興支援計画を基に被災地域で自動車産業クラスターを形成することによる経済効果を解明する．

＊5.2節は，沖山・徳永・阿久根「被災地域経済への効果的な復興財源・政策に関する応用一般均衡分析—2地域間CGEモデルを用いて—」『応用地域学研究』（掲載予定）に大幅に加筆を行ったものである．

5.5 おわりに 169

付表 5-1 原子力災害影響シミュレーション結果：福島県の移出入と輸出入

(福島県の産業別移出量と移入量) (単位：億円)

		農林業	漁業	食料品・たばこ	電子部品・デバイス・	自動車部品	鉱業その他製造業・	建設業	電力・ガス業・水道・	商業	運輸業	第三次産業その他の	産業計
ベースシナリオ	移出量	1,503	143	5,886	11,294	3,404	24,382	0	12,976	3,958	2,252	1,895	67,693
	移入量	1,090	141	2,485	4,955	2,952	24,158	0	772	8,271	2,376	10,614	57,814
	所得移転量	▲413	▲2	▲3,401	▲6,339	▲452	▲225	0	▲12,204	4,314	124	8,719	▲9,879
財政移転なし	移出量	1,243	72	5,746	10,917	3,305	23,397	0	4,415	3,836	2,166	1,815	56,912
	移入量	1,180	156	2,442	5,092	3,615	26,771	0	2,905	8,571	2,480	10,893	64,104
	所得移転量	▲63	83	▲3,304	▲5,825	310	3,374	0	▲1,510	4,735	313	9,078	7,192
財政移転あり	移出量	1,058	64	5,434	10,174	3,105	21,591	0	4,051	3,584	1,970	1,631	52,663
	移入量	1,267	156	2,583	5,100	4,132	29,182	0	3,259	9,254	2,788	12,312	70,034
	所得移転量	209	92	▲2,851	▲5,075	1,027	7,591	0	▲792	5,670	818	10,681	17,371
財政移転＋補助金措置	移出量	949	60	5,288	9,887	3,033	20,830	0	3,865	3,440	1,860	1,531	50,743
	移入量	1,333	157	2,677	5,163	4,481	30,798	0	3,455	9,710	2,994	13,255	74,023
	所得移転量	385	97	▲2,611	▲4,724	1,448	9,968	0	▲410	6,270	1,133	11,724	23,280
財政移転＋補助金措置＋製品差別化	移出量	1,006	63	5,775	11,094	3,383	23,984	0	3,968	3,533	1,928	1,591	56,325
	移入量	1,332	162	2,586	5,310	4,053	28,593	0	3,416	9,432	2,834	12,504	70,221
	所得移転量	325	100	▲3,188	▲5,784	670	4,609	0	▲552	5,899	905	10,913	13,896

(福島県の産業別移出額と移入額) (単位：億円)

		農林業	漁業	食料品・たばこ	電子部品・デバイス・	自動車部品	鉱業その他製造業・	建設業	電力・ガス業・水道・	商業	運輸業	第三次産業その他の	産業計
ベースシナリオ	移出額	1,561	150	6,087	11,598	3,475	25,169	0	13,726	4,175	2,349	2,005	70,294
	移入額	1,091	141	2,486	4,961	2,954	24,170	0	772	8,272	2,376	10,616	57,840
	所得移転額	▲470	▲9	▲3,600	▲6,637	▲521	▲999	0	▲12,954	4,097	27	8,611	▲12,455
財政移転なし	移出額	1,329	100	6,074	11,458	3,439	24,821	0	7,966	4,217	2,335	1,989	63,728
	移入額	1,182	156	2,447	5,108	3,622	26,819	0	2,910	8,578	2,483	10,904	64,208
	所得移転額	▲147	56	▲3,628	▲6,350	183	1,998	0	▲5,056	4,361	148	8,915	480
財政移転あり	移出額	1,184	97	6,045	11,208	3,363	24,214	0	8,006	4,348	2,303	1,959	62,728
	移入額	1,270	157	2,591	5,127	4,145	29,259	0	3,267	9,263	2,792	12,328	70,200
	所得移転額	86	60	▲3,455	▲6,081	781	5,045	0	▲4,739	4,915	489	10,370	7,472
財政移転＋補助金措置	移出額	1,096	96	6,034	11,108	3,336	23,951	0	8,077	4,435	2,288	1,944	62,365
	移入額	1,338	158	2,686	5,195	4,497	30,891	0	3,464	9,721	2,998	13,275	74,223
	所得移転額	242	62	▲3,348	▲5,913	1,161	6,940	0	▲4,613	5,286	710	11,331	11,858
財政移転＋補助金措置＋製品差別化	移出額	1,142	96	6,469	12,238	3,663	27,009	0	8,032	4,385	2,298	1,953	67,286
	移入額	1,336	163	2,594	5,340	4,066	28,671	0	3,425	9,441	2,838	12,520	70,393
	所得移転額	193	66	▲3,875	▲6,898	403	1,663	0	▲4,608	5,055	540	10,567	3,107

付表5-1 つづき

(福島県の産業別輸出量と輸入量) (単位：億円)

		農林業	漁業	食料品・たばこ	電子部品・デバイス	自動車部品	鉱業その他製造業・	建設業	ガス業・水道・電力	商業	運輸業	第三次産業その他の	産業計
基準値(2005)	輸出量	0	0	72	18	17	272	0	0	0	0	0	379
	輸入量	0	0	1,034	2	5	1,616	0	0	0	0	0	2,657
	外国貯蓄	0	0	962	▲16	▲12	1,344	0	0	0	0	0	2,278
ベースシナリオ	輸出量	0	0	62	16	16	238	0	0	0	0	0	332
	輸入量	0	0	1,038	2	5	1,676	0	0	0	0	0	2,720
	外国貯蓄	0	0	976	▲14	▲11	1,438	0	0	0	0	0	2,389
財政移転なし	輸出量	0	0	58	15	15	214	0	0	0	0	0	302
	輸入量	0	0	1,057	2	5	1,740	0	0	0	0	0	2,804
	外国貯蓄	0	0	1,000	▲13	▲10	1,526	0	0	0	0	0	2,502
財政移転あり	輸出量	0	0	50	13	13	176	0	0	0	0	0	252
	輸入量	0	0	1,146	3	6	1,938	0	0	0	0	0	3,093
	外国貯蓄	0	0	1,097	▲10	▲8	1,762	0	0	0	0	0	2,840
財政移転＋補助金措置	輸出量	0	0	46	12	13	162	0	0	0	0	0	233
	輸入量	0	0	1,201	3	6	2,042	0	0	0	0	0	3,252
	外国貯蓄	0	0	1,155	▲9	▲7	1,881	0	0	0	0	0	3,019
財政移転＋補助金措置＋製品差別化	輸出量	0	0	51	14	14	193	0	0	0	0	0	273
	輸入量	0	0	1,225	3	6	2,174	0	0	0	0	0	3,407
	外国貯蓄	0	0	1,173	▲11	▲8	1,980	0	0	0	0	0	3,134

(出所) 筆者作成。

第 6 章
動学的 2 地域間応用一般均衡モデルによる新自動車産業クラスター形成の経済効果分析

6.1 はじめに

　第5章から震災で大きな被害を受けた被災地域を復興・再生するためには，被災地域に単に財政移転をするだけではなく，新産業集積の形成が必要であることがわかった．こうした結論を踏まえ，本章では現在観察される宮城県と岩手県の自動車組立工場を頂点とし，被災4県とその周辺県を巻き込んだ自動車生産ピラミッド構造から成る広域な新自動車産業クラスター形成の動きに着目した．ここでの広域な新自動車産業クラスターでは，こうした生産ピラミッド構造に加えて，自動車組立メーカーが今後計画している自動車部品の共通化を見据えた，素材や電子部品を含めた汎用性のある部品生産も期待されている．そしてこの自動車産業クラスターが持続的な発展を成し遂げるために被災地域の自治体や政府がどのような施策を講じなければならないのかを明らかにする．

　先ず，第4章で用いた2SCGEモデルを動学化し（以下，このモデルをD2SCGEモデルと呼ぶ），震災によって毀損した資本ストックを回復させるために執行された平成23年度の財政措置（災害関連融資等）の効果をシミュレーション分析により検証する．次に，現在執行されている被災地域における様々な復興事業の中で，被災地域を中心とした広域な新自動車産業クラスターを形成するためにどの施策が効果的であるかをシミュレーションによって明らかにし，被災地域での広域な新自動車産業クラスター形成に向けた新たな仕組みを提示する．

6.2　2地域間応用一般均衡モデルの動学化について

最初に，第4章の2SCGEモデルの動学化について説明する[1]。まず，図6-1から動学化をする手続きについて簡単に述べる。総資本ストック量の初期値 KT_0^a は，定常状態の成長率（両地域の経済成長率 $growth$ を1.0%）を2地域間SAM上の初期値の総投資額 IT_0^a で割って算出する。そして，この総資本ストック量を2地域間SAM上の各産業の資本比率から各産業の資本ストック量 K_0^a を求める。こうして得られた各産業の資本ストック量に定常状態の成長率

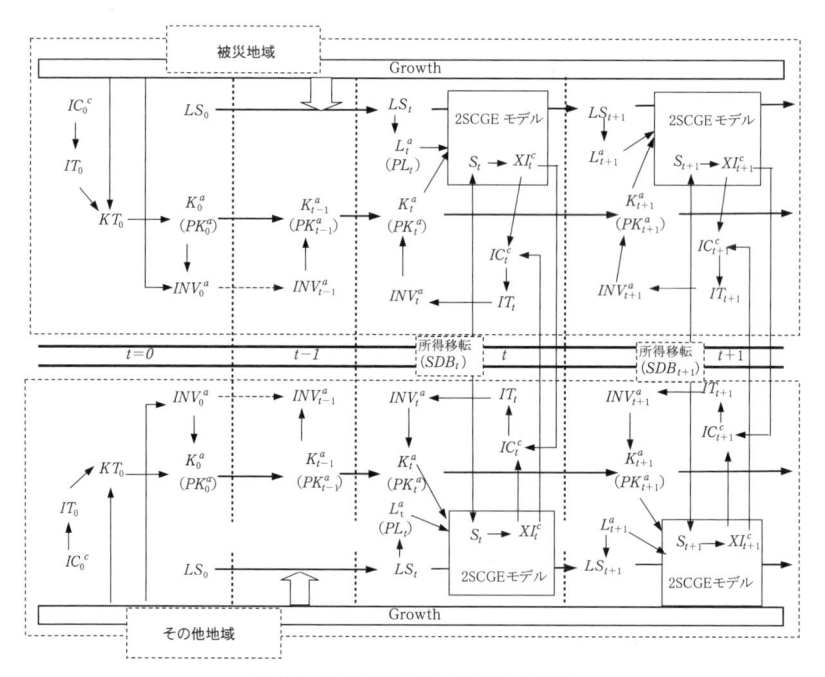

図6-1　2SCGEモデルの動学化の過程

（出所）　筆者作成。

---

[1] 動学化の手法は，EcoMod Modeling School（2012）で提供された Recursive Dynamics の GAMS コードに大きく依拠している。記して感謝を申し上げる。

$growth$ を掛けることで各産業の実行投資量の初期値 INV_0^a を求める。また，各産業の資本収益の初期値 PK_0^a は 2 地域間 SAM 上の各産業の資本額の初期値（動学モデルでは「資本への支払」$KPAY_0^a$ と呼ぶ）を総資本ストック量で割って求める。

引き続き動学化の設定について述べる。投資のエージェントが自らの毎期の効用 UI のうち一定の割合 aIT で毎期の総投資需要量 IT を決定する。そして各産業が実行する t 期の投資量 INV_t^a は，各企業の実行投資量の初期値 INV_0^a に各産業の資本収益 PK_t^a と平均資本収益 $PKAVG_t$ の割合の 0.5 乗を掛けることで算出している。そして，t 期の実行投資量 INV_t^a に $t-1$ 期の資本ストック K_{t-1}^a を加えることで，t 期の資本ストック K_t^a とする。また，被災地域とその他地域との橋渡し役は，両地域から移出入されるアーミントン合成財 XI_t^c と自地域内のアーミントン合成財 XI_t^c から統合される財 IC_t^c と，両地域の貯蓄 S_t に変化を与える国内交易からの所得移転 SDB である。こうして得られる毎期の各産業の資本ストックは，定常状態の成長率 $growth$ を掛けて固定する毎期の労働供給量 LS や海外貯蓄 SF と同じように固定する。詳細は付録 1 を参照されたい。

以上の手続きを 2 地域で行うことで 2SCGE モデルを動学化し，両地域の賃金率を内生変数にして，両地域の労働需給式も方程式体系に含めて，各シミュレーションを実施する[2]。

6.3　被災地域の広域な新自動車産業クラスター形成に向けた復興分析

(1) 被災地域の産業復旧に向けた財政措置について

まず，本項でのシミュレーション I の設定について述べる。2SCGE モデルを動学化する前提として両地域とも経済成長率を 1 ％とする。これによって資

---

[2]　両地域の賃金率をニューメレールにし，両地域の労働需給式を外すことでワルラス法則が成立するかどうかをチェックしたが，ワルラス法則を成立することができなかったために，次善策としてこの方法を採用した。

本ストックの初期値はこの比率で第4章の SAM 上の初期値の総投資額を割ることから算出される。また，両地域の労働賦存量を初め，このモデルの各外生変数はいずれも年率1％成長で増加するとみなす。

　次に，シミュレーションⅠの内容について述べる。ここでのベースとなるシミュレーション（ベースシナリオ）は表6-1で示した両地域の労働賦存量の変化率を与件する。この与件は国立社会保障・人口問題研究所（2013）が推計した将来の世帯数推計から求めた。このベースシナリオ下で「財政措置なし」と「財政措置あり」のシミュレーションを行う。この2つのシミュレーションはともに表6-1で示した震災によって被災地域の労働賦存量が一時的に減少するものの，徐々に回復し，ベースシナリオの水準に戻ると想定する。こうした設定は，第8章のように被災による地域間の人口変化や，第9章のように震災からの復興にともなう地域間の労働移動の変化を織り込んでいない点を踏まえると，楽観的な見通しであると言えるかもしれない。

　今回の大震災によって毀損した被災地域の資本ストック額は表6-2で示した財政措置が執られるかどうかによって異なる。「財政措置なし」のシミュレーションは表6-2で示した震災時における各産業の資本ストック額（これは各産業の資本ストックの毀損比率から算出される）が減少した水準から動学化させる[3]。

　一方，「財政措置あり」のシミュレーションは，平成23年度の第1次から第

表6-1　シミュレーションⅠの前提1：被災地域とその他地域の労働賦存量の変化率

基準値の伸び率 (1%増)に対して	労働賦存量 の変化率	T=1	T=2 (震災年)	T=3	T=4	T=5	T=6	T=7	T=8	T=9	T=10	T=11	T=12
ベース シナリオ	両地域				1%減				1.3%減			1.5%減	
財政措置 シナリオ	被災地域	1%減	2.5%減	0%減	0.5%減	1%減			1.3%減			1.5%減	
	その他地域				1%減				1.3%減			1.5%減	

（出所）　筆者作成。

3　林田ら（2011）や日本政策投資銀行（2011）によって推計された被災地域における毀損した資本ストック額を基に推計した。

6.3 被災地域の広域な新自動車産業クラスター形成に向けた復興分析

3次までの補正予算のうち執行された「災害関連融資」などの産業振興，公共事業，住宅再建等の約3兆5,610億円の財政措置が毀損した各産業の資本ストックを回復させた水準から動学化させる。そのため，この財政措置が毀損した各産業の資本ストックをどの程度回復させることができたのかを推計したところ，表6-2に示したようにいずれの産業も資本ストックは震災前の水準に戻るほどには回復していないことがわかる。

以上の点から本項はこの財政措置の効果を毀損した各産業の資本ストック額のシナリオ間での差分から生じる被災地域の等価変分や域内総生産（GRP），域内生産量，さらに自動車産業の生産量などの変化率（変化量）で把握する。D2SCGEモデルのシミュレーション期間は12期（1期=1年）とし，2期目の期首に大震災が発生したとする。また，本項のシミュレーションⅠの結果は，ベースシナリオで得られた結果からの変化率で表記する。そこで，震災直

表6-2 シミュレーションⅠの前提2：被災地域の毀損した資本ストック額推計

(単位：10億円)

	震災によって毀損した資本ストック額（推計値）	平成23年度補正予算の執行額（産業振興,公共事業,住宅再建等）	シミュレーションⅠの前提	
			震災直後の資本ストックの毀損比率=「財政措置なし」シナリオ	財政措置後の資本ストックの毀損比率=「財政措置あり」シナリオ
合計	15,477	3,561	11.3	8.7
農林業	758.1	242.8	8.1	5.5
漁業	272.8	124.2	30.0	16.3
食料品・たばこ	267.2	18.4	8.9	8.3
電子部品・デバイス	147.0	51.3	13.8	9.0
自動車・自動車部品	119.7	62.8	15.7	7.5
その他製造業・鉱業	1,077.0	410.9	5.0	3.1
建設業	269.6	203.8	11.9	2.9
電気・ガス・水道	613.1	263.5	6.7	3.8
商業	302.7	222.7	23.9	6.3
運輸通信	397.8	173.8	24.6	13.9
その他第三次産業（公務・公共サービスを含む）	11,251.8	1,787.3	13.1	11.0

(出所) 筆者作成。

176　第6章　動学的2地域間応用一般均衡モデルによる新自動車産業クラスター形成の経済効果分析

後から執行された1年間の財政措置が10年先までどのような効果を持ち続けることになるのかを示した結果が図6-2である。

まず，等価変分の両者の推移をみると，震災によって被災地域の等価変分は2兆1,968億円ほど減少するが，財政措置により1兆4,917億円と7,050億円

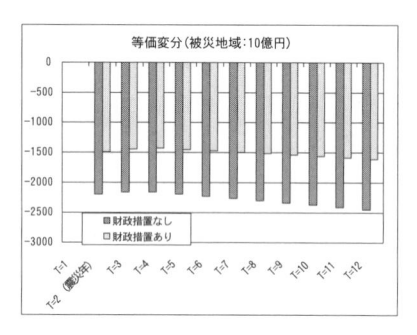

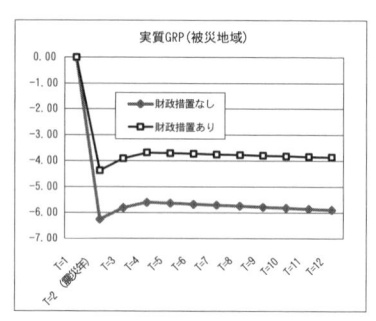

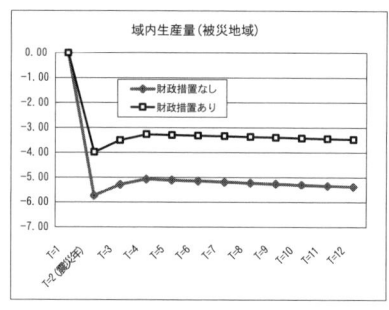

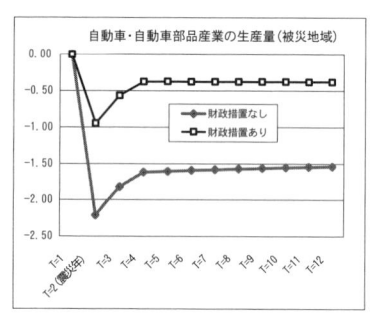

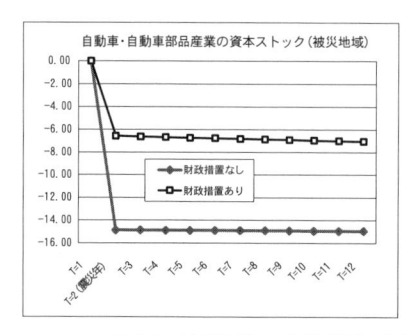

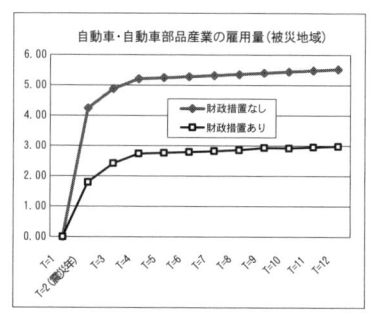

図6-2　被災地域への財政措置の有無によるシミュレーションⅠの結果

（出所）　筆者作成。

ほど減少幅が縮小する．また，両者とも震災後3年間（T＝4）までは等価変分の減少幅が縮小する方向で推移するものの，T＝5以降は再び減少幅が拡大する傾向になる．しかし，両者の格差は震災が6年目（T＝7）で7,700億円，震災後の11年目（T＝12）では8,380億円と，財政措置の効果は徐々に拡大し，5年累積では4兆4,291億円，10年累積では8兆4,808億円となり，10年累積額は財政措置の執行額の約2.4倍に達すると見込まれる．

次に，被災地域の実質GRPの推移をみると，「財政措置なし」ではベースシナリオに対して6.25％減となるが，「財政措置あり」では4.37％減と1.88％ほど減少率が小さくなる．そして3年目のT＝4では3.68％減まで縮小するが，それ以降はベースシナリオに対する減少幅は拡大する．しかし，11年目のT＝12でも3.86％減と財政措置をしなかった場合に比べると，2.04％ほど被災地域の実質GRPを押し上げる効果が継続する．また，被災地域の生産量においても財政措置によって毀損した資本ストックの一部が回復したことが，震災当年でも3.99％減と財政措置なしの場合よりも1.76％ほど生産量の減少率を低下させる．その後もベースシナリオに対して3.3％台の減少率と減少幅が縮小することはないが，財政措置なしに比べて1.8％ポイントほど高い水準で推移する．

それでは，被災地域の自動車産業においてこの財政措置の効果を考察する．表6-2から自動車・自動車部品産業の資本ストックの毀損額は1,197億円，配分された財政措置は628億円と推計される．震災による資本ストックの毀損率がその財政措置によって15.7％から7.5％まで低下することになる．これを前提として自動車産業の生産量，資本ストック，雇用量の指標について「財政措置なし」と「財政措置あり」の推移を図6-2からみると，生産量は「財政措置なし」では震災時でベースシナリオに比べて2.21％減になるが，「財政措置あり」では1.26％ポイントほど減少率が縮小し，0.95％減になる．そして，その後は3年目に0.37％までベースシナリオに対する減少率が縮小し，それ以降も0.37％台の減少率で推移する．また，資本ストックは財政措置によるベースシナリオに比べて6.57％減と「財政措置なし」よりも8.28％ポイントも減少率が縮小する．しかし，震災後の経年の推移をみると，減少率は拡大する傾向で推移する．これは，表6-3からベースシナリオに比べて実行投資量が減少してい

表 6-3　被災地域の自動車産業における実行投資額等の変化率の推移

被災地域における基準値からの変化率		T=1	T=2 (震災年)	T=3	T=4	T=5	T=6	T=7	T=8	T=9	T=10	T=11	T=12
自動車・自動車部品産業の実行投資額	ベースシナリオ	0.000	-0.374	-0.743	-1.109	-1.469	-1.826	-2.178	-2.636	-3.090	-3.540	-4.058	-4.573
	財政措置なし	0.000	-0.374	-17.357	-16.551	-16.374	-16.827	-17.243	-17.801	-18.322	-18.836	-19.400	-19.958
	財政措置あり	0.000	-0.374	-13.531	-12.675	-12.440	-12.829	-13.213	-13.636	-14.154	-14.616	-15.135	-15.648
自動車・自動車部品の資本ストックの価格	ベースシナリオ	0.135	0.269	0.403	0.536	0.669	0.800	0.973	1.146	1.319	1.521	1.723	1.925
	財政措置なし	0.135	11.632	11.685	11.773	11.900	12.029	12.204	12.380	12.558	12.768	12.980	13.194
	財政措置あり	0.135	3.957	4.059	4.193	4.364	4.534	4.746	4.958	5.170	5.412	5.654	5.897
賃金率	ベースシナリオ	0.869	1.742	2.620	3.502	4.388	5.279	6.452	7.638	8.837	10.244	11.673	13.123
	財政措置なし	0.869	-3.061	-2.778	-2.240	-1.448	-0.653	0.406	1.476	2.556	3.826	5.120	6.431
	財政措置あり	0.869	-1.256	-0.950	-0.383	0.444	1.274	2.375	3.486	4.609	5.930	7.271	8.631

(出所)　筆者作成。

るからである．

　一方，雇用量の推移をみると，「財政措置あり」の場合は資本ストックの減少率が縮小した分だけ，資本から労働へのシフトは緩和され，「財政措置なし」の場合よりも雇用量が下回る．それに加えて，震災により他産業よりも大きく生産が落ち込んだ建設業が財政措置により回復し，被災地域の雇用量が建設業にシフトしたからでもある．こうした自動車・自動車部品産業の雇用量は他産業と同様に建設業の影響も受け，「財政措置なし」の場合よりも伸びが鈍化する．

　このように被災地域の自動車産業のみならず被災地域の産業全体においても震災時の毀損した資本ストックを回復させる財政措置だけでは，経年ごとの生産量をみても自律的にベースシナリオの水準に近づけるだけの効果がみられない．同様に被災地域の実質 GRP の推移をみても明らかにである．このことが毀損した資本ストックを回復させる財政措置とは別の形で被災地域への財政措置を講じる必要があることを示唆している．

(2) 被災地域の広域な新自動車産業クラスターの形成とそれに向けた施策

　ここでは被災地域における広域な新自動車産業クラスターの形成とそのための施策についてシミュレーション（シミュレーションⅡ）を行う．

　既に冒頭に述べたように被災地域を中心に広域な新自動車産業クラスター形成の動きがみられる．それは，2012 年年央にトヨタ自動車株式会社は東北地域にあった子会社 3 社を合併して，愛知や北九州に次いで東北に第 3 の拠点を設け，自動車組立工業を稼動させ，その周辺地域には関連する自動車部品企業が集積し始めている．しかし，こうした動きはまだ道半ばであり，現時点では愛知県三河地域からの自動車部品とその関連部品を調達する割合が高いという報道がある（日刊工業新聞 2014 年 1 月 6 日付）．いずれにしろ，図 6-3 に示したように，従来の自動車産業クラスターはグローバリゼーションへの対応が中心で，自然災害へのリスクマネージメントが脆弱であったことは大震災で証左された．そこで，本章で提案している広域な新自動車産業クラスターとは，グローバリゼーションを踏まえ，ローカリゼーション（地域活性化）への対応を重視し，同一地域内や近接地域において自動車部品工場の立地のみならず，生

産ピラミッドの下位に位置する電子部品・デバイス，金型や素材製品の製造工場なども立地する工場群を想定している。そして，自然災害へのリスクマネージメントに対応できるように他地域の関連工場との連携をとりながら汎用性の高い部品調達を重視した形になっている。

本項では，こうした動向と D2SCGE モデルの構造を踏まえ，復旧・復興事業に対して地方分担金及び地方税の減収分等を補償する措置である地方交付税交付金（震災復興特別交付税）に着目した。そして，震災復興特別交付税は平成 23 年度の補正予算で 2 兆 2,408 億円が執行され，平成 24 年度の復興特別会計でも 5,490 億円が計上された。これらの金額は中央政府から被災地域の地方政府に財政移転され，被災地の地域経済の回復や地域産業の復興に大きく貢献

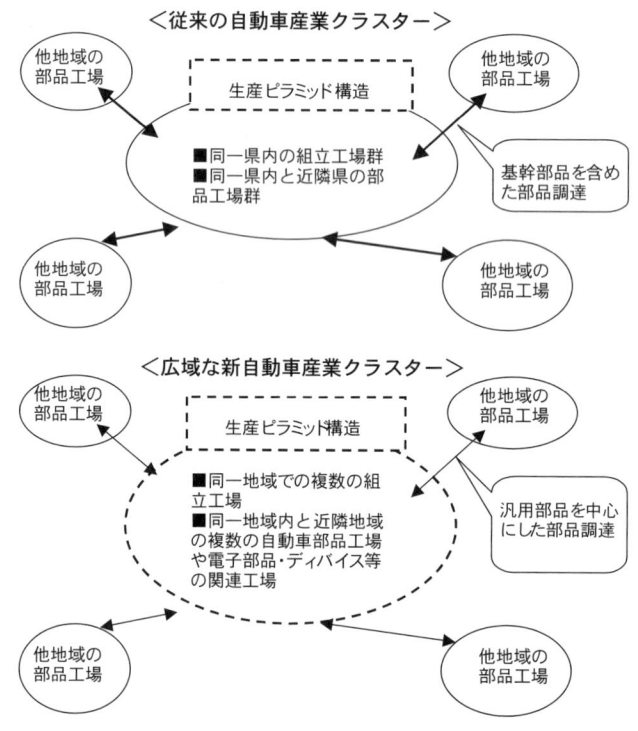

図 6-3　従来の自動車産業クラスターと広域な新自動車産業クラスター

（出所）　筆者作成。

していると推測される。そこで，本項のシミュレーションではこの財政移転額の一部を使って広域な新自動車産業クラスター形成のために，自動車産業の生産ピラミッドを構成する自動車部品産業やその裾野の関連産業に補助金を追加支給した場合における被災地域の自動車産業への影響，及び地域経済や家計への経済波及効果について明らかにする。

まず，シミュレーションⅡは前項の「財政措置あり」のシミュレーションの与件に，表6-4の前提を追加した形で行う。そのため，本項のシミュレーションⅡの結果は，前項の「財政措置あり」の結果（以下では「財政措置ベース」と呼ぶ）からの変化率で表記する。震災復興特別交付税は上述した震災時と翌年では実績値を利用し，震災3年目（T＝4）から5年目（T＝6）の3年間は5,000億円が被災地域の地方政府に財政移転されると想定する。そしてこれらの財源として震災時と翌年の交付税の財源は復興国債の発行で賄われ，この国債はその他地域の企業が購入するとし，9年目（T＝10）に償還されるとする[4]。但し，償還の際に復興特別税として法人に課せられる税額を一括控除した形で中央政府の歳入からその他地域の企業に償還されるとする。また，被災3年目からその他地域の家計に復興特別所得税（付加税率2.1%）が課せられ，この財源を基に3年目以降の震災復興特別交付税が賄われると想定する。

次に，こうした前提下で表6-5に示した4つのシナリオに基づいてシミュ

表6-4　シミュレーションⅡの前提1　　　　　　（単位：億円）

	T＝1	T＝2 (震災年)	T＝3	T＝4	T＝5	T＝6	T＝7	T＝8	T＝9	T＝10	T＝11	T＝12
震災復興特別交付税	0	22,408	5,490	5,000	5,000	5,000	0	0	0	0	0	0
復興国債発行	0	22,408	5,490	0	0	0	0	0	0	0	0	0
復興国債償還	0	0	0	0	0	0	0	0	0	20,730	0	0
復興特別所得税 (付加税率2.1%)												

（出所）　筆者作成。

4　復興国債の発行について2SCGEモデル上の設定は第5章2節のシミュレーション内容について参照されたい。

レーションを行う。「財政移転シナリオ」は，財政移転された財源を被災地域の地方政府が従来の歳出項目に基づいて配分する。これに対して，「補助金政策シナリオ」は，自動車・自動車部品産業，電子部品・ディバイス産業，その他製造業・鉱業の各産業に支払ってきた補助金を増額することで，被災地に自動車産業を中心に産業振興を図るというシナリオである。こうした補助金の増額は当該産業の生産コストを引き下げ，国内外に対して当該産業の競争力の向上を通じて生産活動を回復させ，促進させる効果が期待される。さらに地域内での労働と資本の移動にも繋がる。このシナリオでは被災地域の自動車産業への補助金比率を4％上乗せし，自動車生産ピラミッドの下位に位置する電子部品・ディバイス産業に2％，その他の製造業・鉱業は1％の補助金比率を上乗せした場合を想定する。こうした産業の補助金比率の上乗せ分は約2,740億円と，復興特別会計予算区分の1つである「産業の振興・雇用の確保」の各年度予算額の2,900－3,000億円に近い水準に相当する。なお，補助金比率を上乗せする期間は震災3年目（T＝4）から震災5年目（T＝6）の3年間とし，震災時と翌年の震災復興特別交付税はこのシナリオにおいても被災地域の地方政府が従来の歳出項目に基づいて配分されるとする。さらに，第5章4節の復興・地域再生の経済分析と同様にこの補助金政策シナリオに被災地域の製品がその他地域の製品との差別化が図られたとするシナリオを想定する。この「補助金政策＋製品差別化」シナリオでは表6-5に示したように地域間代替弾力性を小さくする。こうした代替弾力性の設定から，製造業の生産活動における中間財投入を他地域からの移入よりも同一地域からの商品を購入する傾向は強まり，その他地域からの移入が減少する一方でその他地域への移出は増加することが期待される。最後に第4のシナリオは，補助金支給が終了した震災6年目（T＝7）以降においてこうしたイノベーションを伴う新産業集積の効果により，自動車・自動車部品産業と電子部品・ディバイス産業の生産性が段階的に向上するという設定である。具体的には，キャリブレーションで得られたaFの効率パラメータを震災6年目（T＝7）以降，表6-5で示した比率を乗じることで生産性向上を表現する。これによりT＝12時点のaFはT＝6時点のaFに比べて自動車・自動車部品産業が4.4％増，電子部品・ディバイス産業は2.1％増になる。なお，この数値は第5章4節で設定した生産性向上シナリオ

表 6-5　シミュレーションⅡにおける4つのシナリオの前提

			地域間代替弾力性				補助金比率の上乗せ				生産活動の生産性変化率（上段：自動車・自動車部品産業，下段：電子部品・ディバイス産業）（aFの効率パラメータ）				
			自動車部品	電子部品・ディバイス	業その他鉱業製造	それ以外の産業	自動車部品	電子部品・ディバイス	業その他鉱業製造	それ以外の産業	T=6以下	T=7-8	T=9-10	T=11	T=12
シミュレーションⅡ	Ⅱ-A	財政移転シナリオ	2.0	2.0	2.0	2.0	0.0%				0.0%				
	Ⅱ-B	補助金政策シナリオ										0.0%	0.0%	0.0%	0.0%
	Ⅱ-C	補助金政策＋製品差別化シナリオ	0.5	1.5	1.5		4.0%	2.0%	1.0%	0.0%					
	Ⅱ-D	補助金政策＋生産性向上シナリオ	2.0	2.0	2.0							0.3% 0.1%	0.6% 0.3%	1.0% 0.5%	1.5% 0.8%

（出所）　筆者作成。

に準拠した形にしている。

　まず，4つのシナリオによる被災地域への波及効果について図 6-4 から考察する。被災地域の等価変分や実質 GRP，及び域内全体の生産量において震災時と翌年においては財政移転額の使途が同じであるためにこの4つのシナリオに大きな差異がみられない。等価変分は財政措置ベースに比べると，震災当年では2兆5,500億円前後増加し，翌年でも650－660億円ほど増加する。実質 GRP は震災時で財政措置ベースよりも 0.36－0.39％減になるものの，翌年では 0.10－0.12％増になる。一方，域内の生産量は震災時での財政措置ベースに比べて 1.18－1.32％ほど減少し，翌年も 0.19％前後減少する結果になっている。こうした結果は，震災復興特別交付税が被災地域の公務・公共サービス，地方政府の貯蓄に振り向けられるために，「財政措置あり」よりも等価変分は改善する。しかし，域内の生産活動の回復にはあまり結び付かず，域内の生産量は財政措置ベースよりも低下することになる。つまり，この財政移転は震災時において前項の財政措置による地域経済へのプラス効果の一部を打ち消す効果をもたらす。

　次に，震災3年目以降における財政移転シナリオと補助金政策シナリオとの

184　第6章　動学的2地域間応用一般均衡モデルによる新自動車産業クラスター形成の経済効果分析

違いを考察する。とりわけ，この財政移転が行われる3年間では明らかな違いが見られる。等価変分は補助金政策シナリオの方が単なる財政移転シナリオよりも3,100－3,300億円ほど多く，財政措置ベースよりも8,800－9,350億円の増加になる。また，域内全体の生産量についても補助金政策シナリオはマイナス

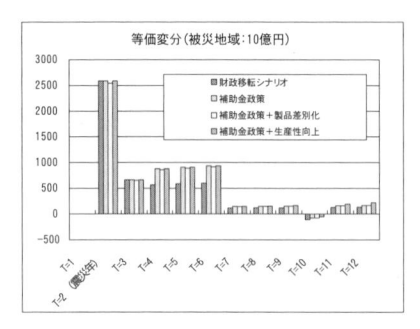

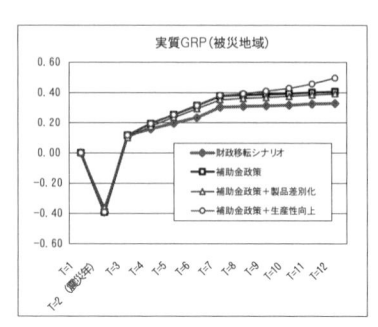

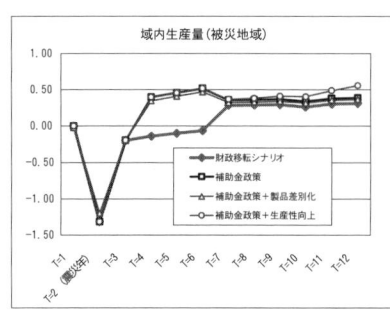

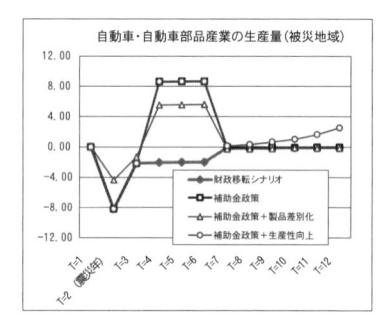

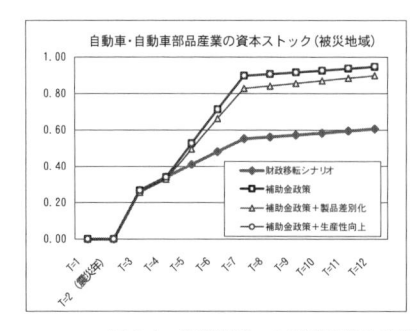

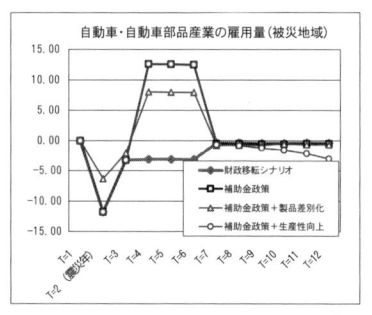

図6-4　被災地域への財政移転の使途によるシミュレーションⅡの結果1

（注）　等価変分を除く各図の数値は「財政措置あり」からのパーセンテージの表示の変化率である。
（出所）　筆者作成。

で推移する財政措置ベースよりもこの期間を通じて 0.40 − 0.52％ほど上回って推移する。そして財政移転が終了する以降（T＝7）でもこの補助金政策シナリオは財政移転シナリオよりも 0.08％ポイント上回る変化率で推移する。さらに，補助金政策に生産性向上が加わるシナリオ（補助金政策＋生産性向上シナリオ）では，これに 0.01 − 0.17％ポイント上乗せになり，震災から 11 年目の T＝12 では財政措置ベースよりも 0.56％増になり，財政移転期間中の水準を上回る。また，実質 GRP の推移をみると，補助金シナリオは財政移転が終了した以降ほぼ横ばいに推移することになるが，生産性向上が追加されるシナリオでは右肩上がりの傾向が続き，T＝12 では財政措置ベースよりも 0.50％増になる。以上の点から被災地域の地方政府に単なる財政移転をするのではなく，被災地の産業振興のために補助金として再配分することの方が効果的であり，さらにこの補助金による広域な新自動車産業クラスターの形成がなされれば，それによる生産性向上分も加わり，被災地の復興・地域再生に繋がることになると言える。

　そこで，補助金政策シナリオを中心に広域な新自動車産業クラスターの形成に向けた各産業への影響について考察する。図 6-4 から自動車・自動車部品産業の生産量，資本ストック及び雇用量の推移をみると，財政移転シナリオは公務・公共サービス等の歳出に財政移転額が振り向けられるために生産量は財政措置ベースよりも減少する。一方，補助金政策シナリオは財政移転期間を通じて財政措置ベースを 8 ％以上と大きく上回るが，財政移転が終了すると，財政移転シナリオよりも上回るものの，財政措置ベースよりも若干マイナスになる。しかし，生産性向上が追加されるシナリオ（補助金政策＋生産性向上シナリオ）では，財政移転が終了した以降でもマイナスにならず，再び上昇し，震災から 11 年目（T＝12）では 2.54％増まで回復する。一方，財政移転期間中に補助金政策とともに製品差別化を行うシナリオ（補助金政策＋製品差別化シナリオ）は，この期間で補助金政策シナリオよりも生産量が 3 ％ポイントほど減少する。そして財政移転が終了した以降では，財政措置ベースよりも 0.2％減で推移し，財政移転シナリオよりも減少幅は 0.2％ポイントほど大きい。これは，その他地域への自動車部品の移出が減少したことによる。また，自動車・自動車部品の資本ストックにおいては補助金政策シナリオの方が財政移転

シナリオよりも経年ごとに財政措置ベースを大きく上回って推移し，財政移転の終了時点では両者には0.35％ポイントの差がみられる。さらに，自動車・自動車部品産業の雇用量の推移をみると，財政移転期間において補助金政策シナリオは財政措置ベースよりも12％増，製品差別化を追加したシナリオでも7％増で推移する。

このように財政移転額の一部を自動車産業などに補助金として振り向けることで，域内での雇用量は自動車産業にシフトすることになる。しかし，財政移転終了後における同産業の雇用量の変化率は財政措置ベースよりも減少し，財政移転シナリオよりも減少幅が大きい。この理由の一つとして同産業において労働から資本へのシフトがなされたからである。加えて，生産性向上シナリオではさらに同産業の雇用量を減少させる傾向を強めることになる。

次に，広域な新自動車産業クラスターを構成する電子部品・デバイス産業やその他製造業・鉱業の生産量と，直接的にこうした補助金の支給の対象外であるその他の第三次産業や食料品・たばこ産業の生産量がどのように変化するのかを考察する。

まず，図6-5から補助金比率の上乗せをした電子部品・デバイス産業とその他製造業・鉱業の生産量をみると，補助金政策シナリオと補助金政策＋製品差別化シナリオともに，財政移転期間において財政移転シナリオを上回る。そして，両産業は若干であるが，補助金政策＋製品差別化シナリオの方が補助金政策シナリオよりそれぞれ0.09％ポイントと0.07％ポイント上回る。これは，製品差別化を図ることで上述したように自動車産業の生産量が減少する分，労働と資本が自動車生産ピラミッドの下位に位置するこうした製造業にシフトし，その他地域からの移入は減少し，その他地域への移出が増加するからである。言い換えれば，広域な新自動車産業クラスターを形成するための初期段階では，製品差別化を図ることは自動車産業にとってマイナスの影響を受けるものの，自動車生産ピラミッドの下位に位置するこうした製造業の生産基盤を強化するためには必要な施策であると言えよう。また，イノベーションを伴う生産性向上シナリオをみると，電子部品・デバイス産業は生産性向上による効果から震災から10年目（T＝11）には財政措置ベースから1.11％増，T＝12は1.89％増になり，財政移転期間を上回る結果になる。一方，その他の第三次

6.3 被災地域の広域な新自動車産業クラスター形成に向けた復興分析　187

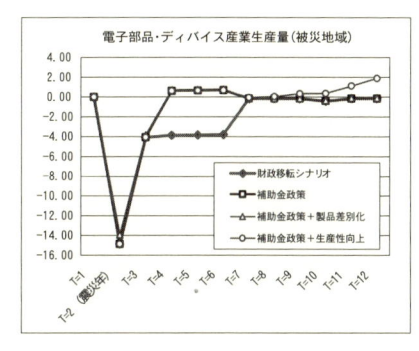

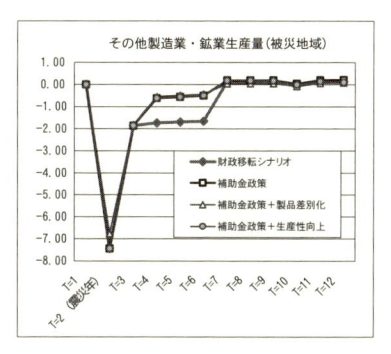

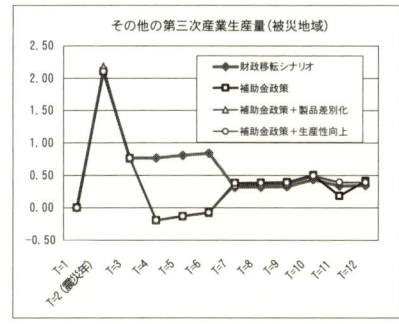

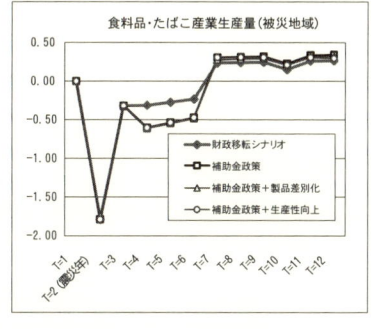

図6-5　被災地域への財政移転の使途によるシミュレーションⅡの結果2

(注)　各図の数値は「財政措置あり」からのパーセンテージの表示の変化率である。
(出所)　筆者作成。

　産業の生産量は財政移転シナリオでは財政移転期間において財政措置ベースを0.8%前後上回るが，補助金政策シナリオでは0.1-0.2%減と財政移転額の一部を補助金に振り向かれた分だけ生産量は減少する。しかし，財政移転期間の終了後では0.3-0.4%ほど財政措置ベースを上回る水準で推移する。

　これに対して食料品・たばこ産業はこれまで言及してきた産業と異なり，財政移転の直接的な恩恵を受けない産業であるために，財政移転期間のいずれのシナリオも財政措置ベースに対して0.3-0.6%ほど減少することになる。しかし，財政移転期間が終了した以降では，逆に財政措置ベースを0.2-0.3%ほど上回る水準で推移する。また，食料品・たばこ産業以外の農林業，漁業，建設業，商業などの各産業の生産量でも表6-6が示すように変化率の大きさに違いがあるものの，財政移転が終了した以降は財政措置ベースを上回る水準で推移

する。これに対して，既に上述したように自動車・自動車部品と電子部品・ディバイスの各産業の生産量だけが，生産性向上がなければ，このように財政移転が終了する震災6年目（T＝7）以降において財政措置ベースを下回る。

このようにその他地域の家計への課税や企業からの資金を原資とする被災地域への財政移転額の一部を使って被災地域で広域な新自動車産業クラスターを形成する施策は，財政移転期間において明らかに自動車産業の生産量の増加や資本ストックの積み増し，雇用量の増加に貢献するとともに，被災地域の地域経済や等価変分でもプラス効果をもたらすことがわかった。しかし，財政移転期間が終了する以降では，他の産業の生産量が財政措置ベースを上回るのに対して，自動車産業と電子部品・ディバイス産業の生産量はイノベーションを伴う生産性向上がなければ，財政措置ベースを下回る水準で推移するなど，財政移転の一部を使って形成された広域な新自動車産業クラスターをどのように持続的に発展させることができるのかが課題になる。そこで，この課題をクリアーする新たな仕組みについて次項で述べることにする。

表6-6 被災地域の各産業の生産量の変化率（T＝7, T＝12）

財政措置ベースからの被災地域の生産量の変化率		農林業	漁業	食料品・たばこ	電子部品・ディバイス	自動車・自動車部品	その他製造業・鉱業	建設業	電力・水道・ガス業	商業	運輸業	その他の第三次産業
T＝7	財政移転シナリオ	0.420	0.292	0.236	-0.160	-0.081	0.133	1.466	0.241	0.136	0.127	0.315
	補助金政策	0.531	0.378	0.308	-0.144	-0.047	0.190	1.730	0.314	0.181	0.170	0.382
	補助金政策＋製品差別化	0.493	0.333	0.275	-0.147	-0.261	0.040	2.155	0.275	0.171	0.151	0.349
	補助金政策＋生産性向上	0.530	0.372	0.304	-0.050	0.136	0.185	1.788	0.311	0.179	0.166	0.380
T＝12	財政移転シナリオ	0.457	0.315	0.265	-0.155	-0.074	0.152	1.509	0.273	0.158	0.148	0.342
	補助金政策	0.574	0.404	0.342	-0.140	-0.042	0.213	1.784	0.350	0.205	0.193	0.414
	補助金政策＋製品差別化	0.554	0.377	0.323	-0.093	-0.161	0.080	2.161	0.324	0.202	0.178	0.392
	補助金政策＋生産性向上	0.558	0.305	0.295	1.894	2.538	0.108	2.834	0.301	0.163	0.117	0.392

（出所）　筆者作成。

(3) 被災地域の広域な新自動車産業クラスター形成に向けた新たな仕組み

ここでは，前項で課題となった財政移転が終了した以降の自動車産業や電子部品・ディバイス産業の生産量が財政措置ベースを下回る理由を明らかにする。加えて，財政移転が終了した以降も広域な新自動車産業クラスターの中核になるこうした産業の生産量が「生産性向上なかりせば」でも，財政措置ベースを上回る水準で推移することができる追加的な施策を提示する。

まず，前項のシミュレーションIIの前提であるその他地域の家計や企業に対する復興増税の時期と復興国債を企業に償還する時期をともに先送りにする（本シミュレーション期間外にする）場合について，前項の財政移転と補助金政策の2つのシナリオでシミュレーションを行った。その結果が表6-7である。この表と前項の表6-6を比較すると，自動車・自動車部品産業の財政移転シナリオと補助金政策シナリオにおいて財政措置ベースを上回る結果になる。しかし，電子部品・ディバイス産業ではいずれのシナリオでも前項と同様な結果になる。確かに，その他地域の家計や企業への復興増税が被災地域の自動車・自動車部品産業と電子部品・ディバイス産業にマイナスの波及効果をもたらすことがわかった。しかし，この要因は一部に過ぎず，それ以外の要因があると推察される。それは，震災前の時点から被災地域には自動車産業クラスターそれ自体が形成されていなかったため，その中核になる自動車・自動車部品産業や電子部品・ディバイス産業の生産基盤が極めて脆弱であったからと推

表6-7 その他地域の家計と企業への復興増税がない場合のシミュレーションIIの結果

財政措置ベースからの被災地域の生産量の変化率		農林業	漁業	食料品・たばこ	電子部品・ディバイス	自動車・自動車部品	その他製造業・鉱業	建設業	電力・水道・ガス業	商業	運輸業	その他の第三次産業
T=7	財政移転シナリオ	0.427	0.339	0.282	-0.060	0.000	0.155	1.030	0.275	0.176	0.169	0.318
	補助金政策	0.582	0.461	0.355	-0.043	0.034	0.213	1.353	0.348	0.222	0.211	0.385
T=12	財政移転シナリオ	0.449	0.349	0.296	-0.059	0.001	0.166	1.065	0.292	0.188	0.178	0.332
	補助金政策	0.566	0.439	0.373	-0.043	0.033	0.227	1.340	0.369	0.236	0.224	0.403

(出所) 筆者作成。

測される。

　いずれにしろ，被災地域の広域な新自動車産業クラスター形成を持続的に発展させる追加的な施策が財政移転時期以降に必要であることには変わらない。具体的には，被災地域の法人税減税措置を提案する。実際に政府は被災地に「復興産業集積区域」といった復興特区で新設企業に限定する形で法人税を免税する方針を打ち出し，地方自治体も地方税を免除する動きが見られると報じている（日本経済新聞2012年1月7日付）。こうした仕組みによる税制優遇などの措置がなされることにより，被災地への企業誘致や新しい産業集積が図られることが期待される。

　ここでは，こうした新産業集積による広域な新自動車産業クラスター形成のために，被災地域の法人税を3割減税する措置を財政移転が終了した時点（T＝7）以降に実施した場合のシミュレーションⅢを行う。また，このシミュレーションの「補助金政策＋法人税減税＋製品汎用化」シナリオは，表6-8に示したように広域な新自動車産業クラスターを構成する自動車・自動車部品，電子部品・ディバイス，その他製造業・鉱業について商品の地域間弾力性を2.0

表6-8　シミュレーションⅢにおける3つのシナリオの前提

			地域間代替弾力性				補助金比率の上乗せ				法人税減税	生産活動の生産性変化率 (上段：自動車・自動車部品産業， 下段：電子部品・ディバイス産業) (a_Fの効率パラメータ)				
			自動車・自動車部品	電子部品・ディバイス	業・鉱業その他製造	産業それ以外の	自動車・自動車部品	電子部品・ディバイス	業・鉱業その他製造	産業それ以外の	T=7以上	T=6以下	T=7-8	T=9-10	T=11	T=12
シミュレーションⅢ	(再掲)Ⅱ-A	財政移転シナリオ					0.0%				0.0%					
	Ⅲ-A	補助金政策＋法人税減税シナリオ	2.0	2.0	2.0	2.0					30%減	0.0%	0.0% 	0.0% 	0.0% 	0.0%
	Ⅲ-B	補助金政策＋法人税減税＋製品汎用化シナリオ					4.0%	2.0%	1.0%	0.0%						
	Ⅲ-C	補助金政策＋法人税減税＋製品汎用化＋生産性向上シナリオ	3.0	3.0	3.0								0.3% 0.1%	0.6% 0.3%	1.0% 0.5%	1.5% 0.8%

（出所）　筆者作成。

から 3.0 に設定し直した。これは，補助金政策と法人税減税の効果が被災地域の製品の競争力を向上させることに繋がるならば，製品差別化よりはむしろ，製品汎用化を図ることの方が域外への移出を増加させ，より効果的になると考えられるからである。

　この3つのシナリオの結果を示したのが図6-6と表6-9である。これらの図表から次の3点を指摘することができる。

　第1に，財政移転が終了後に法人税減税措置を行う「補助金政策＋法人税減税シナリオ」と図6-4の「補助金政策シナリオ」を比較すると，法人税減税措置は明らかに被災地域の産業再生に大きく寄与するものの，被災地の地域再生にはマイナスの影響を与えることになる。例えば，T＝12時点で両シナリオの等価変分，実質 GRP，域内全体の生産量を比較すると，「補助金政策＋法人税減税シナリオ」の等価変分は「補助金シナリオ」に比べて3,320億円ほどマイナス幅を拡大させ，実質 GRP では0.065％引き下げる。一方，域内全体の生産量は逆に0.074％引き上げる結果になる。こうした法人税減税措置がD2SCGE モデルにおいて賃金率や多くの産業の資本収益を引き下げる。そしてそれが家計所得の伸び率を鈍化させ，等価変分や実質 GRP にマイナスの影響を与えるからである。

　第2に，広域な新自動車産業クラスターを構成する各産業の生産量は，法人税減税措置により T＝7以降でも財政移転シナリオを上回る伸び率で推移する。これにより，前項で考察した財政移転終了後の生産の落ち込みを回避することができ，かつ雇用量の増加にも繋がることがわかった。こうした点は公務が含まれるその他の第三次産業や建設業を除くそれ以外の産業においても同様な点が指摘される。つまり，法人税減税措置は被災地域の地方政府の歳入を減少させ，公共投資と公共サービス支出が抑制される。その影響を直接受けるのがその他の第三次産業と建設業であり，両産業の生産が減少する分だけ他産業に労働がシフトするからである。

　第3に，「製品汎用化」シナリオを追加することで，財政移転期間中の自動車・自動車部品産業の生産量は「補助金政策＋法人税減税措置」シナリオよりもさらに1.8％ポイント上乗せになる。しかし，電子部品・ディバイス産業やその他製造業・鉱業の生産は逆に「補助金政策＋法人税減税措置」シナリオよ

りも 0.10－0.15％ポイントほど下回る結果になる。このことは，「製品汎用化」が広域な新自動車産業クラスター形成の初期段階において逆効果になることを示唆している。製品汎用化と補助金支給の効果から自動車・自動車部品産業ではその他地域への移出量が増加し，かつその他地域からの移入量も増加する。

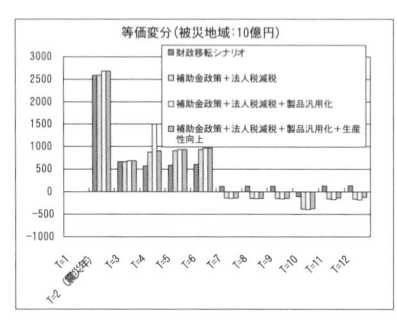

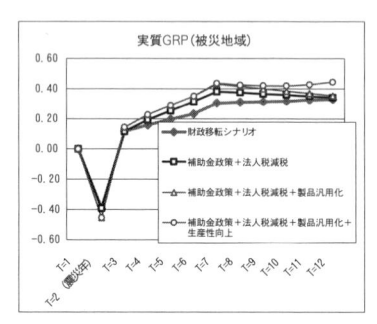

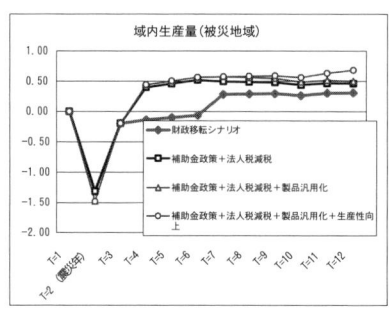

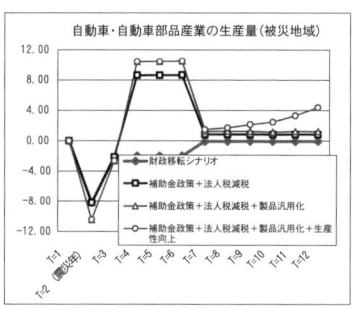

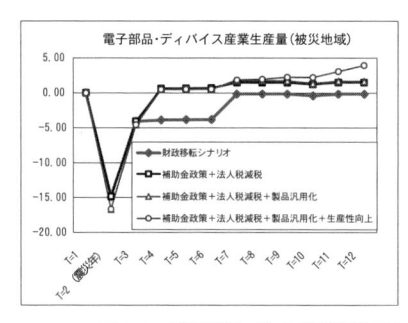

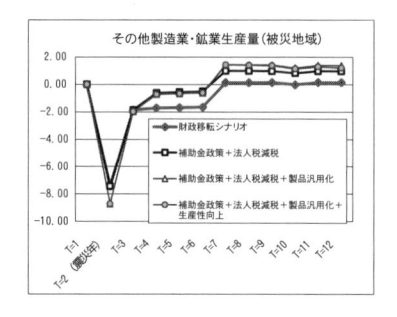

図6-6 被災地域の法人税減税措置を追加したシミュレーションⅢの結果

（注） 等価変分を除く各図の数値は「財政措置あり」からのパーセンテージの表示の変化率である。
（出所） 筆者作成。

その一方で，電子部品・ディバイス産業やその他製造業・鉱業はその他地域との移出量と移入量がともに減少するなど，自動車生産ピラミッドの下位に位置する製造業の生産はマイナスの影響を受ける。しかし，財政移転期間が終了した以降において広域な新自動車産業クラスターを構成する各産業は，法人税減税措置の効果もあり，その他地域から移入量は減少し，その他地域への移出量が増加することで，「補助金政策＋法人税減税措置」シナリオより0.2−0.4％ポイント上回る水準で推移する。さらに，法人税減税措置は企業の生産性向上効果を促進する一つの要素として期待される。そのため，前項よりも生産性向上の可能性は高く，その効果が顕在化すれば，T＝11-12では自動車・自動車部品と電子部品・ディバイスでは，2−3％ポイントも上乗せになる。

最後に，こうした被災地域での広域な新自動車産業クラスター形成に向けた様々な施策がもたらすその他地域の生産量と雇用量の変化について表6-10と表6-11から考察する。

まず，その他地域の生産量を表6-10からみると，被災地域に財政移転がなされている期間において自動車・自動車部品産業は，「財政移転シナリオ」よりも0.5−1.0％ポイントほど増加するプラス効果はみられる。その一方で建設業は逆に0.2％ポイントほど減少するマイナスの影響を受けている。しかし，財政移転期間が終了した以降では，両者の産業の立場は逆転することになる。

一方，こうした両産業以外の各産業の生産量は，いずれのシナリオともどの期間でも大きく変化はみられない。

また，表6-11からその他地域の雇用量の変化をみると，生産量で指摘したことと同じ点が考察される。とりわけ，被災地域の広域な新自動車産業クラスターを形成することによるその他地域への雇用量への影響については，施策を行ったシナリオ（財政移転シナリオ）に比べると，自動車・自動車部品とその他製造業において0.1％ポイントほど悪化する結果になる。それに対して建設業は0.2−0.3％ポイントほど増加する。そしてそれ以外の産業，電子部品・ディバイスも含めて被災地域の広域な新自動車産業クラスター形成による雇用量への影響はほとんどないと言える

以上の被災地域の広域な新自動車産業クラスター形成に向けた施策について，震災から3年目（T＝4）と震災から11年目（T＝12）における各施策の

表6-9 法人税減税措置以降の被災地域の各産業の生産量と雇用量の変化率

(A) 生産量

財政措置ベースからの被災地域の生産量の変化率		農林業	漁業	食料品・たばこ	電子部品・デバイス	自動車・自動車部品	その他製造業・鉱業	建設業	電力・水道・ガス業	商業	運輸業	その他の第三次産業
T=7	財政移転シナリオ	0.420	0.292	0.236	-0.160	-0.081	0.133	1.466	0.241	0.136	0.127	0.315
	補助金政策+法人税減税シナリオ	0.645	0.762	0.468	1.474	0.825	0.983	-0.775	0.626	0.746	0.798	0.116
	補助金政策+法人税減税+製品汎用化シナリオ	0.721	0.866	0.540	1.735	1.251	1.433	-2.281	0.721	0.753	0.840	0.193
	補助金政策+法人税減税+製品汎用化+生産性向上シナリオ	0.719	0.860	0.537	1.839	1.475	1.425	-2.217	0.718	0.750	0.835	0.192
T=12	財政移転シナリオ	0.457	0.315	0.265	-0.155	-0.074	0.152	1.509	0.273	0.158	0.148	0.342
	補助金政策+法人税減税シナリオ	0.591	0.726	0.440	1.494	0.835	0.971	-0.946	0.597	0.732	0.788	0.070
	補助金政策+法人税減税+製品汎用化シナリオ	0.599	0.768	0.469	1.673	1.215	1.382	-2.453	0.648	0.719	0.809	0.107
	補助金政策+法人税減税+製品汎用化+生産性向上シナリオ	0.581	0.663	0.419	3.926	4.389	1.214	-1.304	0.592	0.669	0.725	0.082

(B) 雇用量

財政措置ベースからの被災地域の雇用量の変化率		農林業	漁業	食料品・たばこ	電子部品・デバイス	自動車・自動車部品	その他製造業・鉱業	建設業	電力・水道・ガス業	商業	運輸業	その他の第三次産業
T=7	財政移転シナリオ	-0.001	-0.130	-0.405	-0.455	-0.375	-0.207	1.640	-0.492	-0.081	-0.078	-0.104
	補助金政策+法人税減税シナリオ	0.656	0.871	-0.036	1.830	0.790	1.270	-1.244	0.520	0.759	0.789	-0.660
	補助金政策+法人税減税+製品汎用化シナリオ	0.691	0.986	0.000	2.181	1.368	2.076	-3.174	0.647	0.724	0.807	-0.603
	補助金政策+法人税減税+製品汎用化+生産性向上シナリオ	0.683	0.970	-0.008	2.183	1.251	2.058	-3.094	0.635	0.720	0.800	-0.607
T=12	財政移転シナリオ	0.007	-0.124	-0.415	-0.480	-0.396	-0.225	1.680	-0.521	-0.081	-0.080	-0.111
	補助金政策+法人税減税シナリオ	0.643	0.889	0.028	1.891	0.844	1.305	-1.435	0.584	0.773	0.808	-0.653
	補助金政策+法人税減税+製品汎用化シナリオ	0.664	0.996	0.095	2.161	1.392	2.104	-3.343	0.756	0.749	0.833	-0.592
	補助金政策+法人税減税+製品汎用化+生産性向上シナリオ	0.499	0.700	-0.072	2.298	-0.379	1.761	-1.901	0.513	0.666	0.707	-0.661

(出所) 筆者作成。

表 6-10　被災地域の施策がもたらすその他地域の各産業の生産量の変化率

財政措置ベースからの被災地域の生産量の変化率		農林業	漁業	食料品・たばこ	電子部品・デバイス	自動車・自動車部品	その他製造業・鉱業	建設業	電力・水道・ガス業	商業	運輸業	その他の第三次産業
T=4	財政移転シナリオ	-0.038	-0.027	-0.080	0.063	0.151	0.123	-0.413	-0.001	-0.016	0.045	-0.026
	補助金政策＋法人税減税シナリオ	-0.035	-0.019	-0.062	0.028	0.259	0.098	-0.632	0.046	0.005	0.067	-0.009
	補助金政策＋法人税減税＋製品汎用化シナリオ	-0.040	-0.022	-0.064	0.032	0.207	0.111	-0.661	0.044	0.004	0.067	-0.011
	補助金政策＋法人税減税＋製品汎用化＋生産性向上シナリオ	-0.040	-0.022	-0.064	0.032	0.207	0.111	-0.661	4.265	0.004	0.067	-0.011
T=7	財政移転シナリオ	-0.072	-0.077	-0.105	-0.059	-0.062	-0.040	-0.082	-0.073	-0.095	-0.086	0.010
	補助金政策＋法人税減税シナリオ	-0.085	-0.105	-0.123	-0.072	-0.130	-0.077	0.220	-0.117	-0.100	-0.128	-0.008
	補助金政策＋法人税減税＋製品汎用化シナリオ	-0.091	-0.111	-0.127	-0.078	-0.143	-0.119	0.312	-0.126	-0.100	-0.132	-0.012
	補助金政策＋法人税減税＋製品汎用化＋生産性向上シナリオ	-0.091	-0.110	-0.127	-0.079	-0.141	-0.119	0.308	-0.126	-0.100	-0.132	-0.012
T=12	財政移転シナリオ	-0.064	-0.069	-0.095	-0.054	-0.057	-0.035	-0.087	-0.066	-0.088	-0.079	0.017
	補助金政策＋法人税減税シナリオ	-0.063	-0.087	-0.104	-0.061	-0.123	-0.067	0.228	-0.098	-0.087	-0.115	0.006
	補助金政策＋法人税減税＋製品汎用化シナリオ	-0.063	-0.089	-0.106	-0.060	-0.134	-0.107	0.320	-0.104	-0.085	-0.117	0.005
	補助金政策＋法人税減税＋製品汎用化＋生産性向上シナリオ	-0.065	-0.088	-0.104	-0.069	-0.125	-0.103	0.259	-0.095	-0.082	-0.114	0.009

（出所）　筆者作成。

表 6-11 被災地域の施策がもたらすその他地域の各産業の雇用量の変化率

財政措置ベースからの被災地域の雇用量の変化率		農林業	漁業	食料品・たばこ	電子部品・デバイス	自動車・自動車部品	その他製造業・鉱業	建設業	電力・水道・ガス業	商業	運輸業	その他の第三次産業
T=4	財政移転シナリオ	-0.018	-0.003	-0.119	0.140	0.250	0.253	-0.499	0.068	0.003	3.216	-0.004
	補助金政策＋法人税減税シナリオ	-0.009	0.020	-0.080	0.080	0.538	0.209	-0.770	0.189	0.038	0.130	0.028
	補助金政策＋法人税減税＋製品汎用化シナリオ	-0.010	0.022	-0.078	0.090	0.337	0.235	-0.806	0.193	0.038	0.133	0.030
	補助金政策＋法人税減税＋製品汎用化＋生産性向上シナリオ	-0.010	0.022	-0.078	0.090	0.337	0.235	-0.806	0.193	0.038	0.133	0.030
T=7	財政移転シナリオ	-0.125	-0.118	-0.156	-0.059	-0.065	-0.028	-0.081	-0.098	-0.115	-0.101	0.085
	補助金政策＋法人税減税シナリオ	-0.164	-0.187	-0.188	-0.073	-0.164	-0.087	0.300	-0.204	-0.120	-0.161	0.053
	補助金政策＋法人税減税＋製品汎用化シナリオ	-0.167	-0.193	-0.190	-0.081	-0.181	-0.158	0.415	-0.219	-0.116	-0.165	0.051
	補助金政策＋法人税減税＋製品汎用化＋生産性向上シナリオ	-0.167	-0.193	-0.190	-0.082	-0.179	-0.158	0.411	-0.216	-0.115	-0.165	0.051
T=12	財政移転シナリオ	-0.125	-0.109	-0.147	-0.061	-0.067	-0.029	-0.093	-0.098	-0.113	-0.098	0.088
	補助金政策＋法人税減税シナリオ	-0.155	-0.175	-0.178	-0.081	-0.170	-0.094	0.297	-0.203	-0.117	-0.160	0.054
	補助金政策＋法人税減税＋製品汎用化シナリオ	-0.156	-0.179	-0.180	-0.080	-0.186	-0.165	0.413	-0.216	-0.114	-0.164	0.051
	補助金政策＋法人税減税＋製品汎用化＋生産性向上シナリオ	-0.158	-0.175	-0.176	-0.094	-0.173	-0.156	0.335	-0.191	-0.108	-0.159	0.060

(出所) 筆者作成。

6.3 被災地域の広域な新自動車産業クラスター形成に向けた復興分析　197

表 6-12　被災地域の広域な新自動車産業クラスター形成の施策結果の一覧

財政措置ありシナリオからの変化率		財政移転シナリオ	補助金政策シナリオ	補助金政策+製品差別化シナリオ	補助金政策+製品汎用化シナリオ	財政移転シナリオ	補助金政策シナリオ	補助金政策+法人税減税シナリオ	補助金政策+法人税減税+製品汎用化シナリオ	補助金政策+法人税減税+製品汎用化+生産性向上シナリオ
		T=4（震災から3年目）				T=12（震災から11年目）				
等価変分（億円）	合計	745	▲713	▲719	▲111	679	668	▲2,041	▲2,045	▲2,063
	被災地域	570	880	856	1,503	135	167	165	183	123
	その他地域	1,315	▲1,593	▲1,576	1,615	▲815	▲835	▲1,876	▲1,863	▲1,940
被災地域の主要指標	実質GRP	0.158	0.193	0.174	0.227	0.330	0.407	0.342	0.354	0.446
	域内生産量	-0.138	0.397	0.347	0.440	0.310	0.387	0.461	0.500	0.681
被災地域の産業別生産量	自動車・自動車部品	-2.034	8.597	5.525	10.426	-0.074	-0.042	0.835	1.215	4.389
	電子部品・デバイス	-3.861	0.623	0.713	0.491	-0.155	-0.140	1.494	1.673	3.926
	その他製造業・鉱業	-1.728	-0.614	-0.542	-0.729	0.152	0.213	0.971	1.382	1.214
	食料品・たばこ	-0.312	-0.604	-0.617	-0.577	0.265	0.342	0.440	0.469	0.419
	その他の第三次産業	0.765	-0.192	-0.199	-0.169	0.342	0.414	0.070	0.107	0.082
被災地域の産業別雇用量	自動車・自動車部品	-3.121	12.603	8.007	15.336	-0.396	-0.507	0.844	1.392	-0.379
	電子部品・デバイス	-5.745	0.780	0.928	0.560	-0.480	-0.574	1.891	2.161	2.298
	その他製造業・鉱業	-3.571	-1.453	-1.285	-1.724	-0.225	-0.276	1.305	2.104	1.761
その他地域の主要指標	実質GRP	-0.022	-0.022	-0.020	-0.025	-0.023	-0.027	-0.018	-0.019	-0.019
	域内生産量	-0.008	-0.013	-0.007	-0.013	-0.028	-0.024	-0.024	-0.027	-0.028
その他地域の産業別生産量	自動車・自動車部品	0.151	0.259	0.342	0.207	-0.057	-0.057	-0.123	-0.134	-0.125
	電子部品・デバイス	0.063	0.028	0.023	0.032	-0.054	-0.057	-0.061	-0.060	-0.069
	その他製造業・鉱業	0.123	0.098	0.090	0.111	-0.035	-0.036	-0.067	-0.107	-0.103
その他地域の産業別雇用量	自動車・自動車部品	0.250	0.538	0.536	0.337	-0.067	-0.062	-0.170	-0.186	-0.173
	電子部品・デバイス	0.140	0.080	0.070	0.090	-0.061	-0.059	-0.081	-0.080	-0.094
	その他製造業・鉱業	0.253	0.209	0.194	0.235	-0.029	-0.024	-0.094	-0.165	-0.156

（出所）筆者作成。

効果の違いを取り纏めたものが表 6-12 である。

6.4 おわりに

本章は，現在被災地域で自動車産業の集積がみられる中，被災地域とその他地域の D2SCGE モデルを構築し，そのモデルを用いて被災地域の復興・地域再生に向けた財政措置と，広域な新自動車産業クラスターの形成に向けた施策について分析した。

その結果は以下のようにまとめられる。
1) 被災地域の産業復旧に向けた財政措置
① 震災によって被災地域の等価変分は 2 兆 1,968 億円ほど減少するが，財政措置により 1 兆 4,917 億円と 7,050 億円ほど減少幅が縮小する。また，震災後 3 年間（T=4）までは等価変分の減少幅が縮小する方向で推移するものの，4 年目（T=5）以降は再び減少幅が拡大する傾向になる。
② 被災地域の実質 GRP は，「財政措置なし」ではベースシナリオに対して 6.25％減となるが，「財政措置あり」では 4.37％減と 1.88％ほど減少率が小さくなる。そして 3 年目の T=4 では 3.68％減まで縮小するが，それ以降はベースシナリオに対する減少幅は増幅する。しかし，11 年目の T=12 でも 3.86％減と財政措置をしなかった場合に比べると，2.04％ほど被災地域の実質 GRP を押し上げる効果が継続する。
③ 自動車産業の生産量は「財政措置なし」では震災時でベースシナリオに比べて 2.21％減になるが，「財政措置あり」では 1.26％ポイントほど減少率が縮小し，0.95％減になる。そしてその後は 3 年目に 0.37％までベースシナリオに対する減少率が縮小し，それ以降も 0.37％台の減少率で推移する。
2) 被災地域の広域な新自動車産業クラスター形成に向けた施策
① 自動車産業の生産ピラミッドを構成する産業に補助金を増額する形で自動車産業クラスター形成に充当すると，財政移転が実施している期間において明らかに自動車産業の生産量の増加や資本ストックの積み増し，

労働量の増加に貢献するとともに，被災地域の地域経済や等価変分でもプラス効果をもたらす。また，復興の初期段階で自動車産業の生産ピラミッドの下位に位置する電子部品・ディバイスやその他製造業・鉱業の生産基盤を整備するためには，製品差別化（被災地域内の囲い込み）を図ることの方が望ましい。

② しかし，こうした被災地域に対する補助金支給という形での財政移転期間が終了すると，自動車・自動車部品産業と電子部品・ディバイス産業の生産量は他産業よりも減少し，かつ震災時の財政措置による中期水準よりも減少するなど，持続的に発展させることはできない。

③ そこで，財政移転が終了した以降でも被災地域の法人税減税措置を実施すると，自動車産業と電子部品・ディバイス産業の生産量は 0.8-1.6％ポイントも回復し，震災時の財政措置による中期水準を下回ることはなくなる。さらに，法人税減税措置は企業のイノベーションを伴う生産性向上効果を促進する一つの要素として期待されるため，その生産性向上効果が顕在化すれば，2-3％ポイントも上乗せになる。一方，法人税減税措置は，地域の産業再生によってより効果を高めることを可能にするものの，地域経済や地域住民の生活水準に対して負の影響を与えることに留意すべきである。

この D2SCGE モデル分析結果から広域な新自動車産業クラスターを形成する施策としては，自動車産業・関連産業への補助金策は確かに短期的に生産コストを引き下げる効果から同産業の生産量を大きく増加させ，かつ被災地以外の自動車産業の生産拡大効果をもたらす。しかし，この施策だけでは自律的かつ持続的に発展することは期待できない。むしろ，中長期的にみれば，同産業への法人税減税や投資減税等の税優遇策の方が望ましい。そこで，被災地の復興・地域再生が中長期に渡ることを鑑みると，政策担当者はこうした両方の施策をうまく使い分けを行うことで，被災地の産業復興を牽引する主要な産業として広域な新自動車産業クラスターを形成していく必要があろう。

そこで，第 7 章では，今回の震災で甚大な被害を受けた被災地の水産加工業を取り上げ，その復旧に対する施策について本章と同様に被災地域への財政移転を踏まえて分析する。

第 7 章

動学的応用一般均衡モデルによる持続可能な漁業・水産加工クラスター形成の経済効果分析

7.1 はじめに

本章の目的は，動学的応用一般均衡モデルを用いて，我が国の漁業と水産加工業における持続可能な漁業・水産加工クラスター形成の経済効果を定量的に明らかにすることである。

日本の漁業・水産加工業は，東日本大震災以前より長期にわたって生産が減少している。また，自然制約により立地移動できない一次産業とその関連産業を主産業とする地域での当該産業の衰退は，地域経済全体の持続性を欠くことに直結する。前田・嘉田（2004）や八田・髙田（2010）が指摘するように，大震災以前より海面漁業では適切な資源管理や養殖業を中心とした生産性向上が必要であった。阿久根・沖山・徳永（2013）は，漁業と水産加工業を中心とした動学的一般均衡モデルを用いて，震災5年後の2016年に生産回復を目標としたシミュレーションを行った。その中で，生産性の上昇により両産業全体の生産水準は，2016年以降震災がなかった場合を上回るものの，生産縮小自体は続くことを明らかにした。

今回の大震災の被害を受けた東北地方の漁業と水産加工業では，水産特区や異業種との連携により震災前とは別次元の生産体制を探る動きが出てきている。そこで，本章ではこのような持続可能な漁業・水産加工クラスター形成が，我が国の漁業と水産加工業に成長可能な生産活動として及ぼす経済効果について，動学的応用一般均衡モデルを用いて明らかにする。

本章の構成については，次のとおりである。まず，第2節では，自然災害による産業への経済的影響の評価に関する先行研究を概説するとともに，本章で

着目する「持続可能なクラスター」の考え方について整理する。第3節では，我が国の漁業と水産加工業について，大震災以前の傾向，大震災による被害及び異業種との連携による「持続可能な漁業・水産加工クラスター」の事例を概説する。第4節では動学的応用一般均衡（DCGE）モデル構造の概要を説明する。第5節で，持続可能な漁業・水産加工クラスター形成の経済効果に関するシミュレーション結果を示す。最後に第6節で本章をまとめ，残された課題を整理する。

7.2 先行研究

(1) 自然災害による産業の「復旧」と「復興」

東日本大震災からの復旧や復興の進捗や評価をする際，震災以前の2010年の生産水準を基準値として用いることがある。ただし，これは単に震災の前年の実績値であり，長期的な水準としての妥当性が検討されているわけではない。実際の経済では，要素賦存量や様々な経済活動によって生産要素の分配は時系列的に変化し，それに応じて生産量も変化する。このため，自然災害による経済的影響を評価するためには，経済メカニズムを内包するモデルを用いて，震災がなかった状態での生産水準（Y_t^{BAU}）を基準にして行う必要がある。

ある産業での震災による直接的な生産損失は，発生時（t_0）の震災が起こらなかった場合の生産水準（$Y_{t_0}^{BAU}$）と被災によって低下した生産水準（$Y_{t_0}^S$）の差分として表される。震災後のある時点（t_1）において評価に用いる基準値は，震災が起こらなかった場合での生産水準（$Y_{t_1}^{BAU}$）であり，t_1時点の生産損失は$Y_{t_1}^{BAU}$と被災後の生産水準（$Y_{t_1}^S$）との差分である。この時，当該産業が長期的な下降傾向を持っていると$Y_{t_1}^{BAU}$は震災発生時の$Y_{t_0}^{BAU}$を下回る。本章では，トレンドを考慮した$Y_{t_1}^{BAU}$に到達した時点で「復旧」と考える。また，復旧以降も生産水準が継続して$Y_{t_1}^{BAU}$を上回り上昇基調である場合を「復興」とする。

Hallegatte and Przyluski (2010) は，自然災害の経済評価方法として，家計を対象としたミクロ経済モデル，国や地域を対象とした計量モデル，産業連関モデル，応用一般均衡（CGE）モデル及びネットワーク生産システムモ

デルの5つを挙げている。また，徳井他（2012）は，震災の経済的被害の直接被害と間接被害を2種類の概念に整理している。1つは，評価の対象をストックとフローに分け，資本ストックの被害を直接被害，それに伴って阻害される経済活動を間接被害（フロー被害）としている。もう1つは，前者のフロー被害のうち資本ストックの滅失による一次的な経済活動の低下を直接被害，サプライチェーンを通じて生じる副次的な経済損失を間接被害としている。後者については，産業間の投入産出関係を陽表的に扱う産業連関表や社会会計表を用いる産業連関モデルやCGEモデルで分析される。このうち，CGE分析は，価格調整メカニズムを介した波及過程を含める点が産業連関分析と異なる。

東日本大震災の経済的影響に関する研究には，岩城他（2011），林田他（2011），徳井他（2012），沖山他（2012）及び阿久根他（2013）がある。これらを徳井他（2012）の概念で分けると，岩城他（2011）と林田他（2011）は1つ目の概念を，徳井他（2012），沖山他（2012）及び阿久根他（2013）は2つ目の概念を分析対象にしている。このうち，漁業と水産加工業に焦点をあてたものとして阿久根他（2013）がある[1]。この中で，現行の復旧政策は生産回復に不十分であり，追加的に震災5年後の2016年に生産回復を目標とした民間資本ストックの復旧が行われた場合でも，震災以前からの生産減少傾向は続くことが示された。また，生産性上昇を想定した場合，両産業全体の生産水準は目標年以降震災がなかった場合を上回って推移するが，漁業の生産が上昇基調に変わる一方で，その2倍の生産規模の水産加工業の生産低下基調は変わらないため，両産業全体の生産の縮小傾向は緩やかになるものの継続するという結果であった。したがって，前述の「復興」のためには，漁業では復旧を目標に，水産加工業ではさらに復旧を越えた生産水準を目指した生産性向上が必要であることを指摘している。

(2) 漁業・水産加工業における「持続可能なクラスター」

漁業と水産加工業は沿岸地域に特化した産業である。阿久根（2009）は，

---

[1] CGEモデルを用いた地震による経済損失に関する先行研究としては，Rose and Liao（2005），Tsuchiya et al.（2007）やShibusawa et al.（2009）がある。これらは，水道や交通といったインフラの損傷やそれに伴うGDPや当該地域の経済活動の損失を明らかにしている。

Ellison and Glaeser (1997) による単一業種の地理的集中化指数と投入産出関係のある 2 業種での集積状況を表す共集積指数を用いて，水産加工業は食品製造業の中でも 1 つの業種で地理的に集中するだけでなく，投入産出関係のある複数の業種が共集積する業種であることを明らかにした．新経済地理学では，輸送費の存在，規模の経済及び独占的競争によって産業集積を説明する (Fujita and Thisse (2002))．漁業と水産加工業では，鮮度は重要であり，大量の加工・流通での規模の経済性の存在がある．新経済地理学では産業の分散も説明されており，賃金上昇がその要因となっている．長期的な生産減少にある日本の漁業と水産加工業では，国内賃金の高さより国外への生産分散が続いた結果ともいえる．一方で，日本と同様に賃金の高いノルウェーやアイルランドでは漁業と水産加工業は成長産業として位置づけられている．片野 (2012) や八田・髙田 (2010) によると，これらの国の漁業の優位性の基盤には有効な資源管理制度の存在が指摘されているが，本章では産業の内生的もしくは自律的な成長の源泉となるイノベーションの存在に焦点をあてる．

　産業が成長するということは，継続的に付加価値が高まり，生産水準が向上することである．そのためにはイノベーションが不可欠である．シュムペーター (1934) によると，イノベーションには「新結合」という含意があり，(1)消費者に知られていない新しい価値や品質の財，(2)新しい生産方法，(3)新しい販路，(4)新しい原料供給源，(5)新しい組織の 5 つに分類される．このイノベーションは，新しい価値の付与を中心としたプロダクト・イノベーションとコスト削減を中心としたプロセス・イノベーションの 2 つに大別できる．このうち，吉川・安藤・宮川 (2011) は，プロダクト・イノベーションによる需要創出が経済成長に寄与し，その中で中間財の役割が大きいことを指摘している．

　我が国の漁業と水産加工業は沿岸部に集積してきたが，生産は大震災以前より長期的な衰退傾向にある．大震災以降，被災地域の漁業・水産加工業では，復旧だけでなく，水産特区や異業種との連携の中でノウハウ提供などが活発化している．Porter (1998) は，クラスターを「特定分野における関連企業，専門性の高い供給業者，サービス提供者，関連業界に属する企業，関連機関 (大学，規格団体，業界団体など) が地理的に集中し，競争しつつ同時に協力して

いる状態」と定義しており，産業集積よりもその中で生じているリンケージや役割を具体的に説明している。そこで，本章では，前述のような特区や異業種との連携によって成長産業への転換の可能性がある現象を「持続可能な漁業・水産加工クラスター」と呼ぶ。具体的な事例については次節で述べる。

7.3 我が国の漁業と水産加工業の概要

　ここでは，漁業と水産加工業における大震災以前の生産額や生産要素の推移を整理することで，両産業においてモデルで反映させるべき点を明確にする。また，シミュレーションに必要な東日本大震災による漁業と水産加工業での被害を概説する。最後に，漁業と水産加工業のクラスター内の供給リンケージの状況と「持続可能な漁業・水産加工クラスター」の現状を述べる。

(1) 東日本大震災以前の漁業と水産加工業の動向

　これまでも，漁業の生産水準，生産要素である漁船数や就業者数の長期的な減少傾向が指摘されてきた（八田・髙田（2010），水産庁（2012））。ここでは，併せて水産加工業についてもみる。図 7-1 は，1990 年から震災直前の 2010 年までの漁業と水産加工業の実質生産額の推移を示している。1990 年の生産額は，漁業が 2 兆 3,892 億円，水産加工業が 4 兆 1,608 億円，2010 年では，漁業が 1 兆 4,209 億円，水産加工業が 2 兆 9,823 億円であり，水産加工業は漁業の 2 倍の生産規模がある。また，1990 年と比べて，漁業は 41％，水産加工業は 28％の生産額が減少している。これらを 5 年ごとにみていくと，漁業では，1990 年から 1995 年では年率 8.5％で減少しているものの，1995 年から 2000 年で年率 1.2％の減少にとどまり，2000 年から 2005 年においては年率 0.7％で上昇している。この上昇傾向は 2008 年まで続いたが，2009 年に水準が一段と低下し，2010 年の生産額を 2005 年と比較すると 8 ％減少している。水産加工業では，1990 年から 1995 年は年率 0.7％の変化で生産は安定していたが，1995 年から 2000 年が年率 3.8％，2000 年から 2005 年が年率 2.0％で減少し，1990 年後半から 2000 年前半にかけての減少幅が大きい。直近の 2005 年から 2010 年では，2007 年に上昇

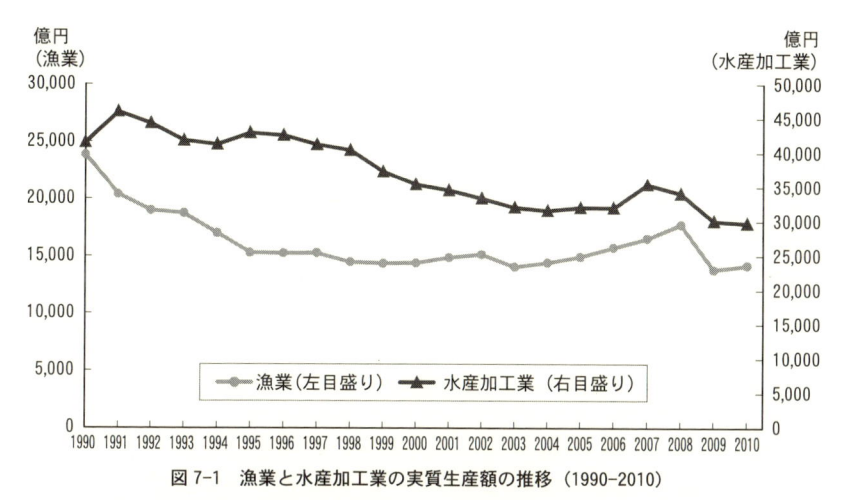

図7-1 漁業と水産加工業の実質生産額の推移(1990-2010)

(注1) 実質化は，内閣府『国民経済計算年報』の「経済活動別国内総生産」のうち，漁業は「水産業」，水産加工業は「食料品」のデフレーターを使用した。
(注2) 水産加工業の対象は，従業員4人以上の事業所である。
(出所) 農林水産省『漁業生産額』，経済産業省『工業統計表：産業編』。

するものの，その後低下し，2010年の生産額は2005年から6％低下している。

次に，生産要素である資本と労働の推移を1990年から2010年までみていく。図7-2では，漁業と水産加工業の資本ストックとして，漁業については漁船数，水産加工業については有形固定資産額と事業所数の推移を示している。このうち，漁船数は，1990年の38万4,330隻から2012年の20万2,880隻と28％減少している。5年ごとの年率をみていくと，1990年から1995年が－1.2％，1995年から2000年が－1.4％，2000年から2005年が－1.8％，2005年から2010年が－2.2％となっており，減少幅は増している。一方，水産加工業の有形固定資産額は，1998年までは上昇している。これは，バブル期の現象と思われ，事業所数をみると1990年の10,438ヵ所の事業所は，2010年には35％減少し6,734ヵ所となっており，実態としては減少している。5年ごとの年率は，1990年から1995年が－1.3％，1995年から2000年が－1.4％，2000年から2005年が－3.2％，2005年から2010年が－2.7％で，2000年代の減少幅が大きくなっている。有形固定資産額も，1990年代後半から2001年にかけて大

図7-2 漁業と水産加工業の資本ストック関連の推移（1990-2010）

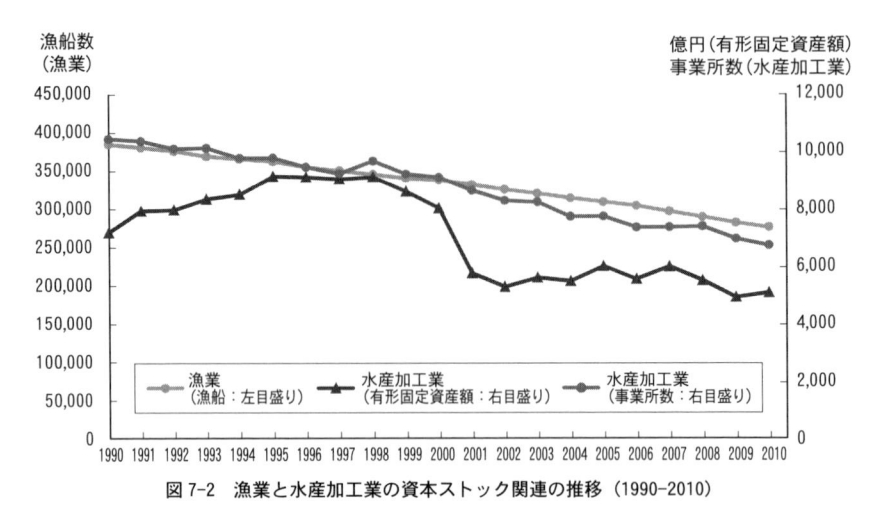

(注1) 図7-1の注1と同様である。
(注2) 図7-1の注2と同様である。
(注3) 漁船数は海水漁業の動力漁船数である。
(出所) 図7-1の出所と同様である。

きく下落し，その後2000年から2005年までが年率5.6%，2005年から2010年では年率3.3%で減少しており，低下傾向が続いている。

1990年から2010年までの漁業と水産加工業の就業者の推移（図7-3）をみると，両産業とも前述の資本ストックと同様の傾向がみられる。漁業は，1990年の37万530人から2010年の20万2,880人と45%の減少，水産加工業は，20万8,570人から16万5,494人と21%の減少である。ただし，漁業の5年ごとでの年率は，1990年から1995年が-4.0%，1995年から2000年が-2.9%，2000年から2005年が-3.1%，2005年から2010年が-1.8%であり，減少幅は小さくなっている。水産加工業では，1995年あたりまでは安定していたが，1995年から2000年が年率1.1%での減少，2000年から2005年が-2.1%，2005年から2010年が-1.3%となっており，2000年代に入り減少傾向が鮮明になっている。

このように，漁業と水産加工業では，東日本大震災以前から生産額，生産要素の資本と労働はともに縮小傾向にある。一方で，生産額の減少率は生産要素の減少率よりも小さく，両産業の生産において資本や労働以外の生産性上昇が

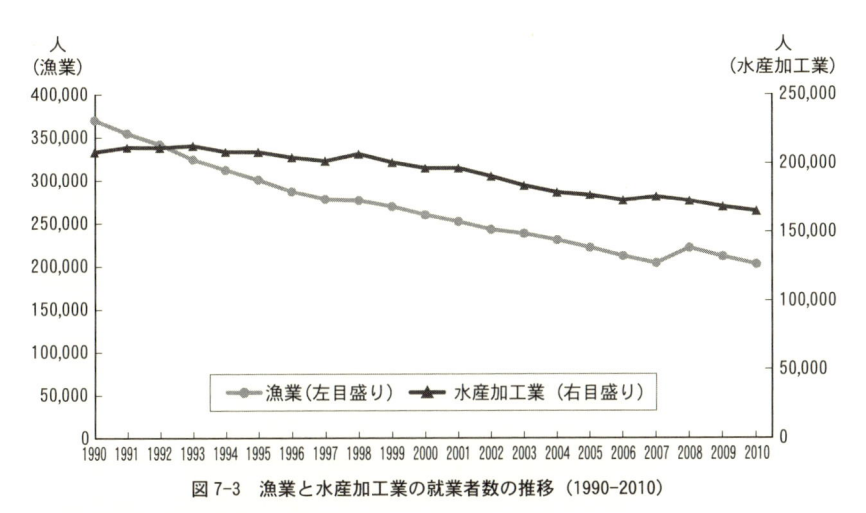

図7-3　漁業と水産加工業の就業者数の推移（1990-2010）

（注）　図 7-1 の注 2 と同様である。
（出所）　図 7-1 と同様である。

うかがえる。

(2) 東日本大震災による漁業と水産加工業での被害

　表 7-1 は，東日本大震災による漁業と水産加工業の被災状況を示している。今回の大震災では，岩手県と宮城県を中心に，漁船，養殖業，作業場所や製氷施設などの共同利用施設及び水産加工施設が被災した。漁船の被害は，北海道から鹿児島県までの広範囲であり，全国で 28,612 隻が被害を受けた。このうち岩手県は 13,271 隻，宮城県は 12,029 隻で全体の 88.4％を占める。図 7-2 より 2010 年の全国の漁船数を 27 万 6,074 隻とすると，被害率は 10.4％である。養殖業では養殖施設の被害額 737 億円の 73.9％を宮城県の 487 億円，岩手県の 131 億円が占める。また，カキ，ワカメやホタテガイといった養殖物の被害も 597 億円であり，これは，前年の 2010 年の生産額 4,284 億円の 13.9％にあたる[2]。さらに，漁業や養殖業に関連する沿岸に立地する産地市場や作業場，製氷冷凍

---

[2]　被害を当該業種の資本ストックとするため，養殖施設の被害率も施設数に基づく方が適切であるが，全国の養殖施設の資本ストックを把握するデータが不明であるため，養殖物の被害率を同業種の被害率とする。

表 7-1　東日本大震災による漁業・水産加工業の被害状況

		全国値に対する被害率				被害(億円)
		対象	被害	全国		
漁業	海面漁業	漁船（隻）	28,612	276,074	10.4%	1,822
	海面養殖業	養殖物（億円）	597	4,284	13.9%	1,335
水産加工業		施設数（箇所）	683	11,946	5.7%	2,887

（注1）「共同利用施設」とは，漁業協同組合等が組合員による共同利用のために保有している沿岸地区等に立地する施設のことである。たとえば，産地市場施設，荷さばき所，給油施設，共同作業場，製氷冷凍冷蔵施設，生産資材倉庫，種苗生産施設等である。
（注2）「水産加工施設」の被害額には，「共同利用施設」に係るものも含まれる。
（注3）各施設の数値は「全壊」もしくは「半壊」を対象としている。
（出所）水産庁『平成23年度水産白書』pp.11-12, 14, 16 より作成。

冷蔵施設といった共同利用施設も，岩手県，宮城県及び福島県を中心に1,725ヵ所が全半壊した。これとは別に民間の水産加工施設で全壊もしくは半壊したものが683ヵ所あり，これは全国の加工場数11,946ヵ所[3]の5.7%にあたる。

(3) 漁業と水産加工業における「持続可能な漁業・水産加工クラスター」の概要

漁業と水産加工業のリンケージを明確にするために，それらの需要先や投入産出関係を概説したい[4]。後述のDCGEモデルで用いる社会会計表（2005年基準）では，漁業・水産加工業の国内生産6.6兆円のうち，54.5%の3.6兆円が最終財として，45.5%の2.9兆円が中間財として消費される。業種ごとでは，海面漁業（国内生産：1.4兆円）の88%，海面養殖業（同：5000億円）の58%が中間消費される一方で，冷凍魚介類以外の水産食料品製造業の4業種（同計：2.2兆円）の73%−80%が最終財として消費される。冷凍魚介類（同：2.5兆円）では，最終財としての消費比率が他の水産食料品製造業よりも低く61%であり，中間財の消費率は36%である。また，漁業・水産加工業での投入産出構造は，投入された中間財（2.9兆円）の51%は両産業間で供給されたも

---

[3] 水産庁『2008年漁業センサス第8巻流通加工業に関する統計』のうち，「冷凍・冷蔵工場のみ」，「冷凍・冷蔵工場と水産加工場兼営」「水産加工場のみ」の合計である。

[4] 漁業は，海面漁業，海面養殖業及び内水面漁業・養殖業の3業種，水産加工業は，冷凍魚介類製造業，塩・干・くん製造業，水産びん・缶詰製造業，ねり製品及びその他の水産食品製造業の5業種で構成される。

のであり，このうちの60%が海面漁業から，27%が冷凍魚介類から，11%が海面養殖業から投入されたものである。各業種間では海面漁業からの産出の78%は冷凍魚介類に，冷凍魚介類からの産出の82%は他の水産食料品製造業に供給される。また，海面養殖業から産出された79%はその他の水産食品に投入されている。このように，海面漁業と海面養殖業が川上に，冷凍魚介類が中間財生産の川中に，それ以外の水産食料品製造業が川下に位置するような供給リンケージが形成されている。

震災被害を受けた東北地方における漁業と水産加工業では，震災前とは別次元の生産を探る動きが出てきている。農林水産省の委託事業の成果報告書（法政大学地域研究センター（2013））では，漁業を中心とした6次産業化についての事例と東日本大震災の被害が甚大であった宮城県石巻地域の漁業の展望をまとめている。その中で，漁業で捕獲した水産物に付加価値をつけるための経営や技術のイノベーションとともに，サプライチェーンの中で自ら発想し実行する人材の必要性を指摘している。

このような局面を変えるようなイノベーションや人材育成は，震災以前より長期の衰退傾向が続く漁業や水産加工業内だけで生み出すことは難しい。前述のとおり，資本や労働といった生産要素と生産額は同様の低下傾向にあるが，生産額は生産要素よりも緩やかに低下している。これは，両産業の中ですでに生産性を向上するような創意工夫により付加価値を増すことが行われてきたことを示しているといえる。一方で，結果としてそれは生産額を上昇基調に転じさせるほどではなかったともいえよう。

復興計画の中でも異業種との連携が進められている。たとえば，岩手県久慈市の久慈市漁業協同組合が洋食に合う味付けのファストフィッシュをイオンリテールが販売している。この開発にあたっては，ファストフィッシュが元来備えている簡便性だけでなく，川下の小売業者から消費者の食へのニーズを汲んだ商品開発の提案が川中の加工業者に連携として行われている[5]。また，復興庁は地域復興マッチング「結の場」として，被災地の水産加工業と支援活動を行う企業との連携を進めている。その中で，宮城県気仙沼市のサメ加工（フカ

5　日経流通新聞2013年1月14日16面。

ヒレ）やそれを中心とした観光事業には，アサヒビール，ドコモ，丹青社，ヤフー，DNP東北，電通東日本がマーケティングや商品販売で支援先の企業が持つノウハウを活用される予定である[6]。ほかにも，宮城県女川町の水産加工業者等の共通ブランドに対してはキリンビールが商品開発と販路開拓を支援することが公表されている[7]。

さらに，2013年4月に水産業復興特区として宮城県石巻市の「桃浦かき生産者合同会社」が認定された。中核となるのは水産卸業者の仙台水産であり，同社は技術，経営，販売及び金融の4つ側面から支援する[8]。生産や経営においてデータの見える化によって効率的な養殖から加工販売まで行われるのとともに，特区になることで従来のカキのむき身加工だけでなく，消費者のニーズや販売時期にあわせた多様な商品を生産することができるようになる[9]。法人が漁業権を持ち，漁師が従業員として雇用されることを懸念する意見もあるが，震災以前からカキ養殖に対する先行きを不安視していたことも本事業が開始された要因の1つである[10]。

このように，民間や公的支援で始まっている連携と水産業復興特区は，中心となる主体や進め方に違いはあるものの，従来の漁業や水産加工業の供給リンケージに異業種のノウハウを導入することで生産性を高め，最終的に漁業や水産加工業を成長産業に転じさせる可能性がある。これらのノウハウ導入によるイノベーションは，プロセス・イノベーションとプロダクト・イノベーションが混在しているが，特に，吉川他（2011）が指摘する成長の源泉となるプロダクト・イノベーションは，冷凍技術や家計や外食産業の需要に合わせた新商品の開発などでみられる。本章では，このような中で形成される「持続可能な漁業・水産加工クラスター」による漁業と水産加工業での経済効果を次節の動学的応用一般均衡モデルを用いて定量的に示す。

---

6 日本経済新聞2013年10月9日地方経済面東北。
7 日本経済新聞2013年10月11日地方経済面東北。
8 日本経済新聞2013年4月19日地方経済面東北。
9 日本経済新聞2013年8月28日地方経済面東北。
10 日本経済新聞2013年4月23日夕刊13面，2013年8月6日朝刊2面。

7.4 動学的応用一般均衡モデルの構造の概要

本節では，シミュレーションに用いるモデルの構造について述べる[11]。DCGE モデルは，13 部門の生産活動，家計及び政府によって構成される。国内において，中間財とともに，生産要素の資本と労働による合成生産要素を用いて完全競争で生産された財は，国内への供給と輸出に分割され，国内供給財と輸入財がアーミントン仮定のもと合成され，国内に供給される。国内に供給された財は，家計と政府による最終財として，生産活動による中間財及び投資財として消費される。また，動学は，毎期の最適化行動の結果を次期に受け継ぐ逐次動学型である。

(1) 生産・貿易

生産活動は，海面漁業，海面養殖業，冷凍魚介類製造業，塩・干・くん製品製造業，水産びん・缶詰製造業，ねり製品製造業，その他の水産食品製造業といった本章での対象業種以外に，農業，内水面製造業，食品製造業，外食産業，鉱工業及びサービス業の 13 部門である。それぞれの部門で代表的企業を想定し，図 7-4 に示すように 2 段階の生産活動をそれぞれ利潤最大化行動によって行う。第 1 段階では，労働と資本ストックから CES 型の生産関数のもと合成生産要素が生産される。この中で利潤最大化するような労働と資本ストックが需要される。第 2 段階では，この合成生産要素と中間財を用いてレオンチェフ型生産関数のもと国内生産財が生産される。

生産された財は，国内供給と輸出が不完全代替とし，CET 型関数によって輸出財と国内供給財に変形する。国内供給される国内生産財は，アーミントン仮定（Armington (1969)）のもと輸入財との不完全代替を想定し，CES 型関数のもとで国内供給財に合成される[12]。

---

[11] 応用一般均衡モデルに関するものとして，細江・我澤・橋本（2004）がある。
[12] 代替弾力性は，GTAPVersion7 で準じる財のものを用いる。

図7-4 生産と貿易フロー

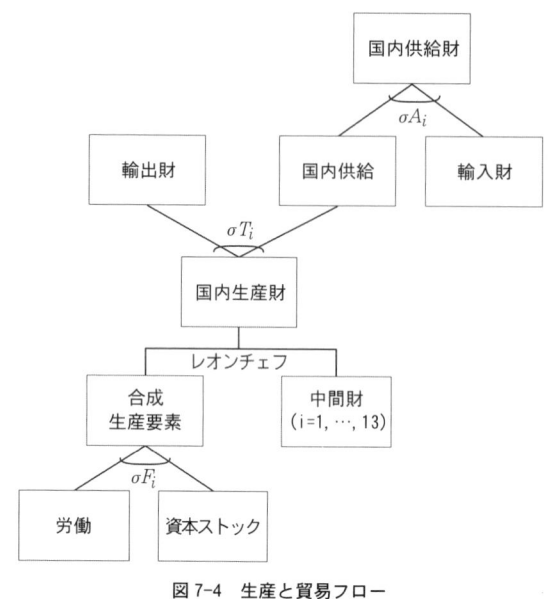

（出所）筆者作成。

(2) 制度

家計は，生産要素所得，他の制度からの経常移転所得と財産所得等受取からなる総貯蓄から政府への直接税と貯蓄，経常移転所得と財産所得等支払を除いた可処分所得を予算制約に，13の財の消費を効用最大化になるように行う。この効用関数はコブ・ダグラス型を想定する。貯蓄率は基準年に基づく。

一方，政府は，財政収支が均衡するように，各種税収（家計と企業からの直接税からの税収，輸入財への関税からの税収，国内財の生産における付加価値税からの税収）に，政府の資本賦存から得る要素所得，経常移転所得と財産所得等受取から，生産活動への補助金，経常移転所得支払，財産所得等支払及び政府貯蓄を除いたものを予算制約として，政府活動における政府消費，労働需要量及び資本ストック需要量をコブ・ダグラス型効用関数が最大になるように決定する。税率や貯蓄率は基準年に基づく。経常移転所得と財産所得の支払及び受取額の名目値は基準年で固定し，各期で物価変動に基づいて実質化する。

(3) 市場均衡条件

国民貯蓄は，民間貯蓄，政府貯蓄及び外国貯蓄の総額である。各財の投資需要はこの貯蓄を制約としてコブ・ダグラス関数に基づいて決まる。

財については，国内供給された国内財と輸入財が合成されたアーミントン財が，家計による消費，政府による消費，生産活動での投資と中間財需要によって消費され，総供給と総需要が均衡するところで，それぞれの財の価格が決定する。また，貿易は，輸入財の総額が輸出財と外国貯蓄の総額と等しい国際収支制約の中で行われ，その中で為替レートが決定する。

生産要素のうち労働は生産活動部門間を移動し，各期で企業と政府による労働需要量と各期で外生的に固定された労働賦存量が一致するところで均衡する。

(4) 動学過程

資本ストックについては，生産活動が既にそれぞれ保持する資本ストックは生産活動の部門間を移動しないが，新規の資本ストック（投資）は部門間で移動する putty-clay 型を想定する。したがって，来期の資本ストックは，今期の減価償却後の資本ストックに新規投資分を足したものである。

DCGE モデルにおける資本の動学過程は，主として Ramsey 型最適成長モデルに基づくもの（たとえば伴 (2007)）と資本の成長率と均衡利回り率との関係を成長曲線で定義するものとに大別される。本章では，後者の代表的なモデルである Dixon and Rimmer (2002) の動学ストックの累積過程を用いる。これは，資本の均衡期待利回り率を資本の成長率とのロジスティック関数の逆関数として扱うものである。詳細は付録3を参照されたい。

7.5 持続可能な漁業・水産加工クラスター形成に関するシミュレーション分析

(1) シミュレーション・シナリオ

震災が起こらなかった場合をベースケースとし，シナリオ1と2では震災が起こったことを想定する。阿久根他 (2013) と同様に，すべてのシナリオで漁

業と水産加工業における長期的な下降トレンドが存在し，被害分の資本ストックを消失させてシミュレーションを行う。表7-2に各生産活動の被害率と復旧政策が実施されるシナリオ1での復旧率にあたる予算率を示している[13]。被害率は全国の民間資本ストックに対する今回の大震災で消失した民間資本ストックの割合で，予算率は各資本ストックの被害額に対する予算額の比率である。

シナリオ2では，「持続可能な漁業・水産クラスター」が形成された場合を想定し，阿久根他（2013）と同様に，第一段階の合成生産要素の生産関数の全要素生産性にあたる効率パラメータ（aF）を変化させる。第3節の事例を踏まえて技術や経営のノウハウの導入によるイノベーションは，主として海面養殖業，冷凍魚介類製造業とその他の水産食料品製造業で生じるとする。

イノベーションの習熟，普及・拡散過程の表し方は，ロジスティック曲線などのS字型モデルを用いる方法や異なる生産構造を持つ生産関数を入れ子型

表7-2　シミュレーションに用いる資本ストックの被害率と予算率

		被害率	予算率（予算額／被害額）	
			2011	2012
漁業	海面漁業	10.4%	34.7%	4.8%
	海面養殖業	13.9%	70.5%	5.0%
水産加工業	冷凍魚介類製造業	0.6%	4.7%	0.3%
	塩・干・くん製品製造業	0.3%	2.1%	0.1%
	水産びん・缶詰製造業	0.0%	0.4%	0.0%
	ねり製品製造業	0.1%	1.1%	0.1%
	その他の水産食品製造業	1.0%	8.1%	0.6%

（注）　「水産びん・缶詰製造業」の被害率は0.04%で，2011年の予算率は0.02%である。
（出所）　筆者作成。

13　水産加工施設の被害について業種ごとの統計はないが，各業種には，全国に対する被災地域の事業所比率に相応した被害が及んでいると考え，これらの割合を水産加工業の数値で割り戻してそれぞれ被害率と予算率としている。なお，2005年の『工業統計表』の都道府県別事業所数によると，被害のあった7道県には，全国の水産加工業の事業所数に対する7道県の割合は35%である。業種ごとでは，冷凍魚介類製造業では51.3%，塩・干・くん製造業では44.4%，水産びん・缶詰製造業では45.2%，ねり製品製造業では16.2%，そしてその他の水産食品製造業では32.0%の事業所が立地している。

14　製造業において技術普及にロジスティック曲線が適当であることを最初に示したのはMansfield（1961）である。後者のモデル内での技術体系の違いをスイッチングさせる方法は，温暖化でのエネルギー問題を扱う際に多用されている。代表的なものとしてMITのEPPAモデルがある。

にするスイッチングなどがある[14]。ここでは、「持続可能なクラスター」でのイノベーションが震災後の2013年より前者のロジスティック曲線に沿って生じるとする。具体的には、水産加工業のi業種における「持続可能なクラスター」の普及率（rI_i）をロジスティック曲線 $rI_i = \gamma_i/(1+e^{\alpha+\beta t})$ を用い、普及率の上限（γ_i）を被災地域の生産割合とし、養殖業では25.4％、冷凍魚介類製造業では51.3％、その他の水産食品製造業では32.0％とした。また、係数αとβを2010年の普及率（rI_i）が10％となるように設定した。

既存のaFは海面養殖業、冷凍魚介類製造業が0.073、その他の水産食料品製造業が0.092であり、「持続可能なクラスター」でのaFはノウハウの主たる提供元である食料品製造業（0.869）と同等とする。これらのaFとrI_iを基に各業種に割当てたものを「持続可能なクラスター」が混在する各業種の効率パラメータ「新aF」として用いる。

(2) シミュレーション結果

図7-5は、漁業と水産加工業全体での各シナリオでの生産額を示している。この中で、震災がなかった場合を想定するベースケースを細い破線、震災後の復旧政策を想定するシナリオ1を細実線、「持続可能な漁業・水産加工クラスター」による生産性上昇を想定するシナリオ2を太実線で表している。

長期的な下降トレンドを想定しているので、震災がなかった場合のベースケースの2021年で、震災直前の2010年と比較しておよそ11％の生産減少を見込んでいる。シナリオ1での民間資本ストックへの復旧政策の実施により、復旧政策の効果は年々小さくなるものの、期間を通じて震災の影響は残り、ベースケースに比べて震災発生の5年後の2016年では570億円（1.3％）、10年後の2021年で320億円（0.8％）下振れする。

一方で、「持続可能な漁業・水産加工クラスター」を想定するシナリオ2は、2016年まではシナリオ1と同様の推移であるが、2017年以降生産水準は上昇基調に転じ、2018年に震災がなかった場合の生産水準に到達する。これは、各業種において新技術が普及し生産性が上昇するとともに、投入産出関係にある業種にそれらの効果が波及し、結果として長期的な下降トレンドを上回るためである。これについて図7-6で漁業と水産加工業別に生産額をみても、漁業（[a]）

216　第 7 章　動学的応用一般均衡モデルによる持続可能な漁業・水産加工クラスター形成の経済効果分析

は 2017 年以降，水産加工業（[b]）は 2018 年以降上昇傾向を示している。

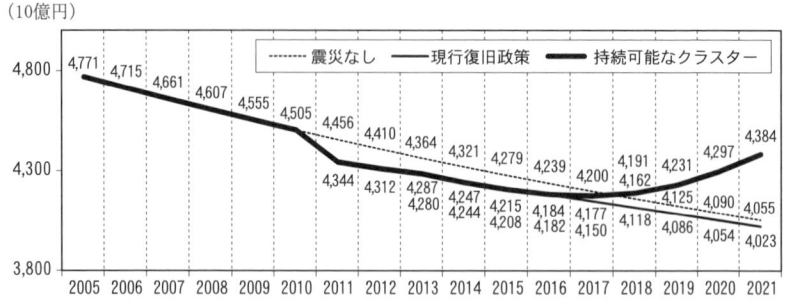

図 7-5　「持続可能な漁業・水産加工クラスター」形成による漁業と水産加工業の生産額の推移

[a]　漁業

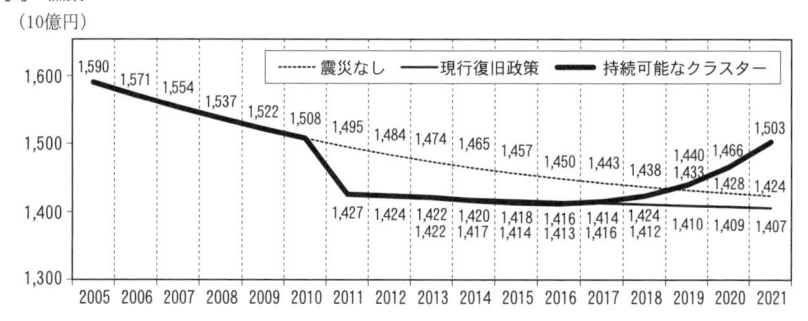

[b]　水産加工業

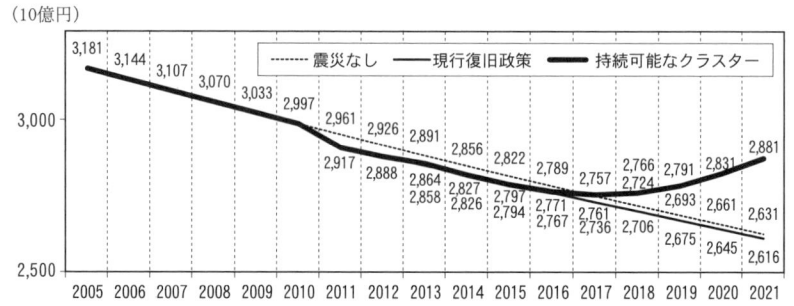

図 7-5　「持続可能な漁業・水産加工クラスター」形成による産業別の生産額の推移

（出所）　筆者作成．

7.6 おわりに

　本章の目的は，DCGEモデルを用いて，我が国の漁業と水産加工業における持続可能な漁業・水産加工クラスター形成の経済効果を定量的に明らかにすることであった。

　その中で，水産特区や異業種からの技術や商品開発のノウハウが導入されている事例を踏まえて，主として関係する海面養殖業，冷凍魚介類製造業及びその他水産食料品製造業における「持続可能な漁業・水産加工クラスター」の形成というシナリオで，その経済効果についてシミュレーションを行った。その結果，漁業と水産加工業全体で2017年以降生産水準は上昇基調に転じ，2018年に震災がなかった場合の生産水準に到達した。2021年の生産水準は震災後の長期的なトレンドを上回る結果となった。漁業と水産加工業別でも，漁業は2017年以降，水産加工業は2018年以降上昇傾向を示した。

　阿久根他（2013）と比べると漁業の復旧ペースは遅い。これは，宮城県石巻市の水産特区が養殖業を対象としていることを踏まえ，資本ストックの復旧よりも海面養殖業における「持続可能なクラスター」でのイノベーションを想定したためである。ペースは遅くとも上昇基調に転じる点は，今後の水産業が養殖業により重点をおくことが重要であることを示している。水産加工業については，上昇基調に変わることが阿久根他（2013）の結果と異なる。これは，水産加工業において，他の食料品製造業と同程度の生産性で生産活動を行うことの重要性を示している。

　「持続可能な漁業・水産加工クラスター」のような異業種との連携による複数の業種での生産性の上昇は，長期的には漁業・水産加工業を成長産業に転じさせる。ただし，技術の普及やイノベーションの効果が顕在化するには時間がかかる。2017年まで生産水準が上昇傾向を示さないことがそれを意味している。復興計画は「息長く」「長期的に」といわれることが多いが，シミュレーションの結果はそのような点を表している。

　最後に，残された課題を整理したい。本章は，東日本大震災における経済的

影響や生産回復に対する政策について，漁業と水産加工業を詳細にし，全国レベルで評価分析した。現実には，被害が大きかった地域があることから，それらの地域に特化した分析が今後の課題である。また，八田・高田（2010）をはじめ我が国漁業の問題として多くで指摘される資源管理は，中長期の安定した漁業活動のために直近での生産抑制が必要であるが，本章のモデルではこの点を織り込んでいないので，今後の課題として残る。

第 8 章
多地域間産業連関表を用いた大震災による人口減少の経済影響分析

8.1 はじめに

　東日本大震災では，多くの人命が失われると共に住居や事業所等の建物被害が広範囲に広がった。特に福島県においては地震・津波による人的及び物的被害のみならず，原発事故により被害が複雑化かつ長期化しており，人々の生活に様々な影響が生じている。本来住むべき住居で生活できなくなった避難者は地震直後の 2011 年 3 月 16 日に 52 万人にも上り，その後同年 11 月には約 33 万人まで減少したものの，被災から 2 年半以上経った 2013 年 10 月現在でも全国で約 28 万もの人々が避難生活を余儀なくされている[1]。このような避難生活は，特に直接的な被害が甚大であった東北 3 県（岩手県，宮城県，福島県）だけでなく全国の広範囲にわたり，例えば 2013 年 10 月時点でも東京都で避難している人は 8,731 人，茨城県で 5,047 人，新潟県で 4,966 人であり，その他北海道から沖縄までの全ての都道府県に避難者が居住している状況である[2]。また，福島第一原発事故により福島県では避難指示区域が設定され，2013 年 8 月時点で帰宅困難区域の人口は 24,800 人，居住制限区域で 23,400 人，避難指示解除準備区域で 33,100 人である。合計 81,300 人もの人々が元々居住していた地域に住めない状況が続いており，県外に転居した住民も多いものと推察される。

　このような中，被災地域では震災による人口減少が進んでいる。福島県で

---

[1] 緊急災害対策本部資料。
[2] 避難先の状況は 2013 年 10 月 10 日現在の判明分。

は，1990年代後半から既に人口減少に転じ，2000年代後半の年減少数は約1万人程度で推移していたが，震災のあった2011年は4万人の減少，2012年でも約2万7千人の減少となっている。この大きな要因は，震災による死亡だけではなく，むしろ県外への転出が多くなったことが挙げられる。1995年の阪神淡路大震災では，震災前に152万人だった神戸市の人口は，震災後には142万人まで減少し元の人口水準に回復するまで10年間を要している[3]。福島県では原発事故からの復興が遅々として進まなければ県外移転が今後も進むとも考えられ，長期的な人口減少が懸念される。出口（2012）は東北地方の震災復興に焦点をあてながら地域の成長戦略を検討するにあたり，震災の影響を織り込んだ都道府県別将来人口の推計を行っている。その推計結果によれば，2030年時点の福島県の人口は震災が無かった場合と比べて，最大で約34万人の減少にもなると予測されている[4]。2010年時点での203万人からは実に81万人もの人口減少となり，福島県の人口流出を防げなければ地域経済に対して多大な影響をもたらすものと考えられる。

そこで本章では，まず被災の大きかった岩手，宮城，福島の3県における被災後の人口減少が，家計消費の減少を通じて生じたと考えられる経済影響を産業連関分析により推計する。次に震災の影響を加味した日本の将来人口を見据えたうえで，日本における各都道府県の人口減少に伴う家計消費需要の変化が，各都道府県での各産業の連関構造を通じて生産への減少にもたらす影響を分析する。

8.2 被災地域における人口変化

東日本大震災による人的被害は，警察庁の発表（平成25年11月25日）によれば死者15,883名，行方不明者2,651名，負傷者6,150名であり，死者・行方不明者は岩手県，宮城県，福島県の3県に集中した。また，復興庁では震災

3　神戸市統計報告特別号（2004）。
4　震災直後の1年間の純移動率が低下しないと仮定した場合と震災なしの趨勢人口の比較。

関連死の把握が行われているが，それによれば震災関連死は全国で 2,916 名であり，そのうち約半数の 1,572 名が福島県での震災関連死となっている．行方不明者も含めると 2 万人以上の犠牲が出ており，極めて甚大な被害をもたらした．

また，東日本大震災の影響の大きな特徴は，死亡・行方不明等の人的被害が甚大であったことだけでなく，避難の長期化である．震災から 2 年半経った 2013 年 10 月現在でもその避難者数は全国で約 28 万人にも及び，8 割は岩手，宮城，福島の太平洋側東北 3 県での避難生活である．被災者の多くは元々の居住県内で避難しているものの，県外での避難を余儀なくされた人も多く，表 8-2 に見られるように，2011 年 10 月時点で県外避難者数は福島県の場合 55,608 名，宮城県 8,449 名，岩手県 1,437 名となっている．2 年後の 2013 年 10 月時点でも県外避難者数に大きな減少はなく，福島県の多くの住民は震災後県外での避難生活を強いられている．このように福島県では約 6 万人，被災 3 県では合計約 7 万人の人口流出が生じていると考えられ，震災による死亡等も含めれば被災 3 県で約 9 万人の人口減が生じたと考えられる．

このように被災地域における人口減少は，警察庁及び復興庁などの調べによる死亡等の人的被害と県外避難者数によってある程度推定することができるが，2014 年 2 月現在の時点では，震災前後（2010 年 10 月 1 日人口と 2011 年，2012 年の 10 月 1 日人口）の都道府県人口も公表されており，被災前後の差をもって被災による人口減少とする簡便法も考えられる．しかし，被災 3 県は震

表 8-1　東日本大震災による人的被害

都道府県	死者（直接） 人数	割合	死者（関連） 人数	割合	行方不明者 人数	割合	負傷者 人数	割合
岩手県	4,673	29.4%	417	14.3%	1,144	43.2%	213	3.5%
宮城県	9,537	60.0%	873	29.9%	1,296	48.9%	4,148	67.4%
福島県	1,606	10.1%	1,572	53.9%	207	7.8%	182	3.0%
その他	67	0.4%	54	1.9%	4	0.2%	1,607	26.1%
合計	15,883	100.0%	2,916	100.0%	2,651	100.0%	6,150	100.0%

（出所）緊急災害対策本部資料（平成 25 年 11 月 26 日）及び復興庁資料（平成 25 年 12 月 24 日）より筆者作成．

表 8-2　県外避難者数の推移　　　　（単位：人）

	2011/10/6	2012/10/10	2013/10/10
岩手県	1,437	1,702	1,531
宮城県	8,449	8,177	7,373
福島県	55,608	59,031	50,633
合計	65,494	68,910	59,537

（出所）　復興庁資料より筆者作成。

表 8-3　県内避難者数

（単位：人）

	2013/10/10
岩手県	36,825
宮城県	95,163
福島県	89,924
その他	60,199
合計	282,111

（出所）　復興庁資料より筆者作成。

災前から人口減少傾向にあり，震災前後の単純比較で「震災による人口減少」とすると，震災が無くても生じた自然減と社会減を含んでしまう。そこで，震災とは関係のない自然増減および社会増減を除いて純粋な震災による人口減少分を推計した。推計にあたっては，被災前の自然動態（出生，死亡別），社会動態（転入，転出別）の動向から震災の無い状態での回帰式を推定し，震災後半年（2011 年 4 月から 9 月），震災半年後から 1 年間（2011 年 10 月から 2012 年 9 月）の震災による人口減少分を算出した（表 8-5）。

表 8-5 から震災後 1 年半の間に震災が原因で減少した人口は，福島県で 39,563 名，宮城県で 16,513 名，岩手県で 5,294 名と推計された。推計の基になった総務省の推計人口は国勢調査による人口を基準に，住民基本台帳報告，人口移動実態調査などの各種統計資料から推計されており，言わば登録ベースの人口統計である。従って，住民票の移動をしていなかったりする場合はこの人口に考慮されないことに留意する必要がある。

表8-4　被災前後の人口　　　　　　　　　　　（単位：人）

	2010	2011	2012	震災前後の人口減少 2010-2011	震災前後の人口減少 2010-2012
岩手県	1,330,147	1,314,076	1,303,154	-16,071	-26,993
宮城県	2,348,165	2,326,735	2,325,247	-21,430	-22,918
福島県	2,029,064	1,989,834	1,961,705	-39,230	-67,359

（出所）　総務省統計局「人口推計」より筆者作成。

表8-5　被災による人口変化（推計値）　（単位：人）

	2011.4-2011.9	2011.10-2012.9	合計
岩手県	-5,496	202	-5,294
宮城県	-18,419	1,906	-16,513
福島県	-25,259	-14,304	-39,563
合計	-49,173	-12,197	-61,370

（出所）　筆者作成。

8.3　全国47都道府県間産業連関表の特徴

　本章は，実際の地方行政区域に対応した分析を可能にし，さらに地域間の連関構造を明示的に示した分析を行うため，地域設定を都道府県とする。家計消費の減少が各都道府県の生産に与える影響を産業別に分析するためには，各都道府県が作成している産業連関表を用いて分析することも可能である。しかし，これらの産業連関表は一般に地域内産業連関表の形式をとるため，地域間のフィードバック効果を十分考慮できず，各都道府県間の相互依存関係を明示的に捉えた分析ができない。また，このような地域間の連関構造を考慮可能な産業連関表として，日本では経済産業省による地域間産業連関表があるが，地域設定が実際の地方行政区域と異なるために，都道府県別に経済影響を分析することができない。そこで本章は，著者らがすでに開発している全国47都道府県間産業連関表を用いることとする。

　著者らは，これまで1995年から2005年まで3時点の都道府県間産業連関表

を作成しており，その表を用いた各種分析も著者自身や他の研究者等によってさまざま行われてきた。例えば，石川・宮城（2004）では，全国の都道府県間の連関構造を分析すると共に，愛知県の自動車需要が全国各県にもたらす経済波及効果を分析し，笹山（2011）では，港湾投資の経済波及効果の分析に用いられている。さらに，震災，エネルギーの分析として，石倉・石川（2011）は47都道府県間産業連関表を統合して首都圏及びその他地域の産業連関表を作成したうえで，CGEモデルにより首都圏電力供給制約の経済影響を分析し，後藤（2011）は，東北地域と茨城・千葉地域に統合し，東日本大震災時の供給シェアに関する分析を行っている。このように，全国47都道府県間産業連関表は多方面で利用されており，特にすべての都道府県が独立して地域設定されているために，分析用途に合わせて統合することによって，分析目的に必要な結果を導いている。本章でも，全国の各都道府県における人口減少を分析することから，都道府県間産業連関表の利用は有効である。

8.4 被災による人口減少がもたらす経済影響

(1) 被災地における人口減少がもたらす消費需要変化

ここでは，東日本大震災によって大きな人的被害が生じた岩手県，宮城県，福島県を対象に，被災による人口減少がもたらす経済影響を分析する。被災による人口減少数は，被災前後の人口から推計することができるが，基になる統計の性質上過小評価になっている可能性が高い。そのため経済影響の分析にあたっては，より人口変動の実態を捉えていると考えられる警察庁，復興庁などによる人的被害者数と県外避難者数の数値を用いるものとする。それによれば，被災による人口減少は死亡等による自然減と県外に避難した社会減別に表8-6のようになる。

本章では，被災による人口減少がもたらす経済影響を分析することを目的としているため，まず人口減少が消費需要の減少に与える影響を推計する必要がある。被災による人口の自然減については，当該県の1人あたり年平均消費額を乗じることにより当該県の1年間の消費需要減少分を推計することができる

表 8-6　被災による人口減少　　　（単位：人）

	自然減	社会減（県外避難者）	合計
岩手県	6,234	1,437	7,671
宮城県	11,706	8,449	20,155
福島県	3,385	55,608	58,993
合　計	21,450	65,494	86,819

（出所）　警察庁，復興庁資料5より筆者作成。

が，避難による社会減は県外では社会増になるため，当該県の消費需要の減少分だけでなく当該県以外の都道府県の消費需要増を推計する必要がある。そこで本分析にあたっては，避難先都道府県別の避難者数を基に都道府県別の社会増を推計し，それと共に全都道府県の消費需要の変化額を推定した。なお，1人あたり年平均消費額[6]は避難先の都道府県においては減少すると考えられるが，避難者の消費額に関する統計が無いため避難前1年間の消費同額を支出すると仮定した。

表8-7は岩手，宮城，福島の被災3県における人口の自然減と社会減による各都道府県の消費需要変化額を推計したものである。人口の自然減により岩手，宮城，福島の各県では，それぞれ119億円，245億円，64億円の消費需要の減少が生じ，宮城県での消費需要の減少が著しい。一方，社会減による消費需要の減少は，まず岩手，宮城，福島においてそれぞれ27億円，177億円，1,049億円と推計され，被災3県のなかでは避難に伴う福島の人口減少がもたらす消費需要減が大きい結果となった。これら3県での消費需要減は避難先都道府県での消費需要増となるが，その影響は避難先地域各県に及ぶ。この避難先における消費需要増は被災3県にも生じ，例えば岩手県では宮城県民の避難が多いため，結果として9.7億円の消費需要増となる。この避難に伴う複雑な社会動態をすべて考慮すると，宮城県では121億円の消費需要減，福島県では1,048億円の消費需要減となる。これらの結果から東日本大震災における自然

5　自然減は死亡等であり警察庁（2013年11月25日）など，社会減は県外避難者を指し復興庁（2011年10月6日）による。なお，県外避難者数は過去2年間において大きく変化していない。

6　1人あたり年間家計消費支出は，2010年の県民経済計算の家計消費支出と国勢調査人口から算出した。岩手県191万円，宮城県209万円，福島県189万円と算出される。

表8-7 被災東北3県における人口減少に伴う各都道府県の消費需要変化 (単位：百万円)

	自然減による消費需要変化				社会減(避難)による消費需要変化				自然減・社会減
	岩手県	宮城県	福島県	3県合計	岩手県	宮城県	福島県	3県合計	合計
北海道	0	0	0	0	196	1,119	3,619	4,934	4,934
青森県	0	0	0	0	61	472	1,024	1,557	1,557
岩手県	-11,916	0	0	-11,916	-2,747	2,547	1,167	967	-10,949
宮城県	0	-24,499	0	-24,499	86	-17,683	5,454	-12,143	-36,642
秋田県	0	0	0	0	85	743	1,690	2,518	2,518
山形県	0	0	0	0	86	1,082	12,383	13,551	13,551
福島県	0	0	-6,387	-6,387	0	113	-104,919	-104,806	-111,193
茨城県	0	0	0	0	212	135	8,109	8,456	8,456
栃木県	0	0	0	0	166	159	6,339	6,663	6,663
群馬県	0	0	0	0	83	167	3,165	3,415	3,415
埼玉県	0	0	0	0	159	1,237	6,068	7,463	7,463
千葉県	0	0	0	0	272	667	7,231	8,169	8,169
東京都	0	0	0	0	547	2,021	14,281	16,849	16,849
神奈川県	0	0	0	0	120	1,228	4,593	5,941	5,941
新潟県	0	0	0	0	116	241	10,066	10,424	10,424
富山県	0	0	0	0	12	96	449	556	556
石川県	0	0	0	0	17	139	655	811	811
福井県	0	0	0	0	11	100	425	536	536
山梨県	0	0	0	0	37	122	1,408	1,566	1,566
長野県	0	0	0	0	54	148	1,998	2,199	2,199
岐阜県	0	0	0	0	12	141	475	629	629
静岡県	0	0	0	0	81	480	1,627	2,189	2,189
愛知県	0	0	0	0	42	606	1,621	2,269	2,269
三重県	0	0	0	0	12	100	477	590	590
滋賀県	0	0	0	0	11	146	427	584	584
京都府	0	0	0	0	35	296	1,356	1,687	1,687
大阪府	0	0	0	0	35	656	1,330	2,021	2,021
兵庫県	0	0	0	0	31	504	1,167	1,702	1,702
奈良県	0	0	0	0	6	74	210	290	290
和歌山県	0	0	0	0	2	67	85	154	154
鳥取県	0	0	0	0	7	39	258	304	304
島根県	0	0	0	0	6	28	215	249	249
岡山県	0	0	0	0	18	130	692	841	841
広島県	0	0	0	0	14	243	523	780	780
山口県	0	0	0	0	5	63	187	254	254
徳島県	0	0	0	0	2	26	87	115	115
香川県	0	0	0	0	3	11	108	122	122
愛媛県	0	0	0	0	5	117	193	315	315
高知県	0	0	0	0	3	41	106	150	150
福岡県	0	0	0	0	19	515	714	1,247	1,247
佐賀県	0	0	0	0	6	57	226	288	288
長崎県	0	0	0	0	5	91	184	280	280
熊本県	0	0	0	0	6	100	234	340	340
大分県	0	0	0	0	7	98	276	381	381
宮崎県	0	0	0	0	8	104	295	407	407
鹿児島県	0	0	0	0	7	87	271	365	365
沖縄県	0	0	0	0	38	326	1,453	1,817	1,817

(出所) 筆者作成。

動態，社会動態をすべて加味すると，福島県では1,112億円の消費需要減と最も大きな影響を受け，宮城県は366億円，岩手県は109億円の消費需要減となる。

(2) 分析モデル

石川・三菱総研が開発している2005年都道府県間産業連関表を用いて都道府県間のフィードバック効果を考慮した分析を行うため，分析に用いるモデルは，**非競争移入・競争輸入型の地域間産業連関モデル**とし，(8-1)式における外生需要として与える最終需要のうち，家計消費支出のみが人口減少に伴い変化すると仮定する。

$$X = [I-(A-\hat{M}A^*)]^{-1}(Y-\hat{M}Y^*+E) \tag{8-1}$$

ここで，X：都道府県別産業別の生産額ベクトル
　　　　A：都道府県間投入係数
　　　　$\hat{M}$：輸入係数
　　　　A^*：都道府県間投入係数の対角行列
　　　　Y：都道府県別最終需要ベクトル
　　　　Y^*：都道府県別最終需要のうち自地域需要ベクトル
　　　　E：輸出額ベクトル

内生部門は45部門であり，地域は47都道府県すべてに分割されている。従って，47都道府県別45産業部門別の生産額変化が推計される。

また，付加価値変化についても，推計された生産額を元に付加価値係数を乗じて推計する。

$$V = \overline{V}X \tag{8-2}$$

ここで　V：付加価値額　　$\overline{V}$：付加価値係数

(3) 分析結果

生産額変化と付加価値変化をそれぞれ表8-8と表8-9に示す。まず生産額については以下のような分析結果となった。自然減による生産額の減少について

228　第8章　多地域間産業連関表を用いた大震災による人口減少の経済影響分析

表 8-8　生産額の地域別変化　　　　　　（単位：百万円）

	自然減による生産額変化				社会減による生産額変化				自然減・社会減合計
	岩手県	宮城県	福島県	3県合計	岩手県	宮城県	福島県	3県合計	被災3県合計
岩手	-11,641	-1,171	-78	-12,890	-2,656	1,809	1,042	196	-12,694
宮城	-1,836	-22,543	-941	-25,321	-290	-15,468	-6,980	-22,738	-48,058
福島	-503	-1,371	-5,679	-7,553	-51	-489	-90,215	-90,755	-98,308
北海道	-180	-477	-88	-745	234	1,224	4,670	6,128	5,383
その他の東北	-1,098	-1,324	-266	-2,688	16	1,725	11,905	13,647	10,959
関東	-3,416	-10,002	-2,681	-16,100	2,160	5,209	61,963	69,333	53,233
中部	-775	-1,577	-367	-2,719	106	1,250	4,949	6,304	3,585
近畿	-397	-1,627	-302	-2,325	237	2,124	7,576	9,937	7,611
中国	-124	-433	-110	-666	93	768	2,686	3,546	2,880
四国	-60	-347	-70	-478	33	181	575	789	311
九州	-98	-620	-75	-793	117	1,371	3,997	5,485	4,691
沖縄	-3	-16	-3	-22	44	374	1,660	2,078	2,056
被災3県以外	-6,150	-16,423	-3,963	-26,536	3,040	14,227	99,980	117,246	90,710
全国	-20,131	-41,508	-10,660	-72,299	43	80	3,827	3,950	-68,349

（出所）　筆者作成。

は，岩手県の自然減に伴う生産額の減少は全国で201億円であり，そのうち岩手県の生産額減少は116億円となった。また，宮城についても同様に全国で415億円の生産減に対して225億円，福島については全国で107億円の生産減に対して57億円の生産減と推計された。自然減が生じた当該県の影響は岩手，宮城，福島それぞれで全国での影響の58％，54％，53％であり，自然減に伴う生産減は全国に広く波及することが分析された。これは被災地域における直接的な消費需要減から他地域にその消費需要減がおよび，さらに被災3県の自給率の低さが影響していると考えられる。被災3県での自然減に伴う各県の生産額はそれぞれ岩手県129億円，宮城県253億円，福島県76億円の減少となる。

　被災3県における社会減は，他地域における社会増とそれに伴う消費需要増が生じるため，生産額が増加する地域もある。宮城，福島では，それぞれ227

8.4 被災による人口減少がもたらす経済影響　229

表8-9　付加価値額の地域別変化　　　　　　　　（単位：百万円）

	自然減による付加価値額変化				社会減による付加価値額変化				自然減・社会減合計
	岩手県	宮城県	福島県	被災3県合計	岩手県	宮城県	福島県	被災3県合計	被災3県合計
岩手	-7,289	-627	-37	-7,953	-1,667	1,183	663	179	-7,774
宮城	-842	-13,896	-454	-15,191	-120	-9,658	-2,717	-12,494	-27,686
福島	-251	-696	-3,599	-4,545	-26	-244	-57,603	-57,873	-62,418
北海道	-91	-233	-45	-369	132	703	2,567	3,401	3,032
その他の東北	-475	-630	-135	-1,240	45	1,071	7,304	8,420	7,180
関東	-1,547	-4,589	-1,214	-7,351	1,239	3,280	37,297	41,816	34,466
中部	-289	-663	-162	-1,113	68	702	2,501	3,271	2,157
近畿	-174	-756	-137	-1,067	134	1,268	4,392	5,794	4,727
中国	-48	-178	-42	-267	50	430	1,576	2,055	1,789
四国	-25	-156	-30	-210	17	105	337	458	248
九州	-42	-299	-35	-376	65	799	2,223	3,086	2,711
沖縄	-1	-8	-2	-11	25	209	935	1,169	1,158
被災3県以外	-2,692	-7,510	-1,801	-12,003	1,774	8,567	59,131	69,471	57,468
全国	-11,073	-22,729	-5,891	-39,693	-39	-151	-527	-717	-40,410

（出所）　筆者作成。

　億円，908億円の生産額の減少となるが，岩手では宮城からの流入により2億円の増加となる。また，避難者の多い関東では693億円の生産額増となり，被災3県以外の全国計で1,172億円の生産額増となる。これらの被災3県における自然減と社会減を合わせると，最終的には岩手で127億円，宮城で481億円，福島で983億円の生産減である。表8-10から産業別では「不動産」，「対個人サービス」，「商業」，「食料品・たばこ」の生産額の減少が大きく，3県合計でそれぞれ345億円，187億円，142億円，142億円の減少である。一方で，関東で532億円，その他の東北で110億円の生産増があり，生産レベルでの地域格差が生じる結果となった。
　付加価値額の変化についても同様の傾向であるが，福島県の付加価値は人口減により624億円減少したと推計され，その額は福島県のGRPの0.8%にな

表 8-10　生産額の部門別変化　　　　　　　　　　　　（単位：百万円）

	自然減(死亡等)による生産額変化				社会減(避難)による生産額変化				自然減・社会減合計
	岩手起因	宮城起因	福島起因	3県起因	岩手起因	宮城起因	福島起因	3県起因	3県起因
	岩手県	宮城県	福島県	被災3県合計	岩手県	宮城県	福島県	被災3県合計	被災3県合計
01 農業	-555	-335	-227	-1,456	-125	-193	-3,605	-4,203	-5,660
02 林業	-16	-50	-7	-76	-4	-36	-109	-136	-212
03 漁業	-53	-71	-7	-216	-12	-37	-104	-293	-509
04 鉱業	-62	-28	-4	-165	-14	-15	-5	-228	-394
05 食料品・たばこ	-1,349	-1,237	-449	-4,153	-307	-718	-6,784	-10,045	-14,198
06 繊維製品	-183	-180	-40	-429	-42	-127	-626	-717	-1,146
07 製材・木製品	-10	-30	-2	-55	-2	-20	-30	-62	-117
08 家具・装備品	-7	-18	-5	-38	-2	-13	-72	-106	-143
09 パルプ・紙・紙加工品	-15	-166	-15	-308	-3	-100	-193	-501	-809
10 印刷・出版	-40	-43	-16	-143	-9	-23	-244	-338	-480
11 化学製品	-50	-40	-55	-299	-11	-14	-804	-893	-1,192
12 石油・石炭製品	-23	-173	-7	-311	-9	-99	-99	-966	-1,278
13 プラスチック製品	-55	-35	-12	-158	-12	-16	-210	-229	-387
14 ゴム製品	-4	-10	-8	-39	-1	-5	-106	-112	-151
15 皮革・同製品	-28	-34	-12	-88	-6	-24	-196	-271	-359
16 窯業・土石製品	-10	-22	-6	-79	-2	-17	-82	-109	-188
17 鉄鋼製品	-2	-8	-1	-27	0	-1	-3	-29	-56
18 非鉄金属製品	-14	-15	-7	-56	-2	-7	-89	-101	-157
19 金属製品	-37	-33	-15	-121	-8	-16	-210	-279	-400
20 一般機械	-6	-15	-2	-33	-1	-10	-19	-40	-73
21 事務用・サービス用製品	-2	-6	0	-11	0	-4	-4	-29	-40
22 民生用電気機械	-35	-18	-5	-86	-8	-9	-73	-80	-166
23 電子・通信機械	-60	-126	-101	-430	-12	-70	-1,556	-1,792	-2,222
24 その他の電気機械	-6	-10	-4	-41	-1	-3	-48	-71	-113
25 自動車	-70	-72	-14	-217	-15	-15	-132	-109	-327
26 その他の輸送用機械	0	-1	-1	-19	0	-9	-12	-28	-48
27 精密機械	-33	-24	-23	-101	-8	-16	-348	-424	-525
28 その他の製造業	-20	-55	-14	-121	-4	-35	-209	-310	-431
29 建築・建設補修	-180	-299	-30	-536	-41	-212	-465	-654	-1,190
30 土木	0	0	0	0	0	0	0	0	0
31 電力	-264	-403	-444	-1,361	-61	-276	-6,713	-7,003	-8,364
32 ガス・熱供給	-25	-120	-8	-159	-6	-86	-122	-210	-368
33 水道・廃棄物処理	-167	-372	-146	-719	-38	-264	-2,381	-2,606	-3,325
34 商業	-815	-2,287	-348	-4,551	-183	-1,493	-5,406	-9,686	-14,237
35 金融・保険	-898	-1,702	-405	-3,174	-206	-1,201	-6,575	-7,765	-10,938
36 不動産	-2,779	-5,805	-1,325	-9,968	-640	-4,179	-21,755	-24,513	-34,481
37 運輸	-529	-1,550	-289	-2,832	-120	-1,067	-4,559	-6,376	-9,208
38 通信・放送	-338	-872	-173	-1,516	-77	-607	-2,790	-3,612	-5,128
39 公務	-55	-71	-23	-157	-13	-50	-381	-430	-586
40 教育・研究	-260	-754	-127	-1,216	-60	-533	-2,042	-2,641	-3,856
41 医療・保険・社会保障	-614	-1,027	-308	-1,950	-142	-741	-5,059	-5,513	-7,463
42 その他の公共サービス	-185	-291	-88	-572	-43	-209	-1,440	-1,573	-2,145
43 対事業所サービス	-542	-1,300	-157	-2,373	-123	-881	-2,446	-4,181	-6,554
44 対個人サービス	-1,204	-2,758	-723	-5,212	-275	-1,955	-11,739	-13,526	-18,738
45 その他	-40	-92	-23	-191	-9	-61	-369	-506	-697
合　計	-11,641	-22,543	-5,679	-45,764	-2,656	-15,468	-90,215	-113,296	-159,060

(出所)　筆者作成。

る。被災 3 県合計では 979 億円の減少であり，「不動産」の減少が最も多く，次いで「対個人サービス」「食料品・たばこ」の順であった。

8.5　将来の人口推計と震災の影響

国立社会保障人口問題研究所によれば，日本の人口は今後減少する見通しで，2010 年の 1 億 2,806 万人から 2030 年には 1 億 1,662 万人となり，2048 年には 1 億人を割ると推計されている[7]。2010 年からの 20 年間で 1,144 万人（約 8.9％）減少すると予測されており，この人口減少は家計消費の減少に直接影響すると考えられる。最終需要に占める民間消費支出は 48.6％を占め，日本経済をけん引していると考えられるが，同時に家計消費の落ち込みは日本経済のマイナス要因となり，経済の低迷をもたらす。これを都道府県別に見ると，さらに深刻な影響が懸念される[8]。例えば，一部の地域を除き人口減少は大きな懸念材料であり，2010 年から 2030 年にかけての人口減少率で最も大きな減少となる県は秋田県であり 26％の減少，次いで和歌山県が 23.5％の減少となる。一方，東京都は 2.6％の増加，神奈川県は 0.6％の減少に留まり，人口構造からみた地域間格差は大きく拡大する。それ以外で特徴的な人口動向は，沖縄

表 8-11　人口増減上位 5 位

人口変化率（昇順）	
秋田県	-26.1％
和歌山県	-23.5％
青森県	-21.8％
山口県	-21.1％
島根県	-20.8％

表 8-12　人口増減下位 5 位

人口変化率（降順）	
沖縄県	5.1％
東京都	2.6％
神奈川県	-0.6％
滋賀県	-0.9％
愛知県	-1.4％

（注）　2005 年から 2030 年の人口変化率を算出。
（出所）　国立社会保障人口問題研究所（2007）を基に筆者作成。

7　国立社会保障・人口問題研究所，日本の将来推計人口（平成 24 年 1 月推計），2012 年 1 月 30 日。
8　国立社会保障・人口問題研究所，日本の都道府県別将来推計人口（平成 19 年 5 月推計），2007 年 5 月。

県が 5.1%増加すると見込まれていること，滋賀県が 0.9%の減少に留まることである。

このように震災が無くても今後の日本全体および多くの地域の人口は減少傾向が続くものと予測されるが，東北地域においては震災の影響によりさらに人口減少に拍車がかかることが懸念される。

例えば福島県の人口動態を見ると，図 8-1 に示したように長期的にはすでに 1998 年から人口減少に転じているが，その傾向は 2010 年までは徐々に減少幅が大きくなるものの 2009 年から 2010 年にかけての 1 年間の減少数は 13,752 人に留まっていた。しかし，2011 年には 40,069 人に大幅に増加し，その翌年でも 26,662 人の人口が減少した。2013 年には人口減少幅が小さくなっているが，今後の動向は福島原発事故からの復興如何とも考えられ，影響が長期化すれば人口減少は歯止めがきかない状況となる。

また，出口（2012）によれば，震災の影響が特に大きかった岩手，宮城，福島の 3 県のうち宮城と福島で，震災前（2010 年 3 月～11 月）に比べて震災後

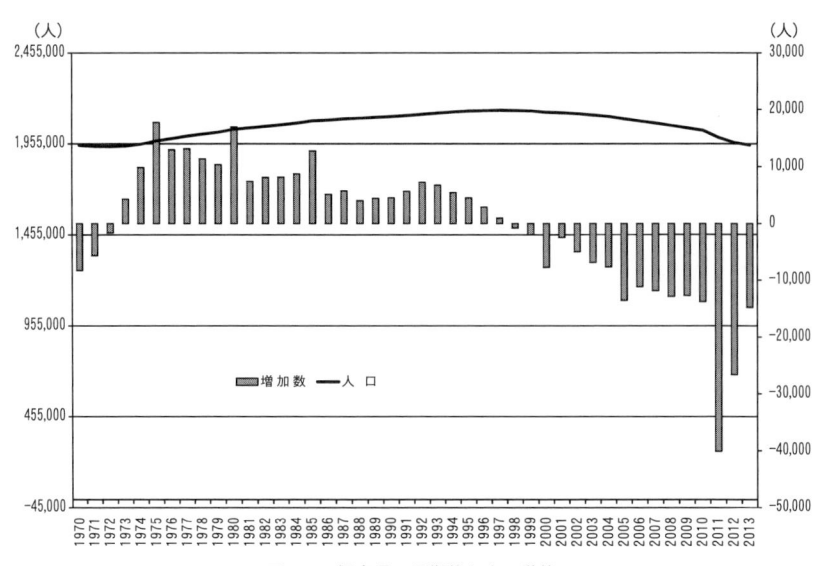

図 8-1 福島県の長期的な人口動態

（出所）「福島県統計年鑑 2013」及び「福島県の推計人口」を基に筆者作成。

(2011年3月～11月)の転出超過数が拡大し，なかでも福島では震災前に比べて転入の減少，転出の増加が続き，特に40代以下の世代の転出超過数が大幅に増加した．全国的な動きとしては，首都圏に該当する南関東地域（埼玉，千葉，東京，神奈川の1都3県）において転入超過数が震災前より減少し，震災後の転入超過数が6万人と震災前の8.9万人に比べて3割以上も減少したことが分析されている．震災の影響を考慮した人口推計では，震災以降にみられる転出入の動向を織り込んだ全国47都道府県別の将来人口をコーホート要因法から推計しており，震災の影響なしのケース（ケースA），震災の影響ありのケース（ケースB）の推計結果を示している．さらに，震災の影響があるケー

表8-13 出口（2012）による人口推計結果（一部抜粋）[9]

	ケースA	ケースB1	ケースB2
	2030年	2030年	2030年
全国	-11%	-11%	-11%
北海道	-20%	-15%	-15%
青森県	-29%	-21%	-23%
岩手県	-27%	-21%	-22%
宮城県	-14%	-14%	-16%
秋田県	-31%	-25%	-27%
山形県	-26%	-18%	-19%
福島県	-23%	-34%	-40%
茨城県	-14%	-15%	-16%
栃木県	-15%	-13%	-14%
群馬県	-16%	-14%	-14%
埼玉県	-6%	-7%	-6%
千葉県	-4%	-11%	-12%
東京都	8%	-5%	-3%
神奈川県	-2%	-6%	-5%

（注） 2010年を基準とする推計人口の変化率（一部の都道府県を抜粋）
（出所） 出口（2012）を基に筆者作成．

---

[9] 出口（2012）では震災の影響がないケースA，震災の影響があるケースB1（純移動率が7のレベルで続く），B2（純移動率が低下しない）を推計している．

スについては，震災の影響を大きく受けた変動が 2012 年以降はやや小さくなると考え，純移動率が 7 割のレベルが続くと仮定したケース（ケース B1）と，純移動率が低下せず震災直後の 1 年間の純移動率が続くと仮定したケース（ケース B2）の 2 つのケースに分けて推計がなされている．具体的な将来人口の推計結果としては，① 岩手と福島では少子高齢化の影響により死亡数が出生数を大きく上回り，どのケースでも将来推計人口は急速に減少する，② 岩手は震災前に比べて生産年齢人口の転出超過数がやや減少しているため，震災の影響が続けばむしろ人口減少率は縮小するが，福島は 40 代以下の世代の人口流出が多く，人口が大幅に減少するとともに高齢化率も秋田を上回る，③ 南関東では，震災により若年層の首都圏への流入が震災前と比べて減少していることから，人口減少の開始時期が早まると予測されている．

8.6 都道府県間産業連関表を用いた将来の人口減少に伴う経済影響の分析

(1) 分析方針

　人口減少（あるいは増加）を経済動向の外生要因として考えた場合，人口の動向は直接家計消費に影響すると考えられる．もっとも家計消費は，その世帯構成，他の経済要因からも影響を受けると考えられるが，本研究では人口減少率と同様の家計消費支出の減少が引き起こると仮定する．既述したように，人口減少は全国一律に生じるわけではなく，地域差をもって引き起こる．そしてそれと同様な傾向で各地域の家計消費支出も減少すると考えられる．したがって，ここでは 1 人あたりの消費性向は不変，家計消費の財別購入構成も各県で不変と仮定する．

　将来の推計人口については，社会保障・人口問題研究所による「日本の都道府県別将来推計人口（平成 19 年 5 月推計）」（以下，「2007 年推計」）または「日本の地域別将来推計人口（平成 25 (2013) 年 3 月推計）」（以下，「2013 年推計」）が利用可能である．このうち「2007 年推計」は都道府県別人口の将来推計を行っているが，基本的に 2005 年の国勢調査結果を基準にそれ以前の統

計データから推計しているため，最近の動向を反映したものとなっていない。また，「2013年推計」については，2010年の国勢調査結果を基に震災後の動向を反映しているものの，震災が無かった場合の推計が行われていないために震災による人口減少の影響を分析することができない。一方，既述した出口（2012）による都道府県別将来推計人口は，2010年の国勢調査結果を基に震災の影響がないケースと震災の影響があるケースのそれぞれについて推計されている。そこで，本章では出口（2012）によって推計された将来推計人口を用いることとする。

具体的には，まずケース別の都道府県別家計消費支出を推計し，それを他の最終需要と共に均衡産出高モデルに外挿することで各産業の生産額を推計する。その結果を基に，震災がない場合のケース（ケースA）との比較の上で，震災による人口変化がもたらす経済影響を分析する。

(2) 分析結果

本章では，まず出口（2012）によって推計された震災の影響を加味した将来推計人口を基にその経済影響を分析した。まず震災がなかったと仮定した場合（ケースA），岩手，宮城，福島の東北3県の最終需要は2010年時点と比較して，それぞれ−12.6%，−7.7%，−11.5%となる。いずれも人口減少による大幅な需要減が推計されるが，岩手と福島では20年間で10%を超える需要減と

表8-14 東北3県の震災による経済影響

		ケースA (2010) ケースA (2030)	ケースA (2030) ケースB1 (2030)	ケースA (2030) ケースB2 (2030)
岩手	最終需要	-12.6%	3.2%	2.4%
	生産額	-11.0%	2.5%	1.8%
宮城	最終需要	-7.7%	0.0%	-0.7%
	生産額	-7.6%	0.0%	-0.7%
福島	最終需要	-11.5%	-5.9%	-9.5%
	生産額	-9.0%	-4.1%	-6.4%

(出所) 筆者作成。

表 8-15　将来推計人口に基づく各都道府県の生産額変化率

	A(30)-A(10) 2010年－2030年	B1(30)－A(30) 2030年	B2(30)－A2(30) 2030年
01 北海道	-10.1%	2.6%	2.4%
02 青森県	-12.3%	3.2%	2.6%
03 岩手県	-11.0%	2.5%	1.8%
04 宮城県	-7.6%	0.0%	-0.7%
05 秋田県	-13.6%	2.9%	2.1%
06 山形県	-9.8%	2.9%	2.6%
07 福島県	-9.0%	-4.1%	-6.4%
08 茨城県	-5.6%	-0.6%	-1.0%
09 栃木県	-5.5%	0.2%	-0.1%
10 群馬県	-5.8%	0.6%	0.4%
11 埼玉県	-3.1%	-0.5%	-0.1%
12 千葉県	-2.3%	-3.0%	-3.1%
13 東京都	2.5%	-5.5%	-4.6%
14 神奈川県	-1.6%	-2.0%	-1.6%
15 新潟県	-8.6%	1.6%	1.3%
16 富山県	-6.5%	0.9%	0.7%
17 石川県	-5.5%	0.6%	0.4%
18 福井県	-7.1%	1.7%	1.3%
19 山梨県	-7.0%	1.4%	0.9%
20 長野県	-7.6%	2.0%	1.8%
21 岐阜県	-6.2%	1.1%	0.7%
22 静岡県	-6.0%	0.9%	0.7%
23 愛知県	-2.1%	-0.3%	-0.1%
24 三重県	-5.2%	0.7%	0.6%
25 滋賀県	-2.5%	0.2%	0.5%
26 京都府	-6.5%	1.1%	1.1%
27 大阪府	-5.5%	0.7%	0.9%
28 兵庫県	-5.6%	0.9%	0.9%
29 奈良県	-8.3%	2.1%	1.8%
30 和歌山県	-8.6%	1.4%	0.9%
31 鳥取県	-9.7%	2.2%	1.6%
32 島根県	-8.8%	1.7%	1.3%
33 岡山県	-5.4%	1.0%	1.1%
34 広島県	-5.6%	1.1%	0.9%
35 山口県	-7.6%	1.2%	0.9%
36 徳島県	-9.2%	1.5%	1.0%
37 香川県	-7.9%	1.8%	1.7%
38 愛媛県	-8.5%	1.4%	1.0%
39 高知県	-11.2%	2.4%	1.7%
40 福岡県	-5.2%	1.6%	2.1%
41 佐賀県	-8.2%	2.5%	2.1%
42 長崎県	-10.6%	2.9%	2.0%
43 熊本県	-7.4%	1.9%	1.7%
44 大分県	-6.4%	0.6%	0.4%
45 宮崎県	-8.1%	1.7%	1.2%
46 鹿児島県	-10.7%	3.0%	2.5%
47 沖縄県	-1.5%	1.8%	3.8%

(出所)　筆者作成。

なる．このように震災が無かったとしても人口減少は著しく，大幅な経済の減退が予測される．青森，秋田では岩手や福島を超える最終需要の減少が予測され，東北経済の今後の推移が懸念される．震災の影響がこのまま続くとするB1のケース（純移動率が震災直後の70%で推移）では，福島はさらに最終需要の減少が大きく，2030年時点と比較すると5.9%の減少となり，2010年時点と比較すると17.4%の減少となる．震災が無かったケースで最も大きな最終需要減を示した秋田県の減少率15%を大きく上回る結果となった．震災直後の純移動率がそのまま続くケース（B2）では，2010年時点と比較すると21%も最終需要が減少し，震災がなかった場合の2030年時点と比較しても9.5%の需要減となる．

この最終需要の減少に伴い生産額も大きく減少するが，本章では地域間のフィードバック効果が推計されるため，各県の最終需要の変動と各県の生産額の変化は必ずしもリンクしない．分析の結果，2030年時点で福島県では震災がない場合と震災があるケースB1と比較して4.1%，ケースB2と比較して6.4%の生産減になることが判明した．一方，岩手県では震災前に比べ生産年齢人口の転出超過数が減少した動きを反映させた純移動率を用いて推計されているため人口増加傾向が示され，最終需要の増加と相まって生産額も2030年時点で震災がない場合と比べて，ケースB1で2.5%の増加となった．また，宮城では震災の影響がほとんどないと推計されるが，震災がなくても生産額は20年間で7.6%減少する．

8.7 おわりに

本章では，東日本大震災後の人口変動を踏まえ，その変動がもたらす経済影響を分析した．震災は人命や建物等に甚大な被害を与えるが，その後の避難生活や転居などの社会増減によっても地域の人口構造に多大な影響をもたらす．人口の減少は直接家計消費の減少として経済の変動要因になり，地域経済に影響を与える．このような人口変化から消費構造の変化，そして生産の変化に至る過程を明示的に示したうえで，本章ではその影響を分析した．震災から3年

経過した現時点においても，人口の将来推計を的確に分析するデータが十分ではないが，今後の地域経済の振興のためには人口減少がもたらす経済影響を分析し，適切な地域経済振興策を検討する必要がある。

　本章の前半で行った被災後1年間の短期的な影響分析は，人口変動の実績値を用いた事後分析であるが，後半の将来推計は震災を考慮した人口推計に基づくものである．今回のシナリオでは，将来の人口予測と震災後2年間の人口データを基に家計消費支出の変化をシナリオとして設定しているが，将来推計のためには技術係数と地域間交易，家計消費以外の最終需要もRAS法やマクロモデル等を用いて予測することが考えられる．しかし，現時点では得られるデータに限りがあるため，20年後の技術係数や地域間交易構造，固定資本形成等の最終需要を予測するにはさらに大胆な仮定を置く必要があろう．

第 9 章
NEG モデルを用いた巨大地震による労働移動の経済分析

9.1 はじめに

　本章では，東日本大震災や南海トラフ巨大地震といった震災が日本の労働分布に与える影響を分析する。労働移動を明示的に扱うためには，第 1 章で紹介した新経済地理学（NEG），または空間経済学の理論を用いることが適切である。NEG モデルでは，労働分布を集積の経済と輸送費の観点から説明する。集積の経済とは経済活動が特定地域に集中化することで生産性が上昇することを意味し，集積の要因となる。一方，輸送費は生産活動の集約化にともなう負の効果（製品の運搬費の負担）を生みだし，分散化の要因となる。この相反する効果を考えると，NEG モデルでは以下のストーリーを描くことができる。すなわち，製品輸送費の低下に伴い，経済活動が都市に集中化することになり，さらにここに分散力として土地を追加すると，輸送費が十分に低下した段階で郊外化の意味で再び経済活動が地域間に分散化することが示される。近年では，これまで先行してきた理論研究の成果を検証すべく，実証研究が近年盛んに行われている。そこでは，地域ポテンシャルとそこから導き出される賃金構造に主眼が置かれており，分析手法も地域データを用いて賃金関数を直接推計する方法や，交易関数を用いて地域ポテンシャルを計測し，そこから賃金関数を推計する方法などが考案されている。前者については Hanson (2005) や Brakman, et al. (2006) などがその例であり，後者については Redding and Venables (2004) や Head and Mayer (2006) をはじめ，Breinlich (2006), Knaap (2006), Ottaviano and Pinelli (2006), 中村・猪原・森田 (2010) など多くの分析がなされている。こうしたNEG モデルの実証分析につ

いて，これらの手法にはそれぞれに問題点もある。前者の手法については地域データやとりわけ物価指数の取り扱いの点で困難が伴う一方，後者は交易データさえあればポテンシャルを推計できるため，同手法を用いた多くの研究があるが，地域ダミーのなかに新経済地理学の理論に含まれない地域要素が含まれることから，厳密にどこまでが新経済地理学の説明となるのか不明瞭となる。また，賃金関数の推定を主眼とした研究では，新経済地理学の中心的課題である労働移動が十分に分析できないといった問題もある。

　こうした計量経済学的な実証分析の一方で，NEGモデルを現実の地理空間に拡張し，仮想的に人口や経済活動の地理的分布を再現する試みも存在する。その端緒となるStelder（2005）の研究では，Krugman（1991）の2地域モデルをEUの2600地域に拡張し，シミュレーションにより都市集積の立地点を求めているほか，Brakman et al.（2006）でも同様の試みがなされている。また，日本に関しても，Ihara（2011）では日本を含むアジア10カ国における経済活動の分布についての分析を行っているほか，猪原・森田・中村（2012）では日本国内の9地域における経済活動の分布について分析を行っており，猪原・中村・森田（2013）でも宮城県内における35市町村モデルを用いて東日本大震災が労働分布に与える影響について分析している。

　本章では，こうした一連の分析の一環として，日本の47都道府県からなるNEGモデルを構築し，シミュレーションにより再現される日本の労働分布を提示する。つぎに，東日本大震災が地域ポテンシャル（ここでは間接効用水準）および都道府県間の労働分布に与える影響を分析する。最後に，東日本大震災と同様にマグニチュード9クラスの地震とそれに伴う巨大津波の発生が予測されている南海トラフ巨大地震について，内閣府の中央防災会議防災対策推進検討会議の下に設置された「南海トラフ巨大地震対策検討ワーキンググループ」がとりまとめている被災予測をもとに，当該巨大地震が地域ポテンシャルおよび労働分布に与える影響を予測する。

9.2 モデル

(1) NEG モデルの概要

モデルの基本構造は，Fujita et al. (1999) のモデルに土地の要素を導入するものである．消費者は (1) 二次三次産業の財，(2) 一次産業の財，および (3) 住宅用地の3種類の財を消費するものとすると，効用関数が以下のように与えられる．

$$u = (C^M)^{\alpha^M}(C^A)^{\alpha^A}(C^H)^{\alpha^H}, \quad \alpha^M + \alpha^A + \alpha^H = 1 \tag{9-1}$$

ここで C^M, C^A, C^H はそれぞれ各家計における二次三次産業の財，一次産業の財，住宅用地の消費量であり，α^M, α^A, α^H はそれぞれの支出シェアを表す．二次三次産業の財については，差別化された複数の製品・サービスを購入するものとして，個々の製品の消費を $m(i)$ とすると，以下のような CES 型の関数として表される．

$$C^M = \left(\int_0^n m(i)^{(\sigma-1)/\sigma} di\right)^{\sigma/(\sigma-1)} \tag{9-2}$$

n は差別化された製品の数であり，σ は製品間の代替性を決める代替の弾力性である．ここで，二次三次産業の財の価格指数を以下のように表す．

$$P = \left(\int_0^n p(i)^{1-\sigma} di\right)^{1/(1-\sigma)} \tag{9-3}$$

生産部門に関しては，二次三次産業部門は Dixit-Stiglitz 型の独占的競争下にあるものとし，各企業は生産要素として労働者と土地を使用し，他社とは差別化された製品を生産する．そこでの生産関数は，

$$(l^M)^{\beta_L^M}(k^M)^{\beta_K^M} = F + c^M q, \quad \beta_L^M + \beta_K^M = 1 \tag{9-4}$$

によって表されるものとし，l^K と k^M は各企業が投入する労働者数と土地面積であり，F を固定投入，c を限界投入とすると，結果 q 単位の製品が生産されることを意味している．一方，一次産業部門については，Fujita et al. (1999) 以来の設定を踏襲して，各生産者は完全に均質な財を，規模に関する収穫一定の技術の下で生産するものとする．その生産関数は，L^A と K^A を農業労働者

数と農業用地とすると，以下のように表される[1]。

$$(L^A)^{\beta_L^A}(K^A)^{\beta_K^A} = c^A A, \qquad \beta_L^A + \beta_K^A = 1 \tag{9-5}$$

なお，一次産業の生産する財の価格を 1 とし，ニューメレール財として扱う。地域数は日本の都道府県に対応した 47 とし，工業・サービス財については，その輸送に氷塊型の輸送費用がかかるものとする。氷塊型の輸送費用とは，発送地 s から配達先の地域 r に 1 単位の製品を届けるために $(1+T_{rs})$ 単位分の発送が必要であることを意味する。なお，土地は地域住民によって均等に所有されるものとし，そこから得られる収益も，地域内住民に均等に分配されるものとする。よって，地域 r における地域所得は以下のように表される。

$$Y_r = w_r^M L_r^M + w_r^A L_r^A + R_r^M K_r^M + R_r^A K_r^A + R_r^H K_r^H \tag{9-6}$$

ここで，w_r^M と w_r^A は二次三次産業部門および一次産業部門における労働賃金であり，R_r^M，R_r^A，R_r^H は二次三次産業の用地，一次産業の用地および住宅用地の価格である。また L_r^M，K_r^M，L_r^A，K_r^A，K_r^H はそれぞれの部門における総労働者数と土地面積である。

以上がモデルの短期的な描写であり，そこでは労働者の地域間分布を所与として，労働所得や価格，企業数などが内生的に決定される。これを短期均衡と呼ぶ。次に，二次三次産業の労働者の地域間移動を考慮した長期均衡について描写する。二次三次産業で働く労働者は，所得を物価水準で割り引いた実質所得の高い地域へ移動するものとし，その移動ダイナミクスは以下のように表される。

$$\dot{L}_r^M = k(v_r^M + \bar{v}^M) L_r^M / L^M \tag{9-7}$$

ここで v_r^M および $\bar{v}^M$ は地域 r における二次三次産業労働者の実質所得水準およびその全国平均であり，L^M は全国における二次三次産業部門の就業者数の総数である。実質所得は

---

[1] 本章では，分析の単純化のために $F=1$，$c^K = c^A = 1$ とする。

$$v_r^M = y_r^M (P_r)^{-\alpha^M} (R_r^H)^{-\alpha^H} \tag{9-8}$$

であり，二次三次産業労働者の 1 人あたり所得である y_r^M は，労働賃金と 1 人あたり土地収入の合計として以下のように表される．

$$y_r^M = w_r^m + (R_r^M K_r^M + R_r^A K_r^A + R_r^H K_r^H)/(L_r^M + L_r^A) \tag{9-9}$$

以上の労働移動の結果，地域間の実質所得が均等化した長期均衡に至る．

47 都道府県における労働分布の分析に入る前に，モデルにもとづく労働分布のパターンを把握するために，2 地域における労働移動について概観する．モデルとしては，Fujita et al. (1999) と，土地を分散力とした Helpman (1994) の特徴を持つことから，分散・集積パターンもそれらに似た構造を持つ．まず，2 地域間の実質所得差と地域間の人口分布の関係を 4 つの輸送費の水準について表したのが図 9-1 である[2]．ここで，λ は一方の地域（たとえば地域 1 ）の労働力シェアであり，もし実質所得差が正であれば，この地域の労

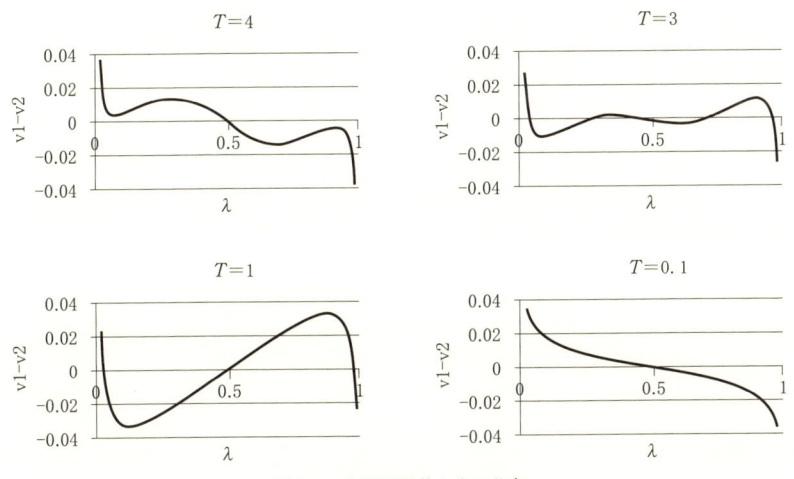

図 9-1　実質所得差と人口分布

(出所)　筆者作成．

2　ここでは $\sigma = 4$, $\alpha^M = 0.7$, $\alpha^A = 0.2$, $\beta_K^M = \beta_K^A = 0.1$, $\alpha^M = 0.7$, $L_r^M = L_r^A = 1$, $K_r^M = K_r^A = K_r^H = 1$, $T_{rs} = T$ としている．

図9-2 輸送費用と集積・分散パターン

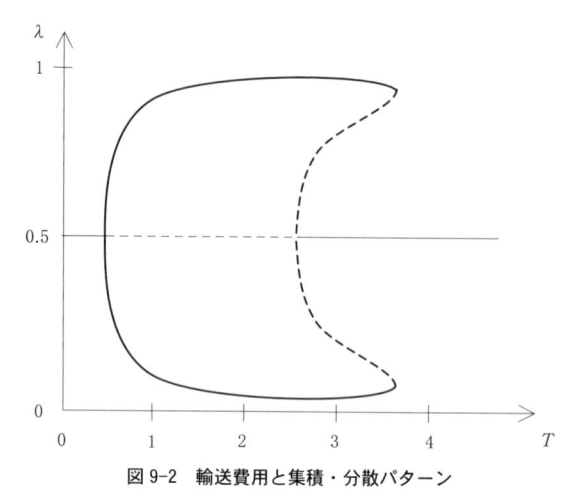

(出所) 筆者作成。

働力が増加すると考えられる。たとえば $T=4$ や $T=0.1$ の場合には，労働者は地域間に均等に分散することが考えられるが，$T=1$ の場合には，多くの労働者がいずれか一方の地域に集中することがわかる。これより求められる労働分布の長期均衡が図9-2 によって表される。ここで実線が安定均衡，点線が不安定均衡である。不安定均衡とは，ひとたび何らかの要因で均衡労働分布から外れると，実質所得差が拡大することで累積的に人口移動が引き起こされる状態である。この図より，輸送費が高い場合には労働者は分散化しており，輸送費が低下するにつれて集中化することになり，輸送費が十分に小さくなると再分散化することが読み取れる。これは新経済地理学における代表的な集積・分散パターンである。

(2) データ

つぎに，本モデルを47都道府県に適用する上で必要なデータについてまとめておく。まず，消費者の一次産業の財，二次三次産業の財，住宅用地への支出比率については家計調査年報（2010年）より求める。具体的には，1世帯当たり1ヵ月間の支出において，消費支出に占める食料支出割合を α^A，住居

表 9-1 主要パラメータ

$\alpha^M = 0.687$	$\beta_L^M = 0.892$
$\alpha^A = 0.236$	$\beta_K^M = 0.108$
$\alpha^H = 0.077$	$\beta_L^A = 0.913$
	$\beta_K^A = 0.087$

(出所) 筆者作成。

支出割合を α^H, 残りを α^M とする。生産部門の支出比率については, 土地への支出比率 (β_K^M および β_K^A) を産業連関表 (2010年) より営業余剰・混合所得の産出額に占める比率とし, 残りを労働への支出 (β_L^M および β_L^A) とする。結果得られるパラメータは表 9-1 に示されるとおりである。

就業者数については国勢調査 (2010年) より得られる各産業の就業者数を充てる。土地面積については, 総務省「固定資産の価格等の概要調書」(2010年) の地目別民有地面積より, 一次産業用地については田・畑・山林・牧場, 二次三次産業用地については住宅以外宅地, 住宅用地面積については住宅用宅地の面積を充てる。輸送費については,

$$T_{rs} = (dist_{rs})^t \tag{9-10}$$

とし, $dist_{rs}$ は都道府県庁所在地間の直線距離とする。都道府県内の域内距離については, 上記で求めた一次産業用地, 二次三次産業用地, 住宅用地の合計を域内総面積 S_r として, $dist_{rr} = \sqrt{S_r/\pi}$ より求める。t は距離に応じた輸送費の増加を示すパラメータであり, 距離抵抗の大きさを示すものである。

(3) 均衡労働分布

以上のデータを下に, 二次三次産業の労働者分布を求める。分析の手順として, まずキャリブレーションにより, これまでに得られていないパラメータである σ と t を求める。現実の労働分布は実質賃金を均等化した長期均衡を反映していると考えられることから, その現実の労働分布を所与として各都道府県の二次三次産業労働者の実質所得を求め, それらが都道府県間でもっとも均等化するパラメータを求める。具体的には, 以下のように各都道府県の実質所得

の全国平均からの乖離率の合計を最小化することにより求める。

$$(\sigma, t) = \underset{r=1}{\operatorname{argmin}} \sum_{r=1}^{47} \left| \frac{v_r^M + \bar{v}^M}{\bar{v}^M} \right| \qquad (9\text{-}11)$$

その結果，$\sigma = 9$ および $t = 0.7$ との結果を得た。とくに代替の弾力性の値については，これまでの Brakman et al. (2006) などの一連の実証研究の結果とも整合的と言える。

つぎに，以上で得られたパラメータを用いて，長期均衡における二次三次産業の労働者分布を求める。つまり，現実の労働分布を初期状態として与え，そこでの各都道府県の実質所得を求めると，その実質所得を見て二次三次産業の就業者は移動を開始する。実質所得が全国平均より高い地域では，二次三次産業の就業者が他地域より流入し，就業者数が増加するが，実質所得が全国平均より低い地域では，逆に就業者は減少する。こうして労働移動を繰り返すことにより，地域間の実質所得差が解消され，長期均衡に至ることになる[3]。

こうして求めた長期均衡における労働力の都道府県間の分布が表 9-2 にまとめられている。ここでは，上記キャリブレーションによって得られる距離抵抗 $t=0.7$ のほかに，$t=2, 1.5, 1, 0.3, 0.1$ の値をとった場合の分布も求めることで，距離抵抗（すなわち輸送費）の変化に応じた労働分布の変化を把握することができる。まず分析のベンチマークとして，キャリブレーションで得られる $t=0.7$ の場合の労働分布を確認すると，例えば東京の労働人口が現実に比べてやや小さいが，全国的には現実の労働分布との相関係数は 0.941 であり，本モデルによっておおむね現実の労働分布が再現されていると考えられる。つぎに，距離抵抗が $t=2$ から低下していくと，労働分布がどのように変化するのかを確認する。まず東京都の労働人口の推移を見ると，輸送費の低下にともない労働人口が減少していくことが示されている。これは現在の東京一極集中の傾向とは異なるように見えるが，一方で首都圏（東京・神奈川・埼玉・千葉）として集計した労働人口の推移をみると，$t=2$ から $t=0.7$ へ低下するなかで労働人口は首都圏への集中化の傾向を強めていることがわかる。つまり，首都

---

[3] シミュレーションにおける長期労働分布は，各都道府県の実質所得の全国平均からの乖離がすべての都道府県で一定水準（本章では 0.1%）以下となることで求めている。

表9-2 距離抵抗と労働分布 (単位:千人)

	t=2	t=1.5	t=1	t=0.7	t=0.3	t=0.1	現実の分布(初期値)
01 北海道	866.798	1358.24376	1898.016	2025.193	1860.611	2513.296	2190.762
02 青森	1352.645	1297.681618	1111.143	822.521	609.893	811.799	541.296
03 岩手	573.944	627.174167	635.065	629.115	655.312	885.453	546.646
04 宮城	1361.902	1381.120383	1306.117	1176.772	1052.891	1193.819	980.962
05 秋田	903.579	866.330231	686.951	570.755	527.908	711.133	445.879
06 山形	936.135	956.876722	932.315	863.745	780.794	843.384	500.572
07 福島	807.425	965.6743	1130.952	1185.296	1310.632	1459.052	832.937
08 茨城	1328.509	1427.892566	1667.118	1923.320	2395.308	2285.422	1264.272
09 栃木	947.115	980.188444	1133.669	1310.130	1652.690	1527.690	882.957
10 群馬	1283.463	1186.005434	1120.015	1195.341	1591.528	1506.801	883.276
11 埼玉	3088.239	3177.740755	3338.723	3399.083	3003.938	2235.666	3169.221
12 千葉	1462.745	1791.308332	2392.675	2850.835	3033.969	2515.873	2631.471
13 東京	4353.081	4125.201462	3882.596	3583.590	2639.282	1838.299	5168.439
14 神奈川	2430.218	2520.431968	2688.784	2768.405	2490.169	1939.612	3908.086
15 新潟	1149.232	1152.371247	1048.300	1011.785	1266.159	1566.502	1056.357
16 富山	807.124	678.610727	520.396	463.256	648.055	799.172	516.458
17 石川	462.652	414.13306	344.835	322.797	485.982	631.878	536.446
18 福井	374.605	308.650033	255.338	261.789	456.569	562.509	379.582
19 山梨	581.592	449.578431	363.504	381.075	599.964	615.494	376.156
20 長野	1218.601	1172.954658	1110.516	1143.262	1588.281	1749.012	950.772
21 岐阜	954.052	1023.374769	1144.129	1255.717	1402.134	1291.606	957.129
22 静岡	1372.977	1294.381386	1183.551	1209.066	1786.100	1991.591	1770.223
23 愛知	2937.651	2975.761026	3120.798	3273.608	3365.229	3026.325	3359.921
24 三重	570.166	575.900959	691.320	888.155	1254.830	1232.413	815.148
25 滋賀	1299.573	1113.986173	968.362	946.187	923.866	810.338	620.816
26 京都	1267.432	1094.630795	952.729	918.858	870.929	764.176	1086.271
27 大阪	3310.568	3176.465361	2928.341	2722.552	2131.851	1743.676	3488.903
28 兵庫	1167.477	1509.508445	1893.448	2122.480	2161.312	1973.678	2296.03
29 奈良	353.773	405.685188	483.474	542.084	552.518	486.386	556.045
30 和歌山	374.795	381.44956	404.982	447.906	533.142	553.736	395.366
31 鳥取	469.018	349.94623	244.327	213.883	285.387	376.574	244.927
32 島根	339.031	279.330629	217.732	201.112	275.329	405.152	309.105
33 岡山	722.806	813.153835	847.854	872.828	1001.864	1141.331	812.499
34 広島	869.568	902.906443	830.845	805.106	859.796	1045.238	1234.778
35 山口	654.572	644.227377	586.823	572.394	619.832	767.673	615.507
36 徳島	361.490	326.908058	303.100	310.802	384.779	441.501	304.522
37 香川	999.152	794.429922	613.007	541.105	516.941	561.771	424.809
38 愛媛	742.705	679.679749	584.495	562.644	605.590	724.975	580.179
39 高知	276.099	238.607261	212.924	214.265	275.344	356.110	286.076
40 福岡圏	2456.981	2710.031284	2887.489	2631.590	1642.348	1631.785	2071.778
41 佐賀	710.664	708.639244	731.013	691.738	469.189	458.043	359.008
42 長崎	819.556	697.289402	587.437	532.954	452.056	523.785	577.94
43 熊本	1008.446	987.300924	1007.046	1004.504	868.509	915.884	727.126
44 大分	703.583	637.903254	540.168	510.517	526.688	618.403	492.637
45 宮崎	1069.346	1015.660943	820.440	655.532	523.255	649.715	452.161
46 鹿児島	1036.174	1053.635468	970.427	855.955	694.556	882.213	668.684
47 沖縄	632.339	540.635417	446.306	377.992	136.288	203.653	499.463
※首都圏	11334.283	11614.683	12302.778	12601.913	11167.357	8529.450	14877.217
※関西圏	6099.250	6186.290	6257.993	6305.973	5716.610	4967.916	7427.249
相関係数	0.904	0.933439	0.946	0.941	0.865	0.770	

(出所) 筆者作成。

圏への集中化と都心の空洞化といった現象がここに現れているといえ，同様の傾向は関西圏（大阪・兵庫・京都・奈良）でも読みとることができる。その他の地方に目を向けると，愛知県や福岡県では輸送費の低下に伴う集中化と再分散化が明確に示されている一方で，たとえば青森県では，$t=0.1$ の再分散化の局面を迎えるまで減少の一途をたどっており，都市部への集中化の反面としての地方の衰退局面を確認できる。ところで，表 9-2 の最下段は現実の労働者分布とシミュレーション結果の分布の相関係数をあらわしているが，両者の相関係数は $t=0.7$ ではなく，$t=1$ の時にもっとも高くなっている。主な要因は $t=0.7$ では過少だった東京の労働人口も幾分か現実に近づいているためであるが，この違いについては，キャリブレーションでは労働分布を所与として扱っていたのに対し，表 9-2 では労働移動を認めているという違いによる。

9.3　東日本大震災の分析

(1) 被災データと復興段階のまとめ

　本節では，猪原・中村・森田（2013）における宮城県内の市町村を対象とした震災分析の手法に倣って，震災被害として労働力人口の減少と土地の喪失を考慮する。労働人口の減少については，震災の死者・不明者数の都道府県人口に対する比率から犠牲者比率を求め，これを乗じるものとする。土地の被災比率については，国土地理院「津波浸水範囲の土地利用別面積」の地目別民有地面積より求める。具体的には，農用地の被災率は田・畑・森林の浸水比率，工業・サービス業用地および住宅用地の被災率は建物用地の浸水比率を求め，それぞれ被災市町村面積の県全体に占める比率を乗じたものを当てる。福島県については，津波被害以外に福島第一原子力発電所事故の問題があることから，上記の津波被災比率に加えて避難指示区域の福島全県の総面積に占める比率を加算する。以上を震災直後の被災率とする。

　次に復興段階を 3 段階で表現する。農地については復興庁の「復興の現状と取組」より得られる，農地の復旧状況（営農再開可能面積）を利用する。復興の第 1 段階では，平成 24 年度までの農地の復旧比率を反映させ，復興の第 2

表9-3 復興段階別被災率・被災残存率（%）

	震災直後		復興1		復興2		復興3		犠牲者比率
	農地	宅地	農地	宅地	農地	宅地	農地	宅地	
02 青森	0.05	0.20	0.00	0.07	0.00	0.01	0.00	0.01	0.00
03 岩手	0.12	6.96	0.08	3.95	0.06	3.35	0.06	3.35	0.44
04 宮城	3.20	8.28	1.70	2.77	0.77	1.73	0.77	1.73	0.46
07 福島	8.92	9.76	8.83	8.73	8.57	8.66	4.88	4.97	0.09
08 茨城	0.10	0.42	0.00	0.01	0.00	0.00	0.00	0.00	0.00
12 千葉	0.19	0.30	0.00	0.01	0.00	0.00	0.00	0.00	0.00

（出所）筆者作成。

段階・第3段階では平成25年度までの農地復旧比率をあてる。（復興庁によると平成26年度中に水没地域と原子力災害による警戒区域以外のすべての農地の復旧を見込んでいる。）なお，福島県については，復興の第1・第2段階では避難指示区域全域が復旧していないものとし，第3段階では避難指示解除準備区域以外の規制区域が復旧していないものとする。これは後述の工業・サービス業用地及び住宅用地についても同様の扱いとする。（つまり復旧の第2段階と第3段階の違いは福島県の避難指示解除準備区域の取り扱いのみである。）工業・サービス業用地及び住宅用地の復旧に関しては，国土交通省の「東日本大震災による被災現況調査結果（第一次報告）」における建物の「全半壊」区域と「全壊」区域を反映させる。つまり，復旧の第1段階では「全半壊」区域以外の浸水区域が復旧したものと見なし，復旧の第2段階および第3段階では，「全壊」区域以外の浸水区域が復旧したものと見なす。以上から算出された被災各地の被害実態と復興段階が，表9-3にまとめられる。これより，福島県では土地被災率が8％－9％と高く，一方で犠牲者比率は相対的に低くなっていること，宮城県では土地被災率，犠牲者比率共に高く，岩手県がこれに次いでいることなどがわかる。その他の県については，復旧の進展により被害がほぼ解消されていることが読み取れる。

(2) 被災後の実質所得と労働分布の変化

分析の方法は，以下の2段階に分かれる。

第1段階　実質所得の分析

現実の労働分布を所与として震災前の実質所得を算出する。つぎに，表9-3の震災直後の被災率をもとに実質所得の変化率を求める。ここでは労働移動は考慮しない。

第2段階　労働移動の分析

震災直後・復興1・復興2・復興3の各段階の被害率をもとに，都道府県間の労働移動を求め，震災前の長期均衡労働人口と震災後の長期均衡労働人口の比較を行う。

まずキャリブレーションによるパラメータと被災直後の被災率をもとに，震災直後の各都道府県の実質所得の変化を求める。表9-4はその結果をまとめたものであり，現実の労働分布を所与として，二次三次産業労働者と一次産業労

表9-4　震災直後の実質所得の変化（％）

	二次三次産業	一次産業
01 北海道	0.00	-0.02
02 青森	-0.03	-0.06
03 岩手	-1.19	-0.57
04 宮城	-1.49	-0.90
05 秋田	0.00	-0.04
06 山形	-0.05	-0.06
07 福島	-1.82	-1.56
08 茨城	-0.08	-0.04
09 栃木	0.00	0.00
10 群馬	0.00	-0.01
11 埼玉	0.00	-0.01
12 千葉	-0.05	-0.04
13 東京	0.00	-0.01
14 神奈川	0.00	-0.01
全国平均	-0.07	-0.10

（出所）　筆者作成。

働者の震災後の実質所得の変化を，震災前の水準に対する比率として表している．二次三次産業労働者の実質所得に関してみると，震災被害の大きかった岩手県で－1.19％，宮城県で－1.49％，福島県で－1.82％といったように大幅な低下となっているほか，直接的な被災がなかった山形県でも，近隣県の影響を受けて－0.05％の低下となっている．その他の県で，二次三次産業の実質所得が低下していないのは，独占的競争市場である二次三次産業では近接被災県の企業数が減少することで県内の競争力が相対的に強まり，賃金水準が上昇し，震災の負の効果を相殺しているためである．これに対し，競争的市場である一次産業では被災県以外でも実質所得の低下が顕著である．全国平均ではそれぞれ0.07％と0.10％の実質所得の低下が確認できる．

次に，震災直後・復興1・復興2・復興3のそれぞれの被災・被災残存状況に応じた二次三次産業労働者の労働分布のシミュレーションを行う．表9-5はその結果を示しており，被災前の長期均衡労働人口に対する被災直後もしくは

表9-5 震災前からの労働分布の変化率（％）

	震災直後	復興1	復興2	復興3	人口推計
01 北海道	0.67	0.40	0.33	0.25	0.05
02 青森	0.68	0.45	0.42	0.30	0.11
03 岩手	-6.50	-3.75	-3.21	-3.29	-0.41
04 宮城	-9.17	-3.18	-2.03	-2.01	-0.78
05 秋田	0.89	0.50	0.39	0.29	0.00
06 山形	-1.00	-0.59	-0.55	-0.36	0.12
07 福島	-9.89	-9.01	-9.01	-5.14	-2.09
08 茨城	0.39	0.42	0.24	0.28	-0.83
09 栃木	0.89	0.50	0.38	0.30	-0.64
10 群馬	0.82	0.47	0.36	0.28	-0.48
11 埼玉	0.87	0.50	0.40	0.32	-0.56
12 千葉	0.48	0.46	0.36	0.30	-1.37
13 東京	0.90	0.52	0.39	0.31	-1.28
14 神奈川	0.87	0.47	0.38	0.31	-0.94
その他日本	0.39	0.23	0.25	0.14	-0.25

（出所）筆者作成．

各復興段階の状態における各都道府県の長期均衡労働人口の比率を表している。まず被災直後の被災率における長期均衡労働分布を求めると，岩手県で-6.50%，宮城県で-9.17%，福島県で-9.89%という大きな労働人口の減少が見込まれる一方，こうした労働力の転入先である直接被災していない地域については（山形県を除いて）労働人口が増加することが見込まれる。ただし，この状況は被災直後の状況が続く想定での長期均衡労働分布の変化予測であり，実際にこれほどの変化が生じることは考えにくい。現実には労働移動が本格化するのは復興が始まった段階であり，また労働分布が長期均衡に収束するまでの間にも復興が進むことが考えられるからである。そこで，各復興段階から算出される被災残存率をもとに，新たに長期均衡労働分布を求めると，復興の進展に伴い，被災県の労働人口の減少幅は縮小していくこと，逆に被災していない近隣地域では，被災地域からの転入者数が復興の進展とともに減り，労働人口が減少する（当初の労働分布に近づく）ことが確認できる。ただし，福島県に関しては，復興 2 の段階まで避難指示区域における復興が進まないため，引き続き大きく労働人口が減少しており，この傾向は復興 3 において避難指示解除準備区域の規制が解除されても一定維持されている。参考までに記載した人口推計の列は，人口推計年報から算出される震災後 2 年間の人口変化率が，国勢調査（2005 年，2010 年）から得られる人口変化率から算出した震災前 2 年間の人口変化率からどの程度乖離したのかを示したものである。シミュレーションでの数字と異なる要因としては，シミュレーションは長期的な労働分布の収束状態を示しており，現実には震災後 2 年ではまだそうした状態に至っていないこと，また本分析では放射線汚染などの問題が十分に反映されていないことなどが考えられる。

　なお，本研究では 47 都道府県モデルを扱っているため，市町村レベルでの人口移動は確認できない。猪原・中村・森田（2013）において宮城県内の市町村間労働分布の変化について分析しているので，市町村単位での分析はそちらを参照されたい。

9.4 南海トラフ巨大地震の影響予測

(1) 南海トラフ巨大地震の被害想定

ここでは東日本大震災と同様にマグニチュード9クラスの地震とそれに伴う津波の発生が想定される南海トラフ巨大地震が発生した場合の実質所得および人口分布の変化について予測する。南海トラフ巨大地震については，内閣府の中央防災会議防災対策推進検討会議の下に設置された「南海トラフ巨大地震対策検討ワーキンググループ」によって，震源域の想定にあわせて11の津波ケースが想定されている。本節では，このうちケース①・③・⑤について分析する。ケース①は「駿河湾～紀伊半島沖」に「大すべり域＋超大すべり」を設定した場合であり，東海地方が大きく被災するケース，ケース③は「紀伊半島沖～四国沖」に「大すべり域＋超大すべり域」を設定した場合であり，近畿地方が大きく被災するケース，ケース⑤は「四国沖～九州沖」に「大すべり域＋超大すべり域」を設定した場合であり，四国・九州地方が大きく被災するケースである。

震災被害の想定についてであるが，犠牲者比率は各ケースにおいて予測されている犠牲者の各都道府県人口に占める比率をあてる。土地への被害については津波の浸水深と面積より求める。先のワーキンググループでは「南海トラフ巨大地震の被害想定について（第二次報告）」において，都道府県ごとに浸水深別の浸水面積を予測している。これより，農地の震災直後の被災率として，浸水深1cm以上の浸水面積の，当モデルで扱っている土地総面積（田・畑・山林・牧場および宅地）に対する比率をあてる。これは，農地の塩害や地盤沈下を想定したものである。宅地の被災率は，浸水の深さによって被害の大きさを識別する。まず震災直後の建物被害としては，浸水30cm以上の地域の当モデルの土地総面積に対する比率をとる。これは，床上浸水等による被害を想定している。

つぎに復旧段階における被害の残存状況としては，農地については東日本大震災後の復旧状況を参考に，被災農地の50%が復旧して使用可能（被災比率

が半減）を想定する。宅地については，全壊地域を残して復旧がはたされた（逆に言えば全壊地域のみ引き続き使用不可となる）状況を想定する。全壊地域の判断としては，内閣府の建物被害想定において浸水深 2m 以上で木造家屋全壊とされていることから，浸水深 2m 以上の浸水面積の比率を全壊比率として想定する。（なお，以上の被害想定のなかで東京都の島嶼部の被害については含まれていない。）

こうして得られる被災予測が，補論の表にまとめられている。震災直後では農地については，被害の大きい都道府県では 5％－6％程度の被災率となっており，宅地については被害の大きい都道府県で 4％－5％程度の被災率となっている。復旧が一部進んだ状態では，農地の被災率は仮定より半減，宅地の被災率についても 2％－3％程度まで減少している。

(2) 震災後の実質所得および人口分布予測

上記の被災予測をもとに，震災直後の各都道府県の実質所得の変化を求める。表 9-6 は，東日本大震災の場合の分析と同様，現実の労働分布を所与として算出された二次三次産業労働者および一次産業労働者の実質所得の震災前からの変化を表している。ケース①は東海沖で大きな津波が発生した場合であり，被災による実質所得の低下も東海地方の低下幅が大きい。二次三次・一次産業ともにとくに三重県で 1％前後，静岡県・愛知県で 0.6％前後の低下となっているほか，宮崎県でも 0.7％－0.8％程度の大きな低下となっている。全国平均では 0.13％－0.14％の実質所得の低下が予測される。ケース③は近畿沖で津波が発生した場合であり，実質所得の低下が大きい県は三重県，徳島県，宮崎県，和歌山県などとなっており，全国平均では 0.10％－0.12％の低下と予測される。ケース⑤は四国・九州沖で津波が発生した場合であり，宮崎県，高知県，徳島県などで大きな実質所得の低下が見られ，全国平均で 0.11％－0.12％の実質所得の低下が予測される。なお，ケース①において全国平均の実質所得の低下幅が大きくなるのは，人口密集地域の被害が相対的に大きいことが影響していると考えられる。

つぎに二次三次産業労働者の都道府県間移動について分析する。人口移動が起こるのは，被災直後ではなく復旧が始まったころからであると考えられるた

9.4 南海トラフ巨大地震の影響予測　255

表9-6　南海トラフ地震の被災直後の実質所得の変化（％）

	ケース①		ケース③		ケース⑤	
	二次三次産業	一次産業	二次三次産業	一次産業	二次三次産業	一次産業
01 北海道	0.00	-0.01	0.00	0.00	0.00	0.00
02 青森	0.00	-0.01	0.00	0.00	0.00	-0.01
03 岩手	0.00	-0.01	0.00	0.00	0.00	-0.01
04 宮城	0.00	-0.01	0.00	0.00	0.00	-0.01
05 秋田	0.00	-0.01	0.00	0.00	0.00	-0.01
06 山形	0.00	-0.01	0.00	0.00	0.00	-0.01
07 福島	0.00	-0.01	0.00	0.00	0.00	-0.01
08 茨城	-0.02	-0.03	-0.02	-0.02	-0.02	-0.03
09 栃木	0.00	-0.01	0.00	0.00	0.00	-0.01
10 群馬	0.00	-0.01	0.00	0.00	0.00	-0.01
11 埼玉	0.00	-0.01	0.00	0.00	0.00	-0.01
12 千葉	-0.19	-0.20	-0.09	-0.08	-0.07	-0.08
13 東京	-0.02	-0.02	-0.02	-0.01	-0.18	-0.09
14 神奈川	-0.20	-0.22	-0.11	-0.10	-0.06	-0.07
15 新潟	0.00	-0.01	0.00	0.00	0.00	-0.01
16 富山	0.00	-0.01	0.00	0.00	0.00	0.00
17 石川	0.00	0.00	0.00	0.01	0.00	0.00
18 福井	0.00	0.00	0.00	0.01	0.00	0.00
19 山梨	-0.01	-0.01	0.00	0.00	0.00	-0.01
20 長野	0.00	-0.01	0.00	0.00	0.00	-0.01
21 岐阜	-0.03	-0.01	-0.02	0.00	-0.01	0.00
22 静岡	-0.60	-0.54	-0.15	-0.13	-0.10	-0.10
23 愛知	-0.58	-0.58	-0.39	-0.32	-0.20	-0.22
24 三重	-1.04	-0.94	-0.95	-0.59	-0.40	-0.37
25 滋賀	-0.01	0.00	-0.01	0.02	-0.01	0.01
26 京都	-0.01	0.00	-0.01	0.02	-0.01	0.01
27 大阪	-0.15	-0.16	-0.30	-0.41	-0.42	-0.44
28 兵庫	-0.04	-0.03	-0.08	-0.04	-0.07	-0.05
29 奈良	0.00	0.00	-0.02	0.02	-0.02	0.00
30 和歌山	-0.34	-0.30	-0.51	-0.48	-0.54	-0.48
31 鳥取	0.00	0.00	0.00	0.02	0.00	0.01
32 島根	0.00	0.00	0.00	0.02	0.00	0.01
33 岡山	-0.03	-0.02	-0.03	-0.02	-0.06	-0.04
34 広島	-0.04	-0.03	-0.04	-0.02	-0.04	-0.02
35 山口	-0.06	-0.06	-0.07	-0.05	-0.07	-0.06
36 徳島	-0.54	-0.51	-0.87	-0.90	-0.81	-0.75
37 香川	-0.24	-0.25	-0.28	-0.29	-0.33	-0.34
38 愛媛	-0.28	-0.20	-0.17	-0.13	-0.19	-0.17
39 高知	-0.39	-0.35	-0.41	-0.43	-0.84	-0.73
40 福岡	-0.02	-0.01	-0.02	0.00	-0.02	-0.01
41 佐賀	0.00	0.00	0.00	0.01	0.00	0.01
42 長崎	-0.13	-0.12	-0.13	-0.11	-0.16	-0.14
43 熊本	-0.02	-0.01	-0.02	0.00	-0.02	-0.01
44 大分	-0.30	-0.27	-0.31	-0.27	-0.40	-0.36
45 宮崎	-0.81	-0.73	-0.80	-0.69	-0.88	-0.78
46 鹿児島	-0.18	-0.16	-0.18	-0.15	-0.25	-0.22
47 沖縄	-0.44	-0.44	-0.40	-0.40	-0.48	-0.48
全国平均	-0.14	-0.13	-0.12	-0.10	-0.12	-0.11

（出所）　筆者作成。

め，ここでは被災地の復旧が一部始まった状態での被災残存状況の下での労働移動を分析する。結果は表 9-7 および図 9-3 にまとめられている。まず被災に伴う人口移動の規模としては，東日本大震災の場合の各被災県の労働人口変化とほぼ同じ水準といえる（ただし原子力発電所事故のあった福島県を除く）。つぎに都道府県ごとの人口移動について確認すると，ケース ① では，被害の大きかった三重，静岡，愛知ではそれぞれ労働人口の減少は－3.09%，－2.12%，－0.52%であり，宮崎県でも－2.54%の減少が予測される。ケース ③ では，和歌山県，徳島県，宮崎県，高知県においてそれぞれ－3.10%，－2.47%，－2.35%，－1.88%の人口減少となっている。同様にケース ⑤ では，高知県，宮崎県，和歌山県，徳島県においてそれぞれ－3.18%，－2.94%，－1.49%，－1.33%の人口減少となると予想される。以上のことから，太平洋沿岸の被災が予測される地域では，津波被害による実質所得の低下とその後の労働人口の流出が懸念されることから，早急な復旧への道筋を立てておくことが必要といえるほか，被災後に労働人口の流入が予測される地域では，仮設住宅などの受け入れなどの対応が求められる。

9.5 おわりに

本章では，基本的な NEG モデルを 47 都道府県に適用することで，仮想的に日本の労働分布を再現した上で，東日本大震災と南海トラフ巨大地震が実質所得および労働分布に与える影響を分析した。まず労働分布の再現性については，シミュレーションによる長期均衡分布と現実の労働分布の相関係数は 0.941 であり，高い相関を示している。輸送費の低下に伴う分布の変化を考えると，首都圏への労働力の集中化と地方圏の労働人口の減少局面を経て，十分に輸送費が小さくなると労働力が地方へ再分散化することが示された。本モデルのなかでは，現在の労働分布は集中化から再分散へ推移する過程として再現されるが，この輸送費水準と集中化のタイミングについては注意が必要だろう。つまり，本モデルで考慮されている要素以外にも，行政機関の立地や電力，ガス，水道，鉄道網や道路網，空港，港湾といったさまざまな要因が存在

表 9-7　南海トラフ地震の被災後の労働人口変化（％）

	ケース①	ケース③	ケース⑤
01 北海道	0.22	0.09	0.10
02 青森	0.21	0.19	0.15
03 岩手	0.21	0.12	0.11
04 宮城	0.26	0.17	0.15
05 秋田	0.22	0.15	0.13
06 山形	0.10	0.19	0.16
07 福島	0.21	0.16	0.14
08 茨城	0.21	0.22	0.17
09 栃木	0.23	0.22	0.17
10 群馬	0.27	0.22	0.17
11 埼玉	0.26	0.10	0.11
12 千葉	-0.16	0.02	0.04
13 東京	0.23	0.06	0.10
14 神奈川	-0.12	-0.05	0.04
15 新潟	0.23	0.06	0.09
16 富山	0.30	0.08	0.10
17 石川	0.28	0.07	0.13
18 福井	0.25	0.17	0.15
19 山梨	0.15	0.10	0.12
20 長野	0.25	0.10	0.11
21 岐阜	0.10	0.08	0.09
22 静岡	-2.12	-0.16	-0.12
23 愛知	-0.52	-0.06	-0.05
24 三重	-3.09	-0.77	-0.72
25 滋賀	0.33	0.13	0.16
26 京都	0.31	0.22	0.17
27 大阪	0.27	-0.15	-0.11
28 兵庫	0.18	-0.10	0.04
29 奈良	0.19	0.08	0.10
30 和歌山	-1.09	-3.10	-1.49
31 鳥取	0.10	0.18	0.17
32 島根	0.06	0.27	0.19
33 岡山	0.16	0.11	0.08
34 広島	0.06	0.32	0.23
35 山口	0.11	0.23	0.15
36 徳島	-0.66	-2.47	-1.33
37 香川	0.08	-0.08	-0.08
38 愛媛	-0.31	-0.16	-0.44
39 高知	-1.29	-1.88	-3.18
40 福岡	0.35	0.32	0.31
41 佐賀	0.55	0.22	0.38
42 長崎	0.08	0.28	0.09
43 熊本	0.47	0.27	0.37
44 大分	-0.58	-0.41	-1.13
45 宮崎	-2.54	-2.35	-2.94
46 鹿児島	0.10	0.18	-0.15
47 沖縄	-0.14	-0.38	0.08

（出所）　筆者作成。

258　第9章　NEGモデルを用いた巨大地震による労働移動の経済分析

ケース①　駿河湾〜紀伊半島沖で津波が発生した場合

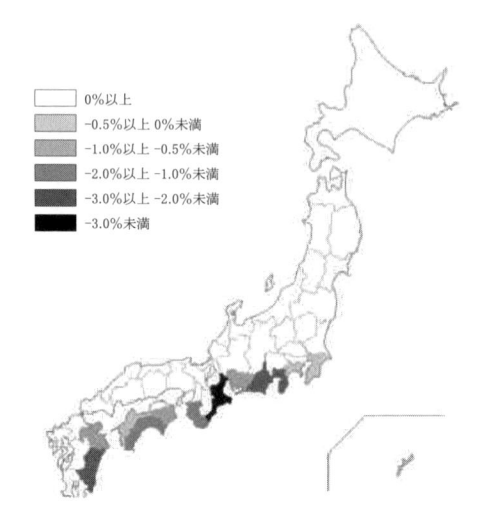

```
0%以上
-0.5%以上 0%未満
-1.0%以上 -0.5%未満
-2.0%以上 -1.0%未満
-3.0%以上 -2.0%未満
-3.0%未満
```

ケース③　紀伊半島沖〜四国沖で津波が発生した場合

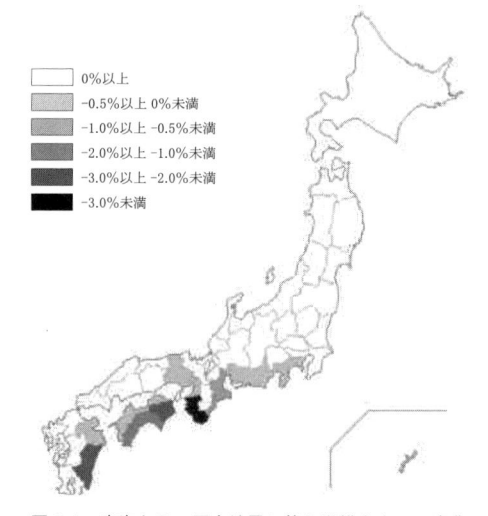

```
0%以上
-0.5%以上 0%未満
-1.0%以上 -0.5%未満
-2.0%以上 -1.0%未満
-3.0%以上 -2.0%未満
-3.0%未満
```

図9-3　南海トラフ巨大地震に伴う労働力人口の変化

（出所）　筆者作成。

ケース⑤　四国沖〜九州沖で津波が発生した場合

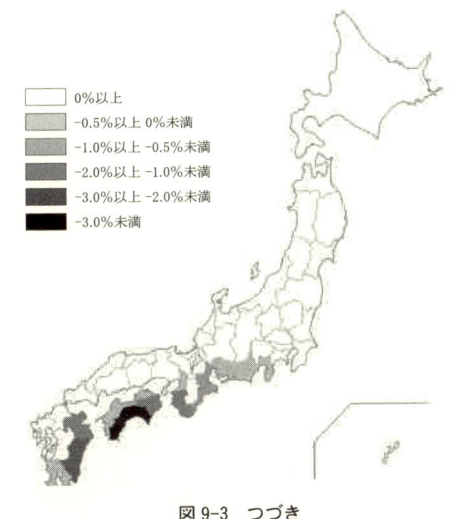

凡例：
- 0%以上
- -0.5%以上 0%未満
- -1.0%以上 -0.5%未満
- -2.0%以上 -1.0%未満
- -3.0%以上 -2.0%未満
- -3.0%未満

図 9-3　つづき

(出所)　筆者作成。

しており，また集積の経済や集積の不経済についても十分とはいえない。輸送費の低下と労働分布の変化の関係については，今後より詳細な検証が必要と言えるだろう。

　こうした問題はあるが，本モデルで最大限説明できる労働分布をもとに，震災の影響について分析した結果，東日本大震災後の人口分布の変化パターンについて一定程度表現できていると考えられる。つまり，震災直後は被災地を逃れて被災地の近隣都道府県に人口が一時的に流入したが，復興の進展とともに再び被災地へ回帰する傾向が読み取れる。こうしたパターンは，南海トラフ巨大地震についての分析でも同様の傾向が示されている。当研究について課題があるとすると，それは複数均衡の存在を示すことができなかったことである。NEGでは，図9-2のような2地域モデルで考えると，輸送費が中間的な水準にある場合には，初期時点で一方の地域の人口がもう一方の地域の人口よりも少しでも多ければ，その後人口は人口の多い地域へ集中し，逆もまた然りという複数均衡の特徴をもつはずである。今回の47都道府県モデルでは現実の分

布が再分散化の状態として再現されており，こうした複数均衡の存在を示すに至らなかったが，現実にもし複数均衡の特色が存在するのであれば，現在生じている集積構造は潜在的に複数存在する均衡の1つにすぎず，歴史的な経緯の如何によっては，現在とはまったく違った地域構造となることもあり得たはずである。そして，今回の震災のような巨大なインパクトがあった場合に，複数均衡の形状がかわることも考えられる。こうした複数均衡の検証をするために，Davis and Weinstein (2008) などの研究では第二次世界大戦の被害による都市規模の変化を分析しており，大戦により被害が十分に甚大だった都市はそれまでの中心地としての均衡から脱落し，中心地としての機能を他の都市に奪われることが示されている。これを震災にあてはめて考えれば，震災により大きな被害を受けた地域では震災により以前の均衡が崩れている可能性があり，また震災に伴う人口流出が十分に大きくなると，今後復興政策を進めた場合にも十分に震災前の状態には回復しないことも考えられる。行政の観点としては，人口流出が複数均衡の閾値を超え，復興が著しく困難となる前に何らかの復興政策を進めるべきであるが，逆に復興の見込みがないのであれば，過剰な復興政策は非効率ともなる。今回の研究では複数均衡の特色を描くことはできなかったが，復興政策を考える上では，こうしたNEGモデルにもとづく複数均衡のありようを見極めることも肝要といえるだろう。

付表 9-1　南海トラフ巨大地震による被害予測　ケース①の被災比率（％）

浸水深	被災直後 農地 1cm以上	被災直後 宅地 木造全半壊 30cm以上	一部復旧 農地 50%復旧 1cm以上	一部復旧 宅地 木造全壊 2m以上	犠牲者比率
08 茨城	0.16	0.12	0.08	0.02	0.00
12 千葉	1.37	1.05	0.68	0.35	0.00
13 東京	0.11	0.08	0.06	0.00	0.00
14 神奈川	1.55	1.11	0.77	0.30	0.00
22 静岡	4.03	3.60	2.01	1.78	0.72
23 愛知	4.08	3.08	2.04	0.57	0.01
24 三重	6.11	5.62	3.05	2.87	0.11
27 大阪	1.33	0.79	0.66	0.06	0.00
28 兵庫	0.25	0.18	0.13	0.03	0.00
30 和歌山	2.46	2.22	1.23	1.21	0.48
33 岡山	0.17	0.11	0.08	0.01	0.00
34 広島	0.27	0.19	0.14	0.05	0.00
35 山口	0.47	0.34	0.23	0.08	0.00
36 徳島	3.60	2.97	1.80	0.61	0.10
37 香川	1.91	1.28	0.96	0.13	0.00
38 愛媛	1.01	1.51	0.51	0.42	0.01
39 高知	2.38	2.25	1.19	1.54	0.18
40 福岡	0.10	0.08	0.05	0.03	0.00
42 長崎	0.81	0.68	0.41	0.04	0.00
43 熊本	0.08	0.07	0.04	0.01	0.00
44 大分	1.81	1.63	0.91	0.61	0.00
45 宮崎	4.68	4.35	2.34	2.56	0.04
46 鹿児島	1.07	0.96	0.53	0.31	0.00
47 沖縄	2.88	2.34	1.44	0.10	0.00

（出所）　筆者作成。

付表 9-2　南海トラフ巨大地震による被害予測　ケース③の被災比率（％）

浸水深	被災直後 農地 1cm 以上	被災直後 宅地 木造全半壊 30cm 以上	一部復旧 農地 50%復旧 1cm 以上	一部復旧 宅地 木造全壊 2m 以上	犠牲者比率
08 茨城	0.11	0.09	0.06	0.01	0.00
12 千葉	0.51	0.52	0.26	0.08	0.00
13 東京	0.09	0.08	0.05	0.00	0.00
14 神奈川	0.65	0.63	0.33	0.05	0.00
22 静岡	0.79	0.82	0.39	0.29	0.01
23 愛知	2.02	2.11	1.01	0.20	0.00
24 三重	2.45	5.17	1.22	0.80	0.04
27 大阪	3.71	1.57	1.86	0.25	0.00
28 兵庫	0.51	0.27	0.25	0.09	0.00
30 和歌山	4.87	3.69	2.44	3.04	1.30
33 岡山	0.30	0.12	0.15	0.07	0.00
34 広島	0.24	0.19	0.12	0.04	0.00
35 山口	0.44	0.33	0.22	0.07	0.00
36 徳島	6.87	4.70	3.44	2.50	0.25
37 香川	2.38	1.43	1.19	0.16	0.00
38 愛媛	0.94	0.87	0.47	0.39	0.01
39 高知	3.66	2.33	1.83	2.29	0.33
40 福岡	0.09	0.08	0.05	0.03	0.00
42 長崎	0.84	0.68	0.42	0.05	0.00
43 熊本	0.08	0.07	0.04	0.01	0.00
44 大分	1.83	1.64	0.92	0.58	0.00
45 宮崎	4.29	4.30	2.15	2.28	0.03
46 鹿児島	1.09	0.92	0.55	0.34	0.00
47 沖縄	2.74	2.13	1.37	0.06	0.00

（出所）　筆者作成。

付表 9-3　南海トラフ巨大地震による被害予測　ケース⑤の被災比率（%）

	被災直後		一部復旧		犠牲者比率
	農地	宅地	農地	宅地	
		木造全半壊	50%復旧	木造全壊	
浸水深	1cm 以上	30cm 以上	1cm 以上	2m 以上	
08 茨城	0.14	0.10	0.07	0.01	0.00
12 千葉	0.47	0.38	0.24	0.07	0.00
13 東京	0.08	0.99	0.04	0.00	0.00
14 神奈川	0.40	0.30	0.20	0.03	0.00
22 静岡	0.65	0.55	0.32	0.23	0.01
23 愛知	1.64	1.09	0.82	0.17	0.00
24 三重	2.55	2.19	1.28	0.75	0.03
27 大阪	3.34	2.24	1.67	0.23	0.00
28 兵庫	0.42	0.30	0.21	0.06	0.00
30 和歌山	3.36	3.04	1.68	1.66	0.16
33 岡山	0.33	0.27	0.16	0.10	0.00
34 広島	0.24	0.17	0.12	0.04	0.00
35 山口	0.54	0.37	0.27	0.09	0.00
36 徳島	5.17	4.46	2.59	1.36	0.18
37 香川	2.52	1.76	1.26	0.18	0.00
38 愛媛	1.15	1.02	0.57	0.57	0.01
39 高知	4.94	4.75	2.47	3.66	0.41
40 福岡	0.09	0.08	0.05	0.03	0.00
42 長崎	1.01	0.84	0.51	0.10	0.00
43 熊本	0.10	0.08	0.05	0.02	0.00
44 大分	2.38	2.16	1.19	1.10	0.00
45 宮崎	5.11	4.78	2.55	2.86	0.15
46 鹿児島	1.44	1.31	0.72	0.61	0.00
47 沖縄	3.18	2.56	1.59	0.15	0.00

（出所）　筆者作成。

終章
結論と政策的含意

10.1 はじめに

2011年3月11日に発生した東日本大震災は，地震による直接的な被害と地震から発生した津波による被害，及び原発事故による被害が複合的に重なり合う形で被災地域に甚大な経済的影響を及ぼすとともに，被災地域以外の生産拠点にも大打撃を与えた。被災地域には，自動車や電気電子産業が集積しており，この大震災により集積した企業の生産ラインが打撃を受け，被災地域経済のみならずグローバル経済に対しても多大な「負の供給ショック」を与えた。そこで，本書では，第1に，地域間社会会計表と空間応用一般均衡（SCGE）モデルにより，東日本大震災が被災地域及びその他地域の経済に及ぼした「負の供給ショック」を実証的に解明した。第2に，この大震災からの産業復興・地域再生には，通常の産業振興策だけでは十分でなく，同業種の集積とともに異業種との集積（共集積）により地域集積力を強め，イノベーションを伴う産業クラスターの形成，すなわち「新産業集積」の形成が不可欠であるということを動学的空間応用一般均衡（DSCGE）モデルによるシミュレーション分析から明らかにした。このDSCGEモデルは地域間人口移動を陽表的に明示していないので，第3に，人口減少経済を想定した47都道府県間産業連関表を用いて大震災による人口減少の影響を分析するとともに，新経済地理学（NEG）モデルを用いて巨大地震による人口移動がもたらした被災地域の人口の変化を分析した。以下では，この三つの柱を軸に，より詳細に各章の結論を6つに要約する。

まず，第1に，第1章では，東日本大震災からの産業復興の現状や復興財政措置の執行状況について考察し，次に，本書で用いられる空間応用一般均衡

(SCGE）モデルと新経済地理学（NEG）モデルの原型モデルを紹介するとともに，福島県を対象とした原型 SCGE モデルを用いて大震災や原子力災害の影響や復興・地域再生に関するシミュレーション分析を行った。第2に，第2章と第3章では地域間 SAM を用いた乗数分析から地震と津波被害による影響と原子力災害の影響を分析した。第3に，第4章では第2章の2地域間 SAMをデータベースにした2地域間応用一般均衡モデルから震災後の自動車産業に象徴される「サプライチェーン寸断」という負の供給ショックと地域経済への影響を分析した。第4に，第5章も2地域間応用一般均衡モデルを用いて原子力災害を含めた震災復興に向けた財政措置の効果，その復興財源の確保と使途の望ましい姿について分析した。また，復興に向けた被災地域の農林水産業と製造業による新産業集積がもたらす復興・地域再生への効果を分析した。第5に，新産業集積の将来的な効果を明らかにするために第6章ではさらに2地域間応用一般均衡モデルを動学化し，現在東北地域でみられる広域な新自動車産業クラスターの形成の動きについて10年先を見据えた施策のあり方と地域経済への影響を分析した。また，第7章ではマクロの動学的応用一般均衡モデルから復興に向けた持続可能な漁業・水産加工クラスターの形成による中期的な経済効果を分析した。第6に，第7章までのモデル分析では震災による「人口移動」を前提としてこなかったので，第8章では日本の「人口減少社会」の県ごとの人口予測に震災による人口移動を加味した人口推計値から47都道府県間産業連関表を用いた産業連関分析を通じて被災地の地域経済への影響を分析した。さらに，第9章では NEG モデルを用いて大震災による人口移動がもたらす被災地域の人口の変化を分析し，その分析フレームを用いて「南海トラフ巨大地震」についての震災後の実質所得と人口分布を予測した。

そこで，本章ではこうした6点について，分析によって得られた結論と課題を整理するとともに，結論から導き出された政策的含意を述べる。

10.2　原型空間応用一般均衡モデルによる経済分析

第1章5節と6節では，原型空間応用一般均衡（原型 SCGE）モデルを用い

て原子力災害の影響と新産業集積に関する2つのシミュレーションを行った。

まず，原子力災害の影響に関するシミュレーションの内容は，福島県がその他被災3県と同様に地震・津波被害だけであったと想定した「原子力災害なかりせば」ケースをベースシナリオとした。そのシナリオに対比する形として「原子力災害あり」のシナリオ（福島原発事故によるその周辺の相双地域を中心に全ての生産活動が停止し，福島県全体の農林業や漁業，電力の生産活動も回復しないとした）を3つ設定した。①「財政移転なし」シナリオは，国から福島県への財政措置が執られないとし，②「財政移転あり」シナリオは，原子力災害に対して国からの福島県への財政措置として継続的に一定の金額が支給され，その金額を年間800億円とする。そして，③「財政移転と製造業の産業振興」シナリオでは，②のシナリオに中小企業の支援という名目で福島県の製造業に補助金が支給され，それに相当する分が追加で福島県に地方交付税交付金として500億円を上乗せしたシナリオである。また，これらのシナリオは第5章3節においても福島県とその他地域の2地域間SAMをデータベースにした2地域間応用一般均衡（2SCGE）モデルを使って同様なシミュレーション分析を実施した。その内容は本章5節の後半にまとめられている。こうした2つのモデルによるシミュレーション結果を対比した形でベースシナリオからの変化率をまとめた表が表10-1である（詳細な2SCGEのシミュレーション結果は表10-8を参照されたい）。そこで，「財政移転なし」シナリオにおいて2つのモデルを比較すると，等価変分や生産量，実質GRPの主な指標は原型SCGEモデルと2SCGEモデルともに同じ方向を示している。このように原型SCGEモデルでも福島原発事故の影響が福島県の生産活動や家計に大きく影響していることがわかる。一方，復興政策（財政移転）の2つのシナリオでは，原型SCGEモデルと2SCGEモデルが全てで同じ結果にならない。復興政策により福島県の生産量や実質GRPは，原型SCGEモデルと2SCGEモデルともにベースシナリオよりも悪化するという点では同じである。しかし，等価変分や家計の効用水準において2SCGEモデルでは大きく改善するが，原型SCGEモデルはあまり大きな改善がみられない。これは，域外部門から地方政府に注入された経常移転（財政移転）が確かに政府貯蓄や政府消費を回復させる効果がみられるものの，それが原型SCGEモデルでは福島県の投資需要に結び付

10.2 原型空間応用一般均衡モデルによる経済分析

表 10-1 原型 SCGE モデルによる原子力災害の影響分析

<table>
<tr><th rowspan="3">ベースシナリオ
からの差分・変
化率</th><th colspan="6">原子力災害影響ケース</th></tr>
<tr><th colspan="2">財政移転なし
シナリオ
(復興政策なし)</th><th colspan="2">財政移転あり
シナリオ
(復興政策あり)</th><th colspan="2">財政移転と製造業の産業振
興(補助金支給)シナリオ
(復興政策あり)</th></tr>
<tr><th>原型SCGE</th><th>2SCGE</th><th>原型SCGE</th><th>2SCGE</th><th>原型 SCGE</th><th>2SCGE</th></tr>
<tr><td>等価変分
(億円)</td><td>福島県</td><td>▲▲</td><td>▲▲</td><td>▲▲</td><td>▲</td><td>▲▲</td><td>△</td></tr>
<tr><td rowspan="5">福島県</td><td>福島県の生産量</td><td>▲▲</td><td>▲▲</td><td>▲▲</td><td>▲▲</td><td>▲</td><td>▲▲</td></tr>
<tr><td>実質 GRP</td><td>▲▲</td><td>▲▲</td><td>▲▲</td><td>▲▲</td><td>▲</td><td>▲▲</td></tr>
<tr><td>家計の効用水準</td><td>▲</td><td>▲</td><td>▲</td><td>○</td><td>▲</td><td>◎</td></tr>
<tr><td>家計所得</td><td>△</td><td>△</td><td>△</td><td>○</td><td>△</td><td>○</td></tr>
<tr><td>総貯蓄</td><td>◎</td><td>◎</td><td>◎</td><td>◎</td><td>◎</td><td>◎</td></tr>
</table>

(注1) 表中の等価変分の記号は,△:0〜1,000億円,○:1,001億円〜1兆円未満,◎:1兆円以上,▲:−0〜−1,000億円,▲▲:−1,001億円〜−1兆円未満,▲▲▲:−1兆円以上を表す。
(注2) 等価変分の項目以外の表中の記号は,△:−1.0%〜+1.0%,○:+1.1%〜+5.0%,◎:+5.0%以上,▲:−1.1%〜−5.0%,▲▲:−5.0%以下を表す。
(出所) 第1章の表1-10から作成。

けることができないからである。このように復興政策の経済分析では,所得移転や財政移転の役割を果たすその他地域や中央政府が存在しない原型 SCGE モデルでは不充分で,多地域間 CGE モデルが必要となる。

次に,福島の復興・地域再生が農林水産業と製造業による新産業集積を通じて図られる場合の経済効果を明らかにするために,上述したベースシナリオに基づいた4つのシナリオ(① 産業振興のための補助金シナリオ,② 補助金シナリオに福島産の製品差別化が図られたとするシナリオ,③ 補助金を通じて産業の集積が図られたことが生産性向上に繋がったというシナリオ,④ は ② と ③ の混合シナリオ)のシミュレーションを実施した。表10-2 はその結果をベースシナリオから差分・変化率として表示してある。

この表から次の2点を指摘できる。第1に,大震災からの復興には何らかの補助金政策が不可欠である。それは,本シミュレーションが震災後の1年間を通じて落ち込んだ労働と資本の総賦存量を固定にした原型 SCGE モデルという制約下であるものの,補助金政策のシナリオはベースシナリオに比べて等価

表 10-2　原型 SCGE モデルによる新産業集積の経済分析

ベースシナリオからの差分・変化率		産業振興のための補助金政策シナリオ	補助金政策＋製品差別化のシナリオ	補助金政策＋生産性向上シナリオ	補助金政策＋製品差別化＋生産性向上シナリオ
等価変分(億円)	福島県	△	△	○	○
福島県	福島県の生産量	△	△	△	○
	実質 GRP	△	△	△	△
	家計の効用水準	△	△	△	△
	家計所得	△	△	△	△
	総貯蓄	▲▲▲	▲▲▲	▲▲▲	▲▲▲
福島県の生産量	部門1（農林水産業）	◎	◎◎	◎◎	◎◎
	部門2（鉱業・製造業）	◎	◎	◎	◎◎
	部門1（建設業と第三次産業）	△	△	△	▲
福島県の雇用量	部門1（農林水産業）	◎	◎◎	◎	◎◎
	部門2（鉱業・製造業）	◎	◎	◎	◎
	部門1（建設業と第三次産業）	△	△	△	▲▲

（注1）表中の等価変分の記号は，△：0～500 億円，○：501 億円～1,000 億円未満，◎：1,000 億円以上，▲：－0～－500 億円，▲▲：－501 億円～－1,000 億円未満，▲▲▲：－1,000 億円以上を表す。

（注2）等価変分の項目以外の表中の記号は，△：－3.0%～＋3.0%，○：＋3.1%～＋8.0%，◎：＋8.10%～16.0%，◎◎：16.1%以上，▲：－3.1%～－8.0%，▲▲：－8.1%～－16.0%，▲▲▲：－16.1%以下を表す。

（出所）第1章の表 1-12 から作成。

変分のマイナス幅が縮小し，福島県の総生産量も回復させる経済効果をもたらす。第2に，補助金政策は復興・地域再生を目指す上での必要条件に過ぎず，復興・地域再生には新産業集積が必要である。その過程において何らかの施策を講ずることが望ましい。例えば，福島産の製品差別化を図る施策を行うと，農林水産業（部門1）生産は大きく改善し，鉱業・製造業（部門2）の生産も改善する。そしてこうした生産拡大にともない雇用量も増加や改善がみられる。さらに生産性向上がなされれば，県の生産量はさらに回復することがわかる。以上の考察から，新産業集積による産業クラスターの形成は，その形成過程で補助金と製品差別化の施策を図りながら，新産業集積を着実に進展させる

ことによって，震災によって落ち込んだ地域経済を活性化させ，地域の住民の生活水準を大きく回復させることに繋がると結論づけることができる．

10.3 乗数分析による地震・津波被害と原子力災害の影響分析

東日本大震災の特徴の1つである巨大な津波が三陸沿岸から九十九里までの広範囲にわたり押し寄せ，農地の塩害被害や漁業と水産加工業に壊滅的な被害をもたらした．さらに，被災地域の震災は被災地域の生産活動を停止しただけではなく，「負の供給ショック」によってその他地域の生産活動を減少させ，一時的に輸出の大幅な減少をもたらした．

第2章と第3章では地域間SAMを用いた乗数分析からこうした震災による被害がもたらした生産活動や家計部門等への負の経済波及効果を明らかにした．加えて，第3章では震災によって毀損した社会資本ストックの回復や被災地の地域経済再生のための復興財政措置の経済波及効果を分析した．

第2章では，まず震災直後から6ヵ月間にかけて，被災地域を中心に輸出の半減状況が1年間も続いたと想定した地域経済への影響について2005年時点の水準で試算した．それによると，こうした輸出の減少が被災地域とその他地域の2005年の生産額をそれぞれ6.5兆円（2005年比で9.46％減）と46.4兆円（4.67％減）減少させ，また，被災地域の2005年の家計所得額を2兆円（7.66％減），その他地域では18.7兆円（4.56％減）減少させる．次に，地震と津波によって発生した農業被害の約756億円と漁業被害の約1,517億円がもたらす被災地域やその他地域への生産活動への影響を試算した．これらの被害が1年間そのまま続くと想定した2005年時点の水準でみると，農業被害による産業全体の2005年の生産額を被災地域で2,313億円，その他地域では9,471億円減少させる．一方，漁業被害額では，被災地域の産業全体に対して4,244億円の減少をもたらし，さらに，その漁業被害による負の供給ショックの影響として，その地域の産業全体の生産に対しても約1.7兆円の減少をもたらす．

また，第3章では，原子力災害の被害を受けたことで他の被災県に比べて被

害額の大きい福島県（直接的被害額：約 2.3 兆円）を取り出した 3 地域（福島県，その他被災 3 県，その他地域）間 SAM を改めて作成し，それによる乗数分析を行った。これも第 2 章と同様に 2005 年時点の水準からの変化分である。地震と津波被害による被災地域の産業被害額が 1 年間にわたり生産活動に影響を与えたと想定した経済波及効果を計測したところ，福島県による直接的被害と間接的被害を合わせた総被害額は産業全体で 6.7 兆円に達し，これは 2005 年の福島県生産額の 42.6％に相当する。また，家計部門への影響は 2.3 兆円（2005 年の福島県家計所得額の 38.3％に相当）になる。また，その他被災 3 県の総被害額は産業全体で 18.1 兆円（同 34.7％）に達し，家計部門への影響は 6.4 兆円（同 31.2％）になる。さらに，第 3 章 4 節では震災当年に執行された平成 23 年度の補正予算額と，翌年に繰り越された平成 23 年度補正予算額と平成 24 年度予算額の合計をそれぞれ地域別・部門別に配分した（第 3 章の表 3-6）。そしてそれらの金額が被災地域の各部門に財政移転されたものとみなし，こうした復興財政措置の効果を分析した。その効果を計測したところ，福島県の産業全体では震災から 1 年後では 86.5％と震災前の水準まで回復しないが，2 年後では震災前の水準を上回る 107.9％まで回復するという結果が得られた。また，その他被災 3 県の産業全体でも福島県と同様に震災から 1 年後は 87.7％であるが，2 年後では 105.4％まで回復するという結果になった。この計測結果をみる限り，震災から 2 年後で被災地域の産業全体は震災前の水準に戻ったことになる。産業別では，農林水産業，建設業，公務・公共サービスが 100％を大きく越える一方で，製造業や第三次産業は福島県で 90％前半，その他被災 3 県は 90％半ばと 2 年後でも震災前の水準に回復していない。これらの計測結果と第 1 章（表 1-1 と図 1-7）で考察した個々の産業や個々の地域の現状からみて必ずしも一致する結果になっていない。その理由は，復興財政措置としては充分な金額であるにも関わらず，被災地域への財政措置の配分先と金額が被災地域での復興ニーズと異なっていたからであろう。むしろ，この結果から被災した個々の産業に直接的に資金配分されるように財政移転の配分を変更した方が望ましいということが示唆される。こうした政策的含意は，第 5 章 2 節の 2 地域間応用一般均衡モデルを用いた復興財源シミュレーションの結果からも同じことを指摘することができる（本章 5 節を参照されたい）。

10.3 乗数分析による地震・津波被害と原子力災害の影響分析　271

なお，その他地域は財政措置によってマイナスの経済波及効果を受ける。これは，被災地域への財政措置の財源が復興国債などの公債発行や中央政府の収入によるため，財産部門や中央政府へのマイナスの影響をその他地域の経済主体が大きく受けるからである。確かに，被災地域はその他地域と同様なマイナスの影響を受けるものの，それを上回る財政措置によるプラス効果がある。しかし，その他地域は被災地域の復興からのプラスの効果を打ち消すほどのマイナスの効果を受けることになる。

最後に，第 3 章 5 節では，福島第一原発事故による被害の影響分析を行った。それによると，福島第一原発事故による周辺地域の生産活動の停止による被害額（約 1.5 兆円）がもたらした負の経済波及効果は，2005 年時点の福島県内の生産額をベースにした被害額は 3.3 兆円（2005 年比 21.3％減），全国では 25.2 兆円（2.34％減）に達する。また，家計部門においても福島県の家計所得

表 10-3　地域間 SAM による地震・津波被害と原子力災害の影響分析　（単位：億円）

| | 被害対象
(被害額：x) | 経済波及先
(y) | 震災直後（この状態が 1 年間続くと想定） ||
			産業全体 2005 年の地域生産額 からの変化分 （　）は 2005 年比	家計部門 2005 年の地域家計所得 からの変化分 （　）は 2005 年比
第2章 地震・津波被害の影響分析	輸出の減少額 (4-8 月期： 約 2,659 億円)	被災地域	▲65,123　(9.46％減)	▲20,390　(7.66％減)
		その他地域	▲464,385　(4.67％減)	▲187,193　(4.56％減)
		全国	▲529,508　(4.98％減)	▲207,583　(4.75％減)
	農業の被害額 (約 756 億円)	被災地域	▲2,313　(0.34％減)	▲682　(0.26％減)
		その他地域	▲9,471　(0.10％減)	▲4,029　(0.10％減)
		全国	▲11,784　(0.11％減)	▲4,711　(0.10％減)
	漁業の被害額 (約 1,517 億円)	被災地域	▲4,244　(0.62％減)	▲1,364　(0.51％減)
		その他地域	▲17,423　(0.18％減)	▲7,402　(0.18％減)
		全国	▲21,667　(0.20％減)	▲8,766　(0.20％減)
第3章5節 原子力災害の影響分析	福島県相双地域を中心とした産業全体の被害額 (約 1 兆 4,942 億円)	福島県	▲33,892　(21.3％減)	▲11,251　(18.2％減)
		その他被災 3 県	▲16,318　(3.12％減)	▲5,973　(2.92％減)
		その他地域	▲201,552　(2.03％減)	▲84,981　(2.07％減)
		全国	▲251,732　(2.37％減)	▲102,205　(2.34％減)

（出所）　第 2 章と第 3 章の各表を基に筆者作成。

272　終章　結論と政策的含意

表 10-4　3 地域間 SAM による地震・津波被害の波及効果と復興財政措置の効果

(単位：億円)

被害対象 (被害額：x)	経済 波及先 (y)	地域別	2005 年の地域生産額(地域家計所得額)からの変化分		
			震災直後の被害額(この状態が1年間続くと想定)からの波及効果による総被害額	復興財政措置の効果	
				震災から1年後 (　)は回復度	震災から2年後 (　)は回復度
第3章	被災地域の産業全体の被害額 (福島県：約2兆3,360億円) (その他被災3県：約5兆5,781億円)	産業全体	福島県	▲67,581 (42.6%減)	▲21,362 (86.5%)	12,600 (107.9%)
			その他被災3県	▲181,321 (34.7%減)	▲64,184 (87.7%)	28,263 (105.4%)
			その他地域	▲1,040,920 (10.5%減)	▲1,136,236 (88.6%)	▲1,189,834 (88.0%)
			全国	▲1,289,821 (12.1%減)	▲1,221,782 (88.5%)	▲1,148,971 (89.2%)
		農林水産業	福島県	▲1,479 (54.1%減)	2,198 (168.2%)	2,706 (183.9%)
			その他被災3県	▲4,975 (63.8%減)	639 (104.7%)	3,541 (125.8%)
		鉱業・製造業	福島県	▲14,979 (74.2%減)	▲8,897 (84.7%)	▲4,580 (92.1%)
			その他被災3県	▲55,383 (74.4%減)	▲28,105 (87.0%)	▲5,861 (97.3%)
		建設業	福島県	▲7,756 (84.0%減)	▲2,518 (72.7%)	4,713 (151.1%)
			その他被災3県	▲16,643 (49.7%減)	▲508 (98.5%)	28,144 (184.0%)
		公務・公共サービス	福島県	▲6,466 (30.4%減)	5,792 (127.2%)	14,026 (165.9%)
			その他被災3県	▲18,571 (27.9%減)	3,194 (104.8%)	10,728 (116.1%)
		その他第三次産業	福島県	▲36,901 (44.8%減)	▲17,937 (73.2%)	▲4,265 (93.6%)
			その他被災3県	▲85.750 (55.5%減)	▲39,404 (79.6%)	▲8,289 (95.7%)
		家計部門	福島県	▲23,641 (38.3%減)	▲1,195 (98.1%)	13,932 (122.6%)
			その他被災3県	▲63,692 (31.2%減)	▲12,148 (94.1%)	20,541 (110.1%)
			その他地域	▲442,110 (10.8%減)	▲518,548 (87.4%)	▲572,969 (86.1%)
			全国	▲529,416 (12.1%減)	▲531,891 (87.8%)	▲538,495 (87.7%)

(注)　回復度＝(2005 年の生産額－総被害額＋復興財政措置の波及効果)÷2005 年の生産額×100。
(出所)　第 3 章の各表を基に筆者作成。

が 1.1 兆円減少し，全国では 10.2 兆円の家計所得が減少したという結果になる。

10.4 「負の供給ショック」の検証

　震災直後の 3 ヵ月間の鉱工業生産指数をみると，被災地域における製造業の多くの業種は押し並べて震災前の生産水準よりも 30%－40% ほど落ち込んだ。一方，震災の直接的被害を受けていないその他地域の製造業の中で自動車産業の生産だけが 30% を上回る減少となった。これが「サプライチェーン（供給網）の寸断」という負の供給ショック（いわゆるルネサス・ショック）である。本来，自動車産業は生産ピラミッド構造を持ち，構造の下部になるほど汎用性の高い部品から構成されている。そのため，図 10-1 の左図のように，仮に S 地域からの部品の供給がストップした場合（破線で表示）でも，他地域から部品の供給を代替することにより，上部に位置するユニットや機能部品などの生産がストップするまでには至らず，まして自動車製造ラインが停止することはない。しかし，東日本大震災によって図 10-1 の右図のように一部の下部構造にダイヤモンド型の生産ピラミッド構造となっていたことが明らかになった。つまり，下位の部品の中に S 地域でしか製造しておらず，かつ S 地域以外で直ちに供給することができない代替性の低い部品（これを基幹部品と呼ぶ）が存在していた。その S 地域が被災したことでその部品を製造できず，

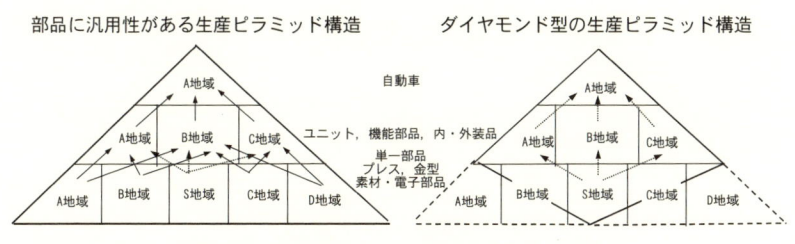

図 10-1　負の供給ショックが発生したメカニズム

（出所）　筆者作成。

その部品供給を受けていた上部に位置する自動車部品も製造できなくなり，ひいては最上部の自動車製造のラインを停止する事態に至った。

そこで，第4章では2地域間応用一般均衡モデルを使って「負の供給ショック」を検証するために，図10-2で示した2つのシミュレーションを行った。第1に，上位同業種インパクト・シミュレーションでは被災地域の自動車部品の生産が減少した場合，その自動車部品の汎用性（モデル上では商品の地域間代替弾力性の値を変えることで基幹品から汎用品の4つに分類した）の違いによってその他地域の自動車・自動車部品産業の生産への影響を計測した。第2に，下位異業種インパクト・シミュレーションでは被災地域の電子部品・デバイスやその他製造業・鉱業の生産が減少した場合，それぞれの製品の汎用性の違いによって被災地域の自動車・自動車部品産業の生産への影響を計測した。加えて，被災地の地域経済への影響も分析した。その結果を整理した表が表10-5と表10-6である。

まず，表10-5の上段にある異地域間での上位同業種の「負の供給ショック」の表から，被災地域で生産している自動車部品がその他地域の自動車生産にとって基幹部品であると想定した場合には，被災地域の自動車部品の生産が60%減少したとするとその他地域の自動車生産は11%減少する。一方汎用部品であるとする同シミュレーションの場合には，その他地域の自動車生産は2.6%減にしかならなかった。こうしたシミュレーションを通じて次の結論を得ることができた。それは，被災地域の自動車部品の生産が倍以上減少したと

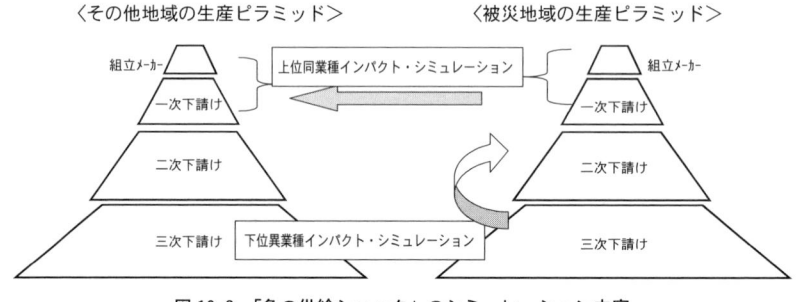

図10-2 「負の供給ショック」のシミュレーション内容

（出所）筆者作成。

しても，その部品の汎用性が高ければ，その他地域の自動車組立・自動車部品の生産減少幅は低下する。

次に，表10-5の中段と下段にある同地域間での異業種の「負の供給ショック」の表からのシミュレーション結果をみると，被災地域における電子部品・デバイスやその他製造業・鉱業の生産が減少した場合，汎用性の高い製品であればあるほど，被災地域における自動車・自動車部品の生産の減少幅を抑制することができる。つまり，生産ピラミッドの下位の異業種製造業が汎用性の高い製品を生産していれば，その製造業の生産減による上位の自動車部品産業への「負の供給ショック」を緩和することができる。逆に言えば，このシミュレーションによって次の結論を導き出すことができた。被災地の自動車生産ピラミッドの下部に位置する異業種製造業が生産する素材・中間財の製品がその他地域から調達しにくいものであればあるほど，その産業の生産がより減少すれば，被災地域の自動車部品や自動車製造の生産をより減少させる。

表10-5 「負の供給ショック」のシミュレーション分析

I：上位同業種インパクト・シミュレーション 基準値からの変化率		被災地域の自動車部品生産量			
		10%減	20%減	40%減	60%減
その他地域の自動車・自動車部品生産量	基幹品	▲ 1.239	▲ 2.720	▲ 6.520	▲ 11.243
	準基幹品	▲ 0.918	▲ 1.968	▲ 4.570	▲ 7.923
	準汎用品	▲ 0.547	▲ 1.145	▲ 2.539	▲ 5.250
	汎用品	▲ 0.360	▲ 0.744	▲ 1.613	▲ 2.684
II：下位異業種インパクト・シミュレーション 基準値からの変化率		被災地域のその他製造業・鉱業生産量の20%減のケース			
		基幹品	準基幹品	準汎用品	汎用品
被災地域の自動車・自動車部品の生産量		▲ 0.228	▲ 0.189	▲ 0.127	▲ 0.084
II：下位異業種インパクト・シミュレーション 基準値からの変化率		被災地域のその他製造業・鉱業生産量の20%減のケース			
		基幹品	準基幹品	準汎用品	汎用品
自動車・自動車部品の生産量	被災地域	▲ 6.572	▲ 5.613	▲ 4.250	▲ 3.435
	その他地域	▲ 1.588	▲ 1.393	▲ 1.121	▲ 0.961
電子部品・デバイスの生産量	被災地域	▲ 7.431	▲ 6.649	▲ 5.546	▲ 4.892
	その他地域	▲ 1.106	▲ 1.045	▲ 0.961	▲ 0.913

（出所）　第4章の表4-6と表4-8から筆者作成。

また、こうした自動車部品の汎用性が被災地の地域経済や家計の効用水準にも影響を与える。今回のように震災によって自動車部品の生産が大幅に減少したとしても、自動車部品が基幹部品であるのか、それとも汎用性のある部品であるかによって、被災地の地域経済の減少率を5割から6割、被災地域全体の生産量を4割程度軽減することができ、家計の効用水準への影響は汎用性の高い部品であれば、軽微であることが表10-6の結果からわかる。

こうした結論から本節では次のような政策的含意が得られる。第1に、本章7節で後述する被災地域での広域な新自動車産業クラスターを形成するには、その構造は自動車部品の点数からみて生産ピラミッドを構築せざるを得ず、自然災害等によるリスク・マネジメントから完結性の高い生産ピラミッドを持つ必要がある。但し、自地域内でしか調達できない部品はできるだけ避け、素材・中間財などの比較的汎用品は同地域の生産ピラミッド下部の製造業から供給を受けることが望ましい。加えて、こうした汎用性のある部品は、自動車組立メーカーが今後計画している自動車部品の共通化への対応を可能にする。第

表10-6 「負の供給ショック」による地域経済への影響分析

基準値からの変化率		被災地域における自動車・自動車部品の生産量			
		10%減	20%減	40%減	60%減
被災地域の実質GRP	基幹品	▲ 0.244	▲ 0.541	▲ 1.309	▲ 2.262
	準基幹品	▲ 0.196	▲ 0.423	▲ 0.987	▲ 1.697
	準汎用品	▲ 0.142	▲ 0.297	▲ 0.658	▲ 1.054
	汎用品	▲ 0.114	▲ 0.237	▲ 0.511	▲ 0.840
被災地域の生産量	基幹品	▲ 0.376	▲ 0.788	▲ 1.703	▲ 2.564
	準基幹品	▲ 0.326	▲ 0.671	▲ 1.416	▲ 2.163
	準汎用品	▲ 0.268	▲ 0.542	▲ 1.112	▲ 2.301
	汎用品	▲ 0.239	▲ 0.480	▲ 0.973	▲ 1.473
被災地域の家計の効用水準	基幹品	▲ 0.010	▲ 0.028	▲ 0.095	▲ 0.214
	準基幹品	▲ 0.005	▲ 0.016	▲ 0.062	▲ 0.155
	準汎用品	▲ 0.001	▲ 0.002	▲ 0.024	▲ 0.027
	汎用品	0.004	0.005	▲ 0.006	▲ 0.047

(出所) 第4章の表4-7から筆者作成。

2に，こうした自動車産業クラスターを形成するには，産業振興支援策が必要である．現在施行されている被災地域への復興財政措置の活用を視野に入れるべきであるということが政策的含意である．この含意を受けて，第6章では2SCGEモデルを動学化し，被災地域を中心とした広域な新自動車産業クラスターを形成するための施策についてのシミュレーションを行い，地域経済への影響を分析した．

10.5 復興財源と震災復興の財政措置の効果

第1章3節と第5章1節において復興財源と復興財政措置に関する現状と今後の計画について考察した．その中で，2013年1月に復旧・復興事業の規模と財源について見直しがなされ，向こう3年間の事業費を加えた事業費合計は23.5兆円規模となり，その財源の約45%を25年間かけて徴税する復興特別所得税を含めた復興増税（10.5兆円程度）で充当するという息の長い復興計画事業になった．

そこで，第5章2節では，2地域間応用一般均衡モデルを使って復興財源の効果と望ましい復興財源とは何かについて分析した．実施したシミュレーションは表10-7に示した2つのシミュレーションである．第1の「財源有効性シミュレーション」では，被災地域の地方政府に1兆7,627億円の財政移転がなされると想定し，その復興財源について3つのシナリオ（① 交付金再配分シナリオ，② 直接税増税シナリオ，③ 復興国債発行シナリオ）で行った．その結果，国が被災地域の地方自治体に震災の復旧・復興事業のために復興財政措置（財政移転）を行う財源として，国から地方自治体に配分される地方交付税交付金を再配分することが，直接税増税や復興国債発行よりも効果的であるという結論になった．また，こうした財源を直接，被災地域の地方自治体に財政移転措置をすると，被災地の賃金率や資本収益が上昇する反面，生産要素価格の上昇から製品価格が割高になる．そして，その他地域での代替生産が進み，かつ国際競争力も低下することから貿易財である製造業を中心に生産量が大きく減少することになるという結論を導き出した．次に，第2の「効果的な財政

移転シミュレーション」を3つのシナリオ（① 震災による生産の被害程度に応じた財政措置を実施することで産業振興を図るシナリオ，② 被災地域の農林水産業と製造業に重点を置いた施策で産業振興を図るシナリオ，③ 製造業よりも農林水産業と第三次産業をまずは活性化させることに重点を置いたシナ

表10-7　復興財源措置の有無による経済波及効果

		財源有効性シミュレーション ①交付金再配分シナリオ	②直接税増税シナリオ	③復興国債発行シナリオ	効果的な財政移転シミュレーション ①財政措置シナリオ	②農林水産業と食料品・たばこ，及び製造業の産業振興シナリオ	③農林水産業と食料品・たばこ，及び第三次産業の産業振興シナリオ
等価変分 (億円)	合計	△	▲▲▲	▲	○	◎	○
	被災地域	○	○	○	◎	◎	◎
	その他地域	▲▲	▲▲▲	▲▲	▲▲	▲▲	▲▲
被災地域の経済指標	被災地域の生産量	▲	▲	▲	△	○	△
	実質GRP						
	家計の効用水準	◎	◎	◎	◎	◎	◎
	総貯蓄	◎	◎	◎	◎	◎	◎
被災地域の主な産業別生産量	農林業	▲▲	▲▲	▲▲	◎	◎	◎
	漁業	▲▲	▲▲	▲▲	▲	▲	◎
	食料品・たばこ	▲	▲	▲	◎	◎	◎
	電子部品・デバイス	▲▲	▲▲	▲▲	▲	▲▲	▲▲
	自動車・自動車部品	▲▲	▲▲	▲▲	▲	○	▲▲
	その他製造業・鉱業	▲▲	▲▲	▲▲	▲	▲	▲▲
	建設業	◎	◎	◎	◎	◎	◎
	電力・水道・ガス等	▲	▲	▲	▲	▲▲	▲
	商業	▲▲	▲▲	▲▲	▲	▲▲	△
	運輸業	▲	▲	▲	○	▲	○
	その他の第三次産業	○	○	○	△	▲	△
その他地域の主な産業別生産量	電子部品・デバイス	△	△	△	△	△	△
	自動車・自動車部品	○	○	○	○	○	○
	その他の第三次産業	△	△	△	△	△	△

（注）　表中の記号は表10-1の注1）と注2）と同じ。
（出所）　第5章の表5-6から作成。

リオ）で行った。その結果，財政移転の全額を産業振興に振り向けることで，財政移転による被災地域の生産量の減少率は縮小する。加えて，いずれのシナリオとも財源有効性シミュレーションよりも被災地域の等価変分はさらに改善する。その中で，農林水産業と製造業に重点配分したシナリオが他のシナリオよりも効果的であることがわかった。

以上の2つのシミュレーション結果を踏まえると，最適なシナリオとはその他地域に配分された地方交付税交付金の一部を被災地域の財政移転の財源に当て，その財源を被災地域の地方政府に単に回すのではなく，震災で生産が大きく落ち込んだ生産部門に対して財政移転の一部を産業振興策として再配分することが必要であることが政策的含意として導き出せた。

さらに，第5章3節では福島県とその他地域の2地域間 SAM をデータベースにした応用一般均衡モデルから福島原発事故による原子力災害影響のシミュレーション分析を行った。実施したシミュレーションの内容は，本章2節の原型 SCGE モデルと同じであるが，それに加えて「財政移転と製造業の産業振興」シナリオに加えて補助金を支給される製造業はその他地域との製品の差別化を行ったと想定した。

以上の各シナリオの結果が表 10-8 である。その結果を要約すると，福島県は原子力災害への財政支援があるものの，原子力災害がもたらした地域経済の疲弊，農林業や漁業の被害及び電力生産の停止等が地震・津波被害による影響よりも地域経済や福島県民の効用水準を悪化させていることがわかった。また，福島県は電力の移出によってその他地域との交易が出超であったが，シミュレーション結果によると，福島原発事故により入超に転じ，その他地域からの所得移転を受けることで県内の総貯蓄が増加し，ひいては投資需要を通じて建設業の生産が増加することになる。しかし，製造業を中心に福島県の総生産量はさらに減少する。そのため，製造業の産業振興のための補助金支給を実施すると，等価変分は改善するが，補助金を支給した製造業の生産は「財政移転あり」シナリオよりもさらに減少する結果になり，こうした産業振興策の追加措置は必ずしも福島県の産業振興に直結しないことがわかった。むしろ，福島産の製品の差別化を図る施策を行うことで，等価変分のマイナス幅は拡大するものの，製造業の生産量はベースシナリオと同程度まで回復するという結果

表10-8 2地域間応用一般均衡（2SCGE）モデルによる原子力災害の影響分析

	基準値からの差分・変化率	財政移転なしシナリオ	財政移転ありシナリオ	財政移転と製造業の産業振興（補助金支給）シナリオ	財政移転と製造業の産業振興（補助金支給）並びに製品の差別化シナリオ
等価変分 (億円)	合計	▲▲	▲▲	▲▲	▲▲
	福島県	▲▲	▲▲	△	▲
	その他地域	▲▲	▲▲	▲▲	▲▲
福島県	福島県の生産量	▲▲	▲▲	▲▲	▲▲
	実質 GRP	▲▲	▲▲	▲▲	▲▲
	家計の効用水準	▲	○	◎	○
	総貯蓄	◎	◎	◎	◎
福島県の産業別生産量	食料品・たばこ	▲	▲	▲	▲
	電子部品・デバイス	▲	▲	▲	△
	自動車・自動車部品	△	▲	▲	○
	その他製造業・鉱業	▲	▲▲	▲▲	▲▲
	建設業	◎	◎	◎	◎

（注）表中の記号は表10-1の注1）と注2）と同じ。
（出所）第5章の表5-13から作成。

が得られた。

10.6 復興・地域再生のための新産業集積の経済分析

　第5章4節では，震災によって被害を受けた農林水産業と製造業が復興に向けて新産業集積を形成することで，被災地域の復興・地域再生にとって如何に効果があるのかを分析した。そして，こうした新産業集積の形成を被災県ごとで図ることが望ましいのか，それとも被災4県全体で広域の新産業集積を形成した方が復興・地域再生にとって良いのかを明らかにした。
　まず，被災地域とその他地域の2地域間SAMを用いて被災地域の域内での産業間の資本移動のみで新産業集積を形成した場合（被災地域への資本流入が

ない場合）と，被災地の域外からの資本移動をともないながら被災地域全体で新産業集積を形成した場合（被災地域への資本流入がある場合）におけるシミュレーションを行った。シミュレーションの前提は，平成24年度当初予算と平成25年度概算決定額で計上された「産業の振興・雇用の確保」に関する東日本大震災復興特別会計の予算額のうち，被災地域の地方政府を通じて農林業と漁業に補助金として農林水産業への支援の741億円が支給されたとする。一方，中小企業への支援と立地補助金の2,282億円も同様に，製造業の各生産活動部門に補助金として支給され，被災地域全体の産業振興と雇用確保が図られたとした。

　そこで，表10-9から「被災地域への資本流入がない場合」におけるシミュレーション結果をみると，産業振興の補助金政策は，確かに補助金の引き上げ率が高い農林業と漁業，及び食料品・たばこの各産業では生産量と雇用量の回復がみられる。その一方で補助金が支給された電子部品・ディバイス，自動車・自動車部品，その他製造業・鉱業では，むしろ悪化する結果になっている。そのために，製造業に補助金政策の効果を反映させるために，新産業集積の形成が必要になる。しかし，こうした新産業集積が形成されたとしても域内で労働や資本が閉じていれば，この集積効果はかなり限定的にならざるを得ない。補助金政策＋製品差別化＋生産性向上シナリオの結果をみても，食料品・たばこ産業を中核とし，その産業に原材料を供給する農林業と漁業を巻き込んだ産業クラスターの形成は，ベースラインの生産量の減少率を5ポイント以上も縮小させることができるものの，これらの産業の生産量をプラスに転じるまでには至らない。また，自動車産業クラスターの中核を成す自動車・自動車部品の生産量はベースラインに比べて1.3ポイントほど減少率が縮小する程度に止まり，さらに電子部品・ディバイスの生産量はベースラインよりも悪化することになる。そこで，「被災地域への資本流入がある場合」のシミュレーションを行うと，被災地域の域内全体の生産量や被災地の地域経済を資本流入がない場合よりも改善することがわかった。そして製品差別化シナリオよりも製品汎用化シナリオの方が，産業振興の補助金政策による新産業集積の効果を高めることがわかった。補助金政策＋製品汎用化＋生産性向上シナリオの結果をみると，食料品産業クラスターと自動車産業クラスターを構成する各産業の生産

表 10-9　被災地域とその他地域の 2SCGE モデルによる新産業集積の経済分析

	ベースラインからの差分・変化率	被災地域への資本流入がない場合			被災地域への資本流入がある場合		
		産業振興のための補助金政策シナリオ	補助金政策＋製品差別化のシナリオ	補助金政策＋製品差別化＋生産性向上シナリオ	産業振興のための補助金政策シナリオ	補助金政策＋製品汎用化のシナリオ	補助金政策＋製品汎用化＋生産性向上シナリオ
等価変分（億円）	合計	○	○	○	○	○	○	○
	被災地域	○	○	○	○	○	○	○
	その他地域	▲	▲	▲	▲	▲	▲	▲
被災地域の主要指標	域内生産量	△	△	△	○	○	○	○
	実質 GRP	△	△	△	○	○	○	○
	家計の効用水準	○	○	○	○	○	○	○
	総貯蓄	◎	◎	◎	◎	◎	◎	◎
	所得水準	○	○	○	○	○	○	○
被災地域の産業別生産量	農林業	○	○	◎	◎	◎	◎	◎
	漁業	○	○	○	◎	◎	◎	◎
	食料品・たばこ	○	○	○	○	○	○	◎
	電子部品・ディバイス	▲	▲	○	○	○	○	○
	自動車・自動車部品	△	△	○	○	○	○	○
	その他製造業・鉱業	△	△	○	○	○	○	◎
	建設業	◎	◎	◎	◎	◎	◎	◎
	その他第三次産業	△	△	△	△	△	△	△
被災地域の産業別雇用量	農林業	○	○	○	△	△	△	△
	漁業	○	○	○	△	△	△	△
	食料品・たばこ	○	○	△	△	△	△	△
	電子部品・ディバイス	▲	▲	○	◎	◎	○	◎
	自動車・自動車部品	△	△	○	◎	◎	○	◎
	その他製造業・鉱業	△	△	▲	○	○	▲	○
	建設業	◎	◎	◎	○	○	○	○
	その他第三次産業	△	△	△	○	○	▲	○

（注）　表中の記号は表 10-1 の注 1 ）と注 2 ）と同じ。
（出所）　第 5 章の表 5-15 と表 5-16 から作成。

量は回復する結果（基準値からの変化率でいずれもプラスに転じている）になった。このように被災地域での自動車産業クラスターの形成にとって域外からの資本流入が不可欠であると言える。因みに，こうしたその他地域から被災地域への資本流入額は 7,000 億円から 8,000 億円ほどに達している。

　また，被災地域を福島県に置き換えた 2 地域間 SAM のデータベースを使って，「被災地域への資本流入がある場合」のシミュレーションと同じ設定でシミュレーションを行った結果が表 10-10 である。ここでのベースシナリオは，第 5 章 3 節の「原子力災害なかりせば」ケースと同じように原子力災害を想定していない。なお，ここでのシミュレーションは福島県の農林水産業に 160 億円，鉱業・製造業に 530 億円に相当する補助金が支給されると想定する。補助金政策＋製品汎用化＋生産性向上シナリオにおいて表 10-7 とのシミュレーションと比較すると，食料品産業クラスターを構成する各産業は，福島県のシミュレーションが被災地域のシミュレーションを上回る結果になる。しかし，自動車産業クラスターを構成する各産業では，被災地域のシミュレーションの方が福島県のシミュレーションを上回る結果になる。

　以上の復興・地域再生の 3 つのシミュレーション結果から次の 2 点を結論づけることができる。

　第 1 に，震災で落ち込んだ被災地域を再生するためには，新産業集積の形成が必要である。そして，こうした産業への補助金支給は必要条件に過ぎず，初期段階では被災地域内での企業育成のための域内調達は必要である。しかし，その段階を過ぎれば，被災地域外の企業が立地（資本の流入）することが不可欠になる。そのために域外からの企業が参入しやすい環境整備を図ることが重要である。こうした環境が整備されることで初めて被災地域の新産業集積を通じて被災地域の復興・地域再生が促進されることになる。

　第 2 に，食料品産業を中核とし，農林業と漁業を巻き込んだ食料品産業クラスターを形成する際には，被災地域全体よりはむしろ被災県単位によるクラスター形成が望ましい。その背景には，食料品産業のクラスターを構成する各産業の経済規模や地域内よりも県内における産業リンケージが強いからであろう。一方，自動車組立産業を頂点とし，電子部品・ディバイスやその他製造業・鉱業から自動車生産ピラミッド構造から成る自動車産業クラスターの形成

は，被災県単位よりも被災地域全体での産業リンケージで行うことが望ましい。これは，被災県でも福島県と茨城県のように生産ピラミッドの頂点に位置する自動車組立工場がない県があり，地域全体を通じて初めて産業リンケージ

表 10-10　福島県とその他地域の 2SCGE モデルによる新産業集積の経済分析

	ベースシナリオからの差分・変化率	産業振興のための補助金政策シナリオ	補助金政策＋製品汎用化のシナリオ	補助金政策＋生産性向上シナリオ	補助金政策＋製品汎用化＋生産性向上シナリオ
等価変分 (億円)	合計	△	△	△	△
	福島県	△	△	△	△
	その他地域	▲	△	△	△
福島県の 主要指標	域内生産量	○	○	○	○
	実質 GRP	△	△	○	○
	家計の効用水準	◎	△	◎	◎
	総貯蓄	◎	◎	◎	▲
	所得水準	○	○	○	○
福島県の 産業別生産量	農林業	◎	◎	◎	◎
	漁業	◎	◎	◎	◎
	食料品・たばこ	◎	◎	◎	◎
	電子部品・デバイス	◎	◎	◎	◎
	自動車・自動車部品	◎	◎	◎	◎
	その他製造業・鉱業	◎	◎	◎	◎
	建設業	○	△	◎	▲
	その他第三次産業	△	△	△	○
福島県の 産業別雇用量	農林業	◎	◎	◎	◎
	漁業	◎	◎	◎	◎
	食料品・たばこ	△	◎	▲	△
	電子部品・デバイス	△	◎	○	○
	自動車・自動車部品	△	◎	○	○
	その他製造業・鉱業	△	○	○	○
	建設業	◎	▲	◎	▲
	その他第三次産業	△	△	△	△

（注）　表中の記号は表 10-1 の注 1）と注 2）と同じ。
（出所）　第 5 章の表 5-18 から作成。

と産業集積のメリットが活かせるからである。こうした産業クラスターの形成には，クラスターを構成する各産業のリンケージを考慮した形成を行うことが肝要であると言えよう。

10.7　復興に向けた広域な新自動車産業クラスターと持続可能な漁業・水産加工クラスター形成

　第6章は，第5章の「震災で生産が落ち込んだ産業に対して補助金等の施策を通じて産業振興を図るべきである」という政策的含意に基づき，現在観察される被災地域の自動車産業クラスターに着目し，このクラスターが新しい形で広域に持続的発展を遂げるためには被災地域の自治体や政府がどのような政策を講じなければならないのかを，第4章で用いた2地域間応用一般均衡モデルを動学化した動学的2地域間応用一般均衡モデルによる政策シミュレーション分析により明らかにした。

　第6章で行ったシミュレーションの前提と内容を概観する。第6章の各シミュレーションに対する基準値となるシミュレーション（ベースシナリオ）として，日本の「人口減少社会」にともなう労働賦存量の減少を前提したものを行った。このベースシナリオ下で被災地域の産業復旧に向けた財政措置を実施した効果とその効果の持続性について，震災当年の復旧のための「財政措置なし」と「財政措置あり」のシミュレーションを行った。なお，シミュレーション期間は12期（1期＝1年）とし，2期目の期首に震災が発生したとする。まず，この2つのシミュレーションはともに震災によって被災地域の労働賦存量が一時的に減少するものの，徐々に回復し，ベースシナリオの水準に戻ると想定した。但し，本章8節で後述するように第8章の被災による地域間人口移動や，第9章の震災復興に伴う地域間の労働移動の変化を織り込んでいない点を留意されたい。そして「財政措置なし」のシミュレーションは，震災によって各産業の資本ストックが毀損した状態から動学化した。それに対して，「財政措置あり」のシミュレーションでは，震災当年における平成23年度補正予算の「災害関連融資（約3.56兆円）」によって毀損した各産業の資本ストック

の一部が回復した状態から動学化した。第6章で実施したシミュレーションは,「財政措置あり」で得られたシミュレーション結果をベースに,表10-11に示した主に7つのシミュレーションを実施した。いずれも「財政措置あり」のシミュレーションの前提に加え,地方交付税交付金(震災復興特別交付税)を震災当年に2.2兆円,2年目から復興事業計画の終了年(震災から5年目)まで年間5,000億円が被災地域に財政移転するとした。①「財政移転シナリオ」では,財政移転された財源を被災地域の地方政府が従来の歳出項目に基づいて配分する。これに対して,②「補助金政策シナリオ」は,広域な新産業クラスターを構成する自動車・自動車部品産業,電子部品・ディバイス産業,その他製造業の各産業に支払ってきた補助金を増額することで,被災地に自動車産業クラスターを形成することで産業振興を図るというシナリオである。一方,③「補助金政策+法人税減税シナリオ」は,②のシナリオを前提に被災地域の法人税を3割減税する措置を財政移転が終了した時点以降に実施するというシナリオである。なお,これら3つのシナリオは,この交付金の一部の財源に復興国債を発行し,それを購入したその他地域の企業に対して震災から10年目に全額償還をすると設定し,震災3年目からその財源としてその他地域の家計に対して復興特別所得税が課せられているとした。それ以外のシナリオは上記のシナリオに広域な新自動車産業クラスターを構成する産業の製品の地域間代替弾力性を小さくすることで製品差別化を図るシナリオと,逆にこの代替弾力性を大きくすることで製品汎用化を図るシナリオ,さらに広域な新自動車産業クラスターが形成される過程でイノベーションを伴いながら自動車・自動車部品産業と電子部品・ディバイス産業の生産性向上がなされるという生産性向上シナリオ,等を組み合わせたシミュレーションを実施した。

　まず,「財政措置」を行ったことによる効果について述べると,震災当年で被災地域の等価変分を2.2兆円のマイナスから1.5兆円のマイナスへと縮小させ,震災から3年目まではその減少幅をさらに縮小させることができる。しかし,それ以降の期間では財政措置の効果は薄れ,被災地域の等価変分は悪化する。さらに,財政移転を加えた3つのシナリオではその他地域の等価変分が,復興特別所得増税により大きく悪化することになる。一方,被災地の地域経済に対しては,財政措置をしなかった場合に比べて2%ポイントほど被災地の地

10.7 復興に向けた広域な新自動車産業クラスターと持続可能な漁業・水産加工クラスター形成

域経済を押し上げる効果が継続するが，11年目に入ってもベースシナリオより3.86％の減少で推移する．自動車産業の生産量をみると，震災当年で財政措置により減少率が縮小し，0.95％減になる．それ以降は0.37％台の減少率で推移する．このように被災地域の自動車産業のみならず被災地域の産業全体においても震災時の毀損した資本ストックを回復させる財政措置だけでは，経年ごとの生産量をみても自律的にベースシナリオの水準に近づけるだけの効果がみられない．このことは毀損した資本ストックを回復させる財政措置とは別の形で被災地域への財政措置を講じる必要があると言える．

そこで，以上の分析結果を踏まえ，「財政措置あり」ベースとした上記したシミュレーション結果を震災から3年目（T=4）と11年目（T=12）の2時点において表10-11で表示している．表10-11から次の2点を指摘することができる．

第1に，自動車産業の生産ピラミッドを構成する産業に補助金を増額する形で広域な新自動車産業クラスター形成に充当すると，財政移転が実施している期間において明らかに自動車産業の生産量の増加や資本ストックの積み増し，労働量の増加に貢献するとともに，被災地域の地域経済や等価変分でもプラス効果をもたらす．また，復興の初期段階で自動車産業の生産ピラミッドの下位に位置する電子部品・ディバイスやその他製造業・鉱業の生産基盤を整備するためには，製品差別化（被災地域内の囲い込み）を図ることの方が望ましい．

第2に，しかし，こうした被災地域に対する補助金支給という形での財政移転期間が終了すると，自動車・自動車部品産業と電子部品・ディバイス産業の生産量は他産業よりも減少し，かつ震災時の財政措置による中期水準よりも減少するなど，持続的に発展させることはできない．そこで，財政移転が終了した以降でも被災地域の法人税減税措置を実施すると，自動車産業と電子部品・ディバイス産業の生産量は0.8−1.6％ポイントも回復し，震災時の財政措置による中期水準を下回ることはなくなる．さらに，法人税減税措置は企業の生産性向上効果を促進する1つの要素として期待されるため，その生産性向上効果が顕在化すれば，2−3％ポイントも上乗せになる．一方，法人税減税措置は，地域の産業再生によってより効果を高めることを可能にするものの，地域経済や地域住民の生活水準に対して負の影響を与えることも留意すべきである．

288　終章　結論と政策的含意

このように動学的2地域間応用一般均衡モデル分析結果から広域な新自動車産業クラスターを形成する施策としては，自動車産業・関連産業への補助金策は確かに短期的に生産コストを引き下げる効果から同産業の生産量を大きく増

表 10-11　被災地域とその他地域の D2SCGE モデルによる広域な新自動車産業クラスターの経済分析

		T=4（震災から3年目）				T=12（震災から11年目）				
	財政措置ありシナリオからの差分・変化率	財政移転シナリオ	補助金政策シナリオ	差別化政策シナリオ＋製品	汎用化政策シナリオ＋製品	財政移転シナリオ	補助金政策シナリオ	減税シナリオ＋法人税	減税政策＋製品汎用化＋法人税	生産性向上シナリオ＋減税＋製品汎用化＋法人税
等価変分（億円）	合計	▲	▲	▲	▲	▲	▲	▲▲	▲▲	▲▲
	被災地域	△	△	△	○	△	△	▲	▲	▲
	その他地域	▲▲	▲▲	▲▲	▲▲	▲▲	▲▲	▲▲	▲▲	▲▲
被災地域の主要指標	実質 GRP	△	△	△	△	△	△	△	△	△
	域内生産量	△	△	△	△	△	△	△	△	△
被災地域の産業別生産量	自動車・自動車部品	▲	◎	◎	◎	△	△	△	○	○
	電子部品・デバイス	▲	△	△	△	△	△	△	△	△
	その他製造業・鉱業	▲	△	△	△	△	△	△	△	△
	食料品・たばこ	△	△	△	△	△	△	△	△	△
	その他第三次産業	△	△	△	△	△	△	△	△	△
被災地域の産業別雇用量	自動車・自動車部品	▲	◎	◎	◎	△	△	△	○	○
	電子部品・デバイス	▲▲	△	△	△	△	△	△	△	△
	その他製造業・鉱業	▲	▲	▲	▲	△	△	△	△	△
その他地域の主要指標	実質 GRP	△	△	△	△	△	△	△	△	△
	域内生産量	△	△	△	△	△	△	△	△	△
その他地域の産業別生産量	自動車・自動車部品	△	△	△	△	△	△	△	△	△
	電子部品・デバイス	△	△	△	△	△	△	△	△	△
	その他製造業・鉱業	△	△	△	△	△	△	△	△	△
その他地域の産業別雇用量	自動車・自動車部品	△	△	△	△	△	△	△	△	△
	電子部品・デバイス	△	△	△	△	△	△	△	△	△
	その他製造業・鉱業	△	△	△	△	△	△	△	△	△

（注）　表中の記号は表 10-1 の注1）と注2）と同じ。
（出所）　第6章の表 6-12 から作成。

加させ，かつ被災地以外の自動車産業の生産拡大効果をもたらす。しかし，この施策だけでは自律的かつ持続的に発展することは期待できない。むしろ，中長期的にみれば，同産業への法人税減税や投資減税等の税優遇策の方が望ましい。そこで，被災地の復興・地域再生が中長期に渡ることを鑑みると，政策担当者はこうした両方の施策をうまく使い分けを行うことで，被災地の産業復興を牽引する主要な産業の一つとしての広域な新自動車産業クラスターを形成していく必要がある。

　一方，第7章では，本章3節で既に述べた漁業の生産被害ではなく，漁業関連の資本ストック被害に着目し，漁業被害が漁船や養殖物の被害から3,157億円，水産加工業は施設の被害から2,887億円と推計した。そして，こうした漁業と水産加工業の資本ストック被害から全国の動学的応用一般均衡モデルを用いて10年先のイノベーションを伴う持続可能な漁業・水産加工クラスター形成の経済効果を分析した。それによると，漁業と水産加工業は，東日本大震災以前から生産額や労働と資本といった生産要素が既に下降トレンドで推移していた状況下で震災が発生した。そして，現行の復旧政策を踏まえた10年先までの震災以降の回復過程のシミュレーションを行うと，「震災なかりせば」ケースに比べて漁業と水産加工業の生産量の減少率は震災直後でそれぞれ4.5%と1.5%であった。そして現行復旧政策から徐々に減少率は縮小するものの，震災の10年後でも1.2%と0.6%の減少になるという結果であった。こうした点から水産特区や異業種からの技術や商品開発のノウハウなどを通じて，異業種との連携による生産性上昇をもたらすイノベーションを伴う「持続可能な漁業・水産加工クラスター」を提案した。そしてそれを実現することができれば，2017年頃から上昇トレンドに転じ，2018年に震災がなかった場合の生産水準に到達するという結論を得た。その理由は，各業種で新技術が普及し生産性が上昇するとともに，投入産出関係にある業種にそれらの効果が波及するからである。さらに，10年先の漁業と水産加工業の生産量は「震災なかりせば」ケースに比べて逆にそれぞれ5.5%と9.5%の増加になると結論づけた。因みに，ここでの結果は全国の漁業生産量についてのシミュレーション結果であるので，第7章の結果を踏まえ，第6章の動学的2地域間CGEモデルから既に得られたシミュレーション結果を利用して，第7章の与件にあわせた形で被災

地域の漁業について 10 年先までシミュレーションを実施した。そのシミュレーション結果から，被災地域の漁業生産量は「震災なかりせば」ケースに比べて震災当年では 49%減となり，それ以降の復興財政措置により減少率は徐々に縮小し，震災から 5 年目では 28.8%減となり，10 年目には 18%減まで縮小し，一方，その他地域の漁業生産量は 0.6%増と推移することがわかった。

さらに，本章 5 節の最後に指摘した福島原発事故による原子力災害影響のシミュレーション分析結果を，こうした産業クラスター形成の視点から見ると，次のような提案がなされる。それは，現在放射能汚染によって生産活動が制限されている農林業や漁業の生産活動が再開される時に，単なる補助金等の支給による産業振興に加えて，他地域との商品の差別化が図られるようなブランド力を持った商品開発が必要であるという提言である。それは，福島県が電力の移出に大きく依存した地域経済であったが故に，この構造から脱却し，電力に替わって国内外で競争力のある産業を新たに創造する必要があるからである。言い換えれば，除染が行き届かない土地や休耕地を活用したバイオ燃料産業クラスターを新たに形成することや，比較的競争力のある電子部品や自動車部品の産業集積や技術革新を図ることで広域な新産業クラスターと共に発展し，福島県以外から新たな資本を呼び込むことができるような魅力的な産業を創造することによって福島復興が可能になることをこのシミュレーション結果は示したのである。

10.8　原子力災害を含む震災の影響と人口移動の分析

本章 5 節の表 10-8 において，福島県がその他被災 3 県と同様に地震と津波被害だけであるという「原子力災害なかりせば」ケースと，原子力災害だけの影響のケースの比較をしている。いずれのケースも福島県の労働と資本の総賦存量の減少率には大きな差異がないものの，原子力災害の影響のケースでは農林水産業や電力の生産量の減少が加わる。その分だけ福島県の生産量や実質 GRP は 15%減から 17%減となり，「原子力災害なかりせば」ケースよりも 5－7%ポイントほど悪化させるという結果になった。そして，後述する第 9 章

において，岩手県や宮城県のように地震や津波被害では，復興が進めば一旦流出した労働力が戻ることが見込まれる一方，福島県の原子力災害では復興が遅れる分だけ前者ほど労働力が戻らないという結果を導き出している．つまり，ここで得られたSCGEモデルの原子力災害の影響シミュレーション結果が中期的にみても大きく変化しないということを意味する．従って，原子力災害の影響地域において生活基盤が整い，住民が帰還し，労働力がある程度戻らないと福島県の生産量や地域経済が大幅に改善することが難しいことを分析結果は示している．

一方，仮に復興財政措置などの様々な支援により原子力災害の影響地域外に一旦流出した住民が帰還し，地域経済が回復しても今後20年先にどのような影響が被災地域に生じるかを47都道府県間産業連関表を用いて分析したのが第8章である．第8章では，福島県やその他被災3県，さらに東北地域だけではなく，日本全体に言える「人口減少社会」の中で，震災の影響を織り込んだ分析結果を示した．

表10-12から，まず震災がなかったと仮定した場合（ケースA），2030年の最終需要は，岩手，宮城，福島の東北3県では2010年時点と比較して，それぞれ12.6％減，7.7％減，11.5％減となる．いずれも人口減少による大幅な需要減が推計されるが，岩手と福島では20年間で10％を超える需要減となる．このように震災が無かったとしても人口減少は著しく，大幅な経済の減退が予測される．青森，秋田では岩手や福島を超える最終需要の減少が予測され，東北

表10-12 東北3県の震災による経済影響

		ケースA (2010)	ケースA (2030)	ケースA (2030)
		ケースA (2030)	ケースB1 (2030)	ケースB2 (2030)
岩手	最終需要	-12.6%	3.2%	2.4%
	生産額	-11.0%	2.5%	1.8%
宮城	最終需要	-7.7%	0.0%	-0.7%
	生産額	-7.6%	0.0%	-0.7%
福島	最終需要	-11.5%	-5.9%	-9.5%
	生産額	-9.0%	-4.1%	-6.4%

（出所）第8章の表8-14を再掲．

経済の今後の推移が懸念される。震災の影響がこのまま続くとするケース B1（純移動率が震災直後の 70％で推移）では，福島はさらに最終需要の減少が大きくなり，2010 年時点と比較すると 17.4％（＝11.5％減＋5.9％減）の減少となる。震災が無かったケースで最も大きな最終需要減を示した秋田県の減少率 15％を大きく上回る結果となった。震災直後の純移動率がそのまま続くケース（ケース B2）では 21％も最終需要が減少し，震災がなかった場合と比べて 9.5％の需要減となる。

次に，被災県の生産額はこうした最終需要の減少から大きく減少するものの，地域間のフィードバック効果が推計されるため，各県の最終需要の変動と各県の生産額の変化は必ずしもリンクしない。表 10-12 をみると，福島県では震災がない場合と震災があるケース B1 と比較して 4.1％，ケース B2 と比較して 6.4％の生産減になる。一方，岩手県では震災前に比べ生産年齢人口の転出超過数が減少した動きを反映させた純移動率を用いて推計されているため，人口増加傾向が示され，最終需要の増加と相まって生産額も震災がない場合と比べて，ケース B1 で 2.5％の増加となった。また，宮城では震災の影響がほとんどないと推計されるが，震災がなくても生産額は 20 年間で 7.6％減少する。

こうした分析結果を踏まえると，震災から 3 年経過した現時点では，人口の将来推計を的確に分析するデータが十分ではないが，今後の地域経済の振興のためには人口減少がもたらす経済影響を分析し，適切な地域経済振興策を検討する必要があると言えよう。

第 9 章では，第 1 章で紹介した NEG モデルを用いて東日本大震災や南海トラフの巨大地震による労働移動の経済分析を行った。まず，震災直後での各都道府県の実質所得の変化について分析した。その結果を示した表 10-13 からみると，二次・三次産業労働者の実質所得は震災被害の大きかった岩手県で 1.19％減，宮城県で 1.49％減，福島県で 1.82％減と他県に比べて大きく減少している。また，直接的な被災がなかった山形県でも近隣県の影響を受けて 0.05％減となっている。その他の県では二次・三次産業の実質所得が低下していない理由は，独占的競争市場である二次・三次産業では近接被災県の企業数が減少することで県内の競争力が相対的に強まり，賃金水準が上昇し，震災の負の効果

表10-13 震災直後の実質所得の変化（％）

	二次三次産業	一次産業
01 北海道	0.00	-0.02
02 青森	-0.03	-0.06
03 岩手	-1.19	-0.57
04 宮城	-1.49	-0.90
05 秋田	0.00	-0.04
06 山形	-0.05	-0.06
07 福島	-1.82	-1.56
08 茨城	-0.08	-0.04
09 栃木	0.00	0.00
10 群馬	0.00	-0.01
11 埼玉	0.00	-0.01
12 千葉	-0.05	-0.04
13 東京	0.00	-0.01
14 神奈川	0.00	-0.01
全国平均	-0.07	-0.10

（出所）　第9章の表9-4を再掲。

を相殺しているからである。これに対して競争的市場である一次産業では被災県以外でも実質所得の低下がみられた。因みに，全国平均ではそれぞれ0.07％と0.10％の実質所得が低下している。

次に，震災直後・復興1・復興2・復興3のそれぞれの被災・被災残存状況に応じた二次・三次産業労働者の労働分布のシミュレーションを行った。なお，福島県は，復興の第1・第2段階では避難指示区域全域が復旧していないものとし，第3段階では避難指示解除準備区域以外の規制区域が復旧していないものとする。この分析結果が表10-14である。被災直後の状況が続く想定での長期均衡労働分布の変化予測から，岩手県で6.50％減，宮城県で9.17％減，福島県で9.89％減という大きな労働人口の減少が見込まれる一方，こうした労働力の転入先である直接被災していない地域については（山形県を除いて）労働人口が増加することが見込まれる。しかし，実際にこれほどの変化が生じることは考えにくく，かつ労働分布が長期均衡に収束するまでの間にも復興が進むことが考えられる。そこで，各復興段階から算出される被災残存率をもと

表 10-14　震災前からの労働分布の変化率（％）

	震災直後	復興1	復興2	復興3	人口推計
01 北海道	0.67	0.40	0.33	0.25	0.05
02 青森	0.68	0.45	0.42	0.30	0.11
03 岩手	-6.50	-3.75	-3.21	-3.29	-0.41
04 宮城	-9.17	-3.18	-2.03	-2.01	-0.78
05 秋田	0.89	0.50	0.39	0.29	0.00
06 山形	-1.00	-0.59	-0.55	-0.36	0.12
07 福島	-9.89	-9.01	-9.01	-5.14	-2.09
08 茨城	0.39	0.42	0.24	0.28	-0.83
09 栃木	0.89	0.50	0.38	0.30	-0.64
10 群馬	0.82	0.47	0.36	0.28	-0.48
11 埼玉	0.87	0.50	0.40	0.32	-0.56
12 千葉	0.48	0.46	0.36	0.30	-1.37
13 東京	0.90	0.52	0.39	0.31	-1.28
14 神奈川	0.87	0.47	0.39	0.31	-0.94
その他日本	0.39	0.23	0.25	0.14	-0.25

（出所）　第9章の表9-5を再掲。

　に，新たに長期均衡労働分布を求めると，復興の進展に伴い，被災県の労働人口の減少幅は縮小すること，逆に被災していない近隣地域では，被災地域からの転入者数が復興の進展とともに減り，労働人口が減少する（当初の労働分布に近づく）ことが確認できる。但し，福島県に関しては，復興2の段階まで避難指示区域における復興が進まないため，引き続き大きく労働人口が減少しており，この傾向は復興3において避難指示解除準備区域の規制が解除されても他の被災県に比べて2-3％ポイントほど減少率は大きいことになる。

　このシミュレーション結果から震災直後は被災地を逃れて被災地の近隣都道府県に人口が一時的に流入するが，復興の進展とともに再び被災地へ回帰する傾向が読み取れる。

　最後に，こうした第8章と第9章の分析結果を踏まえ，もう一度第5章3節における2地域間応用一般均衡モデルのシミュレーション分析結果をみると，原子力災害影響地域では国から財政移転を含む様々な復興資金を投入し，地域経済を活性化させる産業支援策を実施しても，今後の人口減少要因を加味する

と，20年後の福島県の生産量は震災前の2割減を上回る水準であると予想できる。それ故に，今後，原子力災害を受けた地域の復旧・復興への青写真を描く際には，これから迎える「人口減少社会」を見据えた形での「新たな町作り」が地域再生のコンセプトになるであろう。そして，このことは原子力災害地域にのみならず，被災地域全体にも言えよう。

10.9 おわりに

2011年3月11日に発生した東日本大震災から丸3年を経過した時点で振り返ると，震災直後には幾つかの研究機関等から東日本大震災による社会インフラなどの社会資本ストックの毀損額が16兆円から18兆円に達するとの試算が出された。しかし，平成25年度までの3年間の事業費は20.8兆円規模に達しており，既に社会資本ストックの毀損額を上回るほどに充分に被災地域の復旧・復興に支出された計算になる。東日本大震災から3年が経過した時点における被災地域の現状は，確かに震災前の状況に回復した事業があることは否定しないが，瓦礫処理がほぼ終了し，福島の原子力災害の影響地域を除く被災地域ではこれから「新たな町づくり」の復興事業に取り掛かる段階である。こうした段階であるからこそ，本書で得られた結論の1つである，単なる震災前への現状復旧ではなく，「人口減少社会」を見据えた復興でなければならないということが重要になる。いみじくも2013年3月22日の仙台で開催された『大震災からの復興と新しい成長に向けて』の SENDAI METI-RIETI シンポジウムで経済産業研究所の藤田昌久所長が述べた，人口減少・高齢化社会下の東北圏では「賢い集約」による活力ある都市・地域システムの再構築が必要という主張は，大震災からの復興と新しい成長にとって必要である。そして，東日本大震災で得られた様々な教訓や本書で提言した新産業集積，言い換えればイノベーションを伴う新産業クラスターの形成による地域再生が，今後起こるであろうと予測されている南海トラフ巨大地震に備えた対策や対応の指針に繋がることを期待する。

付録1
2地域間 CGE モデルの構造と感応度分析

ここでは，第4章，第5章，第6章で用いた2地域間 CGE モデルの方程式を紹介する。なお，下記の各変数における地域を表示する添字 $(o, d \in S, R)$ は，本文中の同変数（上付き表記）と異なり，下付きで表記していることに留意されたい。

1.1 2SCGE の方程式の一覧

(1) 2SCGE の集合，変数，パラメータについて

A.1 集合

$a \in A$　生産活動
$c \in C$　商品（財）
$o, d \in S, R$　消費地 S と生産地 R （o：原産地，d：仕向地）

A.2. 内生変数

A.2.1. 価格変数

PL_o　地域 o の賃金率
PK_o　地域 o の資本収益
P_{co}　地域 o での輸入財と国内生産財から合成された商品 c の価格
PXC_{cad}　地域 d の生産活動 a が中間投入する統合した商品 c の価格
PHC_{cd}　地域 d の家計が需要する統合した商品 c の価格
PIC_{cd}　地域 d の投資エージェントが需要する統合した商品 c の価格
PDD_{co}　地域 o の市場に供給される国内で生産した商品 c の価格
PE_{co}　地域 o の国内通貨建ての商品 c の輸出価格
PM_{co}　地域 o の国内通貨建ての商品 c の輸入価格
ER_o　地域 o の為替レート

A.2.2 数量変数

L_{ao}　地域 o の生産活動 a が需要する労働量

K_{ao}　地域 o の生産活動 a が需要する資本量

$XD_{a(c)o(d)}$　地域 $o(d)$ の生産活動 a （商品 c ）の国内生産量

($XD_{ao} = XD_{co}$　生産活動 a の生産量＝商品 c の生産量)

XC_{cad}　統合した商品 c を地域 d の生産活動 a が中間投入する量

XX_{caod}　地域 o に供給された商品 c を地域 d の生産活動 a が中間投入として需要する量

$HC_{cd(o)}$　統合した商品 c を地域 $d(o)$ の家計が需要する量

XH_{cod}　地域 o に供給された商品 c を地域 d の家計が需要する量

G_{co}　地域 o の地方政府が消費する商品 c の需要量

N_{co}　地域 o の企業が消費する商品 c の需要量

$IC_{cd(o)}$　統合した商品 c を地域 $d(o)$ の投資エージェントが需要する量

XI_{cod}　地域 o に供給された商品 c を地域 d の投資エージェントが需要する量

E_{co}　地域 o が輸出する商品 c の数量

M_{co}　地域 o が輸入する商品 c の数量

XDD_{co}　地域 o の市場に供給される国内生産量

X_{co}　輸入財と国内生産財から合成された商品 c が販売される地域 o の市場供給量

DEX_{cod}　地域 o に供給された商品 c を地域 d に移出する量

DIM_{cdo}　地域 d が地域 o に供給された商品 c を移入する量

A.2.3　金額変数

Y_o　地域 o の家計所得

HLS_o　地域 o の労働からの家計所得

HKS_o　地域 o の資本からの家計所得

$CBUD_o$　地域 o の家計消費の予算

$LGRBU_o$　地域 o の地方政府の予算

$CGRBU$　中央政府の予算

S_o　地域 o の総貯蓄

SH_o　地域 o の家計貯蓄

SLG_o　地域 o の地方政府の貯蓄

SCG_o　地域 o での中央政府の貯蓄

SN_o　地域 o の企業貯蓄

SF_o　外貨建ての地域 o の外国貯蓄

BOP_o　地域 o の財産所得部門と経常移転部門の合計の資本収支

SDB_o　地域 o の資本収支

$TRDH_o$　地域 o の家計からの直接税収
$TRDN_o$　地域 o の企業からの直接税収
$DDTR_o$　直接税部門から配分される地域 o の地方政府が受け取る直接税収
$GDDTR$　直接税部門から受け取る中央政府の直接税収
$DIDT_o$　間接税部門から配分される地域 o の地方政府が受け取る間接税収
$GDIDT$　間接税部門から受け取る中央政府の間接税収
$TRPT_o$　地域 o の生産に課せられる間接税の総収入
$TRTT_o$　地域 o の関税の総収入
$TRMT_o$　地域 o の輸入税の総収入
$TRCT_o$　地域 o の売上税の総収入
$TGGS_o$　中央政府から地域 o の地方政府への経常移転
PTW　外貨建ての海外部門から財産所得部門への支出
CTW　外貨建ての海外部門から経常移転部門への支出

A.3 外生変数
A.3.1 生産要素変数（数量）
$\overline{LS_o}$　地域 o の労働賦存量
$\overline{KS_o}$　地域 o の資本賦存量
$\overline{NKS_o}$　地域 o の企業の資本所得
$\overline{LGKS_o}$　地域 o の地方政府が受け取る資本所得
$\overline{CGKS_o}$　中央政府が地域 o から受け取る資本所得

A.3.2 金額変数
$\overline{TEHG_o}$　地域 o の家計から地域 o の地方政府への社会負担
$\overline{TEHN_o}$　地域 o の家計から地域 o の企業への所得移転
$\overline{TEGH_o}$　地域 o の地方政府から地域 o の家計への社会給付
$\overline{TENH_o}$　地域 o の企業から地域 o の地方政府への社会負担
$\overline{TEGG_o}$　地域 o の地方政府内の経常移転
$\overline{TGG_o}$　地域 o の地方政府から中央政府への経常移転
$\overline{NCG_o}$　地域 o の企業から中央政府への所得移転
$\overline{LW_o}$　外貨建ての海外部門からの o 地域の労働需要
$\overline{LWS_o}$　外貨建ての海外部門への o 地域の労働供給
$\overline{KW_o}$　外貨建ての海外部門からの o 地域の資本需要
$\overline{KWS_o}$　外貨建ての海外部門への o 地域の資本供給

$\overline{PIWS}$　外貨建ての財産所得部門から海外部門の受取
$\overline{CIWS}$　外貨建ての経常移転部門から海外部門の受取
$\overline{HPI_o}$　地域 o の家計から財産所得部門への支出
$\overline{HPIS_o}$　財産所得部門から地域 o の家計の受取
$\overline{NPI_o}$　地域 o の企業から財産所得部門への支出
$\overline{NPIS_o}$　財産所得部門から地域 o の企業の受取
$\overline{GPI_o}$　地域 o の地方政府から財産所得部門への支出
$\overline{GPIS_o}$　財産所得部門から地域 o の地方政府の受取
$\overline{HCT_o}$　地域 o の家計から経常移転部門への支出
$\overline{HCTS_o}$　経常移転部門から地域 o の家計の受取
$\overline{NCT_o}$　地域 o の企業から経常移転部門への支出
$\overline{NCTS_o}$　経常移転部門から地域 o の企業の受取
$\overline{GCT_o}$　地域 o の地方政府から経常移転部門への支出
$\overline{GCTS_o}$　経常移転部門から地域 o の地方政府の受取

A.3.3　価格変数

$\overline{PWE_c}$　商品 c の輸出の国際価格
$\overline{PWM_c}$　商品 c の輸入の国際価格

A.4　パラメータ

A.4.1　関数パラメータ

σF_a　生産活動 a の生産関数の労働と資本の代替弾力性
σT_c　商品 c の CET 型変形関数の代替弾力性
σA_c　商品 c のアーミントン関数の代替弾力性
σR_c　生産活動部門の商品 c の地域間の代替弾力性
σHI_c　家計部門と投資部門の商品 c の地域間の代替弾力性
γF_{ao}　地域 o の生産活動 a の CES 生産関数の分配パラメータ
γT_c　商品 c の CET 型変形関数の分配パラメータ
γA_c　商品 c のアーミントン関数の分配パラメータ
$gamIO_{caod}$　IO 行列における商品 c の地域 o と地域 d との生産活動 a の CES 生産関数の分配パラメータ
$gamC_{cod}$　消費行列における商品 c の地域 o と地域 d の CES 型関数の分配パラメータ
$gamI_{cod}$　投資行列における商品 c の地域 o と地域 d の CES 型関数の分配パラメータ

aF_{ao} 　生産活動 a の CES 生産関数の効率パラメータ
aT_c 　商品 c の CET 型変形関数の効率パラメータ
aA_c 　商品 c のアーミントン関数の効率パラメータ
αH_{co} 　商品 c の地域 o における家計消費のコブ・ダグラス型関数の選好パラメータ
αI_{co} 　商品 c の地域 o における投資のコブ・ダグラス型関数の選好パラメータ

A.4.2 それ以外のパラメータ

io_{cad} 　中間投入の技術係数
$hmps_o$ 　地域 o の家計の限界貯蓄性向
$nmps_o$ 　地域 o の企業の限界貯蓄性向
$lgmps_o$ 　地域 o の地方政府の限界貯蓄性向
$cgmps_o$ 　地域 o での中央政府の限界貯蓄性向
shG_{co} 　地域 o の地方政府の消費総額に占める商品 c の割合
shN_{co} 　地域 o の企業の消費総額に占める商品 c の割合
tm_c 　商品 c の輸入税率
tt_c 　商品 c の関税率
ts_c 　商品 c の売上税率
tp_a 　生産活動 a の生産税率
sp_a 　生産活動 a の生産補助金の補助率
htd_o 　地域 o の家計の直接税率
ntd_o 　地域 o の企業の直接税率
ddt_o 　地域 o への直接税収の配分率
idt_o 　地域 o への間接税収の配分率

(2) 2SCGE の方程式について

＜生産ブロックの方程式群＞

$$XD_{ao} = aF_{ao}\left(\gamma F_{ao} \cdot K_{ao}^{-(1-\sigma F_a)/\sigma F_a} + (1-\gamma F_{ao})L_{ao}^{-(1-\sigma F_a)/\sigma F_a}\right)^{-\sigma F_a/(1-\sigma F_a)} \tag{A1-1}$$

$$\text{タンジェンシー条件}\quad \frac{\gamma F_{ao}}{1-\gamma F_{ao}}\left(\frac{K_{ao}}{L_{ao}}\right)^{-1/\sigma F_a} = \frac{PK_o}{PL_o} \tag{A1-2}$$

$$XC_{cad} = io_{cad}XD_{ad} \tag{A1-3}$$

$$XX_{caod} = gamIO_{caod}^{\sigma R_c}\left[\frac{P_{co}}{PXC_{cad}}\right]^{-\sigma R_c} XC_{cad} \tag{A1-4}$$

1.1 2SCGEの方程式の一覧

〈家計ブロックの方程式群〉

$$PHC_{co} \cdot HC_{co} = \alpha H_{co} \cdot CBUD_o \tag{A1-5}$$

$$XH_{cod} = gamC_{cod}^{\sigma Hl_c} \left[\frac{P_{co}}{PHC_{cd}}\right]^{-\sigma Hl_c} HC_{cd} \tag{A1-6}$$

$$SH_c = hmps_o \cdot Y_o \tag{A1-7}$$

〈政府ブロックの方程式群〉

$$P_{co} \cdot G_{co} = shG_{co}(LGRBU_o - SLG_o - \overline{TEGH_o} - \overline{TEGG_o} - \overline{GPI_o} - \overline{GCT_o} - \overline{TGG_o}) \tag{A1-8}$$

$$SLG_0 = lgmps_o \cdot LGRBU_o \tag{A1-9}$$

$$SCG_0 = cgmps_o \cdot CGRBU_o \tag{A1-10}$$

〈企業ブロックの方程式群〉

$$SN_o = nmps_o(PK_o \cdot \overline{NKS_o} + \overline{TEHN_o} + \overline{NPIS_o} + \overline{NCTS_o}) \tag{A1-11}$$

$$P_{co} \cdot N_{co} = shN_{co}(PK_o \cdot \overline{NKS_o} + \overline{TEHN_o} + \overline{NPIS_o} \\ - SN_o - \overline{TENH_o} - TRDN_o - \overline{NPI_o} - \overline{NCT_o} - \overline{NCG_o}) \tag{A1-12}$$

〈貯蓄・投資ブロックの方程式群〉

$$S_o = SH_o + SN_o + SLG_o + SCG_o + SDB_o + SF_o \cdot ER_o \tag{A1-13}$$

$$PIC_{co} \cdot IC_{co} = \alpha I_{co} \cdot S_o \tag{A1-14}$$

$$XI_{cod} = gamI_{cod}^{\sigma Hl_c} \left[\frac{P_{co}}{PIC_{cd}}\right]^{-\sigma Hl_c} IC_{cd} \tag{A1-15}$$

〈貿易ブロックの方程式群〉

$$E_{co} = \gamma T_{co}^{\sigma T_c} \cdot PE_{co}^{-\sigma T_c} \Big(\gamma T_{co}^{\sigma T_c} \cdot PE_{co}^{1-\sigma T_c} \\ + (1 - \gamma T_{co})^{\sigma T_c} \cdot PDD_{co}^{1-\sigma T_c}\Big)^{\sigma T_c/(1-\sigma T_c)} \cdot (XD_{co}/aT_{co}) \tag{A1-16}$$

$$XDD_{co} = (1 - \gamma T_{co})^{\sigma T_c} PDD_c^{-\sigma T_c} \Big(\gamma T_{co}^{\sigma T_c} PE_{co}^{1-\sigma T_c} \\ + (1 - \gamma T_{co})^{\sigma T_c} PDD_c^{1-\sigma T_c}\Big)^{\sigma T_c/(1-\sigma T_c)} (XD_{co}/aT_{co}) \tag{A1-17}$$

$$M_{co} = \gamma A_{co}^{\sigma A_c} \cdot PM_{co}^{-\sigma A_c} \big(\gamma A_{co}^{\sigma A_c} \cdot PM_{co}^{1-\sigma A_c} + (1-\gamma A_{co})^{\sigma A_c} \cdot PDD_{co}^{1-\sigma A_c} \big)^{\sigma A_c/(1-\sigma A_c)} \cdot (X_{co}/aA_{co}) \tag{A1-18}$$

$$XDD_{co} = (1-\gamma A_{co})^{\sigma T_c} \cdot PDD_c^{-\sigma A_c} \big(\gamma A_{co}^{\sigma A_c} \cdot PM_{co}^{1-\sigma A_c} + (1-\gamma A_{co})^{\sigma A_c} \cdot PDD_{co}^{1-\sigma A_c} \big)^{\sigma A_c/(1-\sigma A_c)} \cdot (X_{co}/aA_{co}) \tag{A1-19}$$

<地域間交易ブロックの方程式群>

$$DEX_{cod} = \sum_{a \in A} XX_{caod} + XH_{cod} + XI_{cod} \quad o \neq d \tag{A1-20}$$

$$DIM_{cdo} \equiv DEX_{cod} \tag{A1-21}$$

$$SDB_o = \sum_{c,o \in C,R} P_{co} \cdot DIM_{cdo} - \sum_{c,d \in C,R} P_{co} \cdot DEX_{cod} \tag{A1-23}$$

<市場均衡の方程式群>

$$\sum_{a \in A} PL_o \cdot L_{ao} + \overline{LW_o} \cdot ER_o = PL_o \cdot \overline{LS_o} \tag{A1-24}$$

$$PL_o \cdot \overline{LS_o} = PL_o \cdot HLS_o + \overline{LWS_o} \cdot ER_o \tag{A1-25}$$

$$\sum_{a \in A} PK_o \cdot K_{ao} + \overline{KW_o} \cdot ER_o = PK_o \cdot \overline{KS_o} \tag{A1-26}$$

$$PK_o \cdot \overline{KS_o} = PK_o(HKS_o + \overline{NKS_o} + \overline{LGKS_o} + \overline{CGKS_o}) + \overline{KWS_o} \cdot ER_o \tag{A1-27}$$

$$X_{co} = \sum_{a \in A, d \in R} XX_{caod} + \sum_{d \in R} (XH_{cod} + XI_{cod}) + N_{co} + G_{co} \tag{A1-28}$$

$$\sum_{c \in C} M_{co} \cdot \overline{PWM_c} + \overline{LWS_o} + \overline{KWS_o} = \sum_{c \in C} E_{co} \cdot \overline{PWE_c} + SF_o + \overline{LW_o} + \overline{LK_o} + BOP_o \tag{A1-29}$$

$$\sum_{o \in R} BOP_o = (PIW + CTW) - (\overline{PIWS} + \overline{CTWS}) \tag{A1-30}$$

$$\sum_{o \in R} (\overline{HPI_o} + \overline{NPI_o} + \overline{GPI_o})/ER_o + PIW = \sum_{o \in R} (\overline{HPIS_o} + \overline{NPIS_o} + \overline{GPIS_o})/ER_o + \overline{PIWS} \tag{A1-31}$$

$$\sum_{o \in R} (\overline{HCT_o} + \overline{NCT_o} + \overline{GCT_o})/ER_o + CTW = \sum_{o \in R} (\overline{HCTS_o} + \overline{NCTS_o} + \overline{GCTS_o})/ER_o + \overline{CTWS} \tag{A1-32}$$

1.1 2SCGE の方程式の一覧   303

$$CGRBU = \sum_{o \in R}(SCG_o + \overline{TGGS_o}) \tag{A1-33}$$

$$\sum_{o \in R}(TRDH_o + TRDN_o) = \sum_{o \in R} DDTR_o + GDDTR \tag{A1-34}$$

$$\sum_{o \in R}(TRTT_o + TRMT_o + TRPT_o) = \sum_{o \in R} DIDT_o + GDIDT \tag{A1-35}$$

<定義の方程式群>

$$PM_{co} = (1 + tt_c + tm_c)\overline{PWM_c} \cdot ER_o \tag{A1-36}$$

$$PE_{co} = \overline{PWE_c} \cdot ER_o \tag{A1-37}$$

$$DDTR_o = ddt_o(TRDH_o + TRDN_o) \tag{A1-38}$$

$$DIDT_o = idt_o(TRTT_o + TRMT_o + TRPT_o) \tag{A1-39}$$

$$TRTT_o = \sum_{c \in C} tt_c \cdot \overline{PWM_c} \cdot ER_o \cdot M_{co} \tag{A1-40}$$

$$TRMT_o = \sum_{c \in C} tm_c \cdot \overline{PWM_c} \cdot ER_o \cdot M_{co} \tag{A1-41}$$

$$TRCT_o = \sum_{c \in C} ts_c \cdot PDD_{co} \cdot XDD_{co} \tag{A1-42}$$

$$TRPT_o = \sum_{a \in A} tp_a \cdot PD_{ao} \cdot XD_{ao} \tag{A1-43}$$

$$TRDH_o = htd_o \cdot Y_o \tag{A1-44}$$

$$TRDN_o = ntd_o(PK_o \cdot \overline{NKS_o} + \overline{TEHN_o} + \overline{NPIS_o} + \overline{NCTS_o}) \tag{A1-45}$$

$$Y_o = PL_o \cdot HLS_o + PK_o \cdot HKS_o + \overline{TEHN_o} + \overline{TEGH_o} + \overline{HPIS_o} + \overline{HCTS_o} \tag{A1-46}$$

$$CBUD_o = Y_o - TRDH_o - SH_o - \overline{TEHG_o} - \overline{TEHN_o} - \overline{HPI_o} - \overline{HCT_o} \tag{A1-47}$$

$$\begin{aligned}LGRBU_o &= PK_o \cdot \overline{LGKS_o} + \overline{TEHG_o} + \overline{TEGG_o} + DDTR_o + DIDT_o \\ &\quad + \overline{GPIS_o} + \overline{GCTS_o} + TGGS_o - \sum_{a \in A} sp_a \cdot PD_{ao} \cdot XD_{ao}\end{aligned} \tag{A1-48}$$

$$\begin{aligned}CGRBU &= \sum_{o \in R}(PK_o \cdot \overline{CGKS_o} + \overline{TGG_o} + \overline{NCG_o} + TRCT_o) \\ &\quad + GDDTR + GDIDT\end{aligned} \tag{A1-49}$$

生産活動のゼロ利潤条件

$$PD_{ao} \cdot XD_{ao} = \sum_{c \in C} PXC_{cao} \cdot XC_{cao} + PL_o \cdot L_{ao} + PK_o \cdot K_{ao} \tag{A1-50}$$

CET 型変形関数のゼロ利潤条件
$$(1+tp_{ao}-sp_{ao})PD_{ao} \cdot XD_{ao} = PE_{co} \cdot E_{co} + PDD_{co} \cdot XDD_{co} \tag{A1-51}$$

アーミントン型関数のゼロ利潤条件
$$P_{co} \cdot X_{co} = PM_{co} \cdot M_{co} + (1+ts_o)PDD_{co} \cdot XDD_{co} \tag{A1-52}$$

消費の需給バランス
$$PHC_{cd} \cdot HC_{cd} = \sum_{o \in R} P_{co} \cdot XH_{cod} \tag{A1-53}$$

中間消費の需給バランス
$$PXC_{cad} \cdot XC_{cad} = \sum_{o \in R} P_{co} \cdot XX_{caod} \tag{A1-54}$$

投資需要の需給バランス
$$PIC_{cd} \cdot IC_{cd} = \sum_{o \in R} P_{co} \cdot XI_{cod} \tag{A1-55}$$

地域の為替レート
$$ER_o = ER_d \tag{A1-56}$$

(3) 2SCGE の動学化 (D2SCGE) にともない変更された変数とパラメータ, 及び追加された方程式について

B.1. 変数とパラメータ

B.1.1. 変更された変数とパラメータ

PK_{ao}　地域 o の生産活動 a の資本利益

K_{ao}　地域 o の生産活動 a の資本ストック

HKS_{ao}　地域 o の生産活動 a の資本ストックからの家計所得

$\overline{KS_o}$　地域 o の資本賦存量（削除）

$\overline{NKS_{ao}}$　地域 o の生産活動 a の資本ストックからの企業所得

$\overline{LGKS_{ao}}$　地域 o の生産活動 a の資本ストックからの地方政府の所得

$\overline{CGKS_{ao}}$　地域 o の生産活動 a の資本ストックからの中央政府の所得

$\overline{KW_{ao}}$　地域 o の生産活動 a への海外部門からの現地通貨建て資本ストック

$\overline{KWS_{ao}}$　地域 o の生産活動 a の資本ストックからの海外部門への現地通貨建て支払

B.1.2. 追加される変数とパラメータ

IT_{ot}　t 期の地域 o の総投資需要量

$PKAVG_{ot}$　t 期の地域 o の平均資本収益
INV_{aot}　t 期の地域 o の生産活動 a の実行投資量
$INVZ_{ao}$　地域 o の生産活動 a の実行投資量の初期値
aIT_o　地域 o の投資エージェントの効用からの総投資需要の割合

B.2. 変更される方程式と追加される方程式
B.2.1. 変更される方程式

$$\text{タンジェンシー条件} \quad \frac{\gamma F_{ao}}{1-\gamma F_{ao}}\left(\frac{K_{ao}}{L_{ao}}\right)^{-1/\sigma F_a} = \frac{PK_{ao}}{PL_o} \tag{A1-2'}$$

$$SN_o = nmps_o\left(\sum_{a \in A} PK_{ao} \cdot \overline{NKS_{ao}} + \overline{TEHN_o} + \overline{NPIS_o} + \overline{NCTS_o}\right) \tag{A1-11'}$$

$$\begin{aligned}P_{co} \cdot N_{co} = shN_{co}\Big(&\sum_{a \in A} PK_{ao} \cdot \overline{NKS_o} + \overline{TEHN_o} + \overline{NPIS_o} + \overline{NCTS_o} \\ &- SN_o - \overline{TENH_o} - TRDN_o - \overline{NPI_o} - \overline{NCT_o}\Big)\end{aligned} \tag{A1-12'}$$

$$\begin{aligned}K_{ao} + \overline{KW_{ao}} &= HKS_{as} + \overline{NKS_{as}} + \overline{LGKS_{ao}} \\ &+ \overline{CGKS_{ao}} + \overline{KWS_{ao}}\end{aligned} \tag{A1-26'}\text{ と }\text{(A1-27')}$$

$$\begin{aligned}&\sum_{c \in C} M_{co} \cdot \overline{PWM_c} + \sum_{a \in A} PK_{ao} \cdot \overline{KWS_{ao}}/ER_o + \overline{LWS_o} \\ &= \sum_{c \in C} E_{co} \cdot \overline{PWE_c} + \sum_{a \in A} PK_{ao} \cdot \overline{KW_{ac}}/ER_o + SF_o + \overline{LW_o} + BOP_o\end{aligned} \tag{A1-29'}$$

$$TRDN_o = ntd_o\left(\sum_{a \in A} PK_{ao} \cdot \overline{NKS_{ao}} + \overline{TEHN_o} + \overline{NPIS_o} + \overline{NCTS_o}\right) \tag{A1-45'}$$

$$Y_o = PL_o \cdot HLS_o + \sum_{a \in A} PK_{ao} \cdot HKS_{ao} + \overline{TENH_o} + \overline{TEGH_o} + \overline{HPIS_o} + \overline{HCTS_o} \tag{A1-46'}$$

$$\begin{aligned}LGRBU_o &= \sum_{a \in A} PK_{ao} \cdot \overline{LGKS_{ao}} + \overline{TEHG_o} + \overline{TEGG_o} + DDTR_o + DIDT_o \\ &+ \overline{GPIS_o} + \overline{GCTS_o} + TGGS_o - \sum_{a \in A} sp_a \cdot PD_{ao} \cdot XD_{ao}\end{aligned} \tag{A1-48'}$$

$$CGRBU = \sum_{a \in A, o \in R} PK_{ao} \cdot \overline{CGKS_{ao}} + \sum_{o \in R} \overline{TGG_o} + GDDTR + GDIDT \tag{A1-49'}$$

$$PD_{ao} \cdot XD_{ao} = \sum_{c \in C} PXC_{cao} \cdot XC_{cao} + PL_o \cdot L_{ao} + PK_{ao} \cdot K_{ao} \tag{A1-50'}$$

B.2.2. 追加される方程式

<資本ストック>

$$IT_{ot} = aIT_o \cdot \prod_{c \in C} IC_{cot}^{\alpha I_{co}} \tag{A1-57}$$

$$PKAVG_{ot} = \frac{\sum_{a \in A} PK_{aot} \cdot K_{aot}}{\sum_{a \in A} K_{aot}} \tag{A1-58}$$

$$INV_{aot} = INVZ_{ao} \cdot \sqrt{PK_{aot}/PKAVG_{ot}} \tag{A1-59}$$

$$INV_{aot} = IT_{ot} \cdot \frac{INV_{aot}}{\sum_{a \in A} INV_{aot}} \tag{A1-60}$$

$$K_{aot} = K_{aot-1} + INV_{aot} \tag{A1-61}$$

(4) 復興財源シミュレーションにおける 2SCGE の国内生産ブロックの構造変更にともなう追加される変数とパラメータ，及び変更及び追加された方程式について

C.1. 変数とパラメータ

C.1.1. 追加される変数とパラメータ

XC_{cao}　o 地域の a 部門の運輸業を除く商品 c の統合した各中間投入財

PXC_{cao}　o 地域の a 部門の運輸業を除く商品 c の統合した各中間投入財の価格

C.1.2. 追加される変数とパラメータ

KLT_{ao}　o 地域の a 部門の労働と「資本・運輸業の組」の組

$PKLT_{ao}$　o 地域の a 部門の労働と「資本・運輸業の組」の組の価格

KT_{ao}　o 地域の a 部門の資本と運輸業の組

PKT_{ao}　o 地域の a 部門の資本と運輸業の組の価格

XC_{tao}　o 地域の a 部門の生産要素扱いとした統合した運輸業の商品

PXC_{tao}　o 地域の a 部門の生産要素扱いとした統合した運輸業の商品の価格

$aF1_{ao}$　o 地域の a 部門（第 5 章図 5-2 の A1）の効率パラメータ

$aF2_{ao}$　o 地域の a 部門（第 5 章図 5-2 の A3-1）の効率パラメータ

$aF3_{ao}$　o 地域の a 部門（第 5 章図 5-2 の A3-2）の効率パラメータ

$\sigma F2_a$　a 部門（第 5 章図 5-2 の A3-1）の労働と「資本・運輸業の組」の代替弾力性

$\sigma F3_a$　a 部門（第 5 章図 5-2 の A3-2）の資本と運輸業の代替弾力性

$\gamma F2_{ao}$　o 地域の a 部門（第 5 章図 5-2 の A3-1）の分配パラメータ

$\gamma F3_{ao}$　o 地域の a 部門（第 5 章図 5-2 の A3-2）の分配パラメータ

C.2. 変更される方程式と追加される方程式
C.2.1. 変更される方程式
＜生産ブロックの方程式群＞

$$KLT_{ao} = b_{ao} \cdot XD_{ao} = \frac{XD_{ao}}{aF1_{ao}} \tag{A1-1'}$$

$$XC_{cad} = io_{cad} \cdot XD_{ad} \quad c \neq t \tag{A1-3'}$$

生産活動のゼロ利潤条件

$$PD_{ao} \cdot XD_{ao} = PKLT_{ao} \cdot KLT_{ao} + \sum_{\substack{c \in C \\ c \neq t}} PXC_{cao} \cdot XC_{cao} \tag{A1-50'}$$

C.2.2. 追加される方程式

$$\begin{aligned}KT_{ao} = \gamma F2_{ao}^{\sigma F2_a} PKT_{ao}^{-\sigma F2_a} \Big(\gamma F2_{ao}^{\sigma F2_a} PKT_{ao}^{(1-\sigma F2_a)} \\ + (1-\gamma F2_a)^{\sigma F2_a} PL_o^{(1-\sigma F2_a)}\Big)^{\frac{\sigma F2_a}{1-\sigma F2_a}} \cdot \left(\frac{KLT_{ao}}{aF2_{ao}}\right)\end{aligned} \tag{A1-62}$$

$$\begin{aligned}L_{ao} = (1-\gamma F2_{ao})^{\sigma F2_a} PL_o^{1-\sigma F2_a} \Big(\gamma F2_{ao}^{\sigma F2_a} PKT_{ao}^{(1-\sigma F2_a)} \\ + (1-\gamma F2_{ao})^{\sigma F2_a} PL_o^{(1-\sigma F2_a)}\Big)^{\frac{\sigma F2_a}{1-\sigma F2_a}} \cdot \left(\frac{KLT_{ao}}{aF2_{ao}}\right)\end{aligned} \tag{A1-63}$$

生産活動のゼロ利潤条件

$$PKLT_{ao} \cdot KLT_{ao} = PL_o \cdot L_{ao} + PKT_{ao} \cdot KT_{ao} \tag{A1-64}$$

$$\begin{aligned}K_{ao} = \gamma F3_{ao}^{\sigma F3_a} PK_o^{-\sigma F3_a} \Big(\gamma F3_{ao}^{\sigma F3_a} PK_o^{(1-\sigma F3_a)} \\ + (1-\gamma F3_{ao})^{\sigma F3_a} PXC_{tao}^{(1-\sigma F3_a)}\Big)^{\frac{\sigma F3_a}{1-\sigma F3_a}} \cdot \left(\frac{KT_{ao}}{aF3_{ao}}\right)\end{aligned} \tag{A1-65}$$

$$\begin{aligned}XC_{tao} = (1-\gamma F3_{ao})^{\sigma F3_a} PXC_{tao}^{-\sigma F3_a} \Big(\gamma F3_{ao}^{\sigma F3_a} PK_o^{(1-\sigma F3_a)} \\ + (1-\gamma F3_{ao})^{\sigma F3_a} PXC_{tao}^{(1-\sigma F3_a)}\Big)^{\frac{\sigma F3_a}{1-\sigma F3_a}} \cdot \left(\frac{KT_{ao}}{aF3_{ao}}\right)\end{aligned} \tag{A1-66}$$

生産活動のゼロ利潤条件

$$PKT_{ao} \cdot KT_{ao} = PK_o \cdot K_{ao} + PXC_{tao} \cdot XC_{tao} \tag{A1-67}$$

1.2 2SCGE モデルの感応度分析

ここでは，2SCGE モデルにおける感応度分析の結果を紹介する[1]。

第5章のベースシナリオにおいて第4章3節の表4-5 に記載したそれぞれの代替弾力性を 0.5 倍（0.25 倍）と 2 倍に変動することで感応度分析を実施した[2]。その結果，付表 1-1 から両地域の実質 GDP，生産量，効用水準，等価変分などの主な指標の大きさの順序について異常性は認められなかった。また，付表 1-2 から 11 の産業における生産量の順序について被災地域の幾つかの産業で順序が前後するものの，大きく順序が変更することがなかったことから本モデルの頑健性はある程度確保されているものと思われる。

1　ここでの感応度分析は第4章の 2SCGE モデルを用いて行った。
2　家計と投資に関する地域間代替弾力性については，0.5 倍の代わりに 0.75 倍で実施した。その理由は 0.75 倍以下の変動幅ではこの代替弾力性の頑健性を確保できなかったからである。

1.2 2SCGE モデルの感応度分析   309

付表 1-1　代替弾力性の感応度分析の結果

ベースシナリオ	CES 生産関数の資本と労働の代替弾力性 (σFa)			アーミントン関数の代替弾力性 (σAc)			CET 型変形関数の代替弾力性 (σTc)			生産部門の商品に関する地域間代替弾力性 (σRc)			家計部門と投資部門の商品に関する地域間代替弾力性 (σHc)		
	0.5倍	1.0倍	2.0倍	0.5倍	1.0倍	2.0倍	0.25倍	1.0倍	2.0倍	0.25倍	1.0倍	2.0倍	0.75倍	1.0倍	2.0倍
等価変分 (10億円)														
被災地域	-2,496.9	-2,374.5	-2,310.5	-2,364.7	-2,374.5	-2,398.8	-2,365.2	-2,374.5	-2,384.8	-2,268.9	-2,374.5	-2,423.4	-2,350.0	-2,374.5	-2,435.1
その他の地域	-761.7	-729.9	-714.0	-743.7	-729.9	-701.6	-744.6	-729.9	-714.8	-876.0	-729.9	-670.2	-753.2	-729.9	-672.5
地域 GDP														
被災地域	-9.445	-9.427	-9.421	-9.172	-9.427	-9.929	-9.205	-9.427	-9.674	-11.190	-9.427	-8.408	-9.114	-9.427	-10.215
その他の地域	-0.123	-0.123	-0.123	-0.141	-0.123	-0.088	-0.139	-0.123	-0.106	-0.007	-0.123	-0.190	-0.145	-0.123	-0.068
国内生産量														
被災地域	-9.327	-9.318	-9.313	-9.242	-9.318	-9.433	-9.268	-9.318	-9.375	-9.423	-9.318	-9.273	-9.394	-9.318	-9.133
その他の地域	-0.099	-0.102	-0.103	-0.105	-0.102	-0.094	-0.104	-0.102	-0.100	-0.102	-0.102	-0.105	-0.101	-0.102	-0.102
家計の効用水準														
被災地域	-13.331	-12.631	-12.266	-12.518	-12.631	-12.888	-12.531	-12.631	-12.741	-11.473	-12.631	-13.171	-12.389	-12.631	-13.228
その他の地域	-0.344	-0.332	-0.326	-0.341	-0.332	-0.312	-0.341	-0.332	-0.322	-0.419	-0.332	-0.290	-0.349	-0.332	-0.290
総貯蓄														
被災地域	-1.207	-1.075	-1.055	-1.350	-1.075	-1.901	-1.429	-1.075	-0.659	2.127	-1.075	-1.538	0.265	-1.075	-4.839
その他の地域	-0.010	-0.030	-0.039	-0.033	-0.030	-0.025	-0.035	-0.030	-0.026	-0.057	-0.030	-0.014	-0.033	-0.030	-0.022
その他の主要変数の変化率														
賃金率 (被災地域)	2.320	3.589	4.248	3.926	3.589	2.848	3.883	3.589	3.264	6.960	3.589	2.018	4.279	3.589	1.907
資本収益 (被災地域)	7.907	6.473	5.715	6.861	6.473	5.703	6.782	6.473	6.132	9.990	6.473	4.756	7.134	6.473	4.876
資本収益 (その他地域)	0.079	0.039	0.020	0.040	0.039	0.038	0.043	0.039	0.036	0.038	0.039	0.041	0.040	0.039	0.038
家計所得 (被災地域)	-8.258	-7.739	-7.471	-7.506	-7.739	-8.241	-7.539	-7.739	-7.959	-5.451	-7.739	-8.815	-7.277	-7.739	-8.861
中央政府歳入	-0.243	-0.269	-0.283	-0.254	-0.269	-0.302	-0.254	-0.269	-0.287	-0.093	-0.269	-0.352	-0.234	-0.269	-0.355
為替レート	0.344	0.319	0.306	0.350	0.319	0.281	0.384	0.319	0.272	0.509	0.319	0.209	0.341	0.319	0.271
外国貯蓄 (被災地域)	7.320	4.139	2.724	7.167	4.139	5.643	7.302	4.139	0.486	0.519	4.139	-0.101	-0.559	4.139	18.409

付表 1-2　代替弾力性の

生産活動部門の 国内生産量ベースシナリオ		アーミントン関数の 代替弾力性（σAc）						CES 生産関数の資本と 労働の代替弾力性（σFa）					
		0.5 倍		1.0 倍		2.0 倍		0.5 倍		1.0 倍		2.0 倍	
被災地域	ラベル	値	順位	値	順位	値	順位	値	順位	値	順位	値	順位
農林業	AGR	-10.557	9	-10.891	9	-11.415	10	-11.738	11	-10.891	9	-10.440	9
漁業	FISH	-9.831	6	-9.955	6	-10.015	5	-10.426	7	-9.955	6	-9.699	5
食料品・たばこ	FOOD	-9.173	4	-9.214	4	-9.220	4	-9.734	4	-9.214	4	-8.936	4
電子部品・デバイス	ELEM	-10.563	10	-11.449	11	-12.614	11	-10.863	9	-11.449	11	-11.747	11
自動車・自動車部品	AUTO	-7.123	2	-6.969	2	-6.534	2	-6.748	2	-6.969	2	-7.078	2
その他製造業・鉱業	OMFG	-9.459	5	-9.902	5	-10.482	9	-9.933	5	-9.902	5	-9.880	6
建設業	CNST	-4.985	1	-4.553	1	-4.850	1	-4.410	1	-4.553	1	-4.669	1
電力・水道・ガス業	ELGW	-10.547	8	-10.496	8	-10.338	7	-10.875	10	-10.496	8	-10.293	7
商業	TRD	-11.307	11	-10.982	10	-10.372	8	-10.753	8	-10.982	10	-11.099	10
輸送業	TPTS	-10.385	7	-10.280	7	-10.034	6	-10.108	6	-10.280	7	-10.368	8
その他の第三次産業	SERV	-9.001	3	-8.947	3	-8.833	3	-8.954	3	-8.947	3	-8.942	3
その他地域	ラベル	値	順位	値	順位	値	順位	値	順位	値	順位	値	順位
農林業	AGR	-0.133	7	-0.119	6	-0.103	6	-0.108	6	-0.119	6	-0.126	7
漁業	FISH	-0.212	10	-0.220	10	-0.243	10	-0.231	10	-0.220	10	-0.215	10
食料品・たばこ	FOOD	-0.323	11	-0.327	11	-0.338	11	-0.339	11	-0.327	11	-0.321	11
電子部品・デバイス	ELEM	0.080	2	0.114	2	0.213	2	0.158	2	0.114	2	0.094	2
自動車・自動車部品	AUTO	0.227	1	0.203	1	0.226	1	0.238	1	0.203	1	0.187	1
その他製造業・鉱業	OMFG	-0.025	4	0.005	3	0.061	3	0.016	3	0.005	3	0.000	3
建設業	CNST	-0.162	8	-0.151	8	-0.132	7	-0.145	7	-0.151	8	-0.154	8
電力・水道・ガス業	ELGW	-0.018	3	-0.028	4	-0.048	4	-0.016	4	-0.028	4	-0.035	4
商業	TRD	-0.109	6	-0.126	7	-0.161	8	-0.145	7	-0.126	7	-0.116	6
輸送業	TPTS	-0.070	5	-0.077	5	-0.078	5	-0.087	5	-0.077	5	-0.065	5
その他の第三次産業	SERV	-0.172	9	-0.176	9	-0.184	9	-0.175	9	-0.176	9	-0.176	9

感応度分析の結果（生産活動部門）

生産部門の商品に関する地域間代替弾力性（σRc）							家計部門と投資部門の商品に関する地域間代替弾力性（σHIc）							CET型変形関数の代替弾力性（σTc）						
0.25倍		1.0倍		2.0倍		0.75倍		1.0倍		2.0倍		0.25倍		1.0倍		2.0倍	
値	順位	値	順位	値	順位	値	順位	値	順位	値	順位	値	順位	値	順位	値	順位
-10.679	9	-10.891	9	-11.246	11	-10.924	10	-10.891	9	-10.866	10	-11.115	11	-10.891	9	-10.635	9
-9.483	4	-9.955	6	-10.449	7	-10.109	5	-9.955	6	-9.580	5	-10.137	6	-9.955	6	-9.750	5
-9.756	5	-9.214	4	-9.054	3	-8.907	4	-9.214	4	-9.988	8	-9.376	4	-9.214	4	-9.032	4
-14.200	11	-11.449	11	-10.169	6	-12.135	11	-11.449	11	-9.616	6	-10.502	8	-11.449	11	-12.490	11
-7.047	2	-6.969	2	-7.007	2	-7.246	2	-6.969	2	-6.215	1	-6.655	2	-6.969	2	-7.384	2
-10.199	8	-9.902	5	-9.905	5	-10.450	7	-9.902	5	-8.531	3	-9.648	5	-9.902	5	-10.189	6
-3.703	1	-4.553	1	-4.062	1	-3.782	1	-4.553	1	-6.894	2	-5.026	1	-4.553	1	-4.010	1
-10.049	7	-10.496	8	-10.855	10	-10.608	8	-10.496	8	-10.215	9	-10.527	9	-10.496	8	-10.463	8
-11.712	10	-10.982	10	-10.560	9	-10.699	9	-10.982	10	-11.539	11	-11.039	10	-10.982	10	-10.919	10
-9.829	6	-10.280	7	-10.504	8	-10.383	6	-10.280	7	-9.975	7	-10.313	7	-10.280	7	-10.247	7
-8.740	3	-8.947	3	-9.088	4	-8.898	3	-8.947	3	-9.058	4	-8.975	3	-8.947	3	-8.916	3
値	順位	値	順位	値	順位	値	順位	値	順位	値	順位	値	順位	値	順位	値	順位
-0.226	8	-0.119	6	-0.040	5	-0.129	6	-0.119	6	-0.090	5	-0.078	5	-0.119	6	-0.155	8
-0.372	11	-0.220	10	-0.124	8	-0.210	10	-0.220	10	-0.244	11	-0.192	10	-0.220	10	-0.247	10
-0.321	10	-0.327	11	-0.319	11	-0.375	11	-0.327	11	-0.206	10	-0.305	11	-0.327	11	-0.347	11
0.074	2	0.114	2	0.079	1	0.074	2	0.114	2	0.234	1	0.190	3	0.114	2	0.049	2
0.447	1	0.203	1	0.020	4	0.216	1	0.203	1	0.200	2	0.024	1	0.203	1	0.350	1
-0.039	3	0.005	3	0.024	3	0.029	3	0.005	3	-0.046	4	0.028	2	0.005	3	-0.011	3
-0.246	9	-0.151	8	-0.103	7	-0.166	8	-0.151	8	-0.114	8	-0.164	8	-0.151	8	-0.140	7
-0.114	6	-0.028	4	0.026	2	-0.025	4	-0.028	4	-0.036	3	-0.018	4	-0.028	4	-0.040	4
-0.061	4	-0.126	7	-0.156	9	-0.135	7	-0.126	7	-0.112	7	-0.139	7	-0.126	7	-0.114	6
-0.065	5	-0.077	5	-0.081	6	-0.061	5	-0.077	5	-0.101	6	-0.094	6	-0.077	5	-0.050	5
-0.173	7	-0.176	9	-0.174	10	-0.175	9	-0.176	9	-0.178	9	-0.173	9	-0.176	9	-0.179	9

付録 2
第 7 章の動学的 CGE モデルの構造

2.1 変数一覧

- 動学過程で直接説明されない変数は，期を表す t を除く．

(集合)

i	財，生産活動
ins	制度（家計，生産活動，政府，外国）
$insdng$	国内民間部門（家計，生産活動）

(内生)

C_i	第 i 財の家計消費量
$CBUD$	家計の可処分所得
CG_i	第 i 財の政府消費量
DP_i	生産活動 i の減価償却量
E_i	第 i 財の輸出量
ER	為替レート
I_i	第 i 財の投資量
$INV_{i,t}$	t 期の生産活動 i における投資
$INVG_t$	t 期の政府における投資
KSK_i	生産活動 i による資本投入量
$KSKG$	政府による資本投入量
L_i	生産活動 i による労働投入量
LG	政府による労働需要量
M_i	第 i 財の輸入量
P_i	第 i 合成財の価格
$PCINDEX$	消費者物価指数
PD_i	生産活動 i による国内生産財の価格
PDD_i	第 i 国内財の価格

PE_i	第 i 輸出財の価格
PI	合成投資財の価格
$PINT_t$	t 期の利子率
PK_i	生産活動 i の資本の利回り率
PKG	政府の資本の利回り率
PL	賃金
PM_i	第 i 輸入財の価格
$ROR_{i,t}$	t 期の生産活動 i における期待資本利回り率
S	国民貯蓄
SP_{insdng}	国内民間部門の貯蓄
$TAXR$	税収
$TRI_{ins\,ins'}$	所得移転
TRR_{ins}	財産所得受取
TRP_{ins}	財産所得支払
XD_i	生産活動 i による国内生産量
XDD_i	第 i 国内生産財の国内供給量
X_i	第 i 合成財の需給量
Y_{insdng}	国内民間部門の所得（$insdng \in ins$）

（外生）

d_i	生産活動 i の資本の減価償却率
dG	政府の資本減価償却率
KS_{ins}	資本賦存量（固定）
LS	労働賦存量（固定）
$PWEZ_i$	第 i 輸出財の国際価格（固定）
$PWMZ_i$	第 i 輸入財の国際価格（固定）
$RORN_i$	生産活動 i における標準的な利回り率（基準年で固定）
SF	海外貯蓄（固定）
SG	政府貯蓄（固定）
$TRIZ_{ins\,ins'}$	制度内所得移転（固定，名目値）
$TRRZ_{ins}$	財産所得受取（固定，名目値）
$TRPZ_{ins}$	財産所得支払（固定，名目値）

パラメータ

aA_i	第 i 合成財生産関数の規模係数
aF_i	生産活動 i における生産関数の規模係数
aT_i	第 i 変形財生産関数の規模係数
αCG_i	第 i 財の政府需要関数の支出割合係数
αKG	政府による資本需要関数の支出割合係数
αLG	政府による労働需要関数の支出割合係数
αH_i	第 i 財の家計需要関数の支出割合係数
αI_i	第 i 財の投資需要関数の支出割合係数
γA_i	第 i 合成財生産関数の輸入財の投入割合係数
γF_i	生産活動 i における資本の投入割合係数
γT_i	第 i 変形財生産関数の輸出財の投入割合係数
σA_i	第 i 合成財生産における輸入財と国内生産財との代替弾力性
σF_i	生産活動 i の合成付加価値生産関数における生産要素間の代替弾力性
σT_i	第 i 変形財生産における輸出財と国内生産財との代替弾力性
io_{ij}	第 i 財の国内生産における第 j 財の投入割合係数
mps	家計の貯蓄率
mpg	政府の貯蓄率
tva_i	第 i 財の間接税率
tm_i	第 i 輸入財の輸入税率
tsb_i	第 i 財の国内生産に対する補助率
mps_{insdng}	民間部門の所得税率
$K\_GR\_MAX_i$	生産活動 i の取りうる最高資本成長率（$= KSKtrend_i + 0.06$）
$K\_GR\_MIN_i$	生産活動 i の取りうる最低資本成長率（$=$ 減価償却率の負値）
$TREND\_K_i$	生産活動 i の標準的な資本成長率（$=$ 定常状態の経済成長率）

2.2 式体系

- 動学過程以外の部分では，期を表す t を除く．
- "*" は，賃金をニューメレールにしたので，redundant していることを示す．

国内生産

$$KSK_i = \gamma F_i^{\sigma F_i}(PK_i+d_iPI)^{-\sigma F_i}\Big[\gamma F_i^{\sigma F_i}(PK_i+d_iPI)^{1-\sigma F_i}$$
$$+ (1-\gamma F_i)^{\sigma F_i}PL^{1-\sigma F_i}\Big]^{\frac{\sigma F_i}{1-\sigma F_i}}\frac{XD_i}{aF_i} \tag{A2-1}$$

$$L_i = (1-\gamma F_i)^{\sigma F_i}PL^{-\sigma F_i}\Big[\gamma F_i^{\sigma F_i}(PK_i+d_iPI)^{1-\sigma F_i}$$
$$+ (1-\gamma F_i)^{\sigma F_i}PL^{1-\sigma F_i}\Big]^{\frac{\sigma F_i}{1-\sigma F_i}}\frac{XD_i}{aF_i} \tag{A2-2}$$

$$PD_i(1-tsb_i)XD_i = (1+tva_i)\Big[(PK_i+d_iPI)\cdot KSK_i + PL\cdot L_i\Big]$$
$$+ \Sigma_j io_{ij}P_j XD_i \tag{A2-3}$$

$$DP_i = d_i KSK_i \tag{A2-4}$$

$$PINT = \frac{\Sigma_i PK_i \cdot KSK_i}{\Sigma_i KSK_i} \tag{A2-5}$$

輸入と国内財の間の代替

$$XDD_i = (1-\gamma A_i)^{\sigma A_i}PDD_i^{-\sigma A_i}\Big[\gamma A_i^{\sigma A_i}PM_i^{1-\sigma A_i}$$
$$+ (1-\gamma A_i)^{\sigma A_i}PDD_i^{1-\sigma A_i}\Big]^{\frac{\sigma A_i}{1-\sigma A_i}}\frac{X_i}{aA_i} \tag{A2-6}$$

$$M_i = \gamma A_i^{\sigma A_i}PM_i^{-\sigma A_i}\Big[\gamma A_i^{\sigma A_i}PM_i^{1-\sigma A_i} + (1-\gamma A_i)^{\sigma A_i}PDD_i^{1-\sigma A_i}\Big]^{\frac{\sigma A_i}{1-\sigma A_i}}\frac{X_i}{aA_i} \tag{A2-7}$$

$$P_i X_i = PM_i M_i + PDD_i XDD_i \tag{A2-8}$$

輸出財と国内財の間の変形

$$XDD_i = (1-\gamma T_i)^{\sigma T_i}PE_i^{-\sigma T_i}\Big[\gamma T_i^{\sigma T_i}PE_i^{1-\sigma T_i}$$
$$+ (1-\gamma T_i)^{\sigma T_i}PDD_i^{1-\sigma T_i}\Big]^{\frac{\sigma T_i}{1-\sigma T_i}}\frac{XD_i}{aT_i} \tag{A2-9}$$

$$E_i = \gamma T_i^{\sigma T_i}PDD_i^{-\sigma T_i}\Big[\gamma T_i^{\sigma T_i}PE_i^{1-\sigma T_i} + (1-\gamma T_i)^{\sigma T_i}PDD_i^{1-\sigma T_i}\Big]^{\frac{\sigma T_i}{1-\sigma T_i}}\frac{XD_i}{aT_i} \tag{A2-10}$$

$$PD_i XD_i = PE_i E_i + PDD_i XDD_i \tag{A2-11}$$

輸出・輸入財価格と国際収支制約

$$PM_i = (1+tm_i)ER \cdot PWMZ_i \tag{A2-12}$$

$$PE_i = ER \cdot PWMZ_i \tag{A2-13}$$

$$\Sigma_i PWMZ_i \cdot M_i = \Sigma_i PWEZ_i \cdot E_i + SF \tag{A2-14}$$

政府行動

$$CG_i = \alpha CG_i \left[(1+tc_i)P_i\right]^{-1}$$
$$\begin{bmatrix} TAXR + PK \cdot KS_G + \Sigma_{ins'} TRI_{G\,ins'} + \Sigma_i tsb_i XD_i + TRR_G \\ -\left(\Sigma_{ins'} TRI_{ins'G} + TRP_G + PCINDEX \cdot SG\right) \end{bmatrix} \tag{A2-15}$$

$$LG = \alpha LG \cdot PL^{-1}$$
$$\begin{bmatrix} TAXR + PK \cdot KS_G + \Sigma_{ins'} TRI_{G\,ins'} + \Sigma_i tsb_i XD_i + TRR_G \\ -\left(\Sigma_{ins'} TRI_{ins'G} + TRP_G + PCINDEX \cdot SG\right) \end{bmatrix} \tag{A2-16}$$

$$KSKG = \alpha KG \left[(PKG + dG)PI\right]^{-1}$$
$$\begin{bmatrix} TAXR + PK \cdot KS_G + \Sigma_{ins'} TRI_{G\,ins'} + \Sigma_i tsb_i \cdot XD_i + TRR_G \\ -\left(\Sigma_{ins'} TRI_{ins'G} + TRP_G + PCINDEX \cdot SG\right) \end{bmatrix} \tag{A2-17}$$

$$SG = mpg \cdot TAXR \tag{A2-18}$$

$$TAXR = \Sigma_i \left[tva_i \left[(PK_i + d_i)PI \cdot KSK_i + PL \cdot L_i\right] + tm_i PM_i M_i \right]$$
$$+ \Sigma_{insdng} ty_{insdng} \cdot Y_{insdng} \tag{A2-19}$$

投資と貯蓄

$$S = \Sigma_{insdng} SP_{insdng} + PCINDEX \cdot SG + \Sigma_i DP_i \cdot PI + ER \cdot SF \tag{A2-20}$$

$$I_i = \alpha I_i \left[(1+tc_i)P_i\right]^{-1} S \tag{A2-21}$$

家計行動

$$C_i = \alpha H_i \left[(1+tc_i)P_i\right]^{-1} Y_H \tag{A2-22}$$

民間行動

$$SP_{insdng} = mps_{insdng}(1-ty_{insdng})Y_{insdng} \tag{A2-23}$$

所得関連

$$Y_{insdng} = PK \cdot KS_{insdng} + PL \cdot LS_{insdng} + \Sigma_{ins'}TRI_{insdng\,ins'} + TRR_{insdng} \tag{A2-24}$$

$$CBUD = (1-ty_H)Y_H - \left(TRP_H + \Sigma_{ins'}TRI_{ins'H} + SH\right) \tag{A2-25}$$

市場均衡条件

$$\Sigma_i K_i + KG = \Sigma_{insd} KS_{insd} \tag{A2-26}$$

$$\Sigma_i L_i + LG = \Sigma_{ins} LS_{ins} \tag{A2-27}*$$

$$X_i = C_i + I_i + CG_i + \Sigma_j io_{ij} XD_j \tag{A2-28}$$

定義

$$TRI_{ins\,ins'} = PCINDEX \cdot TRIZ_{ins\,ins'} \tag{A2-29}$$

$$TRR_{ins} = PCINDEX \cdot TRRZ_{ins} \tag{A2-30}$$

$$TRP_{ins} = PCINDEX \cdot TRPZ_{ins} \tag{A2-31}$$

$$PCINDEX_t = \frac{\Sigma_i P_{i,t} C_i^0}{\Sigma_i P_i^0 C_i^0} \quad t = 0,1 \tag{A2-32}$$

動学過程

$$ROR_{i,t} = -1 + \frac{PK_{i,t}/PI_t + (1-d_i)}{1 + PINT_t/PCINDEX_t} \tag{A2-33}$$

$$INV_{i,t} = KSK_{i,t}\left\{\left[\frac{\alpha ROR_{i,t} \cdot K\_GR\_MAX_i(TREND\_K_i + K\_GR\_MIN_i) + K\_GR\_MIN_i(K\_GR\_MAX_i - TREND\_K_i)}{\alpha ROR_{i,t}(TREND\_K_i + K\_GR\_MIN_i) + (K\_GR\_MAX_i - TREND\_K_i)}\right] + 1\right\}$$
$$-(1-d_i)KSK_{i,t} \quad (\alpha ROR_{i,t} = \exp(C_i(ROR_{i,t} - RORN_i))) \tag{A2-34}$$

$$KSK_{i,t+1} = (1-d_i)KSK_{i,t} + INV_{i,t} \tag{A2-35}$$

$$INVG_t = \Sigma_i I_{i,t} - \Sigma_i INV_{i,t} \tag{A2-36}$$

$$KSKG_{t+1} = (1-d_i)KSKG_t + INVG_t \tag{A2-37}$$

付録3
第7章の動学的CGEモデルの動学過程

第7章のモデルの動学過程は，Dixon and Rimmer（2002）にしたがって資本ストックと投資との関係式（(A3-1)式），投資の決定メカニズムを規定する資本利回り率の2つの式（(A3-2)式，(A3-3)式）を用いる。

まず，多くの動学的応用一般均衡モデルと同様に，(A3-1)式のように $t+1$ 期における生産活動 i の使用可能な資本ストック（$KSK_{i,t+1}$）は，t 期の減価償却後の資本ストック（$(1-d_i)KSK_{i,t}$）と投資（$INV_{i,t}$）で構成される[1]。

$$KSK_{i,t+1} = (1-d_i)KSK_{i,t} + INV_{i,t} \tag{A3-1}$$

$KSK_{i,t+1}$：$t+1$ 期の生産活動 i による使用可能な資本ストック
$KSK_{i,t}$：t 期の資本ストック
$INV_{i,t}$：t 期の生産活動 i における投資
d_i：生産活動 i の減価償却率

次に，t 期における生産活動 i の投資に対する期待利回り率（$E_t[ROR_{i,t}]$）を t 期の追加投資の単位費用に対する $t+1$ 期の期待賃貸率と減価償却後の追加投資の期待単位費用で（A3-2）式のように示す。

$$E_t[ROR_{i,t}] = -1 + \frac{E_t[Q_{i,t+1}]}{C_{i,t}}\frac{1}{1+r} + (1-d_i)\frac{E_t[Q_{i,t+1}]}{C_{i,t}}\frac{1}{1+r} \tag{A3-2}$$

E_t：t 期の期待値
$ROR_{i,t}$：t 期の生産活動 i に対する投資で得られる資本利回り率
$Q_{i,t+1}$：$t+1$ 期の生産活動 i の資本ストックの賃貸率
r：利子率
$C_{i,t}$：t 期における生産活動 i の資本ストックの追加の単位費用

---

[1] 第7章の動学的CGEモデルでは，$t+1$ 期の生産活動 i の使用可能な資本ストックは，生産活動 i によって $t+1$ 期にすべて使用されるとする。

一方で，モデル内のt期の生産活動iの資本ストックの単位費用の現在価値（$PV_{i,t}$）は，$t+1$期の生産活動iの資本ストック利回り率と合成投資財価格からt期の合成投資財価格の差分として表される。

$$PV_{i,t} = -PI_t + PK_{i,t+1}\frac{1}{1+PINT_t} + (1-d_t)PI_{t+i}\frac{1}{1+PINT_t} \qquad \text{(A3-2a)}$$

$PINT_t$：t期の利子率
$PK_{i,t+1}$：$t+1$期の生産活動iの資本ストックの利回り率
PI_t：t期の合成投資財価格

ここで，経済主体が各期で最適化行動を行う逐次動学であり，投資において次期の合成投資財の価格と生産活動iの資本ストックの賃貸率は今期から変化しないと仮定する。また，合成投資財価格に対する資本ストックの相対単位費用をt期の生産活動iにおける資本利回り率（$ROR_{i,t}$）とし，(A3-2a) 式の利子率を実質化すると次式のように表される。

$$ROR_{i,t} = -1 + \left[\frac{PK_{i,t}}{PI_t} + (1-d_i)\right]\frac{1}{1+PINT_t/PCINDEX_t} \qquad \text{(A3-2b)}$$

$PCINDEX_t$：物価指数

さらに，Dixon and Rimmerによると生産活動iの資本ストックの成長率によって当該産業への融資が進められる現実を踏まえ，t期における生産活動iの期待利回り率（$E_t[ROR_{i,t}]$）を資本の成長率の関数として考える。

$$E_t[ROR_{i,t}] = f_{i,t}\left(\frac{KSK_{i,t+1}}{KSK_{i,t}} - 1\right) \qquad \text{(A3-3)}$$

この関数は，生産活動iの資本ストックが高い成長率であるほど，より高い期待利回り率となる増加関数である。具体的には，資本の均衡期待利回り率（$EQEROR_{i,t}$）を資本の成長率（$K\_GR_{i,t} = KSK_{i,t+1}/KSK_{i,t} - 1$）とのロジスティック関数の逆関数として定義している。

$$EQEROR_{i,t} = RORN_i$$
$$+ \frac{1}{B_i}\left[\frac{\ln(K\_GR_{i,t} - K\_GR\_MIN_i) - \ln(K\_GR\_MAX_{i,t} - K\_GR_{i,t})}{\ln(TREND\_K_i - K\_GR\_MIN_i) + \ln(K\_GR\_MAX_i - TREND\_K_i)}\right] \qquad \text{(A3-3a)}$$

$RORN_i$：生産活動iにおける標準的な利回り率
$K\_GR_{i,t}$：生産活動iにおけるt期の資本成長率
$K\_GR\_MIN_i$：生産活動iの取りうる最低資本成長率
$K\_GR\_MAX_i$：生産活動iの取りうる最高資本成長率
$TREND\_K_i$：生産活動iの歴史的に標準的な資本成長率
B_i：均衡期待利回り率に対する生産活動iの資本成長の感度パラメータ

各生産活動の(A3-2b)式の資本ストックの利回り率と(A3-3a)式の均衡利回り率が等しくなる資本ストックの成長率に必要な投資が行われる[2]。

なお，民間の各生産活動は上記のように資本ストックの累積過程を持つが，政府投資（$INVG_t$）は，総投資と民間部門の総投資の差として決まり，政府資本ストックは，減価償却後の資本ストックに政府投資を加えたものとする。

---

[2] 関連するモデル内の（A2-34）式は，（A3-1）式と（A3-3a）式を投資（$INV_{i,t}$）について整理し表記したものである。まず，（A3-1）式を投資について整理し，$t+1$期の資本ストックをt期の資本ストックとその成長率（$K\_GR_{i,t}$）を用いると次のとおりである。

$$INV_{i,t} = KSK_{i,t}(K\_GR_{i,t}+1)+(1-d_i)KSK_{i,t} \quad (A3-1')$$

また，（A3-2b）式の利回り率（$ROR_{i,t}$）と（A3-3a）式の均衡利回り率（$EQEROR_{i,t}$）が等しいところで均衡するので，均衡利回り率を利回り率に書き換え，資本ストック成長率について整理すると（A3-3a'）式のように表される。

$$K\_GR_{i,t} = \frac{e^{C_i(ROR_{i,t}-RORN_i)} \cdot K\_GR\_MAX_i(TREND\_K_i - K\_GR\_MIN_i) + K\_GR\_MIN_i(K\_GR\_MAX_i - TREND\_K_i)}{e^{C_i(ROR_{i,t}-RORN_i)}(TREND\_K_i - K\_GR\_MIN_i) + (K\_GR\_MAX_i - TREND\_K_i)} \quad (A3-3a')$$

（A3-1'）式に（A3-3a'）式を代入すると（A2-34）式になる。

参考文献

第1章

Dixit, A. and Stiglitz, J. (1977), "Monopolistic Competition and Optimum Product Diversity," *American Economic Review*, Vol.67, pp.297-308.

EcoMod Modeling School (2012)," Advanced Techniques in CGE Modeling with GAMS," *Global Economic Modeling Network*, Singapore, January 9-13.

Ellison, G. and Glaeser, E. (1997), "Geographic Concentration in U.S. Manufacturing Industries," *Journal of Political Economy*, Vol.105, No.5, pp.898-927.

Fujita, M., Krugman, P. and Venables, A. J. (1999), *The Spatial Economy: Cities, Regions, and International Trade*, Cambridge, MA: The MIT Press.（小出博之訳『空間経済学―都市・地域・国際貿易の新しい分析』東洋経済新報社, 2000 年）

Fujita, M. and Thisse, J.-F. (2002, 2013), *Economics of Agglomeration*, NY: Cambridge University Press.

Helpman, E. and Krugman, P. (1985), *Market Structure and Foreign Trade*, Cambridge, MA: MIT Press.

Jacobs, J. (1969), *The Economy of Cities*, New York: Random House.

Krugman, P. (1980), "Scale Economes, Product Differentiation, and the Pattern of Trade," *American Economic Review*, Vol.70, pp.950-959.

Krugman, P. (1991), "Increasing Returns and Economic Geography," *Journal of Political Economy*, Vol.99, No.3, pp.483-499.

Marshall, A. (1890), *Principles of Economics*, London: Macmillan.

Mori, T., Nishikimi and Smith, T.E. (2005), "A divergence statistic for industrial localization," *Review of Economics and Statistics*, 87(4), pp.635-651.

Nakamura, R. (1985), "Agglomeration Economies in Urban Manufacturing Industry," *Journal of Urban Economics*, Vol.17, pp.108-124.

Porter, M. E. (1998), *On Competition*, Harvard Business School Press.

Tokunaga, S., Kageyama, M., Akune, Y. and Nakamura, R. (2014), "Empirical Analysis of Agglomeration Economies in the Japanese Assembly-type Manufacturing Industry for 1985-2000: Using Agglomeration and Coagglomeration Indices", *Review of Urban & Regional Development Studies*, Vol.26, No.1, pp.57-79.

Tokunaga, S., Resosudarmo, B. P., Wuryanto, L. E. and Dung, N. T. (2003), "An Inter-regional CGE Model to Assess the Impacts of Tariff Reduction and Fiscal Decentralization on Regional Economy," *Studies in Regional Science* 33, pp.1-25.

戒能一成（2013),「東京電力福島第一原子力発電所事故に伴う農林水産品の「風評被害」に関する定量的判定・評価について」, RIETI Discussion Paper Series, 13-J-079。

影山将洋・徳永澄憲・阿久根優子(2006),「ワイン産業の集積とワイン・クラスターの形成：山梨県勝沼地域を事例として」,『フードシステム研究』, 第12巻第3号, pp.39-50。

経済産業省（2011),「福島第一原発周辺の警戒区域, 計画的避難区域, 緊急時避難準備区域に立地す

る製造事業所及び商業事業所について」,東日本震災統計関連情報「構造統計(工業統計・商業統計等)」,2011年8月24日。
佐藤康裕・田淵隆俊・山本和博 (2011),『空間経済学』,有斐閣。
多和田眞・家森信善 (2005),『東海地域の産業クラスターと金融構造』,中央経済社。
多和田・塚田 (2010),「日本における産業クラスター政策とその現状」,平川均,多和田眞,奥村隆平,家森信善・徐正解編著『東アジアの新産業集積:地域発展と競争・共生』,学術出版。
東北経済産業局 (2013),「東日本大震災から2年を経た東北経済〜復興速度差が広がり,課題は多様化〜」,SENDAI METI-RIETI シンポジウム『大震災からの復興と新しい成長に向けて』,2013年3月22日。
徳永澄憲・影山将洋・阿久根優子 (2006),「日本の製造業における規模の経済と集積の生産力効果」,『応用地域学研究』,第11巻,pp.55-69。
徳永澄憲・沖山充・阿久根優子 (2013),「東日本大震によるサプライチェーン寸断効果と自動車産業クラスターによる復興分析:地域CGEモデルを用いて」, RIETI Discussion Paper Series 13-J-068。
日本計画行政学会 (2013),「原子力災害からの復興に向けた福島での取り組みと課題」,日本計画行政学会『計画行政』,第36巻第3号(通巻116号)。
浜口伸明 (2012),「東日本大震災による企業の被災に関する調査」の結果と考察」,RIETI Policy Discussion Paper Series, 13-P-001。
復興庁 (2012),「復興の現状と取組」,2012年6月11日。
復興庁 (2013a),「平成25年度予算概算決定概要」,2013年2月。
復興庁 (2013b),「復興の現状と取組」,2013年3月26日。
復興庁 (2013c),「復興の現状と取組」,2013年11月29日。

第2章と第3章

Defourny, J. and Thorbecke, E. (1984), "Structural Path Analysis and Multiplier Decomposition With a Social Accounting Matrix Framework," *The Economic journal*, Vol.94, pp.111-136.

Doi, M. (editor) (2006), "Computable General Equilibrium approaches in Urban and Regional Policy Studies," *World Scientific*.

Ge, J, P. and Tokunaga, S., (2011a) "Evaluation the Effects of Expanding Grain-based Fuel Ethanol on Chinese Economy Using a Computable General Equilibrium Model," *Studies in Regional Science*, Vol.41, No.1, pp.195-218.

Ge, J, P. and Tokunaga, S., (2011b) "Impacts of Expanding Non-grain-based Fuel Ethanol on Regional Equality in China: Using Computable General Equilibrium Model," *Studies in Regional Science*, Vol.41, No.3, pp.883-896.

Golub, A., Hertel, T., Taheripour, F. and Tyner, W. (2010), "Modeling Biofuels Policies in General Equilibrium: Insights, Pitfalls and Opportunities," GTAP Working paper No.61, *Center for global Trade Analysis, Purdue University, West Lafyette, IN, USA*.

Keuning, S. and Thorbecke, E. (1992), "The Social Accounting Matrix and Adjustment Policies: the Impact of Budget Retrenchment on Income Distribution," in E.Thorbecke (editor), *Adjustme nt and Equity in Indonesia*, Paris, OECD, pp.63-84.

Okiyama, M. and Tokunaga, S. (2010), "Impact of Expanding Bio-fuel Consumption on Household Income of Farmers in Thailand: Utilizing the Computable General Equilibrium Model," *Review of Urban and Regional Development Studies*, Vol.22, No.2/3,

pp.109-142.
Pyatt, G., and Round, J. I. (1979), "Accounting and Fixed Price Multipliers in a Social Accounting Matrix Framework," *The Economic journal*, Vol.89, pp.850-873.
Qiu, H. G., Huang, J. K., Keyzer, M. and van Veen, W. (2008), "Policy Options for China's Bio-ethanol Development and Implications for Its Agricultural," *China and World Economy*, Vol.16, No.6, pp.111-124.
Round, J. I. (1985), "Decomposing Multipliers for Economic Systems Involving Regional and World Trade," *The Economic journal*, Vol.95, pp.383-399.
伊藤秀和 (2008), 「制度部門に着目した地域間SAM構築と構造パス分析」, 関西学院大学『商学論究』, 第56巻第1号, pp.33-70。
稲田義久・入江啓彰・島章弘・戸泉巧 (2011), 「東日本大震災による被害のマクロ経済に対する影響」, 関西社会経済研究所『KISER Report』, 2011年4月12日。
沖山充・徳永澄憲 (2010), 「バイオ燃料産業の移出による地域間・所得階層間格差縮小の効果分析―タイのSAM・I-O連結モデルを用いて―」, 『地域学研究』, 第39巻第4号, pp.893-909。
沖山充・徳永澄憲・阿久根優子 (2012), 「東日本大震災の被災地域への負の供給ショックと復興の経済波及効果に関する乗数分析―2地域間SAMを用いて―」, RIETI Discussion Paper Series, 12-J-024。
徳井丞次・荒井信幸・川崎一泰・宮川努・深尾京司・新井園枝・枝村一磨・児玉直美・野口尚洋 (2012), 「東日本大震災の経済的影響：過去の災害との比較, サプライチェーンの寸断効果, 電力供給制約の影響」, RIETI Policy Discussion Paper, 12-P-004。
内閣府 (2011a), 「月例経済報告等に関する関係閣僚会議 震災対応特別会議資料－東北地方太平洋沖地震のマクロ経済的影響の分析－」, 2011年3月23日。
内閣府 (2011b), 「東日本大震災における被害額の推計について」, 2011年6月24日。
林田元就・浜潟純大・中野一慶・人見和美・星野優子 (2011), 「東日本大震災のマクロ経済影響について―電中研マクロ計量経済モデルによる試算―」, (財)電力中央研究所社会経済研究所『SERC Discussion Paper』, SERC 11024。
森川正之 (2012), 「東日本大震災の影響と経済成長政策：企業アンケート調査から」, RIETI Policy Discussion Paper, 12-P-010。
復興庁 (2013), 「復興の現状と取組」, 2013年3月26日。

第4章

EcoMod Modeling School (2012), "Advanced Techniques in CGE Modeling with GAMS," *Global Economic Modeling Network*, Singapore, January9-13.
Todo, Y., Nakajima, K. and Matous, P. (2013), "How Do Supply chain Networks Affect the Resilience of Firms to Natural Disasters? Evidence from the Great East Japan Earthquake," RIETI Policy Discussion Paper Series, 13-E-028.
Tokunaga, S., Kageyama, M., Akune, Y. and Nakamura, R. (2012), "Empirical Analysis of Agglomeration Economies in Japanese Assembly-type Manufacturing Industry for 1985-2000," RIETI Discussion Paper, 12-E-082, pp.1-30.
Tokunaga, S., Resosudarmo, B. P., Wuryanto, L. E. and Dung, N. T. (2003), "An Inter-regional CGE Model to Assess the Impacts of Tariff Reduction and Fiscal Decentralization on Region al Economy," *Studies in Regional Science* 33, pp.1-25.
大塚哲洋・市川雄介 (2011), 「日本型サプライチェーンをどう評価するか」, 『みずほ総研論集』, 2011年Ⅲ号。

斉藤（梅野）有希子（2012），「被災地以外の企業における東日本大震災の影響―サプライチェーンにみる企業間ネットワーク構造とその含意―」，『日本統計学会誌』，第 42 巻第 1 号，pp.135-144。

徳井丞次・荒井信幸・川崎一泰・宮川努・深尾京司・新井園枝・枝村一磨・児玉直美・野口尚洋（2012），「東日本大震災の経済的影響：過去の災害との比較，サプライチェーンの寸断効果，電力供給制約の影響」，RIETI Policy Discussion Paper Series, 12-P-004。

徳永澄憲・沖山充・阿久根優子（2013），「東日本大震災によるサプライチェーン寸断効果と自動車産業クラスターによる復興分析：地域 CGE モデルを用いて」，RIETI Discussion Paper Series, 13-J-068。

根本敏則（2012），「地域経済の復興〜サプライチェーン復旧の視点から〜」，日本計画行政学会『計画行政』第 35 巻第 2 号（通巻 111 号），pp.13-16。

浜口伸明（2012），「「東日本大震災による企業の被災に関する調査」の結果と考察」，RIETI Policy Discussion Paper Series, 13-P-001。

林山泰久・阿部雅浩・武藤慎一（2011），「47 都道府県 Multi-Regional CGE による GHG 排出削減政策の評価」，応用地域学会『応用地域学研究』，No.16, pp.67-91。

伴金美（2007），「日本経済の多地域動学的応用一般均衡モデルの開発：Forward Looking の視点に基づく地域経済分析」，RIETI Discussion Paper Series, 07-J-043。

藤本隆宏（2011），「サプライチェーンの競争力と頑健性―東日本大震災の教訓と供給の「バーチャル・デュアル化」―」，MMRC（東京大学ものづくり経営研究センター）Discussion Paper Series, No.354。

細江宣裕・我澤賢之・橋本日出男（2004），『応用一般均衡モデリング：プログラムからシミュレーションまで』，東京大学出版会。

第 5 章

EcoMod Modeling School (2012), "Advanced Techniques in CGE Modeling with GAMS," *Global Economic Modeling Network*, Singapore, January 9-13.

稲田義久・入江啓彰・島章弘・戸泉巧（2011），「東日本大震災による被害のマクロ経済に対する影響」，『KISER Report』，2011 年 4 月 12 日。

東北経済産業局：「東日本大震災から 2 年を経た東北経済〜復興速度差が広がり，課題は多様化〜」，SENDAI METI-RIETI シンポジウム『大震災からの復興と新しい成長に向けて』，2013 年 3 月 22 日，2013。

徳井丞次・荒井信幸・川崎一泰・宮川努・深尾京司・新井園枝・枝村一磨・児玉直美・野口尚洋（2012），「東日本大震災の経済的影響：過去の災害との比較，サプライチェーンの寸断効果，電力供給制約の影響」，RIETI Policy Discussion Paper Series, 12-P-004。

内閣府（2011），「東日本大震災における被害額の推計について」，2011 年 6 月 24 日。

日本政策投資銀行（2011），「東日本大震災資本ストック被害金額推計について―エリア別（県別/内陸・沿岸別）に推計」，『DBJ News』，2011 年 4 月 28 日。

林山泰久・阿部雅浩・武藤慎一（2011），「47 都道府県 Multi-Regional CGE による GHG 排出削減政策の評価」，『応用地域学研究』，No.16, pp.67-91。

伴金美（2007），「日本経済の多地域動学的応用一般均衡モデルの開発：Forward Looking の視点に基づく地域経済分析」，RIETI Discussion Paper Series, 07-J-043。

復興庁（2013），復興の現状と取組，2013 年 11 月。

宮城俊彦・浅野雄史（1999），「SCGE モデルにおける運輸部門の取り扱いに関する 2，3 の考察」，『土木計画学研究・講演集』，No.22(2), pp.391-394。

第6章

EcoMod Modeling School (2012), "Advanced Techniques in CGE Modeling with GAMS," *Global Economic Modeling Network*, Singapore, January 9-13.

国立社会保障・人口問題研究所 (2013),『日本の世帯数の将来推計 (全国推計) －2013 (平成 25) 年 1 月推計』, 2013 年 1 月 18 日。

東北経済産業局 (2013),「東日本大震災から 2 年を経た東北経済～復興速度差が広がり, 課題は多様化～」, SENDAI METI-RIETI シンポジウム『大震災からの復興と新しい成長に向けて』, 2013 年 3 月 22 日。

徳永澄憲・沖山充・阿久根優子 (2013),「東日本大震災によるサプライチェーン寸断効果と自動車産業クラスターによる復興分析：地域 CGE モデルを用いて」, RIETI Discussion Paper Series, 13-J-068。

日本政策投資銀行 (2011),「東日本大震災資本ストック被害金額推計について－エリア別（県別/内陸・沿岸別）に推計」,『DBJ News』, 2011 年 4 月 28 日。

林田元就・浜潟純大・中野一慶・人見和美・星野優子 (2011),「東日本大震災のマクロ経済影響について－電中研マクロ計量経済モデルによる試算－」, (財) 電力中央研究所社会経済研究所『SERC Discussion Paper』, SERC 11024。

第7章

Armington, P. S. (1969), "A theory of demand for products distinguished by place of production," International Monetary Fund Staff Papers, 16(1), pp.159-178.

Dixon, P. B. and Rimmer, M. T. (2002), "Dynamic General Equilibrium Modeling for Forecasting and Policy- A Practical Guide and Documentation of MONASH," In R. Blundell, R. Cab allero, J.- J. Laffont and T. Persson (eds.), *Contributions to economic analysis*, Vol.256, North-Holland, Amsterdam.

Ellison, G. and Glaeser, E., L., (1997) "Geographic Concentration in U.S. Manufacturing Industries: A Dartboard Approach," Journal of Political Economy, 105(5), pp.898-927.

Fujita, M. and Thisse, J.-F., (2002), "Economics of Agglomeration: Cities, Industrial Location, and Regional Growth," Cambridge University Press.

Hallegtte, S. and Prsyluski, V. (2010), "The Economics of Natural Disaster : Concepts and Methods," Policy Research Working Paper 5507, World Bank.

Mansfield, E. (1961), "Technical Change and The Rate of Imitation," *Econometrica*, 20(4), pp.741-766.

Okuyama, Y. (2004), "Modeling spatial economic impacts of an earthquake: Input‐output approaches," *Disaster Prevention and Management*, 13(4), pp.297-306.

Porter, M. E. (1998), *On Competition*, Harvard Business School Press.（竹内弘高（訳）(1999),『競争戦略論』, ダイヤモンド社）

Rose, A. and Liao, S.‐Y. (2005), "Modeling regional economic resilience to disasters: A computable general equilibrium analysis of water service disruptions," Journal of Regional Science, 45, pp.75-112.

Schumpeter, J. A. (1934), *The Theory of Economic Development*, Harvard University Press.（塩野谷祐一・東畑精一・中山伊知郎（訳）(1977),『経済発展の理論』, 岩波書店）

Shibusawa, H., Yamaguchi, M. and Miyata, Y. (2009), "Evaluating the Impacts of a Disaster in the Tokai Region of Japan: A Dynamic Spatial CGE Model Approach," *Studies in Regional Science*, Vol.39, No.3, pp.539-551.

Tsuchiya, S., Tatano, H. and Okada, N. (2007), "Economic loss assessment due to railroad and highway disruptions," *Economic Systems Research*, 19(2), pp.147-162.

阿久根優子（2009），『食品産業の産業集積と立地選択に関する実証分析』，筑波書房。

阿久根優子・沖山充・徳永澄憲（2013），「東日本大震災による漁業と水産加工業の復旧政策の評価分析―動学的応用一般均衡モデルを利用して―」，RIETI Policy Discussion Paper Series 13-P-022。

岩城秀裕・是川夕・権現直・増田幹人・伊藤久仁良（2011），「東日本大震災によるストック毀損額の推計方法について」，経済財政分析ディスカッション・ペーパー，DP/11-01。

沖山充・徳永澄憲・阿久根優子（2012），「東日本大震災の被災地域への負の供給ショックと復興の経済波及効果に関する乗数分析―2地域間 SAM を用いて―」，RIETI Discussion Paper Series 12-J-024。

片野歩（2012），『日本の水産業は復活できる！』，日本経済新聞出版社。

水産庁『平成24年度 水産白書』。(http://www.jfa.maff.go.jp/e/annual_report/2012/index.html)

徳井丞次・荒井信幸・川崎一泰・宮川努・深尾京司・新井園枝・枝村一磨・児玉直美・野口尚洋（2012），「東日本大震災の経済的影響―過去の災害との比較，サプライチェーンの寸断効果，電力供給制約の影響―」，RIETI Policy Discussion Paper Series 12-P-004。

林田元就・浜潟純大・中野一慶・人見和美・星野優子（2011），「東日本大震災のマクロ経済影響について―電中研マクロ計量経済モデルによる試算―」，(財)電力中央研究所社会経済研究所『SERC Discussion Paper』，SERC 11024。

伴金美（2007），「日本経済の多地域動学的応用一般均衡モデルの開発 Forward Looking の視点に基づく地域経済分析」，RIETI Discussion Paper Series 07-J-043。

法政大学地域研究センター（2013），「農林水産省「平成24年度食料供給基地復興のためイノベーション誘発型産業連鎖モデル策定水産事業」調査報告書」。(http://www.maff.go.jp/j/shokusan/kikaku/24_itaku.html)

細江宣裕・我澤賢之・橋本日出男（2004），『応用一般均衡モデリング：プログラムからシミュレーションまで』，東京大学出版会。

前田久平・嘉田良平編著（2004），『海と人間：21世紀の学際的研究』，多賀出版。

八田達夫・髙田眞（2010），『日本の農林水産業』，日本経済新聞社。

吉川洋・安藤浩一・宮川修子（2011），「プロダクト・イノベーションと経済成長 Part II：需要創出における中間投入の役割」，RIETI Discussion Paper Series 11-J-023。

第8章

石川良文・宮城俊彦（2004），「全国都道府県間産業連関表による地域間産業連関構造の分析」，『地域学研究』，第34巻第1号，pp.139-152。

石倉智樹・石川良文（2011），「東日本大震災に伴う発電所被災がもたらす電力危機と波及的被害」，『産業連関』，Vol.19 No.3，pp.51-59。

後藤康雄（2011），「東日本大震災による産業界への影響」，『経済のプリズム』，第92号。

笹山博（2011），「47都道府県間産業連関表を用いた港湾投資による経済波及効果の推計」，『国土技術政策総合研究所資料』，第630号，国土交通省。

出口恭子（2012），「震災の影響を織り込んだ都道府県別将来推計人口の推計―震災後，広域にわたり変化した転出入の動きに着目―」，JCER DISSCUSSION PAPER No.133，日本経済研究センター。

とうほう地域総合研究所（2012），「震災後の人口流出が福島県経済に及ぼす経済波及効果について」，『福島の進路』，No.357，pp.16-23。

宮城俊彦・石川良文・由利昌平・土谷和之（2003），「地域内産業連関表を用いた都道府県間産業連関

表の作成」,『土木計画学研究・論文集』, 第20巻第1号, pp.87-95。

第9章

Brakman, S., Garretsen, H. and Schramm, M. (2006), "Putting new economic geography to the test: Free-ness of trade and agglomeration in the EU regions," *Regional Science and Urban Economics*, Vol.36, No.5, pp.613-635.

Breinlich, H. (2006), "The spatial income structure in the European Union - what role for Economic Geography?" *Journal of Economic Geography*, Vol.6, No.5, pp.593-617.

Davis, D. R. and Weinstein, D. E. (2008), "A search for multiple equilibria in urbanindustrial structure," *Journal of Regional Science*, Vo.48, No.1, pp.29-65.

Fujita, M., Krugman, P. and Venables, A. J. (1999), *The Spatial Economy: Cities, Regions and International Trade*, Cambridge, MA: The MIT Press.

Hanson, G. (2005), "Market Potential, Increasing Returns and Geographic Concentration," *Journal of International Economics*, Vol.67, No.1, pp.1-24.

Head, K. and Mayer, T. (2006), "Regional wage and employment responses to market potential in the EU," *Regional Science and Urban Economics*, Vol.36, No.5, pp.573-594.

Ihara, R. (2011), "Weber problem in the NEG: a case study of Asia," Annals of Regional Science, Vol.47, No.1, pp.37-50.

Knaap, T. (2006), "Trade, location, and wages in the United States," *Regional Science and Urban Economics*, Vol.36, No.5, pp.595-612.

Krugman, P. (1991), "Increasing returns and economic geography," *Journal of Political Economy*, Vol.99, No.3, pp.483-499.

Ottaviano, G. J. P. and Pinelli, D. (2006), "Market potential and productivity: Evidence from Finish regions," *Regional Science and Urban Economics*, Vol.36, No.5, pp.636-657.

Redding, S. J. and Venables, A. J. (2004), "Economic geography and international inequality," *Journal of International Economy*, Vol.62, No.1, pp.53-82.

Stelder, D. (2005), "Where do cities form?: a geographical agglomeration model for Europe," *Journal of Regional Science*, Vol.45, No.4, pp.657-679.

猪原龍介・中村良平・森田学 (2013),「震災前後における宮城県におけるポテンシャルおよび労働分布の変化」, RIETI Discussion Paper Series 13-J-053。

猪原龍介・森田学・中村良平 (2012),「日本における地域ポテンシャルと雇用分布のシミュレーション分析」,『地域学研究』, 第42巻 No.2, pp.255-270。

中村良平・猪原龍介・森田学 (2010),「地域ポテンシャルと賃金格差, 地域統合と雇用分布のシミュレーション—地域間産業連関構造を考慮した NEG モデルの実証—」, RIETI Discussion Paper Series 10-J-031。

統計資料のウェブサイト (2014年7月9日現在)

①復興庁「復興の現状と取組」
　http://www.reconstruction.go.jp/topics/main-cat1/sub-cat1-1/20131029113414.html
②経済産業省「東日本大震災関連情報」
　http://www.meti.go.jp/earthquake/index.html#eq_rebirth
③経済産業省「鉱工業生産指数」
　http://www.meti.go.jp/statistics/tyo/iip/b2010_result-2.html
④農林水産省「東日本大震災関連統計情報」

http://www.maff.go.jp/j/tokei/saigai/index.html
⑤総務省統計局「東日本大震災関連情報」
　http://www.stat.go.jp/info/shinsai/index.htm
⑥福島県統計情報
　http://www.pref.fukushima.lg.jp/life/sub/12/
⑦岩手県統計情報
　http://www3.pref.iwate.jp/webdb/view/outside/s14Tokei/top.html
⑧宮城県統計情報
　http://www.pref.miyagi.jp/life/sub/1/
⑨茨城県統計情報
　http://www.pref.ibaraki.jp/tokei/
⑩国立社会保障・人口問題研究所「将来推計人口・世帯数」
　http://www.ipss.go.jp/syoushika/tohkei/Mainmenu.asp

索　引

【人名索引】

ア行

阿久根他　202
石川・宮城　224
石倉・石川　224
伊藤　43
稲田他　122
猪原・中村・森田　240
猪原・森田・中村　240
岩城他　202
沖山他　202

カ行

片野　203
後藤　224

サ行

佐藤・田渕・山本　27
笹山　224

タ行

多和田・家森　32
多和田・塚田　32
出口　235
徳井他　202
徳永・影山・阿久根　31
徳永・沖山・阿久根　2

ナ行

中村・猪原・森田　239

ハ行

八田・髙田　203
林田他　202

ヤ行

吉川他　210

欧文

Brakman　239
Brakman et al.　240
Breinlich　239
Dixit-Stiglitz　26
Dixon and Rimmer　213
Ellison and Glaeser　203
Fujita　26
Fujita and Thisse　26, 31, 203
Fujita, Krugman and Venables　31
Hallegatte and Przyluski　201
Hanson　239
Head and Mayer　239
Helpman and Krugman　26
Ihara　240
Jacobs　31
Knaap　239
Krugman　26, 31, 240
Krugman and Venables　26
Marshall　31
Mori　31
Nakamura　31
Ottaviano and Pinelli　239
Porter　31, 203
Redding and Venables　239
Stelder　240
Tokunaga, Resosudarmo, Wuryanto and Dung　18, 99
Tokunaga, Kageyama, Akune and Nakamura　31

【事項索引】

欧文

CES 型生産技術　118, 143
CGE　17
CP モデル　26
NEG　26, 203, 239
　　──モデル　241
SAM　17, 18, 40, 42, 64, 66, 74
SCGE　17

ア行

アーミントン仮定　211
アーミントン合成財　22, 23, 100, 102, 119
イノベーション　203
インパクト・シミュレーション　105
応用一般均衡　17

カ行

下位異業種インパクト・シミュレーション　109, 274
感応度分析　296
間接被害額　122
基幹部品　92
キャリブレーション　104
供給ショック　2
距離抵抗　246
均衡労働分布　245
均衡産出高モデル　235
空間応用一般均衡　264
　　──モデル　17, 264
経済波及効果　47, 81
原型 SCGE　1, 265
原型空間応用一般均衡　1, 265
原子力災害　148, 142
原発事故　85
広域な新自動車産業クラスター　171, 173, 179, 180, 185, 189, 191, 198, 265, 285
鉱工業生産指数　2
効率パラメータ　22, 23
コブ・ダグラス型効用関数　23, 26, 102

サ行

財政移転　135, 137, 139, 152
　　──あり　149, 153, 266
　　──シナリオ　182, 183, 183
　　──と製造業の産業振興シナリオ　266
　　──なし　148, 152, 153, 266
財政措置　15, 77, 79, 89, 133, 173, 277
　　──あり　174, 177, 179, 181, 198, 285
　　──なし　174, 177, 198, 285
サプライチェーン（供給網）の寸断　7, 92, 93, 94, 265, 273
産業クラスター　1, 30, 162, 168
産業復興　133
3 地域間社会会計表　66, 85, 88
持続可能な漁業・水産加工クラスター　200, 204, 208, 215, 265, 285, 289
自動車産業クラスター　160, 166, 171
集積の経済　30
集中復興期間　115
熟練労働者　27, 29
上位同業種インパクト・シミュレーション　106, 107, 274
乗数行列　46
乗数分析　44, 70, 269
商品の地域間代替弾力性　157
将来人口　220
将来の人口減少　234
食料品産業クラスター　160, 165
所得移転　18, 103, 120
新新経済地理学（NEG）　1, 26, 203, 239
人口減少　219, 224
　　──社会　265, 291
人口分布　254
新産業集積　1, 30, 154, 264, 265, 280
新貿易理論　26
生産性向上　165
生産ピラミッド　97
　　──構造　97, 98, 273
製品間の代替の弾力性　27
製品差別化シナリオ　185
製品汎用化　155, 165
　　──シナリオ　191
ゼロ利潤条件　118, 120

全国47都道府県間産業連関表　223

タ行

地域間 SAM　65, 265
地域間産業連関表　43
地域間産業連関モデル　227
地域間社会会計表　40, 264
中心－周辺モデル　26
動学化　172
動学的 CGE モデル　312
独占的競争　26

ナ行

南海トラフ巨大地震　240, 253, 256, 259, 265
2 地域間 SAM　42, 265, 279, 280
2 地域間応用一般均衡　90, 99
　——モデル　99, 117, 265, 270
2 地域間社会会計表　42, 63
日本の地域別将来推計人口　234
ニューメレール　25, 122

ハ行

バイオ燃料産業クラスター　167
波及効果　71, 72, 85
　——分析　58
フィードバック効果　227
複数均衡　259, 260
復興国債　115, 116, 125
復興財源　117, 270, 277
復興財政措置　14
復興特別税　77
負の供給ショック　93, 105, 110, 111, 269, 273, 274, 275
プロセス・イノベーション　203
プロダクト・イノベーション　203
分配パラメータ　22, 23
法人税減税措置　190
補助金支給　154
補助金シナリオ　267
補助金政策　165, 185
　——シナリオ　182, 183, 183, 185, 191
　——＋生産性向上シナリオ　183
　——＋製品差別化シナリオ　182, 183
　——＋法人税減税シナリオ　191

マ行

未熟練労働者　27

ラ行

ルネサス・ショック　92, 273
レオンチェフ型生産技術　100
労働と資本の代替弾力性　22
労働分布　249, 251
ロジスティック関数　213, 320

ワ行

ワルラス法則　25

編著者略歴

徳永澄憲（とくなが・すみのり）
現職　麗澤大学大学院経済研究科・経済学部教授，筑波大学名誉教授
1982年　筑波大学大学院社会科学研究科修了，1992年ペンシルベニア大学大学院博士課程修了（Ph.D.）
　　　　麗澤大学教授，名古屋市立大学教授，筑波大学教授，ペンシルベニア大学・レディング大学（英国）客員研究員などを経て，2014年から現職。
主要著書・論文
　　　　Landownership and Residential Land Use in Urban Economies, Springer-Verlag Tokyo, 1996.
　　　　"An Inter-regional CGE Model to Assess the Impacts of Tariff Reduction and Fiscal Decentralization on Regional Economy," *Studies in Regional Science*, Vol.33, pp.1-25, 2003（共著）.
　　　　『自動車環境政策のモデル分析―地球温暖化対策としての環境車普及促進政策―』，文眞堂，2008年（共著）．
　　　　"Empirical Analysis of Agglomeration Economies in the Japanese Assembly-type Manufacturing Industry for 1985-2000: Using Agglomeration and Coagglomeration Indices," *Review of Urban and Regional Development Studies*, Vol.26, No.1, pp.57-79, 2014(共著).

沖山　充（おきやま・みつる）
現職　麗澤大学経済社会総合研究センター客員研究員
1984年　筑波大学大学院社会工学研究科修了，2011年筑波大学大学院博士後期課程修了［博士（学術）］
　　　　株式会社現代文化研究所研究員，マーケティング研究室長，第2研究本部主席研究員を経て，2014年から現職。
主要著書・論文
　　　　「人口動態と家計消費支出からみた米国自動車市場」日本経済政策学会編『人口動態と経済政策―日本経済政策学会年報XLI―』，勁草書房，1993年。
　　　　『自動車環境政策のモデル分析―地球温暖化対策としての環境車普及促進策―』，文眞堂，2008年（共著）．
　　　　"Impact of Expanding Bio-fuel Consumption on Household Income of Farmers in Thailand: Utilizing the Computable General Equilibrium Model," *Review of Urban and Regional Development Studies*, Vol.22, No.2/3, pp.109-142, 2010（共著）.

執筆者略歴（執筆順）

阿久根優子（あくね・ゆうこ）
現職　麗澤大学経済学部准教授
2003年　筑波大学大学院農学研究科単位取得満期退学，2004年博士（学術）取得
　　　　名古屋市立大学助手，株式会社現代文化研究所主事研究員，筑波大学研究員を経て，現職。
主要著書・論文
　　　　『食品産業の産業集積と立地選択に関する実証分析』，筑波書房，2009年。
　　　　「東日本大震災による漁業と水産加工業の復旧政策の評価分析─動学的応用一般均衡モデルを利用して─」，RIETI Policy Discussion Paper Series 13-P-022, 2013（共著）。

石川良文（いしかわ・よしふみ）
現職　南山大学総合政策学部教授
1992年　岐阜大学工学部卒業，2000年博士（工学）取得
　　　　東海総合研究所（現三菱UFJリサーチ&コンサルティング）副主任研究員，富士常葉大学（現常葉大学）講師，南山大学総合政策学部准教授を経て，現職。
主要著書・論文
　　　　「全国都道府県間産業連関表による地域間産業連関構造の分析」，地域学研究，第34巻1号，pp.139-152, 2004年（共著）。
　　　　上田孝行編著『Excelで学ぶ地域・都市経済分析』，コロナ社，2010年。
　　　　地域政策研究プロジェクト編『鉄道と地域発展』，勁草書房，2014年。

猪原龍介（いはら・りゅうすけ）
現職　亜細亜大学経済学部准教授
2005年　京都大学大学院経済学研究科博士課程修了［博士（経済学）］
　　　　青森公立大学経済学部講師，准教授を経て，現職。
主要著書・論文
　　　　"Transport costs, capital mobility and the provision of local public goods," Regional Science and Urban Economics, 38, 2008年。
　　　　"Weber problem in the NEG: a case study of Asia," the Annals of Regional Science, 47, 2011年.
　　　　「日本における地域ポテンシャルと雇用分布のシミュレーション分析」地域学研究，第42巻2号，pp.255-270, 2012年（共著）。

大震災からの復興と地域再生のモデル分析
―有効な財政措置と新産業集積の形成―

2014年9月1日　第1版第1刷発行	検印省略

編著者　　徳　永　澄　憲

　　　　　沖　山　　　充

発行者　　前　野　　　弘

発行所　　東京都新宿区早稲田鶴巻町533
　　　　　株式会社　文　眞　堂
　　　　　電話 03（3202）8480
　　　　　FAX 03（3203）2638
　　　　　http://www.bunshin-do.co.jp
　　　　　郵便番号（162-0041）振替00120-2-96437

印刷・モリモト印刷　製本・イマキ製本所
© 2014
定価はカバー裏に表示してあります
ISBN978-4-8309-4833-6　C3033